Hans-Jürgen Herrmann / Ulrich Löffler

Oberstufe Religion

Religionen

Herausgegeben von Veit-Jakobus Dieterich und Hartmut Rupp

Lehrerband

Calwer Verlag Stuttgart

Inhalt

Einleitung 3

A: Religionen auf einen Blick 10

B: Lebensräume – Heilige Orte 17

C: Religion – Gemeinschaft – Gesellschaft 29

D: Opfer – Vergebung – Ethik 42

E: Schicksal – Leiden – Freiheit 56

F: Gott – Götter – Kräfte 72

G: Menschenbilder 87

H: Begegnung – Dialog – Wahrheit 100

I: Die Wissenschaften 112

Zusatz-Materialien (M) 129

Der Calwer Verlag ist Mitglied im Verlagsring Religionsunterricht (VRU)

ISBN 978–3–7668–3993–0

© 2010 by Calwer Verlag Stuttgart
Alle Rechte vorbehalten. Wiedergabe, auch auszugsweise,
nur mit Genehmigung des Verlags.
Umschlagentwurf: Rainer E. Rühl, Alsheim
Satz und Herstellung: Karin Klopfer, Calwer Verlag
Druck: AZ Druck und Datentechnik, Kempten

E-Mail: info@calwer.com
Internet: www.calwer.com

Einleitung

Das Thema Religionen im RU

Das Thema Religionen hat in den letzten Jahren in den Bildungsplänen einen immer breiteren Raum eingenommen. So wird bereits in der 4. Klasse das Thema Islam unterrichtet, das Thema Judentum in der 5. Klasse, Buddhismus und Hinduismus spätestens in der 10. Klasse. In Baden Württemberg ist die Frage nach Weltreligionen und Weltanschauungen eine durchgängige Leitlinie in allen Klassen. Die »Einheitlichen Prüfungsanforderungen in der Abiturprüfung Evangelische Religionslehre« (EPA) setzen für die Sekundarstufe II die folgenden Kenntnisse voraus:
– Grundformen religiöser Sprache (z. B. Mythos, Gleichnis, Symbol, Bekenntnis);
– Glaubensüberzeugungen und -praxis des Judentums, des Islam und Buddhismus (oder Hinduismus). [Nach wie vor spielen in den evang. Bildungsplänen die ethnischen Religionen bedauerlicherweise keine Rolle.]

»Sollten diese Voraussetzungen für den Unterricht in der Oberstufe nicht vorliegen, müssen sie in der Einführungsphase der Oberstufe nachgeholt werden.«

Das Schülerheft bietet in Block A eine grobe Übersicht über die genannten Religionen. So können wichtige Basis-Informationen in einem ersten Durchgang erworben werden.

Die Blöcke B bis I setzen einige Grundkenntnisse aus der Sekundarstufe I (Geographie, Geschichte und Religion) voraus, um innerhalb von sieben thematischen Abschnitten Positionen der ethnischen Religionen, des Buddhismus, des Judentums, des Christentums, des Islam und Beispiele von Religion in der Populärkultur zur Sprache zu bringen. Es ist der Versuch einer »Theologie der Religionen« – also eines Diskurses, welcher die Eigenständigkeit und die genuine Vielfalt der Religionen und Kulturen herausarbeiten will – jenseits des ach so beliebten Vergleichs unter den Religionen.

Um diesen Diskurs ernsthaft zu betreiben, bedarf es neben soliden Grundinformationen über die einzelnen Religionen auch einer gewissen Systematik der Darstellung, schon allein deshalb, um die Anschlussfähigkeit an die Bildungspläne zu gewährleisten. Freilich bringt jede Systematik auch die Gefahr einer Verzerrung mit sich (Näheres dazu in Block I Wissenschaften).

Das Heft bietet drei Schwerpunkte an:

1. Basis-Informationen über die einzelnen Religionen – als Bündelung des Vorwissens [Block A] – als erweiterte Information, z. B. im BGy Themenkreis 9 »Religion«.	→ Block A »Religionen auf einen Blick« → Glossar (S. 79f.) → Infos innerhalb der Themenblöcke B–I. Diese enthalten durchgängig längere Beiträge zu jeder Religion. → Zusatzinformationen (M)
2. Die Arbeit an Themen Die sechs Themen in Sek. II / »Dimension Religionen und Weltanschauungen« entsprechen den Themenblöcken B–H. Sie enthalten durchgängig längere Beiträge zu jeder Religion – mit wenigen Ausnahmen.	→ Block B–H → Umschlagtext: »Ein Gang durch das Heft« – Legende für die Klasse → Zusatzinformationen (M)
3. Eine Methodenreflexion Anhand der methodischen Ansätze von Religionswissenschaften und Theologie soll über einen wissenschaftlichen Zugang zu »Religionen als kulturelle Zeichensysteme« und »Religionen in der Alltagskultur« nachgedacht werden.	→ Block I »Die Wissenschaften« → Die Reflexion der Zugänge wird u. a. auch im Gegenüber der Religionen, z. B. Buddhismus – Christentum deutlich. Beispiel: Block E »Theodizee – Karma« S. 34–37, oder Block F »Gott – Götter« S. 44, oder Block G »Seele – An-atman« S. 48ff. → Religion in der Populärkultur S. 17, 30 → Zusatzinformationen (M)

Das Heft verbindet theologische und religionswissenschaftliche Darstellungen im Sinn ergänzender, aber auch differenter Sichtweisen. Dem liegt die Vorstellung einer mehrperspektivischen Annäherung zugrunde (vgl. Thema »Wirklichkeit«). Dabei gilt es einige Aspekte zu beachten, die sich vor allem im Verhältnis von Theologie, Religionspädagogik und Religionswissenschaften niedergeschlagen haben.

In theologischer Hinsicht ist das Heft dem Ansatz einer »Theologie der Religionen« verpflichtet (vgl. Bildungsplan Baden-Württemberg). Die EPA formulieren: »Das Phänomen Religion wird in seinen vielfältigen Erscheinungsformen und Facetten thematisiert. Durch einen offenen Dialog trägt das Fach zu einer differenzierten Urteilsfähigkeit und zu einer kritischen Toleranz gegenüber den Wahrheitsansprüchen der Religionen bei. Es unterstützt so das interkulturelle und interreligiöse Lernen. Der Dialog mit den Religionen darf in der Oberstufe nicht auf einen separaten Themenbereich beschränkt werden. Vielmehr muss er als durchgehendes didaktisches Prinzip alle Themenschwerpunkte durchdringen.« Für die Pluralitätsfähigkeit des Religionsunterrichts ist es wichtig, die Auseinandersetzung mit Religionen und Religiosität als integralen Bezugspunkt in jedem Themenfeld anzusiedeln, um die »Dialogfähigkeit« zu entwickeln.

Dieser Ansatz bestimmt die didaktische Konzeption und die Auswahl und Komposition der Medien und Inhalte. So werden theologische Dokumente einzelner Religionen und Kulturen einander gegenübergestellt, ohne dass eine Vereinnahmung oder Engführung gewollt ist. Andererseits soll das Gegenüber einen Diskurs zu bestimmten Fragen ermöglichen.

Ein solcher Ansatz setzt zweierlei voraus:
1. Grundkenntnisse zu den verhandelten Religionen. Diese werden in der Regel in der Sekundarstufe I erworben. Block A und die Zusatzmaterialien dienen dazu, dieses Grundwissen aufzufrischen bzw. zu erarbeiten und zu vertiefen.
2. Ein gewisses Vorverständnis einer Hermeneutik der Religionen. Eine anspruchsvolle Hermeneutik ist etwas anderes als ein oberflächlicher, gar evolutionärer Vergleich. Es geht vielmehr um ein Verstehen im Kontext eines Systems von Religion und Kultur. Dieses wird in den Kommentaren zu den Medien im Schülerheft skizziert und im LH breit entfaltet sowie durch die Hintergrundinformationen in den Zusatzmedien unterstützt. Es empfiehlt sich, im Einzelfall den »Wissenschaftsblock« I zu Rate zu ziehen.

Der didaktische Ansatz

Ausschlaggebend für den didaktischen Ansatz des Heftes sind vor allem drei Momente:
1. Das theologische Motiv einer »Theologie der Religionen«,
2. ein bestimmtes Verständnis heutiger konstruktiver Zusammenarbeit zwischen Religionswissenschaft und Theologie,
3. eine Ordnungsstruktur der neueren systematischen Religionswissenschaft. Diese ermöglicht
    – Gegenüberstellungen und Vergleiche in einem thematischen Kontext,
    – thematische Bezüge zur Systematik der Bildungspläne.

1. »Auf dem Weg zu einer Theologie der Religionen«

Diesen Begriff hat der Ökumenische Rat der Kirchen in seinem Schlussdokument der Tagung »Religiöse Pluralität und christliches Selbstverständnis« 2005 in Athen formuliert und erläutert. Zentrales theologisches Motiv ist dabei die »Gastfreundschaft eines gnädigen Gottes«. Dabei sind für unseren Zusammenhang folgende Gedanken hervorzuheben:

»33. Wir glauben, dass das umfassende Wirken des Heiligen Geistes auch im Leben und in den Traditionen von Völkern anderer Religionen gegenwärtig ist. Die Menschen haben zu allen Zeiten und an allen Orten auf die Gegenwart und das Wirken Gottes unter ihnen eine Antwort gegeben und Zeugnis von ihren Begegnungen mit dem lebendigen Gott abgelegt. In ihrem Zeugnis geht es sowohl um das Suchen als auch das Finden von Ganzheit, Erleuchtung, göttlicher Wegweisung, innerer Ruhe oder Befreiung. Dies ist der Kontext, in dem wir als Christen Zeugnis von dem Heil ablegen, das wir in Christus erfahren haben. Dieser Dienst des Zeugnisses unter unseren Nächsten anderer Religionszugehörigkeit muss ein ›Zeichen dafür (sein), was Gott unter ihnen getan hat und weiterhin tut‹ (San Antonio 1989).

34. Wir sehen die Pluralität religiöser Traditionen sowohl als Ergebnis der mannigfaltigen Wege, in denen Gott sich Völkern und Nationen mitgeteilt hat, als auch als eine Manifestation des Reichtums und der Vielfalt der Antwort des Menschen auf Gottes Gnadengaben. Unser christlicher Glaube an Gott fordert uns heraus, den ganzen Bereich religiöser Pluralität ernst zu nehmen und stets die Gabe der kritischen Unterscheidung anzuwenden.

35. Es ist also unser Glaube an den dreieinigen Gott – den Gott, der Vielfalt in Einheit ist, der erschafft, Ganzheit bringt und alles Leben erbaut und nährt, – der uns hilft, allen Menschen mit Gastfreundschaft und Offenheit zu begegnen. Wir haben Gottes großmütige Gastfreundschaft der Liebe empfangen. Wir können nicht anders darauf antworten.

47. [...] Wir besitzen das Heil nicht; wir haben Anteil daran. Wir bringen niemandem das Heil; wir legen Zeugnis davon ab. Wir entscheiden nicht darüber, wer das Heil empfängt; wir überlassen dies der Vorsehung Gottes. Denn unser eigenes Heil wird uns durch die immerwährende ›Gastfreundschaft‹ zuteil, die Gott selbst auch uns schenkt. Es ist Gott selber und Gott allein, der der ›Gastgeber‹ des Heils, sein Hort und Hüter, ist. Und doch finden wir in der eschatologischen Vision vom neuen

Himmel und der neuen Erde auch das machtvolle Bild, dass Gott sowohl ›Gastgeber‹ als auch ›Gast‹ unter uns ist: ›Siehe da, die Hütte Gottes bei den Menschen! Und er wird bei ihnen wohnen, und sie werden sein Volk sein ...‹ (Offb 21,3).« (Religiöse Pluralität und christliches Selbstverständnis)

2. Konstruktive Zusammenarbeit zwischen Religionswissenschaft und Theologie

»Die religiöse Überlieferung der Menschheit (inkl. Mythen) stellt den größten Rahmen an Deutungsmustern zur Verfügung, der es Menschen gestattet, das Erlebte zur Erfahrung zu machen« (Peter Antes). Theologie und Religionswissenschaft sind dabei, diesen Schatz zu dechiffrieren und auf unterschiedliche Weise zu deuten. Die Religionswissenschaft ist dabei als Bezugswissenschaft »zur unverzichtbaren Bündnispartnerin der Religionspädagogik« geworden.

»Die Beziehung zwischen der Religionspädagogik und der Religionswissenschaft hat sich seit 1970 zum Vorteil beider entwickelt. Die Hinwendung der Religionspädagogik zur Religionswissenschaft fällt zeitlich mit einer Neuorientierung der Religionswissenschaft zusammen, die durch eine deutliche Abkehr von der klassischen Religionsphänomenologie gekennzeichnet ist. Die Forschung hat sich dabei von der Vorstellung verabschiedet, es gäbe religiöse Grundaxiome wie z. B. ›das Heilige‹ oder ›Gott‹. Seither wendet sich die Forschung einzelnen religiösen Traditionen zu, um von da aus empirisch die Frage nach Gemeinsamkeiten und Unterschieden zwischen den Religionen anzugehen« (Peter Antes).

Dabei rückten vor allem drei Aspekte in den Vordergrund, welche für die Religionspädagogik von besonderem Wert sind:

1. die Abkehr von einer eher eurozentristischen Begrifflichkeit der Religionsphänomenologie – sie erbringt eine empirische Arbeitsweise, verbunden mit der Wertschätzung des Andersseins anderer Kulturen und Religionen;
2. die Hinwendung der Religionswissenschaften zur Religionsgeschichte – sie erfüllt den Bedarf an Einführungen in die Weltreligionen;
3. die Betonung des religionspraktischen Aspekts – sie zeigt sich in der Aufmerksamkeit für die religiöse Ethik, Fragen des durch die Religion geprägten Alltags, der Spiritualität.

Die Religionswissenschaft versteht sich seither als »eine humanwissenschaftliche Disziplin, die mit philologischen, historischen und sozio-empirischen Methoden arbeitet und sich mit dem Phänomen Religion in Geschichte und Gegenwart beschäftigt« (Gerd Theißen, SH S. 8). Theologie und Religionswissenschaften beschäftigen sich oft mit denselben Themen – so etwa auch im Bereich der Exegese, Kirchengeschichte und Systematik (vgl. Theißen). Religionswissenschaft verzichtet auf Wertung und Wahrheitsentscheidungen. Demgegenüber will Theologie auf der Basis der religiösen Botschaft Aussagen zur Wirklichkeit von Gott, Mensch und Welt machen (vgl. Ingolf U. Dalferth, SH S. 74).

Peter Antes nennt u. a. folgende Aufgaben und Ziele der Religionswissenschaft:

1. Sie ist eine »Simultandolmetscherin« in Sachen Religion / Kulturen. Sie will die Gedanken- und Vorstellungswelt so nacherleben lassen, dass die, die darin leben, sich wiedererkennen und verstanden fühlen und dass die andern in der Lage sind, diese Gedanken- und Vorstellungswelt zu begreifen. Fritz Stolz sieht in der Theologie das Durchdenken der Religion »von innen«, in der Religionsgeschichte das Durchdenken »von außen«.
2. Sie stellt religiöse Vorstellungen in sich konsistent und logisch dar. »Ziel dieser Vermittlung ist m. E. gerade nicht, die Merkwürdigkeiten aufzuzeigen, sondern deutlich zu machen, dass religiöse Vorstellungen in sich konsistent und logisch sind, weshalb es vernünftige Menschen gibt, die religiös sind. Es darf nicht der Eindruck entstehen, dass religiöses Denken prinzipiell irrational sei, dem das aufgeklärt rationale Denken der säkularen Jugendlichen gegenübergestellt wird«.
3. Sie will im Vergleich von Religionen als in sich konsistenten Argumentationssystemen die eigenen Vorstellungen herausarbeiten. Hier hat der Vergleich als Methode seinen Ort, denn erst wer mehrere Religionen kennt, versteht die Eigenheiten einer jeden, wer nur eine kennt, kennt letztlich keine.
4. Sie stellt den RU vor die Aufgabe, die eigene Botschaft zu profilieren, indem sie als Religionswissenschaft Basiswissen über das Christentum zur Verfügung stellt und einlädt, den Beitrag des Christentums im Kontext der Kultur aus kulturwissenschaftlicher Perspektive zu erarbeiten.
5. Sie wirkt ideologiekritisch und aufklärend. Sie verhilft dazu, die Prämissen und Konsequenzen unterschiedlicher Daseinsentwürfe zu begreifen und dabei auch die eigene Position mit einzubeziehen und ihre oft unbewussten Glaubensentscheidungen herauszuarbeiten (vgl. Zusatzinformationen **M 2** und **M 8**).

3. Die Systematik im Heft und Ordnungsstrukturen der neueren Religionswissenschaft

Wer als Religionswissenschaftler »religiöses Denken als in sich konsistentes Argumentationssystem – mit Blick auf die großen Religionen – zu begreifen und dies nachvollziehbar zu machen« sucht (Antes), bzw. wer als Lehrkraft einen Bezug zu den Lehrplänen herstellen will, ist auf eine gewisse Systematik angewiesen. So hat auch das vorliegende Heft eine bestimmte Struktur. Diese **stellt eine Verbindung her** zwischen den Bildungsplänen Baden-Württemberg für die Sekundarstufe II, den EPA und einigen Systematiken heutiger Religionswissenschaften.

Die Gliederung des Heftes stellt keinen Anspruch auf absolute Gültigkeit. Sie ist kein Rekurs auf einen religionsphänomenologischen Nominalismus, wie er in manchen Bildungsplänen noch zu finden ist. Diese Gliederung orientiert sich vielmehr an der gegenwärtigen »systematischen Religionswissenschaft«. Diese ist daran interessiert, das religiöse Traditionsgut der Menschheit in pragmatischer Weise zu ordnen und thematisch zu systematisieren, um dieses u. a. auch in den interdisziplinären Dialog einbringen zu können. Die Strukturierung des Materials dient P. Antes nicht zuletzt der systematischen Entfaltung von »Deutungsmustern«. Damit will er das breite Spektrum menschlicher Erfahrung ordnen und die prägende Kraft solcher Muster deutlich machen. Vor diesem Hintergrund kann ein Projekt wie eine »Grammatik der Kulturen« in Angriff genommen werden (Antes, S. 206).

Der Erfurter Religionswissenschaftler Jörg Rüpke nennt u. a. folgende »Themen der Religionswissenschaft« (Rüpke, S. 172f.):
- Was ist Religion?
- Magie und Religion
- »Civil religion«
- Frömmigkeit / persönliche Religion
- Medien von Religion
- Mythos
- Religion und Raum, Religion und Zeit
- Religion und Herrschaft
- Ethik
- Tod und Jenseits
- Religion und Gewalt
- Divination
- Feste, komplexe Rituale
- Geschlecht und Religion

Das Nachschlagewerk Harenberg Lexikon der Religionen (S. 7) gliedert so:
1. Begriff und Bedeutung
2. Grundzüge des Glaubens
3. Geschichte
4. Stifter und Leitfiguren
5. Spaltungen und Richtungen
6. Schriften
7. Wichtige Institutionen
8. Heilige Stätten
9. Feste und Riten
10. Religion und Staat
11. Individuum und Gesellschaft. Ethik

Themen des Heftes im Blick auf fachliche und methodische Kompetenzen (EPA)
Das Arbeitsheft vermittelt im Blick auf die durchgängige Dimension Religion, Religionen »Wissen, Fähigkeiten, Einstellungen und Haltungen für einen sachgemäßen Umgang mit der eigenen Religiosität, mit dem christlichen Glauben und mit anderen Religionen und Weltanschauungen« (EPA).

Themenblöcke im Schülerheft »Religionen«	Fachliche und methodische Kompetenzen (EPA)
A Religionen auf einen Blick	Glaubensüberzeugungen und -praxis des Judentums, des Islam und Buddhismus (oder Hinduismus) – Grundwissen aus Sek I
B Lebensräume – Heilige Orte C Religion – Gemeinschaft – Gesellschaft D Opfer – Vergebung – Ethik E Schicksal – Leiden – Freiheit F Gott – Götter – Kräfte G Menschenbilder – Personalität / Faktoren des Menschseins – Erlösung und Glück – Mann und Frau / Gender und Religion H Begegnung – Dialog – Wahrheit	**Wahrnehmungs- und Darstellungsfähigkeit – religiös bedeutsame Phänomene wahrnehmen und beschreiben:** – religiöse Spuren und Dimensionen in der Lebenswelt aufdecken – grundlegende religiöse Ausdrucksformen (Symbole, Riten, Mythen, Räume, Zeiten) wahrnehmen und in verschiedenen Kontexten wiedererkennen und einordnen. **Deutungsfähigkeit – religiös bedeutsame Sprache und Zeugnisse verstehen und deuten** **Urteilsfähigkeit – in religiösen und ethischen Fragen begründet urteilen:** – deskriptive und normative Aussagen unterscheiden – Gemeinsamkeiten von Konfessionen und Religionen sowie deren Unterschiede erklären und kriteriengeleitet bewerten – Modelle ethischer Urteilsbildung kritisch beurteilen und beispielhaft anwenden. **Dialogfähigkeit – am religiösen Dialog argumentierend teilnehmen:** – die Perspektive eines anderen einnehmen und in Bezug zum eigenen Standpunkt setzen – Gemeinsamkeiten von religiösen und weltanschaulichen Überzeugungen sowie Unterschiede benennen und im Blick auf mögliche Dialogpartner kommunizieren – sich aus der Perspektive des christlichen Glaubens mit anderen religiösen und weltanschaulichen Überzeugungen argumentativ auseinandersetzen – Kriterien für eine konstruktive Begegnung, die von Verständigung, Respekt und Anerkennung von Differenz geprägt ist, in dialogischen Situationen berücksichtigen.
I Die Wissenschaften	»Angesichts der Pluralität der modernen Lebenswelt, im Hinblick auf zentrale gesellschaftliche Herausforderungen in Wissenschaft, Politik und Wirtschaft und inmitten von religiös geprägten Ausdrucksformen der Gegenwartskultur können sie ihre eigenen Überzeugungen entwickeln und begründet vertreten. Der Unterricht der Oberstufe vertieft und erweitert damit die religiösen Bildungsprozesse der Sekundarstufe I.«

Literaturempfehlung

(* Empfehlung für die Handbücherei der Klasse zur Orientierung, für selbständige Arbeit, Referate, Projekte)

1. Theologie und Religionswissenschaft

Theologie

Barth, Hans-Martin: Dogmatik. Evangelischer Glaube im Kontext der Weltreligionen. Ein Lehrbuch, Gütersloh 2002 (*Systematische, theolog. fundierte Darstellung der Religionen im Vergleich*)

Bormann, Lukas (Hg.): Schöpfung, Monotheismus und fremde Religionen, Neukirchen-Vluyn 2008

Dalferth, Ingolf U. / Stoellinger, Philipp: Hermeneutik der Religion, Tübingen 2007

* Feldtkeller, Andreas: Warum denn Religion? Eine Begründung, Gütersloh 2006 (*Eine gut lesbare Einführung für Religionslehrerinnen und -lehrer in das Thema »Religionen« mit Quellentexten und Grafiken. Der Theologe und Religionswissenschaftler deutet Religionen als unverzichtbare Deutungen der »Grundgegebenheiten des Menschseins« und plädiert für eine neue Bewusstheit des Christentums als Religion gegenüber der Moderne und der klassischen Religionskritik.*)

Janssen, Hans Gerd: Streitfall Monotheismus, in: Jahrbuch für Politische Theologie Bd. 4, 2002, S. 20–27

John, Ottmar: Zur Logik des Monotheismus, in: Jahrbuch für Politische Theologie Bd. 4, 2002, S. 142–153

Lähnemann, Johannes: Weltreligionen im Unterricht. Eine theologische Didaktik für Schule, Hochschule und Gemeinde, 2 Bde., Göttingen 1986

Pannenberg, Wolfhart: Systematische Theologie I, Göttingen 1988

Sundermeier, Theo: Religion – Was ist das? Religionswissenschaft im theologischen Kontext, Frankfurt 2007

Zenger, Erich: Thesen zum Proprium des biblischen Monotheismus, in: Jahrbuch für Politische Theologie Bd. 4, 2002, S. 160–165.

Religionswissenschaft

Antes, Peter: Religionen im Brennpunkt. Religionswissenschaftliche Beiträge 1976–2007, Stuttgart 2007 (*Religionswissenschaftliche Beiträge u. a. zum neueren Verständnis von Religionswissenschaften, Religionspädagogik und Theologie*)

Assmann, Jan: Monotheismus, in: Jahrbuch für Politische Theologie Bd. 4, 2002, S. 122–132

Ders.: Religion und kulturelles Gedächtnis, München 2000

Eliade, Mircea: Das Heilige und das Profane, Frankfurt a. M. 1998

Geerts, Clifford: Dichte Beschreibung, Frankfurt 2007

Gladigow, Burkhard: Religionswissenschaft als Kulturwissenschaft, Stuttgart 2005

* Hock, Klaus: Einführung in die Religionswissenschaft, Darmstadt 2002

Kippenberg, Hans G.: Die Entdeckung der Religionsgeschichte, München 1997

Rüpke, Jörg: Historische Religionswissenschaft. Eine Einführung, Stuttgart 2007, S. 172f.

Sinn, Hans Joachim (Hg.): Die Religionen der Welt, Leipzig 2007

Stolz, Fritz: Grundzüge der Religionswissenschaft, Göttingen 2001

Ders., Weltbilder der Religionen, Zürich 2001

2. Übersicht über Religionen und Fachbegriffe / Allgemeines zur Theologie der Religionen

Auffarth, Chr. u. a. (Hg.): siehe »Wörterbuch der Religionen«

* Der Brockhaus Religionen, Mannheim 2004 (*Beiträge namhafter Theologen u. Religionswissenschaftler*)

Eliade, Mircea: Das Handbuch der Religionen, Düsseldorf 2004

* Harenberg Lexikon der Religionen, Dortmund 2002 (*Gesamtdarstellung von Religionen mit Bildern und Dokumenten, sowie Stichworterklärungen*)

* Hick, John: Gott und seine vielen Namen, Frankfurt a. M. 2001 (*Eine pointierte, streitbare und umstrittene Theologie der Religionen*)

Hutter, Manfred: Die Weltreligionen, München 2005

Knitter, Paul F.: Horizonte der Befreiung, Frankfurt a. M. 1997

Koch, Michael: Verändert Dialog die Religionen? Frankfurt a. M. 2007

* Khoury, Adel Th. (Hg.): Lexikon religiöser Grundbegriffe, Wiesbaden 2007

Koslowski, Peter (Hg.): Gottesbegriff, Weltursprung und Menschenbild in den Weltreligionen, München 2000

Küng, Hans: Projekt Weltethos, München 1990

Niedersachsen-Lexikon, Hg. Landeszentrale für politische Bildung des Landes Niedersachsen, Wiesbaden 2004 (*mit Beiträgen des Religionswissenschaftlers Peter Antes*)

* Oxford-Lexikon der Weltreligionen, Düsseldorf 1999

Pannikar, Raimon: Der neue religiöse Weg: Im Dialog der Religionen, München 1990

Ratschow, Carl Heinz: Ethik der Religionen, Stuttgart u. a. 1980

Siedler, Dirk Chr.: Paul Tillichs Beiträge zu einer Theologie der Religionen, Münster 1999

Simm, Hans Joachim (Hg.): Die Religionen der Welt, Frankfurt und Leipzig 2007

* Trutwin, Werner: Licht vom Licht. Religionen in unserer Welt, Düsseldorf 1976

* Wörterbuch der Religionen, Stuttgart 2006 (*religionswissenschaftliches Handwörterbuch zu Religionen und Begriffen*)

Wohlleben, Ekkehard: Die Kirchen und die Religionen. Perspektiven einer ökumenischen Religionstheologie, Göttingen 2004

Zuverlässige, unabhängige Informationsdienste im Internet

www.religionswissenschaft.de/online-ressourcen-zur-religionswissenschaft/

Religionswissenschaftlicher Medien- und Informationsdienst e.V. Marburg (Universität): http://www.remid.de/
  – Informationsplattform Religion (Judentum, Christentum, Islam, Buddhismus)

www.religion-online.info/: Infos z. B. zum Therevada-Buddhismus in Thailand
  – Religionen in Deutschland: aktuelle Mitgliederzahlen christlicher Konfessionen, religiöse Gemeinschaften, Weltreligionen
  – Netzwerk Migration und Religion

http://www.relinfo.ch (getragen von einer Arbeitsstelle der evangelisch-reformierten Landeskirche des Kantons Zürich)

3. Religionen

Ethnische Religionen

* Eliade, Mircea: Die Schöpfungsmythen. Darmstadt 1964
* Erckenbrecht, Corinna: Traumzeit. Die Religion der Ureinwohner Australiens, Freiburg 2003
Käser, Lothar: Animismus, Bad Liebenzell 2004
Leitner, Gerhard: Die Aborigines Australiens, München 2006
* Quack, Anton: Heiler, Hexer und Schamanen. Die Religion der Stammeskulturen, Darmstadt 2004
Reuter, Astrid: Voodoo und andere afroamerikanische Religionen, München 2003
Sundermeier, Theo: Nur gemeinsam können wir leben. Das Menschenbild schwarzafrikanischer Religionen, Hamburg 1997

Buddhismus und chinesische Religion

* Brück, Michael von: Einführung in den Buddhismus, Leipzig 2007 *(gründliche, differenzierte Übersicht in kurzer Darstellung)*
Buddha: Reden, München 2005
Chinesische Philosophie: Laotse: Tao Te King – Das Buch des Alten vom Sinn und Leben. Asiatische Philosophie – Indien und China, S. 27331 (vgl. Laotse-Tao, S. 83) http://www.digitale-bibliothek.de/band94.htm. (Digitale Bibliothek Bd. 94)
Clarke, J.J. (Hg.): C.G. Jung und der östliche Weg, Zürich und Düsseldorf 1977
Dalai Lama: Epilog, in: Großer National Geographic Atlas der Weltreligionen, Hamburg 2004
Dalai Lama: Der Weg des tibetischen Buddhismus, Freiburg 2007
Dalai Lama: Mitgefühl. Öffne dein Herz, hg. von Ulla Bohn, Freiburg i.Br., 2. Aufl. 2008
* Luz, Ulrich / Michaels, Axel: Jesus oder Buddha. Leben und Lehre im Vergleich, München 2002 *(Ringvorlesung des Indologen Michaels und des Neutestamentlers Luz, der selber in Kyoto / Japan gelehrt hat)*
Mylius, Klaus (Hg.): Die vier edlen Wahrheiten. Texte des ursprünglichen Buddhismus, Stuttgart 1998
Notz, Klaus-Josef (Hg.), Herders Lexikon des Buddhismus, Erftstadt 2007

Film:
Frühling, Sommer, Herbst, Winter... und Frühling, Korea / Deutschland 2003 (DVD 2004)

Internet:
www.buddhismus-deutschland.de (Deutsche buddhistische Union)
www.buddhismus.de und http://www.buddhismus-schule.de/ *(Buddhistischer Dachverband Diamantweg e.V. differenziert klar die buddh. Richtungen, bietet einfach verständliches, etwas schematisches Unterrichtsmaterial für Sek II, leider ohne Quellentexte)*

Judentum

Assmann, Jan: Moses der Ägypter, München 1998
Bormann, Lukas (Hg.): Schöpfung, Monotheismus und fremde Religionen, Neukirchen 2008
Brocke, Edna: »Juden und Christen beten zum gleichen Gott. Anfragen an These 1 von Dabru emet. In: Erwin Dirscherl, Werner Trutwin (Hg.), Redet Wahrheit – Dabru Emet, Jüdisch-christliches Gespräch über Gott, Messias und Dekalog, Münster und Hamburg 2004, S. 43–46
Fohrer, Georg: Glaube und Leben im Judentum, Heidelberg 1991
Kampling, Rainer (Hg.): Dabru emet – redet Wahrheit: eine jüdische Herausforderung zum Dialog mit den Christen, Gütersloh 2003
* Kayales, C. u. a. (Hg.): Was jeder vom Judentum wissen muss, Gütersloh, 9. Aufl. 2005
Lau, Israel M.: Wie Juden leben. Glaube. Feste Alltag, Darmstadt 2005
Lohrbächer, Albrecht u. a. (Hg.): Schoa. Schweigen ist unmöglich, Stuttgart 1999
Maier, Johann: Judentum von A–Z, Freiburg i. Br. 2001
* Solomon, Norman: Judentum. Eine kurze Einführung, Stuttgart 2004
Stemberger, Günter: Jüdische Religion, München 1995
* Vries, S. Ph. de: Jüdische Riten und Symbole, Wiesbaden 1981 *(Eine immer noch hochspannende symbolorientierte Einführung in das Judentum, geschrieben von einem holländischen Rabbiner)*
Zenger, Erich: Thesen zum Proprium des biblischen Monotheismus, in: Jahrbuch für Politische Theologie Bd. 4, 2002, S. 160–163

Internet:
www.hagalil.com (Deutsch-jüdische Seite mit Informationen zum Judentum in Deutschland)
www.juden.de (Initiative jüdischer Studenten, die Informationen zum Judentum bieten)
www.jcrelations.net/de/?id=1046 (Fundort für den Text Dabru emet, einen neueren Grundlagentext zum christlich-jüdischen Dialog)

Christentum

* Antes, Peter: Das Christentum. Eine Einführung, München 2004
Ders.: Christentum und Islam in: ru 4/ 1992
Nowack, Kurt: Das Christentum, München 1997
Theißen, Gerd: Die Religion der ersten Christen. Eine Theorie des Urchristentums, Gütersloh 2003 *(Eine religionswissenschaftliche Darstellung des frühen Christentums aus Sicht des Heidelberger Neutestamentlers)*
* Rupp, Hartmut: Handbuch der Kirchenpädagogik, Stuttgart 2006

Film:
Die große Reise nach Santiago die Compostela / Mekka. http://www.arsenalfilm.de/die-grosse-reise/

Islam

Koranausgaben:
* Der Koran, übersetzt und kommentiert von Adel Theodor Khoury, Gütersloh 2004 *(Von islamischen Gelehrten anerkannte deutsche Übersetzung)*
* Der Koran für Kinder und Erwachsene. Übersetzt und erläutert von Lamya Kaddor und Rabeya Müller, München 2008 *(Paraphrasierte Wiedergabe wichtiger Suren mit arab.-deutschem Text, Kommentaren und Bildern)*
* Khoury, Adel Theodor: Der Koran, erschlossen und kommentiert, Düsseldorf 2005 *(Sorgfältige theolog. Einführung mit vielen Quellen und Bildern)*

Aslan, Reza: Kein Gott außer Gott, München 2008
Bobzin, Hartmut: Mohammed, München 2000
Cook, Michael: Der Koran. Eine kurze Einführung, Stuttgart 2000
*Klarheit und gute Nachbarschaft. Christen und Muslime

in Deutschland. Eine Handreichung des Rates der EKD. EKD Texte 86, Hannover 2006. Diskussion in: EZW-Text 194

Freiheit und gute Nachbarschaft. Christen und Muslime – Eine Orientierungshilfe für die evangelischen Gemeinden in Westfalen. Herausgegeben vom Landeskirchenamt der Evangelischen Kirche von Westfalen, Januar 2008

*Halm, Heinz: Der Islam. Geschichte und Gegenwart, München 2004

* Hübsch, Hadayatullah: Fanatische Krieger im Namen Allahs. Die Wurzeln des islamischen Terrors, Kreuzlingen und München 2001 *(Auseinandersetzung eines deutschen Muslims mit dem islamistischen Terror)*

Krämer, Gudrun: Geschichte des Islam, München 2008

Hammoudi, Abdellah: Saison in Mekka. Geschichte einer Pilgerfahrt, München 2007

Manji, Irshad: Der Aufbruch. Pädoyer für einen aufgeklärten Islam, München 2005

Ruthven, Malise: Der Islam, Stuttgart 2000

Schimmel, Annemarie: Der Islam, Stuttgart 1995 *(Ein »Klassiker« als Reclam-Heft)*

Schulze, Reinhard: Art. Muhammad, in: Wörterbuch der Religionen, Stuttgart 2006, S. 354f.

Internet:
Algan, Emel: »Gebt endlich die Köpfe frei!« [Quelle: http://de.qantara.de/webcom/show_article.php/_c-469/_nr-831/_cmt-fb86abc13949d6994ba43a26d70648fb/i.html]

Ägyptische Religion
Assmann, Jan: Tod und Jenseits im alten Ägypten, München 2001

Hornung, Erik: Echnaton: die Religion des Lichtes, Düsseldorf 2003

Schlögel, Hermann A.: Das Alte Ägypten, München 2003

Textsammlungen mit Quellentexen unterschiedlicher Religionen
Lang, Bernhard (Hg.): Erhelle meine Nacht. Die 100 schönsten Gebete der Menschheit, München 2004

Mensching, Gustav: Das Lebendige Wort, Wiesbaden o.J.

Schumann, Olaf: Zentrale Texte des Glaubens, Stuttgart 2002

Zink, Jörg: Unter dem großen Bogen, Stuttgart 2001

Popularkultur
* Gutmann, Hans-Martin: Der Herr der Heerscharen, die Prinzessin der Herzen und der König der Löwen. Religion lehren zwischen Kirche, Schule und populärer Kultur, Gütersloh 1998

Gräb, Wilhelm: Massenmedien – Religion – Hermeneutik, in: Ingolf U. Dalferth / Philipp Stoellinger: Hermeneutik der Religion, Tübingen 2007, S. 216ff.

Seeßlen, Georg: König der Juden oder König der Löwen: religiöse Zitate und Muster im populären Film, Stuttgart/Berlin: EZW, 1996.

Pirner, Manfred L.: Fernsehreligion im Schnittfeld von Medien- und Religionspädagogik, Ludwigsburger Beiträge zur Medienpädagogik 2/2002

Ders., Religion als medial konstruierte Wirklichkeit. Anmerkungen zum Verhältnis von Medienerfahrungen und religiöser Bildung aus einer konstruktivistischen Perspektive. Zeitschrift für Pädagogik und Theologie 51 (1999), Heft 3, S. 280–288

4. U-Modelle Religionsunterricht / Ethik (Sek II) / Handbücher für den Unterricht

Kliemann, Peter: Das Haus mit den vielen Wohnungen, Stuttgart 2004

* Klett-Reihe Thema Weltreligionen (Ethik, Religion), hg. v. Peter Antes und Manfred Pöppel, 2002ff.

Lähnemann, Johannes: Unterrichtsprojekt Weltethos, Bd. 2. Realschule – Gymnasium – Berufsschule, Hamburg 2000 (= Pädagogische Beiträge zur Kulturbegegnung Bd. 18)

* Kursbuch Oberstufe, Stuttgart 2004 *(bietet wie das Religionsbuch Oberstufe zu jedem klassischen Thema von Sek II einen Beitrag aus den Religionen)*

* Religionsbuch Oberstufe, Berlin 2006, S. 162ff.

Trutwin, Werner: Die Weltreligionen, Düsseldorf 2002

* Tworuschka, Udo: Religiopolis – Weltreligionen erleben. CD-Rom Klett 2006 *(Videos und Animationen zu Gottesdiensträumen, und hl. Stätten der Weltreligionen; Dokumentation zur Geschichte, Karten und Quellen)*

* Wendebourg, Christian: Östliche Religionen und evangelischer Glaube, Ein Unterrichtsprojekt für die 10. Jahrgangsstufe, Erlangen o.J. (3 Bde). = Arbeitshilfe für den evangelischen Religionsunterricht an Gymnasien, Themenfolge 113. Hg. von der Gymnasialpädagogischen Materialstelle der Evangelisch-Lutherischen Kirche in Bayern

5. Zur Didaktik interreligiösen Lernens

Schreiner, Peter u. a. (Hg.): Handbuch interreligiöses Lernen, Gütersloh 2005

Internet:
www.weltethos.org

6. Sonstige Literatur und Internetadressen

Benesch, Hellmuth: dtv-Atlas Psychologie. Bd. 2, München 1997

Becker, Ruth / Kortendiek, Beate (Hg.): Handbuch der Frauen- und Geschlechterforschung, Wiesbaden 2004 *(Zum Thema Gender und Religion)*

Braun, Hans-Jürg: Das Jenseits. Die Vorstellungen der Menschen über das Leben nach dem Tod, Frankfurt und Leipzig 2000

Brockhaus Enzyklopädie Bd. 14, Stuttgart 1991

Descartes, René: Meditationen über die Grundlagen der Philosophie, Hamburg 1960

Kant, Immanuel: Werke, Bd. VI, Berlin 1968

Kunstmann, Joachim: Religionspädagogik, Tübingen und Basel 2004

Religiöse Pluralität und christliches Selbstverständnis, Schlussfassung März 2005. ÖRK-Dokumentation: Weltmission und Evangelisation«, Konferenz für Weltmission, Athen 2005. Zitiert nach: http://www.oikoumene.org/de/dokumentation/documents/oerk-kommissionen/weltmission-und-evangelisation/konferenz-fuer-weltmission-athen-2005/vorbereitungspapier-nr-13-religioese-pluralitaet-und-christliches-selbstverstaendnis.html.

Schürmann, Eva: Sehen als Praxis, Frankfurt a. M. 2008

Sloterdijk, Peter: Zorn und Zeit, Frankfurt a. M. 2006

Ziemer, Jürgen: Seelsorgelehre, Göttingen 2000

A: Religionen auf einen Blick

I. Inhaltliche Grundlegung

Das Thema im Überblick

Block A	Thema	Didaktisches Stichwort: Ansatzpunkte und thematische Horizonte für den Unterricht	Weitere Bezugspunkte (Schülerheft = SH; Lehrerheft = LH; Zusatzmedien im LH = M)
Kapitel 1 Ethnische Religionen	Karte. Näherbestimmung des Begriffes »ethnische Religionen«.	Änderungen in der Terminologie und der sich wandelnde Blick auf fremde Religionen.	SH S. 12f.: Mythos Erde, Traumpfade der Aborigines. S. 70: Wald und Religion bei den Mbuti.
Kapitel 2 Buddhismus	Karte: Buddha und seine Lehre. Das Rad der Lehre (Grundelemente des Buddhismus). Verbreitung und Richtungen des Buddhismus. Grundbegriffe und »Glaubensbekenntnis« des Buddhismus.	Ineinander von Leben und Lehre eines Religionsstifters (Buddha und seine Lehre). Wie kann ein »Glaubensbekenntnis« aussehen? Präzisierung von (z. T. oberflächlich geläufigen) »Spitzenbegriffen« einer Religion (z. B. »Nirvana«). Innere Diversifizierung einer Religion.	SH S. 24: Mönchtum in Thailand. S. 25: Buddhistisches Kloster. S. 42: Das Absolute. S. 43: Göttliches Licht. S. 36: Kharma. S. 52: Ein buddhistischer Bestattungsritus. *Zum Thema »Glaubensbekenntnis«:* S. 8: Das ökumenische Glaubensbekenntnis. S. 64: Die 13 Glaubensartikel des Maimonides. S. 10: »Shahada« im Islam.
Kapitel 3 Judentum	Karte: Jerusalem. Rabbi Jeremy Rosen, Mein Judentum. Jerusalem, die Heilige Stadt der Abrahamtischen Religionen.	Biographie und religiöse Überzeugung. Gibt es so etwas wie einen »inneren Kern des Judentums« (z. B. die Thora)? Jerusalem als geschichtsträchtige »Hauptstadt« (nicht nur) des Judentums.	SH S. 14f.: Jerusalem, die Stadt Gottes. S. 18: Jüdisches Leben in der Diaspora. S. 19: Synagoge in Krakau. S. 64: Die 13 Glaubensartikel des Maimonides.
Kapitel 4 Christentum	Karte: Ausbreitung des Christentums in verschiedenen Jahrhunderten. Nachösterlicher Christusglaube. Apostolisches Glaubensbekenntnis. Unterschiedliche Formen des Kreuzes.	Inwiefern ist Jesus Christus für das Christentum von zentraler Bedeutung? Das Christentum zwischen Einheit und Pluralisierung.	SH S. 8: Credo. S. 16: Ostern auf der Thingstätte. Altarraum Heiliggeistkirche Heidelberg. S. 21: Herrnhuter Kirche Königsfeld. S. 20: Christentum – Pluralismus – Globalisierung. S. 46f.: Trinität. S. 74: Theologie.
Kapitel 5 Islam	Karte: Anteile des Islam in der Bevölkerung. Hauptströmungen innerhalb des Islam.	»Reizwörter« rund um den Islam (Scharia, Islamismus). Der Islam als »Buchreligion« und als gesellschaftsprägende Kraft außerhalb Europas.	SH S. 23: Moschee von Wülfrath. S. 22: Islam. Staat und Toleranz. S. 62: Muslime und westliche Kultur. S. 46: Monotheismus und Trinität. S. 55: Islamische Charta.

Verschiedenartige Vielfalt
Wer heute christliche Religion unterrichtet oder sich mit den Grundlagen der christlichen Religion im Unterricht auseinandersetzt, kommt in vielerlei Hinsicht nicht umhin, auch die konkrete Vielfalt der Religionen überhaupt wahrzunehmen und zu thematisieren.
Die Wahrnehmung von Religion und Religionen ist dabei ganz wesentlich durch drei Perspektiven bestimmt, die sich gegenseitig bedingen:
a) *Lebenswelt der Schülerinnen und Schüler.* Zum einen dringt – wenigstens medial vermittelt – »Religion im Weltmaßstab« immer wieder in den lebensweltlichen Nahraum auch von Schülerinnen und Schülern ein. Die massive Thematisierung der islamistischen Hintergründe der Anschläge vom 11.9.2001 bildete hier einen immer noch nachhallenden Grundakkord; dieser ist inzwischen freilich vielfältig gebrochen und durch verschiedene andere Ereignisse unterschiedlicher Intensität überlagert und verändert. Tagespolitische Spitzenmeldungen haben – bei durchaus rascher Verfallszeit ihres Aktualitätswertes – immer wieder eine religionspolitische Einfärbung. Auch jenseits der Meldungen von »islamistischen Terroristen« gibt es genügend Beispiele aus der jüngeren Vergangenheit. So empfing beispielsweise Bundeskanzlerin Angela Merkel 2007 mit dem Dalai Lama den Führer des tibetanischen Lamaismus; sie löste dadurch eine innenpolitische Debatte über die richtige diplomatische Haltung im Konflikt um die politische Selbstständigkeit Tibets von China aus. Dabei war zweifellos ausschlaggebend, dass der Dalai Lama in Deutschland inzwischen zu einer Bezugsperson religiöser und spiritueller Orientierung ersten Ranges avanciert ist.
b) *Pluralisierung.* Neben und in diesen äußeren Globalisierungsphänomenen gibt es auch einen inneren Pluralisierungsschub in der Wahrnehmung von Religion. Religiöse Orientierung in der Bundesrepublik findet immer stärker unter der Bedingung einer Patchwork-Religiosität statt; zum Beispiel werden gewisse spirituelle Elemente gerne aus dem Buddhismus übernommen, ohne dass Menschen gänzlich aus ihrem christlichen Milieu heraustreten und zum Buddhismus übertreten. Der islamische Sufismus wird als Quelle von folkloristisch intensiv wahrgenommener Weltmusik präsent. Die Didgeridoos der australischen Aborigines sind inzwischen als Musikinstrumente nicht nur bei Straßenmusikern beliebt; auch Stars wie die Band »Die Ärzte« und Peter Maffay bedienen sich des rituellen Musikinstrumentes aus Australien.
Bisweilen wird unter dem Eindruck einer medial vermittelten Globalisierung die »neutrale« Position einer Art »religionswissenschaftlichen Schwundstufe« eingenommen, die Religionen nur noch als interessante Kulturphänomene wahrnimmt, eine eigene religiöse Positionierung aber konsequent ablehnt bzw. als intellektuell unredlich zurückweist. Es bedürfte näherer Untersuchungen, inwiefern beispielsweise das bei Schülerinnen und Schülern offenkundige Interesse an Fremdreligionen wenigstens vordergründig aus einer Art »interessiertem Neutralismus« gespeist ist.

c) *Religionswissenschaften.* Selbstverständlich hat auch die religionswissenschaftliche Forschung selbst eine globalisierte Perspektive eingenommen. Ein Editionsprojekt bringt diese Tatsache programmatisch zur Geltung: »Die Pluralität der Weltreligionen ist zum integralen Bestandteil des Alltags aller Menschen geworden – teils durch Bilder und Geschichten in den Massenmedien, teils durch Erfahrungen im Umfeld und im Zentrum des eigenen Lebens« (Simm, Die Religionen der Welt, S. 7). Diese entschlossene Tendenz zum erweiterten Blick auf das Weltganze kann sogar als eine wesentliche Initialzündung für die Religionswissenschaft im 19. Jahrhundert gewertet werden; danach entstand Religionswissenschaft in dem Augenblick, als empirisches und quellenorientiertes Detailinteresse an einzelnen Äußerungen vergangener und geografisch entfernterer Regionen allgemeine philosophische Spekulationen etwa über das Wesen der Religion ablösten (vgl. Kippenberg, Die Entdeckung der Religionsgeschichte, S. 45–50). Der geografisch erweiterte Blick verschaffte so neue Einsichten. Neuere religionsphilosophische Essays setzen gerade bei dieser Dimension der Wirklichkeit von Religion ein. Der Philosoph Peter Sloterdijk inszeniert etwa seine Analyse moderner islamistischer Terrorismen auch als Blick auf eine »Neuverteilung der Drohpotentiale auf den geopolitischen Karten der Gegenwart« (Sloterdijk, Zorn und Zeit, S. 341). Schließlich ist auch das ambitionierteste Projekt einer christlich orientierten Würdigung nicht christlicher Religionen explizit als globalisiertes Unterfangen gekennzeichnet. Das von dem katholischen Theologen Hans Küng initiierte Weltethos-Projekt trägt schon in seinem Titel den Anspruch, Religionen global zu betrachten und hinsichtlich ihrer friedensfähigen ethischen Gemeinsamkeiten einen Dialog zwischen den einzelnen Religionen zu organisieren [s. u.].

In all dem wird deutlich, dass die in diesem Kapitel gegebene Orientierung mehr in sich trägt als enzyklopädisches Basiswissen. Vielmehr werden an dieser Stelle durch verdichtete Informationen ein Zugangsweg und eine Reflexionsmöglichkeit für einen verbreiteten und beliebten Ansatz für das Verstehen von Religionen überhaupt geschaffen.

Wahrnehmung, Verständigung, Kooperation:
Religionsvertreter und der »Dialog der Religionen«
Auch innerhalb der Religionen selbst ist im Positiven wie im Negativen die Entdeckung globaler Maßstäbe und Vernetzungen immer wieder ein Thema. Das nicht ganz stimmige Stichwort vom »Dialog der Religionen« – nur Menschen können Dialoge führen – bringt dabei lediglich einen Teil der wahrnehmbaren Phänomene auf den Begriff.
Innerhalb des Christentums sind besonders durch den Katholizismus etliche bemerkenswerte und öffentlich wahrgenommene Initiativen entstanden. Papst Johannes Paul I. initiierte im Jahre 1986 ein erstes gemeinsames interreligiöses Friedensgebet. Diese keineswegs unum-

strittene Veranstaltung korrespondiert mit dem Projekt Weltethos, das der äußerst papstkritische katholische Theologe Hans Küng im Jahre 1993 in Leben rief. Die zentralen Forderungen verpflichten die Mitglieder der unterschiedlichen Religionen auf eine gemeinsame Kultur der Gewaltlosigkeit, der Ehrfurcht vor dem Leben, der Solidarität und der Toleranz.

Auf Seiten des Buddhismus hat der Dalai Lama die Notwendigkeit des Dialoges und der Zusammenarbeit zwischen Menschen unterschiedlicher Religionen immer wieder betont. Auch dabei kann die Sichtweise auf das Miteinander der Religionen globalisiert werden. Pointiert konnte der Dalai Lama bezüglich der Zukunft des Planeten Erde formulieren: »Sie [die Angehörigen verschiedener Religionen] müssen auf allen Gebieten miteinander kooperieren, vorausgesetzt, sie erkennen ihre jeweiligen Differenzen als naturgegeben und positiv an« (Dalai Lama, Mitgefühl, S. 150).

Die in all diesen Initiativen und Äußerungen zutage tretende Perspektive der Toleranz und des ethisch orientierten Dialoges ist in ihrer Grundlegung und Ausrichtung durchaus nicht ohne Kritik geblieben. Oft wurde eine ausgearbeitete Kultur der Differenz vermisst, die gerade mit den unausweichlichen Unterschieden zwischen den verschiedenen religiösen Traditionen umzugehen weiß.

Für die Einschätzung dieses Kapitels ist allerdings eine Tatsache von elementarer Bedeutung: Die bloße Existenz der oben skizzierten Initiativen und Haltungen zeigt, dass die Notwendigkeit eines Dialoges zwischen Menschen verschiedener Religionen erkannt worden ist.

II. Didaktische Reflexion

1. Thematische und pädagogische Aspekte

*Elementarisierung der
fachwissenschaftlichen Perspektive*
Der gesamte Block zielt darauf ab, in einem ersten Durchgang Vorwissen und Vorerfahrungen der Schülerinnen und Schüler über Religionen zu aktivieren und zu erweitern. Einzelne wichtige und für eine vertiefende Beschäftigung zentrale Begriffscluster werden bereits präsentiert und können durch einen vergleichenden Blick erarbeitet werden, so zum Beispiel für den Buddhismus (vgl. etwa S. 5 und S. 36 zum Begriff »Karma«) oder für den Islam (vgl. zum Thema Islamismus S. 10 und S. 55); Gerd Theißens auf das Urchristentum bezogene Deutung des Osterglaubens (vgl. S. 8) könnte hinsichtlich der angelegten Kriterien auch für eine Interpretation der Osterpredigt von Hermann Maas (S. 16) bezogen werden.

Klassen, welche sich über die genannten Religionen ein gründliches Bild verschaffen wollen, können anhand der Gliederung und der Informationen im SH ein Porträt der Weltreligionen erstellen.

*Glaubensbekenntnis – Karma – Nirvana –
»1492«: Die Vielfalt der Religionen in
der Welt der Schülerinnen und Schüler*
Aus dem sicher nicht überall kräftig leuchtenden »religiösen Nahbereich« der Schülerinnen und Schüler ist wohl das christliche Glaubensbekenntnis zu nennen – freilich kaum als ein von vielen im wöchentlichen Gottesdienst präsent gemachter Text! Vielmehr werden im besten Falle Erinnerungen z. B. an den Konfirmandenunterricht auftauchen, in dem das Bekenntnis mühevoll gelernt und aufgesagt werden musste.

Ein Blick auf die Karten S. 5, 9 und 10 lässt unter Umständen Reiseerlebnisse wach werden. Dann kann gefragt werden: Wo hatten wir auf Reisen (z. B. mit den Eltern) Begegnungen und Erlebnisse, die mittelbar oder unmittelbar mit Religion oder nichtchristlichen Religionen zu tun hatten?

Ein vages, aber recht vitales Vorverständnis des Wortes »Karma« bei vielen Schülerinnen und Schülern (vgl. S. 5) dürfte leicht auszumachen sein. Darüber kann es zu einer Erstverständigung und -orientierung über diesen buddhistischen Zentralbegriff kommen.

Es gehört zu den immer wieder vorfindbaren Grundfiguren bei Schüleräußerungen über das Christentum, dessen Ausbreitungsgeschichte ausschließlich als gewaltgesättigte Kolonialisierungswelle zu begreifen (vgl. S. 9). Viele Schülerinnen und Schüler haben das Datum 1492 (Landung von Kolumbus in Amerika) sozusagen fest als Unrechtsdatum verbucht: Neben den Hexenverfolgungen wird gerade dieses Jahreszahl zum oft genannten Beleg für die innere, historisch vermittelte Unredlichkeit oder wenigstens Widersprüchlichkeit des Christentums. In der Gegenwart werde Frieden und Toleranz gepredigt, in der Vergangenheit aber sei man in großer Härte gegen alles vorgegangen, was nicht den jeweiligen eng umgrenzten Denk- und Glaubenshorizonten entsprach. Inwiefern ist dieses Urteil gerechtfertigt? Die Karte auf S. 9 kann hier Anstöße zu historischen Differenzierungen aufbieten, die durch ergänzende Informationen, auch aus dem Geschichtsunterricht, verstärkt werden können.

Die jüdische Religion ist für Schülerinnen und Schüler oft in hohem Maße durch die mediale oder unterrichtliche Konzentration auf das Thema Schoa besetzt. Die Seiten 6 und 7 bilden dazu ein gewisses Gegengewicht. »Judentum auf einen Blick« wird durch einen Einblick in die autobiographisch vermittelte Aneignung der Glaubenswelt des Judentums bzw. durch einen ersten Blick auf die Heilige Stadt Jerusalem präsentiert.

2. Zur Auswahl der Medien

Durch den Wechsel zwischen Karten, Sachtexten, Glaubensbekenntnissen und autobiographischen Texten kann die Vieldimensionalität des Phänomens »Religionen« erkennbar werden. Es kann verdeutlicht werden: Religion hat mit Politik (S. 9) genauso viel zu tun wie mit dem Erzählen einer Lebensgeschichte (S. 6), philosophisch präparierten und theologisch hoch aufgeladenen Texten (S. 8) oder auch mit dem Tanz als wortlosem Antrieb und Ausdruck der Vereinigung mit Gott (S. 11). Damit mag deutlich werden: Religion ist nicht nur ein Gefühl oder ein soziales System religiöser Praxis. Religion konstituiert rituelle (gottesdienstliche) Vollzüge und impliziert den Aufbau spezifischer Symbol- und Zeichenwelten; Religion hat aber auch Bezüge zur Kunst, zu geographischen Verhältnissen, geschichtlichen Entwicklungen etc.

3. Kompetenzen und Bezüge zu Bildungsplänen

Die Schülerinnen und Schüler können
- charakteristische Merkmale unterschiedlicher Religionen benennen und voneinander abgrenzen,
- Ausbreitungsgebiete wichtiger Religionen benennen und zuordnen,
- Auskunft darüber geben, inwiefern Religionen vielfältige und aspektreiche Phänomene darstellen.

Im *Bildungsplan für berufliche Gymnasien (Baden Württemberg)* wird im Themenkreis 9 das Themenfeld »Religionen und Religiosität« platziert. Das Kapitel kann für eine erste Orientierung zur Thematik »Vielfalt der Religionen« herangezogen werden.

Nach den *EPAs* befähigt der RU der gymnasialen Oberstufe Schülerinnen und Schüler, sich »aus der Perspektive des christlichen Glaubens mit anderen religiösen und weltanschaulichen Überzeugungen argumentativ auseinander[zu]setzen«. Dafür gibt dieses Kapitel erste Orientierungen (Stichworte: Glaubensbekenntnisse, geographische Verortung von Religionen und politische Konflikte, Diversifikation von Religion).

III. Hinweise zu den Medien

S. 3 Ethnische Religionen – Traditionelle Religionen
Diese Begriffe ersetzen die früher üblichen und bis in die Gegenwart gebräuchlichen Termini »Naturreligionen«, »primitive Religionen« oder auch »vorgeschichtliche Religionen«. Der Gebrauch all dieser Termini impliziert, dass die damit umfassten Religionen eine hohe Zahl von inhaltlichen oder strukturellen Gemeinsamkeiten besitzen. Man hat dann zum Beispiel eine besonders große Nähe religiöser Vollzüge zu den Grundgegebenheiten der Natur (Naturreligionen) gesehen. Der Begriff »primitive Religionen« beinhaltet einen deutlichen Gegensatz zu den so genannten »Hochreligionen«; dieser wird meistens darin gesehen, dass »primitive Religionen« kein ausgearbeitetes religiöses Schrifttum, keinen entwickelten Gottesgedanken bzw. theologisches System oder keine hoch elaborierten rituellen Vollzüge kennen. Ähnlich wird die Differenz beim Gegenüber von »vorgeschichtlichen« und »geschichtlichen« Religionen bestimmt; in diesem Falle wird der Unterschied dadurch markiert, dass allein den geschichtlichen Religionen ein (meist schriftlich codiertes) Überlieferungssystem zugetraut wird, das dann auch Veränderungen und Wandlungen der entsprechenden Religion transportiert.

Gegen all diese Gegenüberstellungen wurde vor allem seitens der ethnologischen Forschung lebhafter Protest eingelegt. Hauptargument ist dabei vor allem die Tatsache, dass die religiösen Traditionen und Vollzüge vieler Ethnien nicht einfach unter einem Oberbegriff zusammengefasst werden können. Hinzu kommt, dass zum Beispiel der Begriff »primitive Religion« oder Religion einer »primitiven Kultur« auf einem weit verbreiteten Trugschluss beruht: die äußere Kargheit einer Kultur sagt noch nichts über die Komplexität ihres religiösen Systems. So eignet beispielsweise der materiell sehr armen Kultur der australischen Aborigines eine höchst elaborierte und differenzierte Religion.

Mit solchen Fehleinschätzungen einer gingen oft auch kolonialistische Implikate von der vermeintlichen Unterlegenheit nichteuropäischer Rassen. Religionswissenschaftlich aktiviert wurde der Ausdruck von den »Naturvölkern« durch den Religionsgeschichtler J.G. Frazer (1851–1941), in dessen Gefolge der Ethnologe C. Levy-Gruhl (1857–1939) vom »primitiven Denken« sprach. Schließlich steht die Gegenüberstellung von »primitiver« Magie und »Animismus« (erstmals bei E.B. Taylor 1832–1917) in der Tradition von Auguste Comte (1798–1857). Dieser hatte in seinem Dreistadiengesetz die Entwicklungsschritte der menschlichen Gesellschaft von einem theologischen über einen metaphysisch-abstrakten bis hin zu einem positiven Stadium bestimmt. Bereits der deutsche Philosoph Georg Wilhelm Friedrich Hegel konnte auf ähnliche Weise eine dialektische Aufwärtsbewegung des Geistes von den »Naturreligionen« bis hin zu einer philosophisch zugespitzten Variante des Christentums postulieren.

S. 4 Dharmacakra (Rad der Lehre) als Symbol für den Buddhismus
Das Symbol repräsentiert den Beginn der Lehrtätigkeit des Buddha mit seiner ersten Predigt im Gazellenhain von Benares. Kanonische Quellen vergleichen Buddha mit einem Monarchen, der die universelle Herrschaft beansprucht, indem er die Räder seines Streitwagens über die ganze Erde rollen lässt. Die frühesten bildlichen Darstellungen zeigen das Rad der Lehre über einem leeren Thron, der von zwei Gazellen gesäumt wird. Damit wird das Rad der Lehre zum »anikonischen« Bild für Buddha. Spätere Darstellungen platzieren das Rad der Lehre auf dem Körper des Buddha oder auf seinen Füßen. Häufig findet sich das Symbol auch im Eingangsbereich von Tempeln. Acht Speichen stehen für den achtfachen Pfad (vgl. den Text »Predigt von Benares«).

S. 4 Glaubensbekenntnis des Buddhismus
Diese so genannte »Dreifache Zuflucht« (sanskrit: Triratna) besitzt einen Doppelcharakter. Sie kann sowohl als Formel beim Übertritt zum Buddhismus als auch in der täglichen religiösen Praxis als Bekenntnisformel benutzt werden. Die »Dreifache Zuflucht« soll in der buddhistischen Praxis eine Einheit bilden, weshalb das Sanskritwort »triratna« oft auch in der Bedeutung »dreifaches Juwel« übersetzt wird.

S. 4 Predigt von Benares
Benares ist nicht nur eine für den Buddhismus bedeutsame Stadt. Auch für die religiösen Traditionen des Hinduismus ist die Stadt hoch bedeutsam; Benares (Kásí) zählt zu den sieben heiligen Städten Indiens und ist besonders als Wallfahrtsort für den Gott Shiva bekannt. Die Predigt von Benares enthält mit der Formulierung der so genannten »Vier Edlen Wahrheiten« die wohl authentischsten Passagen aus der Lehre des historischen Buddha. Adressaten dieser Predigt waren der Überlieferung nach fünf Mönche, die sich Gautama Buddha in der Zeit seiner schmerzreichen Askese vor seiner Erleuchtung angeschlossen hatten.

S. 5 Begriffserklärungen »Atman«, »Dharma«, »Karma«, »Nirvana«
Die hier erläuterten Begriffe markieren für den Buddhismus wesentliche Daseinsbedingungen von Welt und Mensch. Als zentrales Element des ewigen und unveränderlichen Dharma kann hier die Lehre von der »Wirklichkeit als Wandel« (Carl Heinz Ratschow) bestimmt werden. »Alles, die gesamte materielle, spirituelle und psychische Wirklichkeit befindet sich in einer prozessualen Bewegung. Auch das Leben besteht nur aus einer dauernden Folge von Werden und Vergehen, Geburt und Tod« (Ratschow, Ethik der Religionen, S. 234). Das Erlöschen von Karma und der Vorgang des Erwachens (Bodhi, Erleuchtung) führen also in ein und demselben Punkt zueinander.

S. 6 Menora als Symbol für das Judentum
Der siebenarmige Leuchter ist ein hoch aufgeladenes Symbol. Nach Ex 24,50 gab Gott dem Mose auf dem Berg Sinai ein Muster der Menora. 1. Kön 7,49 erwähnt, dass im Tempel Salomos eine Menora stand. In der jüdischen Mystik, der Kabbala, gilt der Leuchter als Symbol der so genannten Emanationen Gottes, das heißt als symbolische Repräsentation der Wirksamkeiten von Gottes schöpferischer Natur (als sieben »niedere Sefirot Gottes« gelten: Liebe, Macht, Schönheit, Ausdauer, Majestät, Grundlage und Königreich).

S. 6 Rabbi Jeremy Rosen: Mein Judentum
Rosens Selbstzeugnis kreist um zwei wesentliche Aspekte: Einmal wird betont, dass das Judentum eine plurale und keineswegs in sich geschlossene religiöse Größe ist. Zum anderen werden als Kernmerkmale jüdischer Existenz nicht Elemente der (theologischen) Lehre, sondern Realisationen der religiösen Praxis genannt. Dennoch werden mit der Konzentration auf diese Seite des Judentums wesentliche Elemente der Lehrpraxis innerhalb des Judentums thematisiert.

S. 7 Erläuterungen zur Karte von Jerusalem
Deutlich sichtbar ist die große Nähe von »religionssensiblen« Hoheits- und Siedlungsgebieten. Bedeutendstes Beispiel dafür ist der Tempelberg mit der Al-Aqsa-Moschee (drittwichtigste Moschee des Islam) und der Klagemauer (wichtigste Heilige Stätte für das Judentum). Die eminente Bedeutsamkeit für das Christentum zeigt sich durch die Via dolorosa (Leidensweg Jesu) mit dem Ziel der »Grabeskirche«.

S. 8 Das Kreuz als Symbol für das Christentum
Das Wort »Kreuz« ist auch jenseits seiner ikonographischen Präsenz ein zentraler Indexbegriff für »Christentum«. Erinnert sei hier einmal an das »Wort vom Kreuz«, das für Paulus zum Ausweis seiner Verkündigung im Gegenüber zum schwärmerischen Verkündigungston seiner Gegner im Korinth steht (1. Kor 1,18) oder auf die »theologia crucis« (Kreuzestheologie) Luthers, die dieser dezidiert im Gegenüber zu einer letztlich sogar gottesvergessenen Theologie des Ruhmes, der Herrlichkeit (theologia gloriae) seiner Gegner ansah.

S. 8 Das ökumenische Glaubensbekenntnis von Nizäa-Konstantinopel
Die Entstehung des so genannten Nicäno-Constantinopolitanum wird seit dem Konzil von Chalcedon (451 n. Chr.) auf das Konzil von Konstantinopel (381 n. Chr.) datiert. Es enthält aber grundlegende christologische Aussagen, die bereits auf dem Konzil von Nicäa (325 n. Chr.) aufgestellt und fixiert wurden. Das Bekenntnis ist trinitarisch angelegt, das heißt es handelt von Gott dem Vater, dem Sohn und dem Heiligen Geist. Allerdings zeigt bereits eine quantitative Analyse des Textes, dass es im Bekenntnis ganz wesentlich um theologische Bestimmungen des Seins Jesu Christi geht. Mit dem Spitzenbegriff »eines Wesens mit dem Vater« (griech.: *homoousios*) soll begrifflich verdeutlicht werden, dass Jesus nicht nur ein von Gottes Geist begabtes und damit »vergöttlichtes« menschliches Wesen war, sondern dass in ihm Gott selbst in unüberbietbarer Weise präsent ist. Diese theologische Bestimmung, in ihrem Kern bereits von Athanasius von Alexandrien (295–373) formuliert, wendet sich gegen die Lehre des Presbyters Arius (ca. 250–336) aus Alexandrien; Arius wollte theologisch die unbedingte Transzendenz Gottes gewahrt wissen und sah in Jesus deshalb lediglich einen – wenn auch einzigartig geistbegabten – Menschen. Die Lehre des Arius wurde 325 auf dem Konzil von Nicäa verdammt.
Die Betonung, dass auch der Geist vollen Anteil an der Gottheit Gottes hat und deshalb nicht nur vom Vater, sondern vom Vater *und vom Sohn* (lat. »filioque«) ausgeht, sollte die Einheit des dreieinigen Gottes formulieren. Allerdings gab es auch in der Gewichtung dieser Bestim-

mung gravierende Unterschiede. Unterschiedliche Bewertungen des »filioque« waren 1054 wesentlich an der Trennung von Westkirche (römisch-katholische Kirche) und Ostkirche (orthodoxe Kirchen) beteiligt.

Die heute zum Teil als spitzfindig angesehenen Streitigkeiten erhielten ihre religiöse und theologische Wucht durch die Frage: Kommt in Jesus nun das Heil und die Gnade Gottes ungeteilt oder nur in abgeschwächter Form zu den Menschen? Wenigstens von ihrem Ausgangspunkt her bewegten sich die theologischen Abstraktionsbemühungen nicht im Feld abstrakter und müßiger Spekulationen. Vielmehr ging es darum, die Heilsbedeutung Jesu mit dem Bekenntnis zu dem einen unsichtbaren Gott sprachlich zusammenzuführen – ein Unternehmen, dessen existenzielle Relevanz für die Gläubigen zunächst einmal unbestreitbar war.

S. 8 Gerd Theißen: Die Transformation der jüdischen Religion durch den nachösterlichen Glauben

Theißens Text kennzeichnet die geschichtliche Entwicklung des Bekenntnisses zu Jesus als dem Christus als einen Prozess der Vergöttlichung. Diese habe sich vor allem dadurch vollzogen, dass Jesus sukzessive in das Zentrum des »religiösen Symbolsystems« eingezeichnet wurde; er selbst habe in dieses Zentrum das »Reich Gottes« gestellt, das zum wesentlichen Gegenstand und Thema seiner Verkündigung geworden sei. Als Analogie zu diesem Prozess sieht Theißen die »Erhebung Jahwes zum einen und einzigen Gott.«

Theißens religionswissenschaftlicher Ausgangspunkt wird damit deutlich. Er bestimmt Religion als kulturelles Zeichensystem (vgl. Theißen, Die Religion der ersten Christen S. 20–27) und folgt darin wesentlichen Anregungen der Religionswissenschaftler Fritz Stolz und Clifford Geertz.

Als (biblische) Referenztexte und -entwicklungen zu Theißens These sind hier besonders zu nennen:
- das Reich Gottes als Zentrum der Verkündigung Jesu: Mk 1,15, Lk 10,9; Gleichnisse Jesu vom Reich Gottes;
- visionäre Erfahrungen von der Begegnung mit dem Auferstandenen: 1. Kor 15,1–11;
- Ostern als Ausgangspunkt einer »Erhöhung Jesu zum göttlichen Rang«: Phil 2,5–11, Joh 1 (Jesus als fleischgewordenes Wort Gottes);
- die Erhebung Jahwes zum einen und einzigen Gott entwickelte sich »vom religionsinternen Pluralismus seiner Anfänge hin zum reflektierten Monotheismus, wie er erstmals im 6. Jh. vor Christus vorliegt« (Erich Zenger: Thesen zum Proprium des biblischen Monotheismus, S. 168); diese Entwicklung wurde auch durch die 587 v. Chr. geschehene Zerstörung des Tempels wesentlich befördert. Biblische Texte: Jes 40–55, bes. Jes 43,11; 44,6.8 u. a.

S. 9 Die Ausbreitung des Christentums

Der hier erstmals auftauchende Begriff einer »Zivilreligion« als Schwund- oder Transformationsstufe des westlichen Christentums ist ein feststehender Begriff einer Religiosität im Prozess der Säkularisierung. Er stammt ursprünglich von Jean-Jacques Rousseau. In seiner Schrift vom Contrat Social (1762) umriss er eine den Bürger verpflichtende Religion u. a. durch folgende Eigenschaften: Sie müsse eine überschaubare Zahl von einfachen Dogmen besitzen; diese sollten ohne weitere Auslegungen zu verstehen sein. Unaufgebbare Inhalte dieser Zivilreligion sind nach Rousseau aber: Existenz Gottes (allmächtig und allwissend, wohltätig); Existenz einer zukünftigen Welt mit der Bestrafung der Bösen und der Belohnung der Guten; Heiligkeit des Gesellschaftsvertrages in der bürgerlichen Gesellschaft.

In der gegenwärtigen religionswissenschaftlichen Debatte wird der Begriff der Zivilreligion hauptsächlich als Kategorie für die religiöse Fundierung bestimmter gesellschaftlich akzeptierter oder normierender Grundwerte bestimmt (z. B. Gerechtigkeit und Freiheit des Individuums).

Zu der im Text formulierten Tendenz, wonach die Mehrheit der Christen nicht mehr im ursprünglichen Kernland Europa leben, vgl. die Zahlen zum Katholizismus und Protestantismus SH S. 3.

S. 10 Kalligraphie der Shahada als Symbol für den Islam

Der Schriftzug erinnert einmal daran, dass für den Islam das Arabische als »gottunmittelbare« Sprache angesehen wird; die Rezitation des Koran auf Arabisch und eine konsequent kritische Haltung zu allen Übersetzungsversuchen wird daher oft als Ausweis echter muslimischer Gesinnung betrachtet. Zum anderen gewann die Shahada in einigen liberalen islamischen Rechtsschulen (am bekanntesten ist hier die Gruppe der Murjiten) eine eminente Bedeutung bei der Frage: »Wer ist Muslim oder Muslima?« Nach dem murjitischen Theologen Abu Hanifa genügt die Rezitation der Shahada durch die Übertrittswilligen, um sie zu Muslimen zu machen; über die Sünden der Einzelnen werde Gott gesondert richten. Gottes Urteil über die Menschen könne nämlich noch nicht definitiv ausgemacht werden. Für andere Gelehrte erschien diese Reduktion der Anforderung ethisch und theologisch unvertretbar.

S. 11 Islamismus

Zum Gegenüber von Islamismus und aufklärungsnahem Islam vgl. S. 38–39. Zum schroffen Gegenüber von Islam und westlicher Lebenswelt vgl. S. 60–61 (Gender und Religion am Beispiel des Lebensgefühls von muslimischen Frauen im Westen). Für Malise Ruthven ist das Entstehen des Islamismus unweigerlich mit politischen Optionen in postkolonialen Staaten verbunden. Ruthven nennt unter anderem folgende Faktoren für das Entstehen des Islamismus: Aufkommen von Volksbildung, Effizienz- und Mengensteigerung der audiovisuellen Kommunikationsmöglichkeiten auf elektronischer Basis, hochentwickelte Organisationstechniken (vgl. Ruthven, Der Islam S. 35f.).

IV. Methodische Anregungen

1. Auf der Suche nach elementaren Aussagen von Religionen. »Bekenntnisse des Glaubens«

Einstieg: »Ich glaube« – Glaubenssätze
- Sch. formulieren einen »Glaubenssatz« oder ein (eigenes) »Glaubensbekenntnis«. Vorgaben zum Auswählen: »Ich glaube« bzw. »Mein Glaubensbekenntnis«.
- UG über Struktur, Gehalt und »Tiefenwirkung« ausgewählter Arbeitsergebnisse (Welchen Schwerpunkt bzw. welche Struktur haben die einzelnen »Glaubenssätze« bzw. »Glaubensbekenntnisse«? Welche Leben gestaltende Kraft könnten sie entwickeln – oder nicht? Was erscheint problematisch?)

Erarbeitung: »Glaubenssätze/elementare Wahrheiten und Verpflichtungen« der Religionen
- Gesamtgruppe: Sch. suchen und lesen die in Block A dokumentierten »Glaubensbekenntnisse« (S. 4 Buddhismus; S. 8 Nicäno-Constantinopolitanum – Christentum; S. 10 Shahada – Islam; Ergänzung: S. 79 Schma Israel [Dtn 6,4–5] – Judentum).
- PA oder GA: Genauere Analyse der »Glaubenssätze/Gaubensbekenntnisse« nach den bei »Einstieg« genannten Fragen.
- Grafische Gestaltungsaufgabe: Gestaltung eines kleinen Logos zum jeweiligen Glaubensbekenntnis, analog zu den »klassischen« Symbolen auf den S. 4, 6, 8, 10.

Vertiefung bzw. Erweiterung
GA (auch als arbeitsteilige Hausaufgabe möglich): Bearbeitung der übrigen Texte in den Kapiteln 1–5.

Gemeinsame Fragestellungen/Arbeitsaufträge zu den Texten: Dokumentieren Sie den Inhalt der Texte in der Ihnen am passendsten erscheinenden Form (z. B. Zusammenfassende Thesen/Mindmap/andere grafische Darstellungsform/erläuterte Liste von »Spitzenbegriffen«).

2. Kurzprojekt Religionsprofile (2 Doppelstunden)

Einstieg: Religionsprofile I – Vorwissen
Gruppenarbeit: Religionsprofil I »aus dem Stand« (Lernstandskontrolle). Gruppen: »Naturreligionen«; Buddhismus; Judentum; Christentum; Islam (evtl. zwei Gruppen pro Religion).

Leitfragen zur Bearbeitung
- Welche Personen sind für die Religion wichtig (Gründergestalten, wichtige Religionsführer etc.)? Was wissen wir über diese Personen?
- Was wissen wir über die geographische Verbreitung der Religion? Welche wichtigen geschichtlichen Ereignisse innerhalb der Religion sind uns bekannt?
- »Inhalte« der Religion: Was charakterisiert die Religion bezüglich ihrer »Glaubensinhalte«, ihrer Riten etc. Was wissen wir über die spezifische Sicht des Menschen, der Welt etc.?
- Fallen uns evtl. »problematische« Seiten der Religion ein? (Z. B. Haltung zur Gewalt; Haltung zu einzelnen Menschenrechten; Fehlverhalten von religiösen Führungspersönlichkeiten etc.)

Vorstellung der Gruppenergebnisse in der Gesamtgruppe
Mögliche Fragestellungen für ein Abschlussgespräch: Über welche Religion ist am meisten bekannt? Welche Religion(en) erscheinen besonders problematisch? Worin gründet sich diese Einschätzung? Gibt es demnach »gute« und »schlechte« Religionen? Welche Kriterien für eine entsprechende Einschätzung gibt es?

Erarbeitung und Sicherung: Religionsprofile II – Differenzierungen
Gruppenarbeit an den Kapiteln 1–5. Es ist darauf zu achten, dass sich die Arbeitsgruppen nicht mit denselben Religionen wie in der Einstiegsphase beschäftigen.

Leitfragen zur Bearbeitung wie oben.

Dokumentation der Ergebnisse (Lernplakate) und Vergleich mit entsprechenden Arbeitsergebnissen aus Phase I. Mögliche Aufteilung der Lernplakate: Wichtige Personen/Geographie und Geschichte der Religion/»Religiöse Inhalte«, Riten, Charakteristika/Problematisches.

Vertiefung
Bei entsprechender Aufteilung der Plakate können diese als »Begleiter« für weitere intensivere Beschäftigungen dienen und immer wieder entsprechend ergänzt werden.

B: Lebensräume – Heilige Orte

I. Inhaltliche Grundlegung

Das Thema im Überblick

Block B	Thema	Didaktisches Stichwort: Ansatzpunkte und thematische Horizonte für den Unterricht	Weitere Bezugspunkte (Schülerheft = SH; Lehrerheft = LH; Zusatzmedien im LH = M)
Kapitel 6 Ethnische Religionen Mythos Erde bei den Aborigines	– Spirituelle Deutungen der Erde am Beispiel der ›Traumpfade‹ der Aborigines. – Mythen als »fundierende, legitimierende, weltmodellierende Erzählungen«. – Wirklichkeit als Konstrukt: Religiöse Deutungen des Raums.	Die Sch. beschäftigen sich mit der existentiellen und spirituellen Deutung des Lebensraums bei ethnischen Religionen. Dabei lernen sie die Funktion kosmologischer Mythen als »fundierende, legitimierende, weltmodellierende Erzählungen« kennen (J. Assmann).	SH S. 14+16: Heilige Berge. SH S. 59: Abb. Fadenspiel, Totem. SH S. 40: Die Ahnenkuh. SH S. 70f.: Anton Quack, Wald und Religion bei den Mbuti. M 4: Anton Quack, Gerd Theißen, Was ist ein Mythos? Mythen und Riten.
Kapitel 7 Judentum Jerusalem – die Stadt Gottes Die Ebstorfer Weltkarte	– Heilige Berge. – Jerusalem – Beispiel eines religiösen Symbols, einer »heiligen Stadt«. – Die Stadt der Abrahamitischen Religionen, Gemeinsames – Trennendes.	Was eine »Gedächtnislandschaft« (J. Assmann) ist, kann am »Modell Jerusalem« studiert werden. Daran wird deutlich, wie sich die Abrahamitischen Religionen verstehen.	SH S. 6: Rabbi Jeremy Rosen, Mein Judentum. S. 7: Jerusalem, die Heilige Stadt der Abrahamitischen Religionen. S. 64f.: Juden und Christen: Eine Kultur der Differenz. Dabru Emet. M 25: Kreuzzüge – Pilgerwege nach Jerusalem. S. 8: Gerd Theißen, Die Transformation der jüdischen Religion (vgl. M 21).
Kapitel 8 Christentum Ostern auf der Thingstätte Altarraum der Heiliggeistkirche	– Heilige Berge (vgl. 7.). – Die Botschaft von Ostern ist nicht an heilige Orte gebunden. – Die ›Sprache‹ der Kirchengebäude.	Das Schichtmodell »Heiligenberg« regt zu lokalen Erkundungen an. Wie lässt sich ein evang. Verständnis des heiligen Ortes von der Osterbotschaft her beschreiben?	LH: Lokale Recherche: Heilige Orte. SH S. 8f.: Das Christentum. SH S. 74: Ingolf U. Dalferth, Evang. Theologie »... entfaltet ein bestimmtes Gottesverständnis ...« M 26: Der Kirchenraum als spiritueller Raum.
Kapitel 9 Religion in der Popularkultur Shaka Re, der Gottesplanet	– Wirklichkeit und Medienwelt – Religion im Cyberspace. – Gott im Weltraum. Gott und die Sonne, das Licht. – Gottesbilder.	Die relativ alte Geschichte dient uns als »Studienobjekt« für die Welt der Science-Fiction, in der Räume aufgelöst, neue erschlossen werden. Welches »Weltbild« zeigt sich in diesem Mythos vom »spirituellen Weltraum«?	M 36: Hubert Knoblauch, Populäre Religion. SH S. 77: »I robot«, Viky, der Zentralcomputer. SH S. 41: Echnaton. S. 42: Katsumi Takizawa, Das Absolute. S. 43: Alex Grey, Licht.

Gedächtnislandschaften

Der Ägyptologe Jan Assmann beschreibt mit dem Begriff Gedächtnislandschaft die kulturelle und religiöse Bedeutung von Lebensräumen. Gedächtnislandschaften mit »heiligen Orten« bilden »ein System von Merkzeichen, das es dem Einzelnen, der in dieser Tradition lebt, ermöglicht, dazuzugehören, d.h. sich als Mitglied einer Gesellschaft im Sinne einer Lern-, Erinnerungs- und Kulturgemeinschaft zu verwirklichen« (J. Assman, Religion und kulturelles Gedächtnis).

Das Heft bietet zwei Beiträge, welche mit dieser Deutung erschlossen werden können:
- Traumpfade, Land und Umwelt im Verständnis der Aborigines (S. 12–13).
- Jerusalem – ein Gedächtnisort für Juden, Christen, Muslime (S. 14–15).

Die Orientierung im Raum

Im Zeitalter von GPS und der Zersiedlung der Lebensräume kann man sich nicht vorstellen, welche Bedeutung die Orientierung im Raum durch einfache Linien und Strukturen hatte, als dieser noch der Lebensraum von Nomaden war. Solche Muster haben Mircea Eliade, Rudolf Otto und Theo Sundermeier bei frühen Kulturen gefunden (vgl. Skizze).

Mircea Eliade: »Es ist für uns heutige Menschen kaum möglich, die ungeheure Bedeutung abzuschätzen, welche die Orientierung im Raum für den Primitiven hatte. Die Orientierung, das heißt letzten Endes Teilung des Raumes in vier Himmelsrichtungen, war gleichbedeutend mit einer Gründung der Welt. ... Die Erlangung eines ›Zentrums‹ durch die Kreuzung zweier gerader Linien und die Projektion der vier Horizonte stellte eine wahrhafte ›Schöpfung der Welt‹ dar. Der Kreis – oder das von einem Zentrum aus konstruierte Viereck – war eine imago mundi.«

Der Ausschnitt aus dem Schöpfungsmythos der Achilpa-Australier erzählt von einer kosmischen Achse zwischen Himmel und Erde: »Am Anfang der Zeiten hat ein göttliches Wesen das Land der Achilpa gegründet. Aus dem Strunk eines Gummibaums formte es einen heiligen Pfahl, bestrich ihn mit Blut, kletterte an ihm in den Himmel und verschwand dort. Dieser Pfahl stellt die kosmische Achse dar. Die Achilpa führten auf ihren Wanderungen den heiligen Pfahl mit sich herum und richteten ihre Wege nach seiner jeweiligen Neigung. So waren sie, trotz ihres Nomadenlebens, immer in ihrer Welt und gleichzeitig mit dem Himmel verbunden« (M. Eliade, Die Schöpfungsmythen, S. 15–20).

Theo Sundermeier berichtet über die Herero in Namibia im südlichen Afrika: »Wenn die Herero ein Haus bauen wollen, suchen sie einen gleichmäßig geformten Pfahl und richten ihn auf. Er heißt ›der Halter‹ (ondunde). Um den Pfahl wird ein Kreis gezogen, Stöcke werden gesetzt und oben mit dem Pfahl verbunden. Zweige werden hindurchgezogen und mit einem Brei aus Lehm, Kuhmist und Urin bestrichen ... Ondunde ist das Zentrum des Hauses und repräsentiert den Kraalherrn, in dem sich das Leben der Ahnen, von Vergangenheit, Gegenwart und Zukunft konzentriert. Im Ahnenfeuer und Kälberkraal hat das ganze Dorf seinen Mittelpunkt« (Th. Sundermeier, Religion, vgl. SH S. 40).

Was meinen wir, wenn wir von »heiligen Orten« sprechen? – Religionswissenschaftliche Aspekte

DIE UNTERSCHEIDUNG ZWISCHEN HEILIG UND PROFAN

Der französische Soziologe Emile Durkheim (1858–1917) hat eine Unterscheidung von heilig und profan zur Grundstruktur der Religion erklärt und die Religionssoziologie darauf aufgebaut. Er bediente sich damit einer Denktradition, welche seit Aristoteles »Physik – Metaphysik«, »heilig – profan« unterscheidet.

Diese Unterscheidung verstellt nach Auffassung heutiger Ethnologen und Indologen den Blick für hinduistisch-buddhistische und ethnische Religionen, welche diese Unterscheidung nicht treffen. Belege hierfür finden sich im SH an mehreren Stellen (Buddhismus: Axel Michaels, Man ist nicht ein Selbst und hat nicht ein Selbst, SH S. 50; Katsumi Takizawa, Das formlose Selbst, S. 67; Ethnische Religionen: Anton Quack, Menschliche Kultur und Religion, S. 70f.).

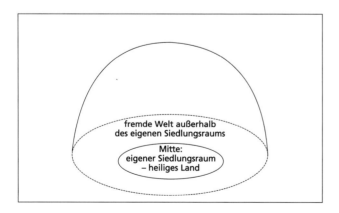
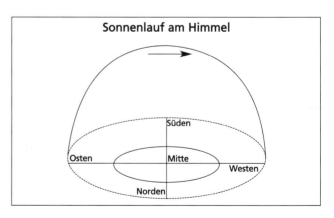

Wo Religionen Systeme von vier Himmelsrichtungen benutzen, symbolisieren sie die »Welt« häufig durch einen Kreis oder ein Quadrat, das von zwei Achsen geteilt wird. Deren Schnittpunkt bildet die Mitte (Andreas Feldtkeller: Warum denn Religion? Eine Begründung, Gütersloh 2006, S. 207.215)

Nach dem Verständnis heutiger Ethnologen ist Religion ein Teil von Kultur. Nach dieser ganzheitlichen Sicht ist die Unterscheidung zwischen sakral und profan auch im abendländischen Raum kaum durchzuhalten (vgl. Anton Quack, SH S. 71).

Das ontologische Verständnis von »heilig«

Der ev. Theologe Rudolf Otto (1869–1937) beschrieb »das Heilige« als den unableitbaren Grund allen religiösen Erlebens. So wurde der Begriff zum Hauptgegenstand der phänomenologischen Schule, besonders in Deutschland. So hat etwa Gustav Mensching (1901–1978) die »erlebnishafte Begegnung des Menschen mit heiliger Wirklichkeit« zur Definition von Religion erhoben. In Weiterführung der romantischen Offenbarungstheologie des 19. Jh. und im Rückgriff auf Rudolf Otto hat vor allem der rumänische Religionswissenschaftler Mircea Eliade (1907–1986) in einer Vielzahl von Publikationen die Grundauffassung von der kontinuierlichen Offenbarung des Heiligen, der so genannten Hierophanie, vertreten. Geschichte ist für Eliade eine »Minderung« oder ein »Absturz« des Heiligen, den es rückgängig zu machen gilt.

Diese Ansätze von Mircea Eliade und Rudolf Otto sind nach Ansicht heutiger Religionswissenschaft unhaltbar, weil sie ein bestimmtes Gottes- und Frömmigkeitsbild verallgemeinern (»archaische Ontologie«). Die Religionsphänomenologie subsumiert unter dem Begriff »heilig« das Passende, ohne auf das jeweilige Selbstverständnis der betreffenden Kulturen und Religionen zu achten. Eine empirische Religionswissenschaft analysiert beobachtbare Prozesse etwa bei Weihehandlungen, Reinigungsritualen, Kleidung, Konzentration auf eine Mitte (das Heilige). Sie untersucht Weihe zum Dienst, heiliges Verhalten, Prozession, Liturgie, Hymnus und Mythos und vermeidet wenn irgend möglich generalisierende Termini (vgl. Block I Wissenschaften).

Die heilige Schrift ersetzt heilige Orte

Jan Assmann spricht im Blick auf ethnische Religionen und das Judentum von einer »rituellen« bzw. einer »textuellen Kohärenz« (Religion und kulturelles Gedächtnis, S. 151). In ethnischen Religionen verkörpern heilige Orte, Bäume, Statuen, Tempel das Heilige sinnfällig in der Welt. Riten dienen dem Inganghalten der Welt. Im Judentum repräsentiert die ›biblia sacra‹ das Heilige. Sie ist das Eigentliche. Die Schrift befreit vom rituellen Wiederholungszwang. Demnach gibt es vor allem im Judentum und im Protestantismus ein anderes Verhältnis zu heiligen Stätten. Analog dazu könnte man vielleicht sagen, die katholische Auffassung ist näher bei der rituellen Kohärenz, insofern sie im Ritus und im rituellen Raum das Heilige repräsentiert und mit dem kirchlichen Handeln identifiziert. Der Protestantismus sieht eher in der »textlichen Kohärenz« der heiligen Schrift und dem Wortgeschehen, das prinzipiell unabhängig vom Raum und Ritual ist, eine Begegnungsmöglichkeit mit dem Heiligen – nämlich dem »Wort Gottes«.

Was meinen wir, wenn wir von »heiligen Orten« sprechen? – Aspekte aus Theologie und Kirche

Die Heiligkeit Gottes und die Sündhaftigkeit der Heiligen

Das christliche Verständnis von »heilig« knüpft an das AT an: Wie dort Gott, der Ort, an dem er erscheint, die Menschen, die ihm dienen, oder das Volk Israel heilig sind, so werden auch im NT Gott, Christus und die Gemeinde Jesu Christi als »heilig« oder »die Heiligen« beschrieben. Die Heiligkeit Gottes ist nach biblischem Verständnis nicht eine Eigenschaft neben anderen, sondern macht sein Wesen aus (z. B. Jes 43,3; Offb 3,7).

Nach reformatorischem Kirchenverständnis und der Rechtfertigungslehre gibt es einen grundsätzlichen Vorbehalt gegenüber einem unreflektierten Gebrauch des Begriffs »Heilig« im Blick auf menschliche Leistungen, mithin auch Kirchenräume. So formuliert Eberhard Jüngel in seiner Studie zur gemeinsamen Erklärung der Rechtfertigungslehre in Anlehnung an Martin Luther zugespitzt: »heilig« ist die Kirche nach dem 3. Glaubensartikel insofern, als sie sich ihrer Sünde und Erlösungsbedürftigkeit bewusst ist (Eberhard Jüngel, Von der Rechtfertigung des Gottlosen als Zentrum des christlichen Glaubens. Tübingen 1998, S. 189).

Heilige Räume

Die Veränderungen innerhalb der Theologie der letzten Jahre sind ein Beispiel, wie auch bei uns Kultur und Religion miteinander verbunden sind. Dies lässt sich am Lernprozess im ökumenischen und ökologischen Kontext aufzeigen. In der evangelischen Kirche hat sich in den letzten Jahren durch die Entdeckung der Spiritualität auch ein neues Verständnis von »heiligen Räumen« und des Lebensraumes von Natur und Mensch entwickelt. Hier ist die Position von Manfred Josuttis zu nennen, der ein ontologisches Verständnis heiliger Orte vertritt (SH S. 16). Beispielhaft dafür ist die Beschäftigung mit der Kirchenraumpädagogik in der ev. Religionspädagogik. Hartmut Rupp vertritt im »Handbuch der Kirchenpädagogik« ein funktional-symbolisches Kirchenverständnis. Während der Kirchenraum nach katholischer Auffassung durch die sakramentale Gegenwart Christi geheiligt wird, sehen evangelische Christinnen und Christen in der Kirche einen Raum der Besinnung auf Gottes Wort. Symbole haben dabei einen dienenden Charakter, indem sie auf die Begegnung mit Gott hinweisen.

Lebensweltliche Aspekte des Heiligen

Jenseits theologischer Debatten gilt aber auch: Nicht nur Kinder und Jugendliche hüten ihre Geheimnisse und »Heiligtümer« in ihren Zimmern, Schränken oder an anderen Orten. Das eigene Zimmer verwandelt sich durch kultische Musik. Idole schauen von Plakaten. Ein Symbol – ein Kettchen, ein Kreuz, ein Talisman, die eigene Ordnung Chaos, ein Tier macht den Raum zum Heim. Mancherorts sind auf Kommoden, in Winkeln ›Hausaltäre‹

aufgebaut. Ein Buch wie »Ich bin dann mal weg« von Hape Kerkeling signalisiert breites Interesse an Spiritualität, an Wallfahrten. Viele von uns fahren mit Schülern nach Taizé, auf den Kirchentag oder zu Tagen der Besinnung mit Innehalten, Schweigen und anderen spirituellen Erfahrungen.

Nach wie vor verknüpft die katholische Kirche trotz der gemeinsamen Erklärung zur Rechtfertigungslehre Wallfahrten, den Besuch heiliger Stätten, mit dem Ablass. Hier gilt es sich abzugrenzen, um einem unreflektierten Mainstream zu widerstehen:

»Man sollte das Wallfahren nach Rom abschaffen ... nicht, weil Wallfahrten etwas Schlechtes wären, sondern weil sie zu dieser Zeit übel geraten. Denn sie sehen in Rom kein gutes Vorbild, sondern bloß Anstößiges ... Sie meinen, dass solches Wallfahrten ein kostbares gutes Werk sei, was doch nicht wahr ist ... es ist ein böses verführerisches Werk, denn Gott hat es nicht geboten« (Martin Luther, An den christlichen Adel deutscher Nation: Von des christlichen Standes Besserung [1520] WA 6,437. Zit. nach: Luther, Ausgewählte Schriften, Hg. K. Bornkamm / G. Ebeling u. a., Frankfurt a. M. 1982, S. 194f.).

II. Didaktische Reflexion

1. Thematische und pädagogische Aspekte

Fachwissenschaftliche Perspektive

Aus den inhaltlichen Überlegungen ergeben sich im Wesentlichen drei Grundfragen, welche methodisch-didaktisch einzulösen sind:
1. Wie werden Räume in den unterschiedlichen Religionen gesehen?
2. Welche Aussagen über das eigene Selbstverständnis lassen sich dabei erkennen? (»Gedächtnislandschaften«)
3. Wie kann es gelingen, mit Begrifflichkeiten wie »heilig«, »heilige Räume«, »heilig – profan« differenziert umzugehen? (»Das Heilige«; evangelische Sicht; Spiritualität)

Für die religionspädagogische Arbeit ergibt sie die Aufgabe der darstellenden und reflektierenden Differenzierung. Dazu vermittelt die Religionswissenschaft wichtige Impulse, u. a. zu folgenden Aspekten:
– Begriffe schaffen Perspektiven, Betrachtungswinkel. Es gilt eine »eurozentristische Sichtweise« zu vermeiden.
– Wie steht es mit der scheinbar selbstverständlichen Unterscheidung von heilig und profan?
– Was ist »heilig«? Ist Rudolf Ottos Begriff »das Heilige« ein brauchbarer Begriff? Haben die Protestanten die »heilige Schrift« statt heiliger Räume?
– Was bedeutet uns eine spirituelle Deutung des Lebensraumes, spiritueller Zentren, Kirchen? Spirituelle Deutungen des Raumes, der Erde durch Stammesreligionen wirken inspirierend für unser eigenes säkulares Verständnis.

Die Welt der Schülerinnen und Schüler

In der dichotomen Welt vieler Oberstufenschülerinnen und -schüler werden Religion und Wissenschaft gerne »in verschiedenen Fächern abgelegt«. Fritz Oser bezeichnet diese Entwicklungsphase als Fähigkeit, das Letztgültige (Gott, absolutes Sein) vom eigenen Wirkbereich zu trennen (›Stufe 3‹; vgl. Fritz Oser, Paul Gmünder nach Büttner/Dieterich: Die religiöse Entwicklung des Menschen. Ein Grundkurs, Stuttgart 1999, S. 133f). Es entsteht eine Art »Zwei-Reiche-Lehre«. Es wird jetzt möglich, einen Atheismus bewusst zu postulieren. Die Person auf Stufe 3 entwickelt die Fähigkeit zu trennen zwischen Gott – Mensch, Heilig – Profan. Dem entspricht das gängige europäische Weltbild. Eine »ganzheitliche« Sichtweise, wie sie in SH Kap. 6 und auf S. 42 (Katsumi Takizawa) dargestellt wird, kann darum für den Oberstufenunterricht zu einer besonderen Herausforderung und Bereicherung werden. Das Kapitel sucht zudem die Polarisierung zwischen Glaube und Wissen zu überwinden, indem es Sichtweisen der Kulturwissenschaften und der Theologie kombiniert zugunsten eines wissenschaftlichen Zugangs zu mythischen Weltdeutungen, wie sie etwa Jan Assmann vorgelegt hat.

Vielleicht gelingt es im Unterricht auch einen spirituellen Zugang zu Räumen und Orten zu öffnen. Ob Schülerinnen und Schüler »die Straße ihrer Kindheit« beschreiben können, »Traumpfade der eigenen Seelenlandschaft«, und vielleicht so einen Zugang finden zu beidem: zur spirituellen Deutung von Orten und zum Wechsel in andere Perspektiven?

Oberstufenschüler neigen im Unterricht wohl eher zum Konstruieren, zur Relativierung von Positionen, weil sie das aus ihrem Unterricht gewohnt sind, weil sie Persönliches nicht preisgeben können, weil die dargestellten Positionen etwa in Kap. 7 zu skurril erscheinen, um sich mit ihnen auseinanderzusetzen. Es wird darum wichtig sein, die Thematik des Kapitels als einen genuinen Beitrag zum Thema »Wirklichkeit als Konstrukt« anzugehen und die Unterrichtssequenz in einer grafischen Übersichts-Struktur mit der Leitthematik »Wirklichkeit – Deutung der Religionen« zu entwickeln und festzuhalten. Zum anderen sind Landschaften »Gedächtnislandschaften«. Sie gilt es zu entschlüsseln, den Deutungsgehalt der jeweiligen Religionen offen zu legen, um ihre Botschaft zu verstehen.

2. Zur Auswahl der Medien

Folgende Gesichtspunkte leiten die Auswahl der Medien:
– Sie wollen vor allem zeigen, wie unterschiedlich Religionen die Wirklichkeit deuten. Es geht dabei darum, Perspektiven zu unterscheiden, einmal um die

eigene »eurozentristische Sichtweise« zur relativieren. Zum andern darum, den Sinn für spirituelle Räume schärfen (Kap. 6 bis Kap. 9).
- Im Zusammenhang damit muss deutlich werden, welche Funktion Mythen bei der spirituellen Deutung des Lebensraums, von »Gedächtnislandschaften« übernehmen. Folgt man der These des Religionswissenschaftlers Jan Assmann, sind Mythen »fundierende, legitimierende, weltmodellierende Erzählungen« von Lebensräumen (Kap. 6 bis Kap. 9).
- Darüber hinaus gilt es, das Problembewusstsein zu aktuellen Konflikten um heilige Länder oder Städte zu schärfen (Beispiel: das Land der Aborigines, vgl. Kap. 6; Jerusalem, Kap. 7).
- Und es geht darum, die performative Seite des Themas zu bearbeiten: die Kritik und Neuinterpretation des »Heiligen« im protestantischen Raum und die Transformation heiliger Räume in der Populärkultur (Kap. 8, Kap. 9)

3. Kompetenzen und Bezüge zu den Bildungsplänen

Die Schülerinnen und Schüler können
- Räume, Symbole als grundlegende religiöse Ausdrucksformen beschreiben,
- die Funktion kosmologischer Mythen als »fundierende, legitimierende, weltmodellierende Erzählungen« (J. Assmann) an einem Beispiel aufzeigen,
- Jerusalem als »Gedächtnislandschaft« der Abrahamitischen Religionen beschreiben,
- zur Vorstellung von Kirche als »heiligem Raum« aus evangelischer Sicht Stellung nehmen.

Nach der *Formulierung der EPA* handelt es sich dabei um folgende grundlegende Kompetenzen:
- Wahrnehmen und Darstellen: Grundlegende religiöse Ausdrucksformen (Symbole, Riten, Mythen, Räume, Zeiten) wahrnehmen (S. 12–15);
- Deutungsfähigkeit – religiöse Sprache und Zeugnisse verstehen und deuten: »Religiöse Sprachformen analysieren und als Ausdruck existentieller Erfahrungen verstehen« (Beispiele: Mythos, Symbole) (S. 12–17);
- Dialogfähigkeit – am religiösen Dialog argumentierend teilnehmen:
  »Die Perspektiven eines anderen einnehmen und in Bezug zum eigenen Standpunkt setzen, Kriterien für eine konstruktive Begegnung, die von Verständigung, Respekt und Anerkennung von Differenz geprägt ist, in dialogischen Situationen berücksichtigen« (S. 14 mit S. 7).
- Grundperspektive 1: die »biographisch-lebensweltliche Perspektive der Schülerinnen und Schüler« (S. 16f.).

III. Hinweise zu den Medien

S. 12/13 Ethnische Religionen: Mythos Erde bei den Aborigines

Für die Aborigines ist das Land ein spirituelles Feld der Traumzeit – Grundlage ihrer religiösen und materiellen Identität. In der mythischen Ur-Zeit gestalteten mächtige Wesen (Traumzeitwesen) Berge, Täler, Wasserlöcher, Fauna und Flora. Ihre Wege sind in Gesängen dokumentiert (»Songlines«), so dass man eine Landschaft mit ihren Traumpfaden auch singen kann. Am Ende dieser mythischen Schöpfungsperiode gingen die Traumzeitwesen selbst in das Land ein und hinterließen an diesen Stellen ihre heute noch wirksamen Kraftsubstanzen. Diese spirituellen Substanzen können an den Orten der Traumzeit durch Gesänge und Rituale reaktiviert werden. Darum war die Enteignung der Aborigines durch die Europäer ein schrecklicher spiritueller und materieller Verlust. Erst im Jahr 1992 konnte die Urbevölkerung Australiens vor dem Obersten Gerichtshof die Souveränität über ihr Land zurückgewinnen. Im so genannten »Mabo-Urteil« wurden den Aborigines die ursprünglichen Landrechte zuerkannt. Damit wurde höchstrichterlich bestätigt, dass den australischen Ureinwohnern das Land vor Ankunft der Europäer rechtmäßig gehörte. Dieser Urteilsspruch hatte Musterwirkung für nachfolgende Landrechtsklagen.

Die Aranda gehören zu den am besten erforschten Stämmen der etwa 50.000 Aborigines, deren Zahl aufgrund der Landrechtsreform wieder in etwa der Zahl zu Beginn der Kolonialzeit entspricht. Ein Pionier der Aranda-Forschung ist der lutherische deutsche Missionar Carl Strehlo (1871–1922), der aufgrund seiner vorzüglichen Kenntnisse des Aranda in der Missionsstation Hermannsburg grundlegende ethnographische Daten gesammelt hat. Die Aranda Australiens sehen ihren Lebensraum als »Wanderwelt der Ahnenwesen« (S. 12–13). Sie kennen 350 Weltschöpfungsmythen. Deren bekannteste sind die der Wondjina-Figuren (Felsmalereien in der Kimberley-Region Nordaustraliens) und der Regenbogenschlange, die auch in unserer Erzählung eine Rolle spielt. Von ihr erzählt man sich bei den Wurnambul/Kimberley folgendes: Die Regenbogenschlange Ungud lebte im Wasser. Eines Tages bäumte sie sich auf und warf ihren Bumerang über das große Weltmeer. Ungud legte ihre Eier ab da, wo der Bumerang die Erde traf. Aus ihnen krochen die Wondjina-Wesen, welche alle Menschen und Tiere schufen und fruchtbar machten (nach Corinna Erckenbrecht, Traumzeit. Die Religion der Ureinwohner Australiens).

Eine der wichtigsten Aufgaben der Urzeitwesen war es, die wartenden Embryo-Menschen zum Leben zu erwecken und sie lebenstüchtig zu machen. Diese Lebenskraft wird bis heute als wirksam erlebt. Man glaubt, die Totem-Vorfahren dringen bei jeder Schwangerschaft in den Leib einer Schwangeren und werden auf diesem Wege zu einem neuen Menschen. In dieser Anschauung ist die

Vorstellung lebendig, dass jeder Mensch zwei Leben, Seelen oder Lebenskräfte besitzt:
1. das sterbliche menschliche Leben kraft Zeugung;
2. das unsterbliche Leben des Totem-Ahnen, welches die Schwangere an einem mythischen Ort der Urzeitwesen empfangen hat (sog. »Geistkinder«).

Durch den Totem-Ahnen gehörte ein Aranda zu einem bestimmten Totem-Klan. Diese regelten seine verwandtschaftliche Zugehörigkeit zu den Clans der Mutter und des Vaters und deren Vorfahren. Entsprechend musste geheiratet werden.

Kap. 7 Judentum: Jerusalem – die Stadt Gottes

SH Kap. 7	Medien	Thematisches Stichwort	Zusätzliche Informationen
S. 14	Judentum: Heilige Stadt und Stadt des Streites.	– Modell Jerusalem – Heilige Berge – Tempelberg – Vier heilige Städte – Stadt Gottes, Zion, rituelles Zentrum – Erez Israel – Mitte des Landes – Zentrum der Schöpfung – der 3. Tempel – Die Sicht der Abrahamitischen Religionen – Gedächtnislandschaften, Ursprungsmythen	Info zu Jerusalem Kapitel 3, S. 7 + 64f. M 18: Was über dich wacht – Die Mesusa. M 19: Das Achtzehngebet.
S. 15	Christentum: Die Ebstorfer Weltkarte, mittelalterliche Weltdarstellung, die nach Jerusalem ausgerichtet ist: Der Osten ist oben.	Mittelalterliche Weltdarstellung: Die Welt als Kreis. Jerusalem – religiöses und geographisches Zentrum der Welt. Christus bildet die Mitte und den Horizont des Bildes der ›mappa mundi‹.	Info zur Karte M 25: Kreuzzüge – Pilgerwege nach Jerusalem.

Jerusalem ist neben anderen Bergheiligtümern wie Sri Pada / Sri Lanka ein Ort göttlicher Offenbarung. Juden betrachten ihr Land als Verheißung Gottes, und mit ihnen sehen Christen und Muslime auf Jerusalem als Stadt Gottes und Ort der Erlösung (S. 14–15). Am Modell Jerusalem lässt sich herausarbeiten:
- das Selbstverständnis Israels und die teilweise kontroverse Sicht der Abrahamitischen Religionen (S. 6–7, 14–15, allg. S. 64f.).
- wie Jerusalem bzw. das heilige Land als »Gedächtnislandschaft« (J. Assmann) verstanden werden kann, weil sie durch ein System von Merkzeichen den Einzelnen in eine Lern- Erinnerungs- und Kulturgemeinschaft integrieren.
- wie Jerusalem auch von Christen als Mittelpunkt der Welt verstanden wurde. Am Beispiel der Ebstorfer Weltkarte kann man die Struktur heiliger Stätten als Mittelpunkt der Welt studieren (S. 15).

Udo Tworuschka, Heilige Stadt und Stadt des Streites
Der Autor beschreibt zwei Beispiele von heiligen Bergen, nämlich Sri Pada auf Sri Lanka und den Tempelberg von Jerusalem. Diese sind wahre »Gedächtnislandschaften« mehrerer Religionen, friedlich am Sri Pada, streitend in Jerusalem. Hintergrundinformationen über Jerusalem, die Heilige Stadt der Abrahamitischen Religionen, finden sich auf S. 7.

Der Sri Pada auf Sri Lanka, der Tempelberg in Jerusalem und der Heiligenberg bei Heidelberg (S. 16) zeigen typische Merkmale heiliger Berge: Berge sind Heimstätte von Göttern (oder selbst Götter) wie auch Sinnbilder von Höhe, Dauerhaftigkeit, Reinheit (insbes. in Assoziation mit Quellen und Seen). Als Orte, die in den Himmel ragen, bilden sie im kosmologischen Raum eine Schnittstelle zwischen Alltagswelt und Oberwelt, zwischen Diesseits und Jenseits. Einige Berge gelten als Mittelpunkt der Welt, als axis mundi (z. B. der Berg Meru). Vielfach sind Berge Ziel von Wallfahrten.

Sri Pada auf Sri Lanka (sanskrit »heiliger Fuß«; engl. »Adams' Peak«) ist mit 2.243 m der vierthöchste Berg Sri Lankas. Der Name bezeichnet den 150 x 70 cm großen Fußabdruck auf dem Gipfel. Er gilt gleichermaßen als Fußabdruck von Adam, Thomas, Buddha und Shiva.

Im Judentum gibt es vier heilige Stätten: Jerusalem, die Stadt Davids, Hebron, die Stadt Abrahams und Saras, Tiberias, die Stadt des Herodes Antipas, und Safed, die Stadt der Sephardim und der Kabbala.

Wo Himmel und Erde sich berühren, geschehen Offenbarungen (Ex 20, Mt 17). Alle Bergheiligtümer haben bis auf unsere Tage diese Funktion bewahrt. Die Berge Ararat, Sinai und Zion sind Orte besonderer Begegnung zwischen Gott und Mensch. Die Gipfelkreuze auf alpinen Höhen sind ein lebendiger Rest dieser Anschauung. Nach dem jüdischen Jubiläenbuch (2. Jh. v. Chr.) gehören vier Orte auf der Erde dem Herrn: der Garten Eden, der Berg des Morgens, der Berg Sinai und der Berg Zion. Der letztere »wird geheiligt werden in der neuen Schöpfung zur Heiligung der Erde. Nach Kap. 8 gibt es die drei Heiligtümer Eden, Sinai und Zion.

Nach jüdischer Anschauung sind Erde und Himmel durch einen Vorhang geschieden (Jes 40,22). Der Vorhang ist Grenze zwischen Himmel und Erde. Den Tag über verhüllt er die am Himmel befestigten Sterne. Abends wird der Vorhang zurückgezogen, damit Mond und Sterne die Erde erleuchten können. Diese kosmische Symbolik wird auf den Tempel in Jerusalem übertragen. Ein Vorhang trennt das Allerheiligste vom Heiligen und vom Vorhof. Im Allerheiligsten sieht man den Himmel abgebildet. Diese Symbolik ist auch in den romanischen Kirchen sichtbar.

Der Tempel Jerusalems war bis zu seiner Zerstörung im Jahr 70 n. Chr. die zentrale heilige Stätte des Judentums. Von den Tempelbauten unter Herodes I., dem Großen, ist die westliche Umfassungsmauer des Tempels erhalten geblieben, die West- oder Klagemauer. Israel ist das gelobte Land, das Land der Patriarchen, welches von Gott verheißen wurde (Pentateuch). Diese Heimat des weltweiten Judentums begründet seine religiöse und nationale Identität bis zum heutigen Tag.

Die Ebstorfer Weltkarte
Die Ebstorfer Weltkarte gehört zum Typ mittelalterlicher Weltdarstellungen, die nach Jerusalem ausgerichtet sind und deshalb den Osten obenan stellen (»mappa mundi« – Abbild der Welt). Sie ist zwischen 1230 und 1250 (spätestens um 1300) sehr wahrscheinlich in Ebstorf bei Lüneburg entstanden. Die Darstellung gehört zu dem in dieser Zeit vorherrschenden Typus einer Radkarte. Mit einem Durchmesser von etwa 3,6 Metern und einer Fläche von über 10 Quadratmetern (30 Ziegenhäute wurden hierfür benötigt) handelt es sich bei der Ebstorfer Weltkarte um die größte und inhaltsreichste Weltkarte des Mittelalters. Diese Karte wurde um 1830 im Benediktinerinnenkloster Ebstorf aufgefunden. Die Schäden stammen von Mäusefraß, unsachgemäßer Lagerung und mutwilliger Zerstörung. Die Karte ist 1943 in der Landesbibliothek Hannover verbrannt. Glücklicherweise war um 1890 im Lichtdruckverfahren eine verkleinerte Kopie angefertigt worden, die später von Hand nach dem Original koloriert wurde. Hiervon wurden zwischen 1950 und 1955 im Gerbdruckverfahren vier originalgroße Karten auf Ziegenlederpergament neu geschaffen.

Kap. 8 Christentum: Ostern auf der Thingstätte

Ostergottesdienst auf dem Heiligenberg bei Heidelberg
Die Darstellung zum Heiligenberg erklärt:
- dass es auch in unserem Land »heilige Berge« mit einer interessanten Geschichte gibt,
- die transformierende Kraft der christlichen Botschaft von Ostern,
- das Prinzip der Auslegung als Merkmal einer nicht an heilige Orte, sondern an heilige Schriften gebundenen »sekundären Religion« (Sundermeier, vgl. **M 3** Primäre und sekundäre Religionserfahrung) (Text + Bildbeispiel).

S. 8 + 16 ergeben einen sinnvollen Zusammenhang, um die Osterbotschaft herauszuarbeiten. Dies kann durch weitere Texte und Karten vertieft werden, z. B. S. 9, 20, 64–69, 74.

Die Predigt kann man im Kontext einer These von J. Assmann verstehen. Demnach wird in den Stammesreligionen das Heilige in der Welt sinnfällig an heiligen Orten, Bäumen, Statuen, Tempeln verkörpert. Riten dienen dem Inganghalten der Welt. Im Judentum kehrt sich das Verhältnis von Schrift und Kult um. Die Schrift ist das Eigentliche. Nicht mehr der heilige Ort, sondern die heilige Schrift und deren Auslegung wird nun zum Merkmal der Offenbarungsreligionen. Das Heil wird durch die biblia sacra repräsentiert. Es ist nicht mehr welt-immanent, sondern außerweltlich. »... Der radikalen Außerweltlichkeit Gottes entspricht die radikale Schriftlichkeit seiner Offenbarung« (Assmann, Religion und kulturelles Gedächtnis, S. 164).

Kap. 9 Religion in der Popularkultur

Zum Begriff Popularkultur vgl. **M 36**.
Die Filmserie Star-Trek steht als Beispiel für einen modernen Mythos in der Popularkultur.
Dabei geht es um eine Reise an die Grenzen von Raum und Zeit und um die Frage, wie weit unsere anthropozentrischen Vorstellungen tragen, wenn Weltraumfahrer am Rande des Universums von Gott hören, er finde seinen Platz in unseren Herzen.
Der Medienfachmann und Religionspädagoge Manfred L. Pirner charakterisiert Batman, Matrix, Star-Wars als Formen einer impliziten Religion – basierend auf der Struktur des Heldenmythos, die der Religionswissenschaftler Joseph Campbell herausgearbeitet hat.
Im Film »Am Rande des Universums« möchte sich Kapitän Zybok, obwohl ihn alle für verrückt erklären, auf die Suche nach Gott machen. Das klingt nach einer amerikanischen Variante zu dem Versuch des ersten russischen Astronauten Gagarin, der Gott im Universum nicht gefunden hat. Gagarin und Zybok folgen offenbar denselben unreflektierten Weltbildern. Das zeigt sich am Arrangement und an den anthropomorph-christlichen Aussagen in Star-Trek. Umso erstaunlicher, dass diese Szenen Millionen von Menschen fasziniert haben.
Manfred Pirner reklamiert für solche Science-Fiction-Filme folgende Zusammenhänge:
- Sie übernehmen teilweise Funktionen, die traditionell Religionen erfüllen.
- Ihre Geschichten ähneln in ihren Strukturen religiösen Mythen und Ritualen.
- Ihre Inhalte übernehmen Elemente aus christlichen oder anderen religiösen Traditionen.

Bei all diesen Analogien sollte aber bedacht werden, welche Begrifflichkeiten dabei ins Spiel geraten. Wir schlagen anstelle verallgemeinernder Vergleiche einen

Zugriff auf die Symbolik der Offenbarung (Bild, Dialog) sowie die Analyse konkreter Aussagen des Plots vor. Dabei fallen vor allem die Abweichungen vom vertrauten Muster christlicher Gottesbilder auf, welche dann eher an die Begegnung der Argonauten des Odysseus mit den launischen Göttern und Riesen, wie etwa den Zyklopen erinnern (Zybok – Zyklop).

IV. Methodische Anregungen

S. 12–13 Kap. 6 Ethnische Religionen: Mythos Erde bei den Aborigines

An der Erzählung »Mythos Erde« und der Skizze der Traumpfade lässt sich zweierlei erarbeiten:

1. Das Raum-Modell ›Traumpfade‹ verbindet existentielle und spirituelle Wahrnehmungsperspektiven. Es dient der Orientierung und stellt zugleich einen belebten Raum dar, den Raum der Geistwesen. D. h. wir lesen diesen Mythos als »fundierende, legitimierende, weltmodellierende Erzählung« (J. Assmann).
2. Ethnische Religionen unterscheiden nicht zwischen profan (›Raumordnung‹) und sakral (›Geistwesen, Traumpfade‹). Wir lesen diesen Text und sehen die Karte als Beispiel einer ethnischen Weltdeutung, in der Religion und Kultur eng miteinander verwoben sind. Es empfiehlt sich darum SH S. 70f als Referenztext hinzuzuziehen, der ein analoges Beispiel bringt und zudem aus religionswissenschaftlicher Sicht reflektiert. Daran lässt sich erkennen, dass das neuzeitliche Konstrukt des Religionssoziologen Niklas Luhmann mit seiner Unterscheidung von Immanenz und Transzendenz als einer grundlegenden Determinante des Denkens nur eine mögliche – eine aufklärerisch-europäische – Weltsicht darstellt.

1. Einstieg
TA: Stummer Impuls »Mein Land« – ein Platz, an dem du dich wohl fühlst … Störungen: Land – wirtschaftliche Faktoren

Alternativen (Hinweise, s. u. Erweiterung)
– Informationen zu den Aborigines, zu den Aranda (Sch.-Referat; Literatur)
– Märchen von der Regenbogenschlange

2. Erarbeitung
– Laute Lesung des Märchens. Gespräch über das Lebensgefühl der Arandas. Was erfahren wir über das Leben der Aborigines, was ist für sie heilig, was macht ihnen Angst? Wie sieht ihre Lebensform aus?
– Vergleich in PA mit Gen 2,4b. Was ändert sich am Lebensgefühl? Was ändert sich an der Lebensform? Vergleich der Vorstellungen über Räume, »Schöpfung« und »Gottheiten«. Welches Modell der Natur steht hinter dem australischen und dem biblischen Schöpfungs-Mythos? Die Gegenüberstellung der beiden Schöpfungs-Modelle dient vor allem dazu, das Weltbild der Stammesreligion herauszuarbeiten.
– Information zu Traumzeitpfaden vorzugsweise durch SuS.
– Die Zeichnung SH S. 13 gemeinsam entschlüsseln. Was erfahren wir über die Arandas und ihre Sicht des Lebensraumes? Wie nehmen die Aborigines ihren Lebensraum wahr?
– Vergleich der eigenen Entdeckungen mit Text SH S. 13 und dem Märchen SH S. 12.

3. Sicherung
– TA: »Ziehe eine Linie und du erschaffst eine Welt« (N. Luhmann).
– UG / LV: »Der Raum als sinnliches Konstrukt«; Brauchen – und haben auch wir solche Linien? (Kirchtürme, Grundrisse von Städten; der Mittelpunkt meiner Welt …).

4. Erweiterung (Referate s. Literaturliste)
– Informationen zu den Aborigines, zu den Aranda.
– Märchen und Mythen aus der Kultur der Ethnischen Religionen: Die Regenbogenschlange. Anne Cameron »Die Töchter der Kupferfrau«. Sun Bear, Mutter Erde, s. **M 9**.
– Was ist ein Mythos? Mythen und Riten aus ethnologischer Sicht (s. **M 4**).

5. Literatur

DIE RELIGION DER UREINWOHNER AUSTRALIENS (RELIGIONSWISSENSCHAFTLICHE BEITRÄGE)
Corinna Erckenbrecht, Traumzeit. Die Religion der Ureinwohner Australiens, Freiburg 2003, S. 28–42.84–100. 152–163.
Anton Quack, Heiler, Hexer und Schamanen. Die Religion der Stammeskulturen, Darmstadt 2004, S. 11.94–106.

MÄRCHEN UND MYTHEN AUS DER KULTUR DER ETHNISCHEN RELIGIONEN
Corinna Erckenbrecht, Die Regenbogenschlange, ein Schöpfungsmythos aus Australien, in: Traumzeit, ebd., S. 96.
Anne Cameron, »Die Töchter der Kupferfrau« (1981 – bis heute ein Klassiker). Die Autorin überliefert einen indianischen Schöpfungsmythos, den ihr die Indianerinnen der Insel Vancouver Island erzählten. Er handelt von der Kupferfrau, die einst an einen Strand auf Vancouver Island in (Kanada) gespült wurde, entkräftet, durstig und mutterseelenallein, um sich die Weisheit des Lebens zu erarbeiten und zur Mutter der Menschheit zu werden.

DER RAUM ALS KONSTRUKT
Veit-Jakobus Dieterich, Oberstufe Religion, Heft I Wirklichkeit, Stuttgart 2006, S. 14ff.

S. 14–15 Kap. 7 Judentum: Jerusalem – die Stadt Gottes

1. Einstieg
- Heilige Orte, heilige Berge, heilige Flüsse – die SuS tragen ihr Wissen zusammen. Was macht diese Orte heilig? Sch.-Referat zu Sri Pada und Ayodhya.
- UG zum Stichwort »Jerusalem – Stadt des Streits«: Warum gibt es dort Streit?
- Rekonstruktion des Vorwissens: Jerusalem in Judentum, Christentum und Islam.

2. Erarbeitung
- Die drei Gebetstexte auf S. 14 sprachlich inszenieren. Wie mögen sie Juden sprechen? Was sagt das über Jerusalem?
- Textarbeit: das jüdische »Weltbild« aufgrund des Textes auf DIN A3 zeichnen und einander vorstellen. Was ist Jerusalem? Vergleich des Ergebnisses mit einer Zeichnung:

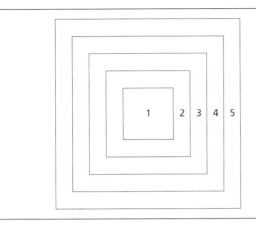

Welche Angaben macht der Text zu Jerusalem als Mitte? Zeichnen Sie die fünf Aussagen in der Form einer konzentrischen Struktur auf (Zwiebel-, Matrjoschka-Modell):
Jerusalem ist die Mitte des heiligen Landes – das Land der Gegenwart Gottes (5)
Mitte von Jerusalem ist der Tempelberg (4)
Der Tempel ist die Mitte des Tempelbergs (3)
Das Zentrum des Tempels ist das Allerheiligste mit der Lade (2)
In der Lade liegt der Grundstein der Schöpfung (1)

Alternativ: Arbeit mit Schlüsselbegriffen. Schlüsselbegriffe: Heilige Berge, Streit und Frieden an heiligen Stätten, Stadt Davids, die drei Tempel, Ziele jüdischer Pilger, Jerusalem – spirituelle Mitte von Ritualen und Gebeten, Jerusalem als Mittelpunkt der Welt.
- Mit einer Lupe oder einer Vergrößerung die Ebstorfer Weltkarte entziffern und Strukturen einzeichnen oder die Karte zumindest umrisshaft nachzeichnen. Gemeinsame Analyse der Karte:
  1. Wo finden Sie Jerusalem, wo Europa?
  2. Welche Aussage können Sie über die Gestaltung von Rand und Mitte machen?
  3. Welche Deutung verbirgt sich in der Ausrichtung nach Osten?
  4. Weltbild des 13. Jahrhunderts.
  5. Entwickeln Sie eine Hypothese zum weltanschaulichen Hintergrund der Weltkarte:
  6. In welchem historischen Kontext steht diese Karte – bzw. welcher »Zeitgeist« spiegelt sich in dieser Karte wieder (Mitteleuropa im 13. Jh.)?

Anschließend Vergleich mit dem Judentum.

3. Sicherung
- Vergleich von Judentum, Christentum und Islam anhand von Schlüsselbegriffen und unter Aufnahme von SH S. 6–11 und 14.
(Die Tabelle enthält Hinweise auf Informationsquellen im SH. Die Inhalte der leeren Zeilen sind leicht selber zu erarbeiten)

Schlüsselbegriffe	Juden	Christen	Muslime
Glaube	Mein Judentum, S. 6	Christusglaube S. 8	Islam, S. 10f.
Geschichte	S. 7, 14		
Heilige Stätten	S. 7, 14	S. 16, M 26	Mekka, M 32
Pilgerwege		M 25 Kreuzzüge – Pilgerwege nach Jerusalem	
Mittelpunkt der Welt	S. 14	Weltkarte S. 15	Mekka
Stadt von »Promis«	David		
Gedächtnislandschaft	Projekt		
Ritual, Feier		Passion, Ostern	M 32
Enderwartung		Bibel, Apk, Zion	
Streitpunkte	Sri Pada und der Tempelberg (S. 7, 14) aktuelles Zeitgeschehen		

B: Lebensräume – Heilige Orte

- Gemeinsames Nachdenken: Wie kann es in Jerusalem zu Frieden kommen? Evtl. Recherche zu Projekten der Versöhnungsarbeit. Beispiele: Daniel Barenboim, Jugendorchester mit jüdischen, christlichen und muslimischen Musikern, Gästehaus der Abrahamit. Religionen in Jerusalem. Block H.
- Erarbeitung eines Plakats mit jüdischen, christlichen, muslimischen »Gedächtnislandschaften« für die Präsentation in Gruppen.

4. Erweiterung
PA, Recherche: Das mittelalterliche christliche Weltbild an zwei Beispielen:
Vergleich der Ebstorfer Weltkarte (S. 15) mit Hildegard von Bingen, der Kosmosmensch. (Bildvorlage in: Spuren-Lesen. Religionsbuch für die 9./10. Klasse, S. 45. Vgl. Werkbuch S. 103.)

Die Ebstorfer Weltkarte und
Hildegard von Bingen, der Kosmosmensch
Die Ebstorfer Weltkarte und der Kosmosmensch der Mystikerin Hildegard von Bingen stammen etwa aus derselben Zeit zwischen 1250 und 1300. In beiden umfasst Christus den Erdkreis. Die Ebstorfer Weltkarte ist nach Jerusalem ausgerichtet und stellt deshalb den Osten obenan. Darum liegt Asien in der oberen Hälfte, unten links liegt Europa und unten rechts füllt Afrika das letzte Viertel aus. Gewässer wie das Mittelmeer und das Schwarze Meer teilen die Kontinente voneinander. Die Erde ist kreisrund dargestellt. Jerusalem bildet als religiöses und geographisches Zentrum die exakte Mitte.

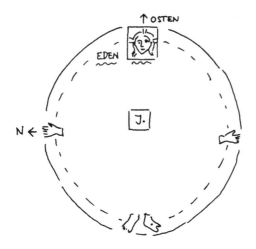

Im Zentrum Jerusalems sieht man den auferstandenen Christus mit der Siegesfahne in Gold (seitlich gedreht). Es ist also das himmlische Jerusalem, welches den Nabel der Welt bildet. Sein Kopf im Osten, im tiefen Westen, an der Meerenge von Gibraltar, die Füße, während im hohen Norden, am linken Rand der Erde, die rechte Hand mit dem Stigma und rechts im tiefen Süden seine Linke dargestellt ist. Am Rand stehen kurze Texte, Fragmente, längere Legenden. Sie beschreiben in mittelalterlichem Latein vor allem die Tier- und Pflanzenwelt. Weitere Texte entstammen der Bibel, sowie mittelalterlichen und antiken Quellen.

Das bekannte Bild »Der Kosmosmensch« zeigt eine Vision der Mystikerin. Sie sieht die Welt im mittelalterlichen Modell als großes Rund. Der blaue Rand zeigt die vier Elemente. Winde und Naturkräfte gleichen den Wasserspeiern und Dämonen an den mittelalterlichen Kirchen. Der Erdkreis, auch die Naturkräfte, sind umfangen von der Liebe Gottes, dargestellt mit weiten, roten Armen. Hildegard nennt sie »Caritas«. Christus bildet die Mitte und den Horizont des Bildes. Christus wird jeweils als Doppelgestalt gesehen:
Das Haupt ist ›Gott in Christus‹, der die Welt erlöst hat. Darauf weisen die durchbohrten Füße und die Liebe, welche die Welt umfängt. Der heilige Geist inspiriert Christus als Prototyp des neuen Menschen (Mitte).
So gesehen könnte man die Vision Hildegards auch als bildhafte Auslegung von Römer 5 und Philipper 2 verstehen.

Mögliche Erschließungsfrage: Worin ähneln sich die Ebstorfer Weltkarte und der »Kosmosmensch«?

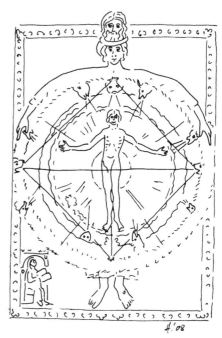

Umrisszeichnung der Kosmosmensch. Miniatur des Codex Latinus 1492 (Hans-Jürgen Herrmann).

S. 16 Kap. 8 Christentum: Ostern auf der Thingstätte

Hermann Maas setzt sich in seiner Predigt mit dem Kultort Heiligenberg auseinander und entwirft die Skizze des Osterglaubens, der an keine Räume gebunden ist.

1. Einstieg
Thema Heilige Berge im Anschluss an das Thema Tempelberg und Sri Pada
- Geschichte des Heiligenberges (Einführung zum Text S. 16).
- »Heilige Berge«: Die Beispiele von S. 15 werden in religionswissenschaftlicher Weise beschrieben, s. o. Hinweise zu den Medien.

- Sch.-Recherche zum Thema »Heilige Berge« im Umfeld des Schulortes. Der Vorspann zu »Heiligenberg, Thingstätte« (S. 16) motiviert, in der eigenen Umgebung fündig zu werden. Interessant könnte dabei auch die Baugeschichte einer Kirche oder einer Kapelle auf einem Berg sein. Auf welchem Grund steht sie? Frühere Kirchen, Heiligtümer.
- Präsentation in der Form einer Gedächtnislandschaft zum ausgewählten Projekt (kl. Dokumentation und Bilder).

2. Erarbeitung: Ostern transzendiert Räume
Thematische Aspekte des Textes:
- Der heidnische Kultort und das Haus Gottes
- Thesen der Predigt
- Die Heilige Schrift und die Auslegung als Merkmal einer sekundären Religion (Assmann)
- Die Transformation der jüdischen Religion durch den nachösterlichen Christusglauben (Theißen).

Einige der steilen Formulierungen der Predigt reizen zu Gespräch und evtl. Widerspruch:
- »Hier ist Gottes Haus, der Himmel ist das Gewölbe« (Himmel versus heidnisches Bergheiligtum), die Welt, die Völker, die Rassen umspannende Kraft der Kirche (Ökumene, wörtl. »Haus«). Ostern ist der Himmel und Erde umfassende Sieg über Zeit und Ewigkeit, der Sieg über die Welt des Todes.
- »Er ist auferstanden, er lebt. Das ist eine Tatsache, nicht ein Gerücht, ein Märlein ... fundamentale Wahrheit.«
- »Der Tod hat seinen Stachel verloren ... Christus trägt ihn in der Hand als Hirtenstab.«
- »Der Tod ist ein Verbündeter des Satan«.

Ist die Auferstehung eine Tatsache, wie Hermann Maas behauptet? Nach heutigem Konsens in der neutestamentlichen Forschung ging der Osterglaube von den Ostererscheinungen aus. »An ihrem subjektiv authentischen Erlebnisgehalt sollte kein Zweifel bestehen« (G. Theißen).

PA: Textanalyse mit Einzelfragen
- Hermann Maas setzt sich direkt und indirekt mit dem Heiligenberg und dessen Vorgeschichte auseinander. Wie charakterisiert er demgegenüber die Kirche und den christlichen Glauben?
- Worauf könnte sich Maas berufen, wenn er sagt »Er ist auferstanden, er lebt. Das ist eine Tatsache, nicht ein Gerücht, ein Märlein ... fundamentale Wahrheit«.
- Wie beurteilt die heutige theologische Wissenschaft die Frage der Glaubwürdigkeit der Osterbotschaft? (Theißen, SH S. 8)
- Erläutern Sie die These des Religionswissenschaftlers Jan Assmann im Blick auf die Auseinandersetzung des Predigers mit der Thingstätte »In den Stammesreligionen verkörpern heilige Orte, Bäume, Statuen, Tempel das Heilige in der Welt. Riten dienen dem Inganghalten der Welt. Im Judentum kehrt sich das Verhältnis von Schrift und Kult um. Die Schrift ist das Eigentliche. Nicht mehr der heilige Ort, sondern die heilige Schrift und deren Auslegung wird nun zum Merkmal der Offenbarungsreligionen.«

3. Vertiefung
Fish-Bowl zu einzelnen Thesen der Predigt, z. B.:
»Er ist auferstanden, er lebt. Das ist eine Tatsache, nicht ein Gerücht, ein Märlein ... fundamentale Wahrheit«.
»Der Tod hat seinen Stachel verloren ... Christus trägt ihn in der Hand als Hirtenstab.«
»Der Tod ist ein Verbündeter des Satan.«
Fish-Bowl: Eine kleine Gruppe der Klasse diskutiert im Innenkreis (im »Goldfisch-Glas«) exemplarisch die Thesen der Predigt. Die übrigen Teilnehmer beobachten im Außenkreis die Diskussion, können aber in den Innenkreises wechseln, indem sie »abklopfen«. Wird ein Teilnehmer »abgeklopft«, kann er seinen Gedanken beenden und verlässt dann den Diskussionskreis. Jeder Teilnehmer im Diskussionskreis darf diesen jederzeit verlassen.

S. 17 Kap. 9 Religion in der Popularkultur: Shaka Re, der Gottesplanet

Die relativ alte Geschichte dient uns als »Studienobjekt« für die Welt der Science-Fiction, in der Räume aufgelöst, neue erschlossen werden. Wie stellen sich hier religiöse Vorstellungen dar? Am Text kann herausgearbeitet werden,
- in welcher Bild- und Technik-Sprache die Macht Gottes dargestellt wird,
- wie hier vertraute Raum-Modelle aufgelöst werden,
- welches »Weltbild« sich in dieser Weltraum-Mythe zeigt,
- welche Überzeugungskraft die verwendeten Termini und Sprach-Bilder noch haben.

1. Einstieg
- UG: »Explizite und implizite Religion« in Science-Fiction-Szenen.
- Videoausschnitt zur Szene Star-Trek »Am Rande des Universums«
- PA: Beobachtungsaufgaben
  ☐ Charakterisierung der handelnden Personen Zybok, Kirk, Spock, McCoy, Gott.
  ☐ Der Gottesplanet Shaka Re, das Schiff, der Weltraum als Fiktion »heiliger Räume«.
  ☐ Szenenverlauf im Kontext des Films.
  ☐ Script zu den Personen, Räume und Szenen.

2. Erarbeitung
TA: Gemeinsames Tafelbild zu »Gott am Rande des Universums«. Im Stil einer Mindmap werden Eigenschaften und Zuschreibungen aus der Szene notiert. Dabei können vertraute Motive entdeckt werden wie: der alte Mann mit weißem Bart (ein Klischee, aber auch ein Symbol des alten Weisen), der entlegene, leere Raum:

Berg, Wüste (Elia, Mose), die Vision mit Feuer, Licht; der Schrecken, der Zweifel (Jesaja, Jeremia), die Bestrafung des Zweiflers (Mose); Gott lebt im Herzen (Kirk); daneben einige Motive, die vielleicht aus anderen Mythologien stammen, etwa der Argonautensage bei Odysseus: Der Zorn des Riesen (Gott schleudert sie zu Boden); Gott ist an einen Ort gefesselt und möchte befreit werden.

UG:
- Welche Eigenschaften werden Gott zugeschrieben?
- Welche Muster können Sie erkennen?
- Wie denken Sie über solche »Raumkonzepte«? Bekanntlich hat der erste Astronaut Gagarin erklärt, er habe Gott im Weltraum nicht gefunden. Nun trifft Kapitän Zybok auf Gott ...
- Wie erklären Sie sich die Faszination solcher Science-Fiction-Filme?
- Entwerfen Sie ein Raumkonzept, in welchem Ihr Glaube seinen Ort hat.

3. *Vertiefung, Ergebnissicherung, Erweiterung*
- **M 36**: Hubert Knoblauch, Populäre Religion.
- Sch.-Referat: Beiträge aus der Jugend- und Pop-Kultur zum Thema virtueller Raum, göttlicher Raum.

Literatur für Referate und Projekte

Die Religion der Ureinwohner Australiens
Corinna Erckenbrecht, Traumzeit. Die Religion der Ureinwohner Australiens, Freiburg 2003, S. 28–42.84–100. 152–163
Anton Quack, Heiler, Hexer und Schamanen. Die Religion der Stammeskulturen, Darmstadt 2004, S. 11.94–106

Reisebericht des muslimischen Ethnologen Abdellah Hammoudi nach Mekka
Abdellah Hammoudi, Saison in Mekka. Geschichte einer Pilgerfahrt, Beck, München 2007

Populärer Bestseller zum Jakobsweg
Hape Kerkeling, Ich bin dann mal weg. Meine Reise auf dem Jakobsweg, München 2007

Räume und heilige Stätten der Religionen
Religiopolis – Weltreligionen erleben. CD-Rom Klett 2006. Videos und Animationen zu Gottesdiensträumen, und heilige Stätten der Weltreligionen; Dokumentation zur Geschichte, Karten und Quellen

Kirchenraumpädagogik
Kirchenräume wahrnehmen – erklären – deuten – erschließen: Hartmut Rupp, Handbuch der Kirchenpädagogik, Stuttgart 2006, S. 21ff. Raumkonzeptionen: S. 99–131

C: Religion – Gemeinschaft – Gesellschaft

I. Inhaltliche Grundlegung

Das Thema im Überblick

Block C	Thema	Didaktisches Stichwort: Ansatzpunkte und thematische Horizonte für den Unterricht	Weitere Bezugspunkte (Schülerheft = SH; Lehrerheft = LH; Zusatzmedien des LH = M)
Bildreihe: Versammlungsräume und spirituelle Zentren – Synagoge – Herrnhuter Kirchensaal – Moschee in Deutschland – Buddh. Kloster	– Formensprache und Funktionen sakraler Räume. – Das Leben in den Gemeinden. – Die Begriffe Gemeinde, Minjan, Umma, Sanga.	Sch. lernen einige Versammlungsräume der großen Religionen kennen mit dem Ziel, – die Formensprache und Symbolik der Sakralräume verstehen zu lernen, – Religionen in ihren Versammlungsräumen vor Ort aufzusuchen, um Kontakte herzustellen und das Wissen zu vertiefen.	M 26: Der Kirchenraum als spiritueller Raum. SH S 14: Die heilige Stadt, Tempel. Bilder: SH S. 16f., 28f., 31, 43, 45, 71, 77.
Kapitel 10 Judentum – Jüdisches Leben in der Diaspora	– Einblick in das Gemeindeleben in der jüdischen Diaspora. – Begegnung und Dialog.	Die Sch. können Themen bzw. Problemstellungen jüdischer Gemeinden in Deutschland beschreiben und in Beziehung setzen zu solchen aus christlichen Gemeinden in ihrem Umfeld.	SH S. 7f.: Erez Israel. M 21: Judentum in der Diaspora. SH S. 32: Schoa. M 20: Synagoge, Minjan. SH S. 14: Die heilige Stadt. M 22: Jüdische Gemeinden in Deutschland.
Kapitel 11 Christentum – Jürgen Habermas, Joseph Kardinal Ratzinger: Religion in einer pluralistischen Welt – Zum Papstamt	Religion und Gesellschaft: Kontroverse Positionen zur Rolle von Kirche und Religion im säkularen Staat.	Die Sch erarbeiten Kriterien für eine konstruktive Begegnung: – Forderungen einer liberalen politischen Kultur an gläubige und ungläubige Bürger (nach Habermas); – kontroverse Positionen zum Kirchenverständnis.	M 27: Dokumente zum evangelischen und katholischen Kirchenverständnis. M 26: Der Kirchenraum als spiritueller Raum.
Kapitel 12 Islam – Samir Mourad: Islamischer Staat und Toleranz	Toleranz im Islam. Das Zusammenleben im islamischen Staat.	Dialogisch aufeinander beziehen: Kriterien für eine konstruktive Begegnung, die von Verständigung, Respekt und Anerkennung von Differenz geprägt ist.	SH S. 38f.: Islam – Angst und Mut. SH S. 55: Islamische Charta. M 33: Emel Algan, Ich musste ausbrechen. M 35: Nasr Hamid Abu Zaid, Spricht Gott nur Arabisch? M 34: Walter Schmithals, Die Rechte des Individuums.
Kapitel 13 Buddhismus – Gerald Roscoe: Mönchtum in Thailand	Die Bedeutung des Mönchtums in buddhistischen Ländern für Einzelne und für den buddhistischen Staat.	Urteilsfähigkeit: Der Beitrag aus Thailand trägt dazu bei, differente religiöse Lebensformen in verschiedenen Kontexten wahrzunehmen und einzuordnen.	SH S. 4f.: Buddhismus. M 12: Thich Nhat Hanh, Alter Pfad (der achtfache Pfad). M 15: Michael von Brück, Karma und Schicksal. SH S. 37: Lebensrad. DVD Frühling, Sommer, Herbst, Winter und Frühling. Vgl. LH zu Block E, S. 37f.

*Das Leben in der Gemeinschaft und
die Teilhabe an der Gesellschaft*

Wer sich mit dem Leben in der Gemeinschaft – also dem jüdischen, christlichen, muslimischen und auch buddhistischen »Gemeindeleben« – befasst, erhält einen Anschauungsunterricht über Lebensformen und Lebenspraxis von Religionen. Jede Gemeinde nimmt auch teil an gesellschaftlichen Prozessen. Daraus ergibt sich eine doppelte Blickrichtung. So kann man beispielsweise die »religiöse Unwissenheit«, von der unser erster Text auf S. 18 spricht, als Binnenproblem einer Diasporagemeinde sehen, aber auch als Anzeichen eines allgemeinen Erosionsprozesses der meisten Religionen in Europa. Basisinformationen und Basiskontakte zu Gemeinden beschäftigen sich mit beiden Themen. Sie können zudem einen Dialog vor Ort vermitteln (vgl. Themen der Bildungspläne wie: »Religionen – Begegnungen vor Ort«, »Kirche«, »Kirche und Gesellschaft«).
Zum Dialog s. Block H.

Das Kapitel eignet sich zur Vorbereitung eines solchen Dialogs durch:
– die durchgängige Bilderreihe über Versammlungsräume
– das Textbeispiel zur Innenperspektive einer jüdischen Diasporagemeinde
– kontroverse Beiträge über den modernen Staat und die Religionen, über Toleranz, Liberalität und Teilhabe an der Gesellschaft (Kap. 10–12).

Dabei ergeben sich für einen Dialog u. a. folgende Themen:
– Die Sicht der Minderheit am Beispiel des Diasporajudentums, verbunden mit der Thematik »Identität« und »Integration«
– die philosophische Sicht von Jürgen Habermas zum Thema »Säkularisation« und »Toleranz« im Blick auf unsere gegenwärtigen gesellschaftlichen Herausforderungen
– die Sicht von Joseph Ratzinger zum katholischen Verständnis von Kirche und Welt und kontroverse konfessionelle Auffassungen über Kirche und Amt
– eine europäische Stimme zum Thema Islam und Toleranz, die sich der Vernunft verpflichtet weiß
– die Perspektive aus einem buddhistisch geprägten Land, welches keine Säkularisation kennt, sondern die lebendige Beziehung zwischen Religion und gesellschaftlichem Leben.

Der Themenblock beginnt mit einem Bericht über jüdisches Leben in der Diasporagemeinde in Hannover 1927. Es überrascht, wie viele Fragen von damals auch heute bestehen. Einen Überblick zur heutigen Situation in Deutschland bietet das auch für Schülerinnen und Schüler gut lesbare Buch »Was jeder vom Judentum wissen muss« (vgl. **M 21** Judentum in der Diaspora; jüdische Gemeinden in Deutschland).

Das zweite Kapitel setzt sich mit dem Problem der Säkularisation, des Fundamentalismus und der Toleranz auseinander. Im Blick auf die heutige Debatte um Integration und Fundamentalismus meint Jürgen Habermas, dass »Monotheismen in rücksichtslos modernisierten Gesellschaften ein destruktives Potential entwickeln«, wenn sie sich nicht auf die Prämissen des Verfassungsstaates einlassen. Joseph Kardinal Ratzinger fragt, ob die Säkularisierung nicht ein europäischer Sonderweg sei, den man hinterfragen könnte. Das dritte Kapitel formuliert Thesen zum Thema »Islamischer Staat und Toleranz«. Der Autor argumentiert mit der detaillierten Darstellung des Toleranzbegriffs aus der Konfliktforschung und aus islamischen Quellen. Die Argumentation mündet in die These: »Der Islam steht auf der höchsten Stufe der Toleranz«. Es wird spannend sein, diese These in Beziehung zu anderen Dokumenten des Heftes zu setzen (vgl. z. B. SH Kap. 21).
Den Abschluss bildet ein Beitrag zur Stellung der Klöster in der Gesellschaft Thailands. Er beleuchtet – wie auch der gewaltlose Protest der Mönche in Birma – eine ganz andere Gesellschaftsstruktur. Gemeinde – das ist hier vor allem die Mönchsgemeinde – ist ein spiritueller Ort, aber auch ein Weg, um im alltäglichen Leben eine Perspektive zu gewinnen – Nirvana.

*Religiöse Gemeinschaft:
Ekklesia, Minjan, Samgha, Umma*

Zunächst könnte man sagen, »Gemeinschaft« meint im Judentum den Minjan (Versammlung der für einen Gottesdienst vorgeschriebenen Mindestzahl von zehn Männern), die Synagoge; im Christentum Kirche und Gemeinde; im Islam die Umma, die Moschee, im Buddhismus den Sangha (vgl. zu den Begriffen SH S. 79f.). Dabei ist aber zu unterscheiden zwischen Begriff und Struktur. Jede Religion denkt in anderen Strukturen, die sich von den jeweils anderen Vorstellungen wesentlich unterscheiden können. Im Beitrag von Joseph Ratzinger (SH S. 20) wird beispielsweise der Anspruch eines Deutungsmonopols sichtbar, der von einem hierarchischen Gemeinde- und Weltbild ausgeht. Dies unterscheidet ihn vom Protestantismus aber nur unwesentlich, während es im Judentum, Islam und Buddhismus Strukturen gibt, die ohne Hierarchie, ohne Lehramt und ohne kirchenähnliche Organisation auskommen.

JUDENTUM (MINJAN, SYNAGOGE)
»Obwohl sich die christliche Kirche in ihrem Selbstverständnis auf das alttestamentliche Gottesvolk bezieht, kennt das Judentum keinen Begriff, der dem Verständnis von ›Kirche‹ direkt entspräche. Die Hebräische Bibel gebraucht, um die Israeliten zu bezeichnen, häufig die Wendung ›Söhne Israels‹. Da zwischen der religiösen und der ethnischen Gemeinschaft nicht prinzipiell unterschieden wird, sprechen die Rabbinen von ›Ganz-Israel‹. Die rabbinische Rede von der ›Gemeinde Israels‹ spiegelt sich im der deutschen Bezeichnung ›israelitische Kultusgemeinde‹ [...] Das religiös orientierte Judentum versteht

sich selbst und die gesamte Geschichte des jüdischen Volkes als Ergebnis des Bundes Gottes mit Israel« (H.-M. Barth, Dogmatik S. 679).

Der jüdische Gottesdienst braucht nicht unbedingt einen besonderen Gottesdienstraum. Zehn religiös mündige Juden – ein Minjan (hebr.) – an einem Ort bilden eine »Synagoge«. Mädchen werden mit 12, Jungen mit 13 Jahren religiös mündig. In orthodoxen Gemeinden können nur Männer ein Minjan bilden, vorlesen oder Ämter bekleiden.
Das Wort Synagoge bedeutet ursprünglich »Versammlung«. Es gibt keinen Altar und nur in manchen Reformsynagogen eine Orgel. Wie in reformierten Kirchen oder Moscheen gibt es keine bildlichen Darstellungen. Am jüdischen Gottesdienst ist die ganze Gemeinde aktiv beteiligt. Die Rolle des Vorbeters bzw. Kantors kann grundsätzlich jedem übertragen werden. Zur Lesung aus der Tora werden Kinder, Frauen und Männer aus der Gemeinde aufgerufen. In manchen Gemeinden gibt es auch hauptberufliche Kantoren und Rabbinerinnen bzw. Rabbiner. Rabbiner sind keine »Geistlichen«, sondern in erster Linie Lehrer, welche die Gemeinde in religiösen und rechtlichen Fragen beraten und auch Entscheidungen treffen können. In den meisten Synagogen geht es ungezwungen zu. Die Betenden folgen oft ihrem eigenen Rhythmus, so dass ein lebendiges Stimmengewirr entstehen kann. Die Gebetssprache ist fast überall Hebräisch. Wenn es eine Predigt gibt, wird sie meist in der Landessprache gehalten. Der jüdische Gottesdienst hat sich über Jahrhunderte entwickelt. Er hat manche Elemente des Tempelgottesdienstes bewahrt.
Das öffentliche Gebet ist als »Dienst des Herzens« nach der Zerstörung des Tempels im Jahre 70 n. Chr. an die Stelle des Opferkultes getreten. Wesentliche Elemente wie Schriftlesung, Gebet, Gesang gründen sich auf die Bibel und haben auch den christlichen Gottesdienst geprägt. Das Zentrum des Bethauses ist der Toraschrein an der Stirnseite und das Pult, von dem aus die Lesung aus der Torarolle erfolgt (vgl. C. Kayales, Was jeder vom Judentum wissen muss S. 12f.51ff.; Harenberg Lexikon der Religionen, S. 293ff.).

Christentum
»Ekklesia« (griech.) war im antiken Griechenland die Versammlung aller Bürger eines politischen Gemeinwesens. In der Septuaginta ist »ekklesia« die Übersetzung des hebr. Wortes »qahal«, »Einberufung«, »Versammlung« (Dtn 23,2). In unserer pluralen Welt sind Gemeindezentren und Kirchengebäude vielfach keine öffentlichen Räume mehr, obwohl sie für alle offen sind. Der Kirchentag ist vielleicht noch der einzige Ort, den man als öffentlichen Raum bezeichnen kann, wo »Öffentlichkeit« und gesellschaftlicher Diskurs stattfinden. Die Kirchen waren ein Politikum in den Brennpunkten der Kirchengeschichte, als Jan Hus in der Bethlehemkirche täglich drei mal in der Landessprache predigte, als die Reformation ein Thema der gesamten Öffentlichkeit war, als in Leipzig und Dresden die Friedensgebete stattfanden.
Die Spannung zwischen Differenz und Einheit spiegelt sich im Kirchenbegriff wieder. Diese Spannung markiert zugleich den Grunddissens in der Ökumene. Während das evangelische Kirchenverständnis mit der Formel »Einheit in Vielfalt« zu fassen wäre, ist das katholische Bild vom scholastischen Wahrheitsbegriff, vom Bild des ›unsus mundus‹ geprägt.

Hans-Martin Barth formuliert die klassische evangelische Auffassung so: »*Die eine heilige, katholische und apostolische Kirche begegnet nicht anders als in einer Vielzahl christlicher Kirchen und Denominationen*« (Barth, Dogmatik S. 713).

Das Vaticanum II sagt: »*Dies ist die einzige Kirche Christi, die wir im Glaubensbekenntnis als die eine, heilige, katholische und apostolische bekennen. Sie zu weiden, hat unser Erlöser nach seiner Auferstehung dem Petrus übertragen (Joh 21,17), ihm und den übrigen Aposteln hat er ihre Ausbreitung und Leitung anvertraut (vgl. Mt 28,1–8ff.), für immer hat er sie als ›Säule und Feste der Wahrheit‹ errichtet (1. Tim 3,15). Diese Kirche, die in dieser Welt als Gesellschaft verfasst und geordnet ist, ist verwirklicht in der katholischen Kirche, die vom Nachfolger Petri und von den Bischöfen in Gemeinschaft mit ihm geleitet wird. Das schließt nicht aus, dass außerhalb ihres Gefüges vielfältige Elemente der Heiligung und der Wahrheit zu finden sind, die als der Kirche Christi eigene Gaben auf die katholische Einheit hindrängen*« (Lumen Gentium, Konstitution über die Kirche 1964).
Das Selbstverständnis der Kirche sieht H.-M. Barth in der Metapher vom »Leib Christi«. Sie markiert die entscheidende Differenz zu den nichtchristlichen Religionen.

Islam
»Einen Begriff, der dem christlichen Verständnis von ›Kirche‹ entspricht, gibt es im Islam nicht. Der Ausdruck, der die ›Weltgemeinschaft der Glaubensgenossen‹ bezeichnet, lautet ›Umma‹. Da nach muslimischem Verständnis Religion immer in gewisser Weise gesellschaftliche und politische Verhältnisse impliziert, schwingen in diesem Begriff auch Elemente mit, die über das Religiöse hinausgehen (H.-M. Barth, Dogmatik, S. 686). ›Djama'a‹ bezeichnet die Gemeinschaft derer, die durch ihren Glauben und ihre Treue zur Tradition miteinander verbunden sind. ›Gebiet des Islam‹ bezeichnet ein Territorium, in dem Muslime ihrem Glauben entsprechend leben können. ›Gebiet des Krieges‹ ist der Bereich, in dem die Verfassung die Muslime nicht unterstützt.«

Buddhismus
Der Buddhist bekennt:
Ich nehme meine Zuflucht zum Buddha.
Ich nehme meine Zuflucht zum Dharma (Lehre).
Ich nehme meine Zuflucht zum Sangha (Gemeinschaft).
→ SH S. 4.

Doch »der Sangha ist weder Kirche noch eine Gemeinschaft weltflüchtiger Menschen, die ein überweltliches Heilsziel verwirklichen wollen. Er ist eine Institution sozialen Zusammenlebens zum Zweck der Vervollkommnung des Menschen im Sinn der Entwicklung seiner inhärenten Buddhaschaft. Zwar liegt das Hauptinteresse auf der Bewusstseinsschulung des Individuums und nicht bei der Gemeinschaft, aber der buddhistische Weg ist – von Ausnahmen abgesehen – nur in der Lebens- und Lerngemeinschaft mit anderen denkbar, und zwar nicht nur im Lehrer-Schüler-Verhältnis, sondern auch in der Gemeinschaft der Übenden, die sich gegenseitig stützen« (M. v. Brück / Wh. Lai, Buddhismus und Christentum, S. 479).

Da der Mönchsorden aber nicht ohne das ihm entsprechende Laientum gedacht werden kann, durchzieht den Buddhismus von Anfang an eine immanente Spannung zwischen Mönchtum und Laien. Dabei entwickelte sich die Gewichtung des Mönchtums im Therevada-Buddhismus anders als im späteren Mahayana oder im Vajrayana Tibets (vgl. H.-M. Barth, Dogmatik, S. 697).

Religion und Kultur

Die Frage, wie Religionen in ihren Gesellschaften – im säkularen Staat des Westens oder im buddhistisch geprägten Thailand – leben und wirken, öffnet den Blick für den Zusammenhang zwischen Religion und Kultur bzw. für die bildende Kraft der Religionen in ihrem jeweiligen Kontext. Im Mittelpunkt des Kapitels steht darum die Frage nach der Rolle der »Religionen in einer pluralisierten und globalisierten Welt« (SH Kap. 11). Dabei werden die Themen »Christentum« und »pluralistische Gesellschaft« verknüpft.

Das ist insofern folgerichtig, weil sich die moderne demokratische Gesellschaft auch auf die europäische Geschichte mit ihren reformatorischen Emanzipationsbewegungen berufen kann. Verschiedene Impulse sind hier zu nennen: die Reformation mit der geistigen und geistlichen Emanzipation des Einzelnen vor Gott, aber auch die Bill of Rights mit ihrer Forderung: »Der Gleichheit der Seelen vor Gott muss die Gleichheit der Menschen im Diesseits entsprechen!« (1689). Darum formuliert der namhafte Berliner Historiker H.-U. Wehler, die Demokratie verdanke ihren Durchbruch der puritanischen Revolution im England des 17. Jh.

Freilich wurde die französische Revolution mit ihrer Parole der Menschenrechte und der Zertrümmerung der klerikalen Macht 1789 von der katholischen Kirche und dem evangelischen Landeskirchentum in Deutschland mit Argwohn betrachtet. Hingegen wurde sie von Juden, Hugenotten, Waldensern und Reformierten in den romanischen Ländern Europas ausdrücklich begrüßt, weil sie Juden und Protestanten die bürgerlichen Rechte verlieh. Schließlich die Aufklärung, hier vor allem Kant, der von Habermas, aber auch Ratzinger immer wieder zitiert wird. Für Ratzinger ist die Reformation ursächlich mit der »Spaltung« der sakrosankten – katholisch verstandenen Einheit der Kirche und dem modernen Pluralismus verbunden. Seine Kritik an der Entwicklung der modernen Gesellschaft ist darum zugleich eine Kritik am Gedankengut der Reformation. Nach wie vor sieht die katholische Kirche die Welt als unus mundus – im Sinn des alten scholastischen Weltbildes des Thomas von Aquin und des Führungsanspruchs der katholischen Kirche. Darum beklagt sie die Säkularisation (S. 20).

Protestanten stehen dabei eher vor einem Dilemma. Sie beklagen zwar auch den Rückgang der kirchlichen Arbeit, wissen aber auch vom Einfluss evangelischen Gedankenguts auf Prozesse der Emanzipation und der Moderne.

Der Begriff »Säkularisation« (lat. Saeculum – Zeitalter) bedeutet »Verweltlichung«. Er umfasst eine Reihe von Hinweisen auf den Bedeutungsverlust von Religion, wie z. B. abnehmende Beteiligung an religiösen Aktivitäten, sinkende Mitgliederzahlen, schwindender Einfluss der religiösen Organisationen auf das gesellschaftliche Leben, weniger private Praxis (Gebet, Gottesdienstbesuch), Privatisierung des Glaubens.

Säkularisation wird in eine enge Beziehung zur »Moderne« gesetzt (ab 1900 ein Schlagwort in Abgrenzung zur Neuzeit). »Diese Tendenz drückt sich in der (keineswegs linear) abnehmenden Kirchlichkeit der Menschen in westlichen Gesellschaften aus. Sie findet aber auch ihren vielleicht paradigmatischen theologischen Ausdruck etwa in R. K. Bultmanns Konzept der Entmythologisierung, in dem die Differenz zwischen transzendenter Wirklichkeit und Alltag beinahe aufgehoben ist« (Wörterbuch der Religionen, Art. Säkularisation; Moderne, S. 345ff.457).

→ M 7 Jürgen Habermas: Säkularisierung in der postsäkularen Gesellschaft.
→ SH S. 77, Vorspann.

II. Didaktische Reflexion

1. Thematische und pädagogische Aspekte

Elementarisierung der fachwissenschaftlichen Perspektive

Aus den bisherigen Überlegungen bieten sich zwei Schwerpunkte zur Erschließung an:

1. »Religionen leben als Gemeinschaft« (Block B in Verbindung mit Block H Begegnung – Dialog):
Am Schul- und Wohnort finden sich Versammlungsräume, spirituelle Zentren, Religionsgemeinschaften. Dazu bietet das Kapitel zentrale Texte und Bilder und Zusatzinformationen zum Verständnis von Gemeinde, Gemeinschaft und Gesellschaft der großen Religionen. Lerngruppen organisieren Recherchen und Begegnungen mit jüdischem, christlichem, muslimischem, buddhistischem »Gemeindeleben«. Die Bilder und Texte geben dazu einige Anregungen. Je nach örtlichen Gegebenheiten und Vorgaben der Bildungspläne bietet sich eine sinnvolle Auswahl an.

2. »Religion und moderne Gesellschaft« (evtl. fächerübergreifendes Projekt Religion mit Ethik): Wie leben Religionen in ihren Gesellschaften? Mögliche Schwerpunkte:
→ Kap. 11 Christentum
→ Kap. 12 Islam und moderner Staat

Die Welt der Schülerinnen und Schüler

Für Schülerinnen und Schüler ist in der Oberstufe der Blick über den engen Horizont kindlicher Sozialisation angesagt, sei es, dass sie – aus einer nicht-kirchlichen Familie stammend – das Christentum kennen lernen wollen, sei es, dass sie gerade umgekehrt eine Alternative zum Christentum interessant finden. So bietet das Kapitel einen Ansatz der Horizonterweiterung und der Begegnung. Die Begegnung mit Jugendlichen aus anderen Religionen und Kulturen und der lebendige Austausch über unterschiedliche Weltanschauungen und Lebenskonzepte ist in diesem Alter besonders wichtig und von vitalem Interesse. Darum sollte dieser Block den theoretischen Fundus mit der Begegnung und der aktuellen Recherche verbinden. Block C wäre von daher gut mit Block H zu verknüpfen.

2. Zur Auswahl der Medien (Schwerpunkte, Intentionen)

– Im Anschluss an Block B Lebensräume – heilige Orte zeigen die Bilder dieses Blocks ›sakrale Räume‹ verschiedener Religionen (»Innenansichten«: Bildreihe im Kapitel).
– Bilder und Berichte darüber, wo Gläubige sich versammeln, wie ihre Räume aussehen und was ihr Leben in der Gemeinschaft ausmacht, sollen anregen zu Recherche, Dokumentation und Begegnung vor Ort (Bildreihe S. 19–25; S. 18f.; S. 24f.).
– Das Verhältnis von »Religion und Gesellschaft« soll an unterschiedlichen Modellen betrachtet werden (S. 20–24).

3. Kompetenzen und Bezüge zu den Bildungsplänen

Schülerinnen und Schüler können
– Namen und Merkmale von Versammlungsräumen bzw. geistliche Zentren der großen Religionen beschreiben
– Informationen aus den Begegnungen mit Religionsgemeinschaften vor Ort dokumentieren und präsentieren
– Anforderungen an die Religionen im modernen Staat nach J. Habermas nennen und Stellung dazu beziehen
– evangelische und katholische Stimmen zum Papstamt erläutern
– Positionen über den islamischen Staat und Toleranz benennen
– die Bedeutung des Mönchtums in buddhistischen Ländern für Einzelne und für den buddhistischen Staat beschreiben.

EPA

Der Themenblock leistet einen Beitrag zum Themenbereich 4 (Thematischer Schwerpunkt 2 »Kirche in der religiös pluralen Welt«). Er fördert u. a. folgende grundlegende Kompetenzen:
– *Wahrnehmungs- und Darstellungsfähigkeit:* Grundlegende religiöse Ausdrucksformen (Räume, Symbole, Riten) wahrnehmen und in verschiedenen Kontexten wieder erkennen und einordnen (Bildreihe: S. 19–25).
– *Urteilsfähigkeit:* Gemeinsamkeiten von Konfessionen und Religionen sowie deren Unterschiede erklären und kriteriengeleitet bewerten (S. 18–24).
– *Dialogfähigkeit:* Die Perspektive eines anderen einnehmen und in Bezug zum eigenen Standpunkt setzen (S. 21). Kriterien für eine konstruktive Begegnung, die von Verständigung, Respekt und Anerkennung von Differenz geprägt ist, in dialogischen Situationen berücksichtigen (S. 20.22–24).

III. Hinweise zu den Medien

Kap. 10 Jüdisches Leben in der Diaspora

Thematische Aspekte der Doppelseite sind:
– Sich nach der Bearbeitung der Vorseiten ein breiteres Grundwissen zur Vielfalt jüdischen Lebens, zu Synagoge und Gemeindeleben heute anzueignen
– Den Einblick in eine jüdische Gemeinde aus dem Jahr 1927 mit einer heutigen jüdischen Gemeinde zu vergleichen.

S. 18f. Juden in Hannover

Beim jüdischen Leben in der Diaspora geht es um einen konkreten Einblick in jüdisches Gemeindeleben, um Vielfalt gelebten Judeseins und im Kern um die Identität jüdischen Lebens heute.
Auf der Welt leben ca. 15 Millionen Juden. Ein Drittel, etwa fünf Millionen, lebt im Staat Israel. Etwa die Hälfte der jüdischen Weltbevölkerung wohnt in Nord- und Südamerika, nur etwa 15 Prozent leben in Europa. In diesen Zahlen spiegelt sich die Katastrophe der Vertreibung und Vernichtung der europäischen Juden im Nationalsozialismus in der ersten Hälfte des 20. Jahrhunderts wider. Erst seit 1948 haben Juden wieder einen eigenen Staat, eine ›Heimstatt‹, die ihnen vor Vertreibung und Verfolgung Sicherheit gewähren soll.

Seit der Zeit des Exils hat sich das Judentum mit den jeweiligen Kulturräumen der Diaspora auseinandergesetzt. Dabei haben sich vor allem zwei große Strömungen entwickelt: Dies sind einmal die ostjüdischen Gemeinden (»Aschkenasim«), die zunächst in Mitteleuropa, dann vor allem in Osteuropa zu Hause waren. Sie bildeten die Mehrheit der Juden (90 Prozent im 19. Jh.). Sie stellten auch mit einem Anteil von 80 Prozent die Gründergeneration des Staates Israel 1948. Ihre Sprache war das Jiddische, ihre Frömmigkeit die des mystischen Chassidismus. Als Sephardim werden seit dem Mittelalter jene Juden bezeichnet, die von der iberischen Halbinsel vertrieben in Nordafrika, Asien, Holland, England, Norddeutschland, Amerika leben. Sephardische Gelehrte haben Europa die orientalische Wissenschaft und die griechische Philosophie vermittelt.

Heute lassen sich vier größere Strömungen im religiösen Judentum ausmachen:
1. Das orthodoxe Judentum,
2. die Reformbewegung als dessen Gegenbewegung (Aufklärung und Emanzipation),
3. die konservativen Juden, welche einen Mittelweg zwischen beiden wählen,
4. der Rekonstruktionismus. Diese Richtung aus den USA sieht das Judentum als eine dem Wandel unterworfene religiöse Zivilisation, Die Tora gilt als Dokument einer theologischen Auseinandersetzung, nicht als Offenbarung.

Jüdisches Leben ist also vielfältig. *Die* Gestalt des Judentums gibt es nicht – ebenso wenig wie es *das* Christentum, *den* Islam oder irgendeine andere Religion in einer eindeutigen, von außen festlegbaren Form gibt. Vor dem Hintergrund unterschiedlichster jüdischer Lebenswelten stellt sich seit jeher die Frage: Was ist das Verbindende im Judentum?

Die klassische Antwort heißt: Jude ist, wer von einer jüdischen Mutter geboren wurde oder wer zum Judentum übergetreten ist. Im Reformjudentum gilt als Jude auch, wer von einem jüdischen Vater geboren und jüdisch erzogen wurde. Das Judentum unterscheidet sich also an diesem Punkt vom Christentum: Als Jude wird man geboren, zum Christen wird man durch die Taufe. Man kann als Jude also auch Atheist oder Agnostiker sein. Der Hinweis auf die Herkunft beantwortet allerdings die Frage nach der Zugehörigkeit zum Judentum nicht allein. Die Möglichkeit des Übertritts zeigt: Das Judentum ist nicht nur eine Gemeinschaft, in die Menschen hinein geboren werden (Volk), sondern zugleich eine Religion, in der Menschen in gemeinsamem Glauben bzw. in gemeinsamer religiöser Praxis verbunden sind. Bisweilen wird auch die Verbundenheit mit dem Land Israel als einigendes Element der verschiedenen jüdischen Lebenswelten begriffen. Volk, Religion und Land – diese drei können als Bezugspunkte verstanden werden, auf die hin sich jüdische Lebenswelten beschreiben lassen.

Es ist eine oder mehrere dieser Größen, die das Selbstverständnis von Jüdinnen und Juden prägen. Dabei ist zu beachten, dass jüdisches Selbstverständnis und jüdische Identität nicht etwas ein für allemal Festliegendes sind, sondern dass sie im Wandel von Traditionen, geschichtlichen Erfahrungen und gegenwärtigen Entwicklungen immer neu Gestalt gewinnen. Eine – gar von außen vorgenommene – Festlegung in dem Sinne, dass diese oder jene Gestaltung jüdischer Lebenswelt *das* Judentum sei, ist nicht sachgemäß. Identität ist immer das Produkt soziologischer Vorgaben, kultureller, historischer, geistesgeschichtlicher und religiöser Entwicklungen und gerade in der Neuzeit auch individueller Entscheidungen.

In der Geschichte mussten und müssen Jüdinnen und Juden unter den Bedingungen des Antisemitismus häufig das Moment der Schicksalsgemeinschaft als einigendes Band ihrer unterschiedlichen Prägungen erfahren. So sehr der Antisemitismus einerseits die Geschichte der Juden mitbestimmt hat, so sehr ist andererseits festzuhalten: Die Vielfalt jüdischen Lebens übersteigt auch diese von außen aufgezwungene Zuschreibung jüdischer Identität.

S. 19 Remuh-Synagoge in Krakau, Polen
Die Remuh-Synagoge und der alte jüdische Friedhof im Krakauer Stadtteil Kazimierz erinnern an die Blütezeit des aschkenasischen Judentums in Osteuropa. Der Name der Synagoge stammt von Mosche Isserles, kurz Remuh genannt. Viele Juden aus der ganzen Welt kommen dorthin, um am Grab des Rabbiners Mosche zu beten, dem Autor des berühmten religiös-rechtlichen Werkes HaMapah (Tischdecke). Sie ist die kleinste Synagoge in Kazimierz mit einer einzigartigen Atmosphäre. Die Eintretenden gelangen in einen gepflasterten Hof, umschlossen von weißen Wänden. Die in den Wänden eingemauerten Tafeln erinnern an die Verstorbenen – unter anderem auch an die Opfer des Holocausts.
Die Remuh-Synagoge wurde im 16. Jh. erbaut. Die jetzige architektonische Gestalt reicht bis ins Jahr 1829 zurück. Nach der Zerstörung durch die Naziherrschaft wurde sie 1957 von der jüdischen Gemeinde restauriert. Die Remuh-Synagoge wird als einzige der zahlreichen Synagogen Krakaus noch heute als Synagoge genutzt.

Kap. 11 Christentum: Religion in einer pluralisierten und globalisierten Welt

Die Integrationsthematik jüdischer Diasporagemeinden verlangt eine Fortführung mit dem Thema »Liberaler Rechtsstaat und Religion«. Die Doppelseite bietet darum zwei Schwerpunkte an:
1. S. 20 »Religion und pluralistische Gesellschaft«: Die Thematik wird unter dem Stichwort »Toleranz« mit Kapitel 12 »Islamischer Staat und Toleranz« fortgeführt.
2. S. 21 »Gemeinschaft«: Die Abbildung des Herrnhuter Kirchensaals und die beiden Statements zum Papstamt laden zur Fortführung des Themas »jüdische Gemeinde / Synagoge« ein. Die kontroversen evang. und kath. Modelle eines Kirchenverständnisses können nach dem Eingangssatz von Habermas als zwei Weltbilder (»comprehensive doctrine«) verstanden werden.

S. 20 Jürgen Habermas, Wie gläubige und säkulare Bürger miteinander umgehen sollten
Diskurs zum Thema Säkularisation und Toleranz
Zur Frage, wie sich religiöse Menschen in einer postsäkularen Gesellschaft ›vernünftig‹ verhalten sollen, entwickelte Jürgen Habermas in seiner Rede zum Friedenspreis 2001 drei Forderungen (s. **M 7**):
1. Religiöse Menschen müssen ›die kognitiv dissonanten Begegnungen mit anderen Konfessionen und Religionen‹ verarbeiten,
2. Religiöse Menschen müssen sich auf ›die Autorität von Wissenschaften einstellen, die das gesellschaftliche Monopol an Weltwissen innehaben‹,
3. Religiöse Menschen müssen sich auf ›die Prämissen des Verfassungsstaates einlassen, die sich aus einer profanen Moral entwickeln‹.

»Ohne diese Reflexionsleistung entfalten die Monotheismen in rücksichtslos modernisierten Gesellschaften ein destruktives Potential.«

S. 20 Joseph Kardinal Ratzinger, Die gegenwärtige Uneinheitlichkeit der kulturellen Räume und die Religion
Der Beitrag von Ratzinger formuliert eine spezifisch katholische Vorstellung. Sie knüpft an den scholastischen Anspruch eines christlichen Interpretationsmonopols an und verbindet dies mit modernen Theorien. Die Relativierung der Säkularisationsthese – so sympathisch sie als Kritik am Eurozentrismus klingen mag – dient hier lediglich der Rechtfertigung des römisch-katholischen Standpunkts.
Wilhelm Gräb charakterisiert katholische und evangelische Vorstellungen von Wahrheit und Pluralität folgendermaßen:
»Die katholische Kirche bindet ihren Wahrheitsanspruch des christlichen Glaubens an einen vermeintlich objektiven, metaphysischen Realismus. Mit der absoluten Verbindlichkeit der hellenistischen Kultursynthese unterstellt sie den christlichen Glauben einer Wirklichkeitsauffassung, die zwar sehr alt ist, aber keineswegs Anspruch auf zeitlose Gültigkeit erheben kann. Auf der Basis dieser alten Metaphysik meint der Papst jedoch, an absoluten Objektivitätsbehauptungen des christlichen Glaubens überhaupt festhalten zu können. Das ist aber ein großes Missverständnis.
Der christliche Glaube ergibt nur dann einen Sinn, wenn man ihn als Deutung der Wirklichkeit versteht, nicht aber als System von Prinzipien, die gewissermaßen naturgesetzlichen Charakter tragen und beanspruchen, zeitlos wahre Aussagen über die objektive Realität der Dinge zu machen. So meint es allerdings der Papst. In der Konsequenz wären Kulturkämpfe, die an die Zeiten Galileis erinnern, unvermeidlich.
Der Philosoph des Protestantismus, Immanuel Kant, hat einen anderen Weg gewiesen, auf dem der christliche Glaube in seinem lebenspraktischen Sinn unter den Bedingungen der modernen Kultur verständlich, wie auch mit der wissenschaftlichen Vernunft im Einklang bleiben kann.

Danach sei Gott kein Gegenstand des objektiven Wissens, gleichwohl aber bleibe es sinnvoll, Gott zu denken und in den praktischen Beanspruchungen des Lebens an ihn zu glauben, weil er unserem Handeln eine letzte Orientierung und unserem Dasein als Ganzem eine fundierende Gewissheit gebe.
Protestantische Theologen wie Friedrich Schleiermacher schritten auf diesem Weg weiter, indem sie den christlichen Glauben nicht mehr für die Welterklärung und die Beschreibung gegenständlicher Phänomene in Anspruch nahmen, sondern ihn als symbolische Form einer Wirklichkeits- und Lebensdeutung zur Darstellung brachten, die auf absolutem Sinnvertrauen gründet und zur Nächstenliebe befähigt.
Auf diesem protestantischen Weg steht der Glaube ebenfalls nicht gegen die Vernunft. Es werden Glaube und Vernunft aber auch nicht auf Paradigmen festgelegt, die sie in unauflösliche Konflikte mit dem Objektivitätsideal der Wissenschaft bringen müssen. Der Glaube steht dafür, dass wir die Wirklichkeit immer nur perspektivisch wahrnehmen, also in unseren Deutungen und Interpretationen« (W. Gräb, Selbst denken nicht möglich, in: Zeitzeichen 12/2006, S. 53ff.).

Der Dialog von Habermas und Ratzinger
Der Dialog von Habermas und Ratzinger reflektiert den Prozess der Säkularisation und das Toleranzverständnis im modernen westlichen Staat. Dabei geht es nicht nur um die Frage, welche Anforderungen sich von daher für gläubige und säkulare Bürger stellen, sondern auch darum, wie dieser Prozess durch die Kirchen bewertet wird. In der konfessionellen Differenzierung zeigen sich unterschiedliche Konstruktionen von Wirklichkeit, die sich vor allem im Dissens über das Amts- und Kirchenverständnis niederschlagen.

S. 21 Foto des Kirchensaals in Herrnhut
Der Herrnhuter Kirchensaal steht hier für den synodalen Grundgedanken der Kirchen der Reformation, wie er z. B. in der Barmer Erklärung formuliert ist. Der Name »Kirchensaal« weist auf den Grundgedanken Herrnhuter Bautradition. Die Anlage ist aus dem Gemeindehaus entstanden, in dem Gemeindearbeiter (Prediger und Vorsteher) wohnen und die Gemeine sich begegnen kann. Sie ist darum nicht nach Osten ausgerichtet. Kirchensäle sollten keine Kirchen, sondern Versammlungsräume sein. Daran erinnern die Bänke in Längsrichtung, die wohnraumhaften Fenstervorhänge, der Platz des Predigers. Der Liturgietisch ist kein Altar, sondern dient der Ablage. Der Prediger trägt keine Amtstracht. Der Baustil der Kirchensäle der Herrnhuter Brüdergemeine gleicht sich weltweit.

Kap. 12 Islam

Die Doppelseite bietet mehrere Schwerpunkte an:
– Ausgehend von der Abbildung einer Moschee auf S. 23 können die Ergebnisse aus den Recherchen der

Projektgruppe zur Moschee und zu muslim. Gemeinden vorgestellt werden. Dabei werden Grundkenntnisse über den Islam in seinen verschiedenen Richtungen aufgefrischt (vgl. Kap. 5 Islam).
- In der Auseinandersetzung um das Thema »Islam und Toleranz« bietet sich ein Vergleich der Toleranzbegriffe bei Habermas und Mourad an, sowie auch eine Übertragung auf die eigene Erfahrungswelt – nicht nur mit dem Islam.
- Schließlich kann der Aspekt »Islam und Toleranz« vertieft werden im Blick auf die Auseinandersetzung mit dem Verständnis des Dschihad und vor dem Hintergrund einer sorgfältigen Differenzierung zwischen den Richtungen und Schattierungen im Islam.

S. 22f. Samir Mourad, Islamischer Staat und Toleranz
Die Debatte über Toleranz und das gesellschaftliche Zusammenleben im Staat wird mit der detaillierten Darstellung des Toleranzbegriffs aus der Konfliktforschung und aus islamischen Quellen fortgesetzt. Der Spitzensatz von Samir Mourad lautet: »Der Islam steht auf der höchsten Stufe der Toleranz«. Aber auf welcher Basis ist ein solcher Satz überhaupt möglich? Samir Mourad: An die Stelle der Freiheit und der wissenschaftlichen Hochkultur trat im Lauf der Zeit »die Unterdrückung und Rückständigkeit der modernen muslimischen Welt« (SH S. 23). Im Buch von Abdelwahab Meddeb »Die Krankheit des Islam« findet sich eine breite ideengeschichtliche Darstellung der Fehlentwicklung, die der Autor als »Krankheit des Islam« bezeichnet. Nasr Hamid Abu Zaids Kritik des islamischen Fundamentalismus weist in eine ähnliche Richtung. Er beklagt die Abkehr des Islam von neuzeitlichen Erkenntnissen vor allem in theologischer Hinsicht (vgl. Hinweise zu S. 38). Gegenteilige Auffassungen finden sich in Dokumenten des islamischen Fundamentalismus, etwa der geistlichen Anleitung von Muhammad Atta (s. Hinweise zu S. 39 und 55). Es bietet sich an, diese konträren Standpunkte herauszuarbeiten und sie vor dem Hintergrund von Alltagserfahrungen – etwa aus christlich-islamischen Vereinen – zu diskutieren und fruchtbar zu machen (Islamcharta, S. 55).

S. 23 Foto der Fatih Moschee in Wülfrath
Das Bild zeigt den Blick auf die Gebetsnische. Sie liegt gegenüber dem Eingangsbereich und der Frauenempore. Der Innenraum der Fatih Moschee wurde von Fachleuten aus der Türkei bemalt.
Die Moschee ist nach Mehmet II. dem Eroberer (= Fatih) benannt. In Istanbul befindet sich eine gleichnamige Moschee aus dem 15. Jh. Die Moschee in Wülfrath wurde auf einem ehemaligen Fabrikgelände errichtet und am 15. September 2003 im Beisein von Bundestagspräsident Thierse eingeweiht (Gesamtkosten etwa 2 Mio. Euro). Die Moschee wurde gegen den Protest von Anwohnern mit Unterstützung des Bürgermeisters gebaut. Heute sollen um diese einzige Moschee in Wülfrath keine Spannungen mehr bestehen und das Verhältnis zur Politik und den Kirchen am Ort gut sein. Das Minarett durfte statt der geplanten 21m nur 17,50m hoch gebaut werden. Vom Minarett aus soll kein Gebetsruf erklingen. Die dem Ditib-Dachverband angehörende Moscheegemeinde zählt ca. 200 Mitglieder. Sie stammen vor allem aus den Provinzen Balikesir und Nevşehir in der Türkei.

Kap. 13 Buddhismus

Das Bild und der Sachtext zum Mönchtum in Thailand bieten einen Einblick in ein bestimmtes Verständnis des Mönchtums für die Menschen und die Gesellschaft. Dieser Einblick kann durch eigene Expertisen zu buddh. Zentren vor Ort vertieft werden.

S. 24 Gerald Roscoe: Mönchtum in Thailand
Der Beitrag zur Stellung der Klöster in der Gesellschaft Thailands setzt Grundkenntnisse über das buddhistische Bekenntnis, über den achtfachen Pfad und die Verbreitung und Richtungen des Buddhismus in Thailand voraus, vgl. SH S. 4f.
Der gewaltlose Protest der Mönche in Birma und in Tibet hat die bedeutende Rolle des Mönchtums in buddhistischen Gesellschaften auch im Westen bekannt gemacht. Der Beitrag über Thailand beleuchtet einen weiteren Aspekt: das Mönchtum auf Zeit. Gemeinde – das ist hier vor allem die Mönchsgemeinde – ist ein spiritueller Ort, aber auch ein Weg, um im alltäglichen Leben eine Perspektive zu gewinnen – Nirvana. Klöster verkörpern vor allem den Sangha, von dem das dreifache Glaubensbekenntnis spricht: »Ich nehme Zuflucht zum sangha.« Spannungen können entstehen, wenn der westliche way of life in diese Struktur eindringt (vgl. Ratzinger, S. 20). Aber diese Inseln der Spiritualität für den Alltag sind auch ein Exportschlager in westlicher Richtung.

Klöster als spirituelle Zentren regen an, über spirituelle Erfahrungen zu sprechen und selber Erfahrungen mit Stille und Meditation zu machen. Schließlich kann diese Seite zum Ausgangspunkt einer vertieften Beschäftigung mit dem Buddhismus werden.

S. 25 Foto: Junger Novize im Kloster
Das Bild wird in der Klasse Erstaunen hervorrufen, können doch im Buddhismus – im Unterschied zur christlichen Tradition – Kinder in ein Kloster eintreten. Die Geschichte eines solchen Novizen wird in dem koreanischen Film »Frühling, Sommer, Herbst, Winter und Frühling« lebendig. Vgl. Hinweise zu Block E, S. 37.

Viele Klöster wirken nach innen und nach außen. Das wissen wir von der Rolle der Klöster in Mitteleuropa. Sie waren ein Ort des Gebets und der Askese, aber sie veränderten auch ihr Umfeld durch Landbau, durch Schulen und Gottesdienste, durch christliche Ethik, Literatur und Kunst. Die Reformation, die frz. Revolution und der Prozess der Säkularisation haben den Einfluss der mitteleuropäischen Klöster erheblich relativiert, während buddhistische Klöster in anderen Gesellschaften, vor allem im Therevada-Buddhismus Thailands, der hier vorgestellt wird, nach wie vor eine zentrale Rolle einnehmen. Als spirituelle Gemeinschaft und als Zentrum sind sie für jede Buddhistin, jeden Buddhisten unabdingbar auf dem Weg aus dem Dasein. Sie stellen die ›Zuflucht zum sangha‹ (zur Gemeinde) dar. Aber die zahlreichen Klöster sind auch ein wichtiger gesellschaftlicher Faktor. Buddhistische Klöster werden als »sangha« (Gemeinde) und als gesellschaftlicher Faktor gesehen.

IV. Methodische Anregungen

Kap. 10 Jüdisches Leben in der Diaspora

Einstieg: Bilder im Kapitel
- Jüdische, christliche, muslimische, buddhistische Gemeinden (Gemeinde, Minjan, Umma, Sanga)
- PA: Wir vergleichen die Bilder im Kapitel (mit dem Foto aus einem buddhistischen Tempel S. 45).

Arbeitsauftrag:
1. Welche Versammlungsräume, Symbole, Riten können Sie auf den Bildern entdecken?
2. Welche Versammlungsräume, Symbole, Riten haben Sie schon selber kennen gelernt?
3. Welche möchten Sie näher kennen lernen?

Ideen und Anregungen für Projekte:
- UG: Bildung von Vorbereitungs-Teams: Planung eines Besuches von
    - ☐ Räumen von Religionen im Umfeld der Schule oder des Wohnorts (Stadtplan)
    - ☐ Synagogen
    - ☐ »historische« Synagoge vor Ort: bis 1938/45
    - ☐ Neue Synagoge

Erarbeitung: Jüdisches Leben in der Diaspora
- Die Sch können durch die Textarbeit Einblick in eine Gemeindesituation gewinnen, die sich, was die Immigranten aus Osteuropa angeht, vielleicht nicht so sehr von der einer heutigen jüdischen – und mancher christlichen – Gemeinde in Deutschland unterscheidet (fehlendes Grundwissen über die eigene Religion).
- Dabei stellt das erste Stichwort »Religiöse Unwissenheit« eine dreifache Aufgabe:
    1. »Religiöse Unwissenheit« markiert die Situation in manchen jüdischen Gemeinden, gerade solche, die sich durch Immigranten aus Osteuropa vergrößert haben (Erfahrungen aus der neuen Synagoge Emmendingen aus dem Jahr 2005).
    2. »Religiöse Unwissenheit« ist auch das Problem der Klasse. In einem weiteren Schritt sollen darum Grundbegriffe zum Judentum erarbeitet werden (s. u.).
    3. »Religiöse Unwissenheit« kennzeichnet auch viele Menschen im Blick auf christliche Themen, etwa kirchliche Feste.

Aufgabenstellung
Das Thema Jüdisches Leben in der Diaspora kann in zwei Schritten erarbeitet werden.
1. PA: Emil Schorsch, Juden in Hannover 1927. Fragen zum Text:
    - Worin besteht die »religiöse Unwissenheit« in der Gemeinde?
    - Was hat die Gründung einer Jugendgemeinde bewirkt?
    - Wie lassen sich die Aufgaben und die Stellung eines Rabbiners beschreiben?
    - Erklären Sie folgende Stichworte aus dem Text:
        - ☐ Orthodoxe Juden
        - ☐ Geschäftsschluss von Freitag drei Uhr bis Samstag sechs Uhr
        - ☐ Stübel
        - ☐ Jiddisch
        - ☐ Kaschrut (koscher)

2. Jüdische Gemeinden in Deutschland heute
Projekt: Besuch einer jüdischen Gemeinde (oder Kleingruppen suchen sich Interview-Partner in der jüd. Gemeinde)
Mögliche Themen und Fragestellungen:
- Die Gemeinde- und Jugendarbeit in der jüd. Gemeinde
- Themen, Aufgaben, Problemstellungen der Gemeinde
- Die religiösen Richtungen in der Gemeinde
- Vielfalt gelebten Judeseins
- Jüdische Identität in Deutschland
- Die Praxis von Sabbat und Küche
- Die Aufgaben von Mitarbeiterinnen und Mitarbeitern, Gemeindevorstand, Kantor und Rabbiner
- Das jüd. Gemeindezentrum, die Synagoge und der Gottesdienst
- Die Synagoge, die es in Ihrer Stadt vor 1938 gegeben hat (Dokumentation).

Synagoge: Abbildung der Remuh-Synagoge in Krakau, S. 19 und die obigen Hinweise mit Abb.

Arbeitsauftrag:
- Zeigen Sie auf dem Bild Tora-Schrein, Tallit und Tefillin.
- Fertigen Sie dazu Umrisszeichnungen an.
- Zeichnen Sie einen Grundriss der Synagoge Ihrer Stadt.

Vertiefung/Sicherung: Grundbegriffe des Judentums
Arbeitsaufträge für Kleingruppen (Partnerpuzzle):
- Synagoge und Minjan (**M 20** Synagoge und Minjan).
- Glaube, Glaubensbekenntnis des Maimonides, Leben als Jude (rituelle Vorschriften) (SH S. 6, S. 65).
- Schriftauslegung: Tora, Halacha, Midrasch, Mischna (SH S. 73, S. 79).

C: Religion – Gemeinschaft – Gesellschaft

- Richtungen: Orthodoxie, liberales Judentum, chassidisches Judentum; Aschkenasim, Sefardim (SH S. 6).
- Geschichte, »Erez Israel«, Leben in der Diaspora (SH S. 6, **M 21** Judentum in der Diaspora).
- Gemeinden in Deutschland, Minjan, Synagoge, Rabbiner, Kantor (SH S. 18f., **M 22** Jüdische Gemeinden in Deutschland).

Kap. 11 Christentum: Religion in einer pluralisierten und globalisierten Welt

S. 20 Der Dialog zwischen Jürgen Habermas und Joseph Kardinal Ratzinger

Einstieg: Begriffsklärung »Säkularisierung, postsäkulare Gesellschaft«

PA zu **M 7** Jürgen Habermas, Begriff und Forderungen der Säkularisation:
Der etwas schwierige Text von J. Habermas aus seiner Rede zum Friedenspreis des Deutschen Buchhandels 2001 kann eingesetzt werden, um die Thematik seines Beitrags auf S. 20 vorzubereiten.
Wenn der Text als zu schwierig empfunden wird, kann S. 20 nach einer kurzen Einführung der Lehrkraft mit einer Begriffserklärung der schwierigen Wörter unmittelbar erarbeitet werden (s. u.).

Arbeitsauftrag:
- Erklären Sie die Begriffe »Säkularisierung, postsäkulare Gesellschaft« nach J. Habermas.
- Wie sollen sich religiöse Menschen in einer postsäkularen Gesellschaft verhalten?
- Warum verdienen Religionen »aus der Sicht des liberalen Staates« dann das Prädikat »vernünftig«?

- Beziehen Sie Stellung zu seiner These: »Ohne diese Reflexionsleistung entfalten die Monotheismen in rücksichtslos modernisierten Gesellschaften ein destruktives Potential.«
- An welchen Maximen orientiert sich der Begriff »vernünftig«?

Erarbeitung
Gegenüberstellung der Thesen von Habermas und Ratzinger, S. 20.
- Der Begriff ›Säkularisierung‹ nach J. Habermas (s. o.)
- Einzelarbeit

Aufgaben:
1. Stellen Sie die Aussagen von Habermas und Ratzinger als Thesen in einer Tabelle einander gegenüber.
2. Erläutern Sie die erste These von Habermas (Jede Religion ist ursprünglich »Weltbild«) an der Darstellung in Block B auf S. 12–15.
3. Stellen Sie in einer vorläufigen Skizze das kath. und evang. Kirchenverständnis als »Weltbilder«, als differente Deutungsmodelle dar.
4. Markieren und charakterisieren Sie die Differenzen.
5. J. Habermas: »Das Modul weltlicher Gerechtigkeit soll in die jeweils orthodoxen Begründungszusammenhänge [der Religionen] hineinpassen.« Setzen Sie sich mit dem ambivalenten Begriff des »Moduls« (John Rawls) kritisch auseinander: Ist Religion ein Modul im Staatsgefüge?
6. Überlegen Sie Argumente pro und contra J. Ratzingers These: »Die europäische Säkularisierung ist ein Sonderweg, welcher der Korrektur bedarf.«

- UG: Tafelarbeit mit Tabelle:

Jürgen Habermas	Joseph Kardinal Ratzinger
1. Jede Religion ist ursprünglich »Weltbild«.	Es gibt keine Einheitlichkeit mehr innerhalb der kulturellen Räume.
2. Der liberale Staat hat drei Ansprüche an die Religion: – Säkularisation des Wissens – Neutralisierung des Staates – Allgemeine Religionsfreiheit.	Das christliche Verständnis der Wirklichkeit ist nach wie vor wirksam.
3. Die Rolle des Gemeindemitglieds differenziert sich von der des Gesellschaftsbürgers.	Auch der islamische Kulturraum ist von Spannungen zwischen fanatischem Absolutismus und toleranter Rationalität geprägt.
4. »Das Modul weltlicher Gerechtigkeit soll in die jeweils orthodoxen Begründungszusammenhänge [der Religionen] hineinpassen.«	Der islamische und hinduistische Kulturraum ist dem Anspruch der westlichen Rationalität und den Anfragen des christlichen Glaubens ausgesetzt.
5. Das Toleranzverständnis des liberalen Staates fordert von Gläubigen wie Ungläubigen das Fortbestehen des Dissenses.	»Die europäische Säkularisierung ist ein Sonderweg, welcher der Korrektur bedarf.«

S. 21 Stimmen zum Papstamt

Einstieg: Bildbetrachtung Herrnhuter Brüdergemeine, S. 21
Das Foto der Gottesdienstgemeinde zeigt den Herrnhuter »Kirchensaal« in barocker Schlichtheit ohne sakrale Attribute. Die Schülerinnen und Schüler können daran einen evang. Typus von Gemeinde erkennen, wie er sich auch in der Barmer Erklärung niederschlägt: »Die christliche Kirche ist die Gemeinde von Brüdern, in der Jesus Christus in Wort und Sakrament durch den Heiligen Geist als der Herr gegenwärtig handelt« (Barmen).
Ein ganz anderes Kirchenbild beschreibt Christoph A. Marx. Er erlebt die gotische Pilger-Kirche St. Julien le Pauvre in Paris als spirituellen Raum (**M 26**).

Arbeitsauftrag:
- Vergleichen Sie das Bild von S. 21 mit dem, welches Christoph A. Marx von der gotischen Pilger-Kirche St. Julien le Pauvre in Paris entwirft (**M 26** Der Kirchenraum als spiritueller Raum)
- Welche Eindrücke und Vorstellungen von den beiden Kirchen können Sie an evangelischen und katholischen Kirchenräumen festmachen?
- Vergleichen Sie das Gemeinde- und Kirchenmodell, welches sie auf dem Bild sehen, mit Ihrer Ortsgemeinde und der synodalen Struktur evangelischer Kirchen.
- Erläutern Sie die These der Barmer Erklärung am Bild vom Innenraum der Herrnhuter Brüdergemeine.

Erarbeitung: Stimmen zum Papstamt
Der kurze Beitrag J. Ratzingers muss im Kontext seiner kritischen Einlassung gelesen werden über die Spannung zwischen der säkularen Kultur der Aufklärung und dem christlichen Verständnis der Wirklichkeit (S. 20). Auf S. 21 steht sein Kommentar zur fundamentalen Kritik von Voltaire am Papsttum (»Dalai Lama Europas«) mit »siehe, es ist weitergegangen«, sprich: Gott – »eine andere Kraft« – steht hinter dem Fortbestand des Papsttums. Hiermit klingt die katholische Deutung des Papstamtes als einer göttlichen Einrichtung an (Petrusbekenntnis).
Geradezu ironisch klingt demgegenüber die Widmung Karl Barths: Paul VI., »dem niedrigsten Diener Gottes«.

Arbeitsauftrag:
- Wie denkt Joseph Ratzinger (Benedikt XVI.) über die Kritik Voltaires am ›Dalai Lama Europas‹?
- Welchen Zusammenhang können Sie zwischen den beiden Aussagen von J. Ratzinger auf S. 20 und 21 feststellen und der Spannung zwischen der säkularen Kultur der Aufklärung und dem christlichen Verständnis der Wirklichkeit feststellen?
- Welche Einschätzung steht hinter der Widmung des evangelischen Theologen an die Adresse Papst Pauls VI.?
- Wie stehen evangelische und katholische Christen zum Papstamt?
- Wie sind die evangelische und die katholische Kirche organisiert?
- Wie verstehen beide Kirchen ihre Autorität in Fragen der christlichen Lehre?

Vertiefung
Informieren Sie sich über das evangelische und katholische Kirchenverständnis: **M 27** Dokumente zum evangelischen und katholischen Kirchenverständnis.

Kap. 12 Islam

Thematische Aspekte	Medien
Grundkenntnisse zum Islam	S. 10f.: Islam – Sunniten, Schiiten. M 31: Aleviten, Sufismus. Islamismus, Scharia. Die 5 Pflichten.
»Umma« (Gemeinde), muslimische Gemeinden vor Ort, Moscheen	S. 23: Fatih Moschee in Wülfrath. Eigene Recherche, Exkursionen zu Gemeinden und Moscheen vor Ort; christlich-islamische Gesellschaft
These: Der Islam praktiziert Toleranz	S. 22f.: S. Mourad, Islam. Staat und Toleranz. S. 55: Islamische Charta.
Kulturkritik und Antithese	S. 60f.: Gender und Religion. S. 62f.: Muslime und westliche Kultur. M 34: W. Schmithals.

Einstieg
- Impuls aus der aktuellen Presse zum Thema Islam, Toleranz und liberaler Staat.
- Grundwissen über den Islam: Sunniten, Schiiten, Aleviten Sufismus, Islamismus, Scharia, Die fünf Pflichten, vgl. S. 10f. Islam; **M 31** Was ist ein Alevit?

C: Religion – Gemeinschaft – Gesellschaft

Erarbeitung: S. Mourad, Islam. Staat und Toleranz
Toleranzstufen nach Samir Mourad: Toleranz ist die Fähigkeit,
1. Andersdenkenden die Gedanken- und Religionsfreiheit zuzugestehen,
2. ihnen dabei die Möglichkeit zu geben, ihre religiösen Pflichten zu erfüllen und sich von entsprechenden Verboten fernzuhalten,
3. selbst wenn dies der eigenen Moralvorstellung zuwiderläuft und es für einen selbst verboten ist.

Arbeitsauftrag:
- Welche Stufen der Toleranz gegenüber Andersdenkenden entwickelt Samir Mourad?
- Stellen Sie die Toleranzstufen von Samir Mourad, seine Beispiele und die Belege in einer Tabelle dar und ergänzen Sie die genannten Beispiele durch eigene positive und negative Fallgeschichten.
- Stellen Sie diese Toleranzstufen den Forderungen gegenüber, welche sich für J. Habermas aus dem Säkularismus ergeben.
- Diskutieren Sie die These Mourads vom Verfall und der Forderung zur »Rückkehr zu islamischen Prinzipien, die im muslimischen Mittelalter umgesetzt wurden« (letzter Absatz).
- Erarbeiten Sie ein Positionspapier, welches unterschiedliche Stellungnahmen zum Thema Islam und Toleranz enthält. Vergleichen Sie dazu Beiträge aus dem Heft (z. B. S. 60f.) und die Zusatzinformationen **M 34** Walter Schmithals, Die Rechte des Individuums; **M 35** Nasr Hamid Abu Zaid, Spricht Gott nur Arabisch?

Stufen

		3
	2	
1		

Stufe	Belege im Islam	Beispiel Mourad	Positives Fallbeispiel	Negatives Fallbeispiel
1				
2				
3				

Habermas	Mourad	Meine Anfragen
– Säkularisation des Wissens		
– Neutralisierung des Staates		
– Allgemeine Religionsfreiheit		

3. Vertiefung/Sicherung/Erweiterung
(Methode: Fish-Bowl, s. o. zu Block B, S. 16):
- Erarbeiten Sie eine Stellungnahme der Klasse und ein eigenes Fazit aus der Textarbeit.
- Diskutieren Sie diese mit einem Gast aus dem christlich-islamischen Verein und muslimischen Mitschülerinnen und Mitschülern vor dem Hintergrund der Islamischen Charta (vgl. Block H, SH S. 55).

Kap. 13 Buddhismus

Einstieg: Bildbetrachtung S. 25
Impuls: Ein Vater spricht nach einem bekannten Text: »Voller Hindernisse ist das häusliche Leben, eine Stätte der Unreinheit. Wie der freie Himmel aber ist die Hauslosigkeit... Wie, wenn ich mir nur Haar und Bart scherte, das gelbe Gewand anlegte und fortzöge in die Hauslosigkeit?«

Arbeitsauftrag:
- Vergleichen Sie diesen Text mit dem Weg Gautama Buddhas: Lesen Sie dazu noch einmal seine Predigt von Benares, S. 4, und die Nacherzählung von Thich Nhat Hanh: M 12 Alter Pfad (der achtfache Pfad).

Variante:
- Bildbetrachtung S. 25.
- Spielfilm ›Frühling, Sommer, Herbst, Winter und Frühling‹: Die Geschichte eines kleinen Jungen, der als Novize bei einem Eremiten auf einer künstlichen Insel mitten in einem See nach den Regeln des Mönchtums aufwächst (vgl. LH S. 37f.).

Erarbeitung: G. Roscoe, Mönchtum in Thailand, S. 24
Arbeitsauftrag:
- Was sagt das Buddhistische Glaubensbekenntnis über die Gemeinschaft (Sangha)? Vgl. S. 4.
- Erläutern Sie folgende Schlüsselbegriffe des Textes:

Dhamma/Dharma, Nirvana, Verdienste erwerben (vgl. S. 5).
– Welche Bedeutung hat das Mönchtum im Buddhismus?

Vertiefung: Meditation
– Einstieg über O. Vedfelt, SH S. 48f.
– Meditation in der Klasse (Musik, Stille, Taizé-Lieder, einfache, kurze Texte – Psalmverse).

Literaturempfehlungen, Anregungen für Referate

Judentum:
Schülerinnen und Schüler informieren sich aus dem gut lesbaren Büchlein der VELKD über das Judentum (C. Kayales u. a., Was jeder vom Judentum wissen muss, S. 12f. 51ff. Vgl. auch Harenberg Lexikon der Religionen, S. 293ff.)
www.hagalil.com: Deutsch-jüdische Seite mit Informationen zum Judentum in Deutschland.
www.juden.de: Initiative jüdischer Studenten, die Informationen zum Judentum bieten.

Christentum:
Schülerinnen und Schüler erkunden christliche Gemeindearbeit vor Ort, laden Mitarbeitende ein (z. B. Jugendarbeit, Sozialarbeit, Seelsorge)

Islam:
Schülerinnen und Schüler stellen islamische Glaubensrichtungen vor: Sunniten, Schiiten, Aleviten. Sie organisieren Begegnungen.
www.islam.de

Buddhismus:
Schülerinnen und Schüler präsentieren den Film ›Frühling, Sommer, Herbst, Winter und Frühling‹ (DVD; vgl. LH zu Kap. E, S. 37) und leiten die Diskussion an.
Sie organisieren eine Begegnung mit einer buddhistischen Gruppe vor Ort.

D: Opfer – Vergebung – Ethik

I. Inhaltliche Grundlegung

Das Thema im Überblick

Block D	Thema	Didaktisches Stichwort: Ansatzpunkte und thematische Horizonte für den Unterricht	Weitere Bezugspunkte (Schülerheft = SH; Lehrerheft = LH; Zusatzmedien im LH = M)
Kapitel 14 Ethnische Religionen	**Ethische Implikationen des Opfergedankens** Ritualtheorie Mythen und Symbole als Sprache der Religionen	Am Beispiel des Voodoo-Kultes werden Funktionen des Opferkults deutlich. Opfer wollen u. a. Beziehungen erneuern. Daran entsteht die Frage nach Ritualtheorien.	SH S. 40: Die Ahnenkuh. M 10: Anton Quack, Opferfeste, Opfermahle bei den Subanun. M 32: Tieropfer im Islam. M 5: Ritualtheorien.
Kapitel 15 Buddhismus: Opferkritik und Opferhandlung	**Ethische Grundaussagen des Buddhismus** – Neobuddhismus – Projekt Weltethos – Zum Dialog: buddhistische – christliche Ethik – Buddha und Jesus	Wie lautet das ethische Konzept Buddhas, mit dem er sich vom Opferbetrieb abgrenzte? Gibt es Ansatzpunkte eines ethischen Konsens der Religionen?	SH S. 4: Das Rad der Lehre. M 12: Thich Nhat Hanh, Alter Pfad. SH Kap. 20: Das Karma. M 15: Michael von Brück, Karma und Schicksal. M 13: Axel Michaels / Ulrich Luz, Buddhistische und christliche Ethik. SH Block H: Begegnung-Dialog.
Kapitel 16 Christentum: Abendmahl und Ethik	**Christliche Ethik »Eucharistische Ethik«** – Abendmahl: Opfer, Versöhnung – Ethik Konvergenzerklärung von Lima	Das Ritual des Abendmahls vergegenwärtigt das Kernstück christlicher Ethik (H.-M. Barth). Dabei zeicht sich auch, wie der archaische Opfergedanke transformiert wird.	SH S. 8: Gerd Theißen, Transformation. M 27: Dokumente zum evangelischen und katholischen Kirchenverständnis. M 29: ÖRK, Auf dem Weg zu einer Theologie der Religionen.
Kapitel 17 Religion in der Popularkultur	**›Ikonen‹ einer mitmenschlichen Ethik in der modernen Popularkultur** Leben für andere bzw. auf Kosten anderer	Wie stellt sich die Thematik in der modernen Popularkultur dar? Dies wird an einem prominenten Opfer des Massenzeitalters deutlich.	M 36: Hubert Knoblauch, Populäre Religion.

Wer ethische Konzepte im Kontext von Religionen darstellen und verstehen will, muss systemisch denken. D. h. Ethik lässt sich nicht auf abstrakte ›Normen und Werte‹ reduzieren. Dies ist aber weithin der Fall geworden:
- Bildungspläne sprechen von Werten und Normen, nicht nur im Fach Ethik, sondern auch in der Religionspädagogik;
- Rahmenpläne der Schule fordern einen ethischen Grundkonsens;
- das »Projekt Weltethos« suggeriert eine Einheit relativ abstrakter ethischer Postulate.

Wer aber ethische Aussagen aus dem Zusammenhang löst, rutscht leicht in den beliebten Tonfall ethischer Forderungen, der Imperative. Dies widerspricht aber unserer theologischen Überzeugung. Sowohl die Tora wie auch das Evangelium betten die Lebensordnungen in eine Verheißungsgeschichte, in einen »Indikativ« der Zusage. Darum stellen uns theologische, aber auch religionswissenschaftliche Erkenntnisse vor eine andere Aufgabe. Sie besteht in einer kontextuellen Betrachtung. Ethische Aussagen sind mit der jeweiligen Kultur und Religion eng verwoben und können nicht einfach aus ihr herausgelöst werden.

Theologinnen und Theologen wissen von der Einbettung des Dekalogs in das Exodusgeschehen, wissen auch über den zentralen Begriff der Gerechtigkeit Bescheid als einem Synonym für das hebräische Gottes- und Menschenbild. (Vgl. Block E, Kap. 18 Judentum: Leben wie Hiob.)

Der Religionswissenschaftler Peter Antes sieht in der Frage nach der ausgleichenden Gerechtigkeit den ›nervus rerum‹ westlicher und östlicher Religionen. Und er stellt in seinem »Systemvergleich« dar, wie die Religionen dieser Kulturkreise zu unterschiedlichen, in sich konsistenten und überzeugenden Antworten kommen. Diese entfalten sich u. a. in der Vorstellung von der Einmaligkeit des Lebens und dem Gerichtsgedanken sowie dem Karma-Begriff im Modell der Wiedergeburten. (**M 32** Lebt der Mensch nur einmal?)

Es lassen sich auch noch andere Kontexte entdecken. Das Kapitel stellt in seiner Überschrift einen Zusammenhang zwischen »Opfer, Vergebung und Ethik« her. Es mag sein, dass dies eine eher christliche Betrachtungsweise ist. Das Kapitel folgt dabei vor allem der These des evang. Theologen Gerd Theißen, der sich seinerseits an religionswissenschaftliche Theorien anlehnt: »Im Zuge einer allgemeinen Ethisierung wird schnell vergessen, dass wir im Ritus, und nicht im Ethos den primären Verhaltenskontext einer Religion finden. Opfer kann man als eine symbolische Darstellung des Sachverhalts sehen, dass Leben auf Kosten anderer Leben lebt – und zugleich einen Versuch, diesen Zusammenhang für sich zu nutzen: Durch Hingabe oder gar Zerstörung anderen Lebens soll das eigene Leben gesichert und gemehrt werden« (Theißen, Die Religion der ersten Christen, S. 172).

Jürgen Habermas hat darauf hingewiesen, dass sich wichtige ethische Begriffe wie etwa der Begriff »Versöhnung« nicht in säkulare Semantiken übersetzen lassen. Demnach gibt es menschliche Ausdrucksformen – etwa den Wunsch nach Verzeihung angesichts der Unumkehrbarkeit vergangenen Leidens, für deren rationale Ohnmacht keine andere Semantik passt als die religiöse: »Als sich Sünde in Schuld, das Vergehen gegen göttliche Gebote in den Verstoß gegen menschliche Gesetze verwandelte, ging etwas verloren« (Habermas, Glauben und Wissen, Frankfurt a. M. 2001, S. 24).

Das Kapitel trägt solchen Überlegungen in folgender Weise Rechnung:
1. Der Titel »Opfer – Vergebung – Ethik« versteht sich als Reihung: Opfer können beispielsweise rituelle Formen der Vergebung sein – elementare Momente des Ethos.
2. Ethos wird im ursprünglichen Sinn als System einer kosmischen und irdischen Lebensordnung verstanden. Genesis 6–9 mag dafür als Beleg gelten, weil damals – und in der Auslegung auch heute – die gestörte Ordnung zum Maß der gesamten Schöpfung wird. Einer der ältesten Kodizes der Menschheit, der Kodex Hammurabi, beginnt mit den Worten: »Als Marduk mich (sc. König Hammurabi) beauftragte, die Menschen zu lenken und dem Lande Sitte angedeihen zu lassen, legte ich Recht und Gerechtigkeit in den Mund des Landes und trug Sorge für das Wohlergehen der Menschen.«
3. Ethische Entwürfe der Religionen sind stets eingebunden in ein narratives, präskriptives und rituelles Zeichensystem (Theißen). Religiös begründete Ethik meint darum auch in einer säkularisierten Zeit mehr als »Normen«, »Regeln des gerechten Handelns« (Bildungsplan Baden-Württemberg) oder ›Grundforderungen‹ (etwa des Weltethos). Das zeigt der Beitrag zu den rituellen und theologischen Wurzeln der christlichen Ethik im Abendmahlsritus (SH S. 29) und überraschenderweise auch das moderne Drama der »Königin der Herzen« (SH S. 30 f.).

Religionen

POPULARKULTUR

»Opfer« lassen uns vielleicht an blutige Rituale ethnischer Religionen denken. Das herkömmliche christliche Verständnis vom Opfertod Jesu Christi scheint heute wenig überzeugend, wirkt überholt. Menschen »opfern sich auf« für eine gute Sache. Menschen werden zu Opfern gemacht, auch Kinder und Jugendliche in Familien, in der Schule. Die Nachrichten zeigen fast täglich Menschenopfer im islamischen Terror und im globalen Kampf um Menschenrechte, um Macht und Gewinn. In Kinofilmen, Fernsehen, Video und Computerspiel kommt es zu einem Revival an ›religiösen‹ Inszenierungen von Dramen und Mythen, die um das Thema Erlösung und Opfer kreisen. Das Motiv des stellvertretenden Opfers findet sich etwa in Mythen wie »Titanic«, »End of Days«

oder »Harry Potter«. Dramen der Popularkultur folgen oft der Grundstruktur Schuld – Sühne – Erlösung. Opfermythen sind also nicht passé, sondern tauchen in veränderter Gestalt neu und anders auf. Der Opfermythos ist nach Hans-Martin Gutmann einer der zwingendsten Mythen des Alltags.

Opferkritik und Ethik – jüdisch-christliche Topoi
Nach G. Theißen wurden um die Zeitenwende Opfer im Judentum und im Urchristentum durch eine neue rituelle Sprache abgelöst. Mit der Zerstörung des Tempels (70 n. Chr.) endeten die rituellen Tieropfer im Judentum.
Die prophetische Kritik an der jüdischen Opferpraxis ist geprägt von den Stichworten Gehorsam und Gerechtigkeit. Samuel zu Saul: »Hat der Herr Gefallen an Brandopfern und Schlachtopfern, wie er Gefallen hat, wenn man hört auf die Stimme des Herrn? Sieh, Gehorsam ist besser als Schlachtopfer; besser als Fett von Widdern ist es achtsam zu sein ...« (1. Sam 15,22f. Zürcher Übersetzung 2007).
»Ich hasse, ich verabscheue eure Feste, und eure Feiern kann ich nicht riechen! – [...] Weg von mir mit dem Lärme deiner Lieder! Und das Spiel deiner Harfen – ich höre es mir nicht an! Möge das Recht heranrollen wie Wasser und die Gerechtigkeit wie ein Fluss, der nicht versiegt« (Amos 5,21ff.).

Jesus schließt sich der prophetischen Opferkritik an. Manche Aussagen der Christologie lassen sich als christliche Umdeutung des alttestamentlichen Opfers verstehen (1. Kor 11,26ff.; 1. Kor 12 – Versöhnung, Ethik des neuen Bundes). Im Urchristentum trat das Opfer Christi an die Stelle der vielen sich wiederholenden Tieropfer. Theißen erkennt darin ein neues Motiv: »Lebensgewinn kann auch durch Hingabe des eigenen Lebens zugunsten anderen Lebens entstehen«, nicht mehr durch Tieropfer (Theißen, S. 176). Paulus formuliert im Anschluss an die alttestamentliche Opferkritik: »Ich bitte euch nun ... Bringt euren Leib dar als lebendiges, heiliges, Gott wohlgefälliges Opfer – dies sei euer vernünftiger Gottesdienst! Fügt euch nicht ins Schema dieser Welt, sondern verwandelt euch durch die Erneuerung eures Sinnes, dass ihr zu prüfen vermögt, was der Wille Gottes ist: das Gute und Wohlgefällige und Vollkommene.« Röm 12,1f.

Buddhismus
Im 5. Jh. v. Chr. empörte sich Empedokles darüber, dass Menschen im Opferfleisch ihre eigenen Verwandten verspeisen (Frgm. 137); denn Tiere sind mögliche Inkarnationen von Menschen. Buddha hat 100 Jahre später die brahmanische Opferpraxis kritisiert.
»Der ›Erfolg‹ des Buddha liegt darin, dass er die brahmanische Wiedergeburts- und Karmalehre zur Zeit der Upanishaden ethisierte, so dass nicht mehr nur die (richtige Opfer-)Tat für das Heil zählte, sondern auch die Gesinnung. Diese Ethisierung bildet einen in seiner Bedeutung kaum zu überschätzenden Wendepunkt in der Geschichte der Zivilisationen.

Die radikale Wende des Buddha bestand darin, dass er nicht jede Tat verdammte (wie hinduistische Erlösungslehren), und auch nicht jeden Gedanken, sondern nur solche Gedanken und Taten, die nicht zur Erlösung führen, weil sie nicht die rechte Gesinnung hatten. Dies führte zu einer im Buddhismus gesteigerten Betonung von Bewusstheit, Wach- und Achtsamkeit. Wie für Jesus musste alles äußere Handeln innerlich begründet sein. Der Buddha wendet sich also nicht gegen Taten, nicht einmal prinzipiell gegen Rezitationen, Rituale oder Opfer, sondern gegen im falschen, sittenlosen Bewusstsein ausgeführte Taten. Diese Verinnerlichung der brahmanisch-vedischen Religion hatte drei revolutionäre, mit der Entstehung des Christentums vergleichbare Auswirkungen:
1. Das brahmanische Priestertum wurde als vorrangige und einzige ethische Autorität geleugnet; stattdessen war jeder für sich selbst verantwortlich.
2. Nicht mehr die Zugehörigkeit zu Stand, Familie oder Geschlecht ist entscheidend, sondern wiederum das Individuum selbst.
3. Das gesamte Universum (statt einer privilegierten Schicht) wurde ethisiert, freilich nur bezogen auf Wesen, die Gesinnung bzw. Intentionen haben können, also im Wesentlichen Götter, Menschen und Tiere.

Ergänzungen zu diesem Kapitel

Buddhistische Opferkritik
»Die vorbuddhistische brahmanische Religion im vedischen Indien (etwa 1500–500 v. Chr.) war geprägt von einem priesterlichen Kult, der durch Opfer (und Askese) die Kontrolle des Schicksals ermöglichen sollte. Die Ritualisierung der Religion in der Periode der Brahmanas (etwa 1000 v. Chr.) ging so weit, dass selbst die Götter, die einstmals als sich selbst genügende Wesen verehrt worden waren, nun unter der Macht der opfernden Priester standen, indem sie von ihrem Opfer abhängig wurden. Das rituelle Handeln (karman) konnte alles bewirken, es sollte vor allem Wohlstand und die Befriedigung weltlicher Begierden gewährleisten, konnte dabei aber auch die Götter manipulieren.
Für die hinduistischen Brahmanen war und ist Buddha ein Häretiker, weil er die Offenbarungsautorität der Vedas nicht anerkannte und die Notwendigkeit der Opferrituale leugnete. Zwar hat sich nach brahmanischem Verständnis der höchste Gott Visnu im Buddha inkarniert, aber nur, um durch falsche Anweisungen die Dämonen zu täuschen, indem er sie lehrte, die Opfer nicht zu beachten« (Michael von Brück, Einführung in den Buddhismus S. 109–116.144.253).

Buddhistische Ethik
Der »Edle Achtfache Pfad« in seinen drei Aspekten von
– sittlichem Verhalten,
– Versenkung bzw. Bewusstseinsschulung,
– Weisheit

ist die Richtschnur jeder buddhistischen Ethik. Diese Ethik gilt in abgestufter Weise für Mönche / Nonnen und für Laien. Diese Ethik ist konstitutiv für das Erreichen des Nirvana.

Entscheidend für deren Verständnis ist die Vorstellung von Karma, die Praxis des Sammelns von Verdiensten und die Theorie der Verdienstübertragung. Karma ist ein Bewusstseinskontinuum, das nicht auf die menschliche Existenzform beschränkt ist. Alle Lebewesen bestehen aus materiellen Elementen (skandhas, SH S. 50) und dem geistigen Element, Karma. Karma wird erzeugt durch die drei Leidverursacher, nämlich Ich-Wahn, Gier und Hass. Sie stehen im Zentrum des Lebensrads (SH S. 37). Einsicht kann das Leid beenden – Karma hört auf. Karma ist das formende Prinzip, das die materiellen und geistigen Prozesse gestaltet. Es endet mit dem Erreichen des Nirvana, wenn die Handlungskette durchbrochen wird durch Einsicht in die Leerheit.

Die Ethik ist die Grundlage aller buddhistischen Praxis, weil aus dem Gesetz der gegenseitigen Abhängigkeit bzw. der Erkenntnis des Nicht-Ich (S. 50) folgt, dass Menschen Mitgestalter der Wirklichkeit sind. In seinen frühen Entwicklungen, aber auch im späteren Mahayana bedingen sich Einsicht / Weisheit und heilende Zuwendung zu allen Lebewesen.

Trotz einiger Gemeinsamkeiten mit dem Christentum unterscheidet sich die Ethik des Buddhismus von christlicher Ethik in zwei Punkten: Sie leitet sich prinzipiell aus einer intensiven mönchisch-spirituellen Praxis ab; und sie umfasst auch Tiere und die Natur.

BUDDHISTISCHE UND CHRISTLICHE ETHIK
»Buddhistische Ethik besteht zu einem großen Teil aus Normen, die auch im Zentrum jeder christlichen Ethik, etwa im Dekalog, stehen: Du sollst nicht töten, ehebrechen, stehlen, falsch Zeugnis reden, andere schädigen. Den Zehn Geboten vergleichbar ist etwa die Liste der zehn heilswidrigen bzw. karmisch wirksamen Handlungsweisen: 1. Töten von Lebewesen, 2. Diebstahl, 3. Unkeuschheit, 4. Lügen, 5. grobes Reden, 6. sinnloses Reden, 7. Verleumdung, 8. Habgier, 9. Bosheit und 10. falsche Ansicht.

Die ethischen Vorschriften richten sich an alle, nicht nur an religiöse Spezialisten, auch wenn sich schon bei Mt 19,21, voll ausgeprägt aber wohl erst bei Thomas von Aquin, eine Zweistufenethik entwickelt hat: Der Dekalog gilt für alle, die consilia evangelica mit dem Armuts-, Keuschheits- und Gehorsamsgebot nur für Nonnen und Mönche.

In ähnlicher Weise hat der Buddhismus ethische Normen, die zunächst nur für das mönchische Leben galten, universalisiert, das heißt im Prinzip für die ganze Welt geöffnet, weil alle geburtsbezogenen Schranken aufgehoben wurden« (Luz / Michaels, S. 92f.).

Ergänzungen

Das Abendmahl
Das Abendmahl kann als Gegenmodell einer Gesellschaft gesehen werden. Die ethische Matrix des Abendmahls ist einmal die Tischgemeinschaft Jesu mit Zöllnern und Sündern, zum andern das eschatologische Mahl, in welchem der neue Bund gefeiert wird, dessen Magna Charta Matthäus in der Bergpredigt, Paulus in 1. Kor 12 im Anschluss an die Abendmahlstexte formuliert hat. Es ist die Mahlgemeinschaft der Gleichen, die sich zum Gericht essen, wenn sie in die alte Ordnung der Klassengesellschaft zurückfallen (1. Kor 11,17ff.). Diese neue Ordnung wurde durch Jesu Opfer erkauft und sie wird durch die Vergebung der Sünden im Abendmahl immer wieder erneuert (2. Kor 5,16ff.; Gal 3,27f.).

Die Konvergenzerklärung von Lima:
Das Dokument der etwa 300 Mitgliedskirchen des Ökumenische Rates ist das Ergebnis eines fünfzigjährigen Studienprozesses, der bis zur ersten Weltkonferenz für Glauben und Kirchenverfassung in Lausanne 1927 zurückreicht. Das Zitat ist ein Ausschnitt aus Art. 20:

»20. Die Eucharistie umgreift alle Aspekte des Lebens. Sie ist ein repräsentativer Akt der Danksagung und Darbringung für die ganze Welt. Die eucharistische Feier fordert Versöhnung und Gemeinschaft unter all denen, die als Brüder und Schwestern in der einen Familie Gottes betrachtet werden, und sie ist eine ständige Herausforderung bei der Suche nach angemessenen Beziehungen – im sozialen, wirtschaftlichen und politischen Leben (Mt 5,23f.; 1. Kor 10,16f.; 11,20–22; Gal 3,28). Alle Arten von Ungerechtigkeit, Rassismus, Trennung und Mangel an Freiheit werden radikal herausgefordert, wenn wir miteinander am Leib und Blut Christi teilhaben. Durch die Eucharistie durchdringt die alles erneuernde Gnade Gottes die menschliche Person und Würde und stellt sie wieder her. Die Eucharistie nimmt den Gläubigen hinein in das zentrale Geschehen der Geschichte der Welt. Als Teilnehmer an der Eucharistie erweisen wir uns daher als unwürdig, wenn wir uns nicht aktiv an der ständigen Wiederherstellung der Situation der Welt und der menschlichen Lebensbedingungen beteiligen. Die Eucharistie zeigt uns, dass unser Verhalten der versöhnenden Gegenwart Gottes in der menschlichen Geschichte in keiner Weise entspricht: Wir werden ständig vor das Gericht gestellt durch das Fortbestehen der verschiedensten ungerechten Beziehungen in unserer Gesellschaft, der mannigfachen Trennungen aufgrund menschlichen Stolzes, materieller Interessen und Machtpolitik und vor allem der Hartnäckigkeit ungerechtfertigter konfessioneller Gegensätze innerhalb des Leibes Christi« (Taufe, Eucharistie und Amt. Konvergenzerklärung der Kommission für Glauben und Kirchenverfassung des Ökumenischen Rates der Kirche 1982. D. Die Eucharistie als Gemeinschaft [Communio] der Gläubigen).

Deutungsmuster zum Abendmahl
Biblische und dogmengeschichtliche Hinweise zum Opfertod Jesu und zum Abendmahl

1. Neue Testament

Historisch betrachtet ist es eher unwahrscheinlich, dass der historische Jesus seinen Tod bewusst als Opfertod gewollt hat. Die Jünger haben seine Hinrichtung als eine Katastrophe erlebt. Sie waren auf sie nicht vorbereitet. Erst nachträglich gaben sie ihr einen Sinn. Allerdings hat Jesus bewusst die Rolle des Außenseiters, des Opfers übernommen – eine Form der »Selbststigmatisierung«. Da ist die Rolle des Wanderpredigers, des Freundes der Armen, des Übertreters der Reinheitsvorschriften. Da ist die Lehre, Aggressionen zu unterlaufen (Mt 5,39), die Familie zu verlassen (8,21) und da ist der prophet. Kontext des Täufers, der Propheten-Kritik. G. Theißen unterscheidet nach reformatorischem Verständnis die Deutung des Kreuzes als:

1. Exemplum – als Modell für göttliches und menschliches Verhalten,
2. Sacramentum – als Symbol für die Heilung und Wiederherstellung menschlicher Gemeinschaft («Sühne«) und personaler Beziehungen (»Versöhnung«). G. Theißen sieht in dem Ritual der Taufe und des Abendmahls die Fortführung des Opferrituals: »Taufe und Abendmahl verbanden sich mit christologischen Opfermetaphern, die das Verhalten der Christen – ihr Ethos – beschrieben. An die Stelle der alten Opfer traten:
   - Taufe und Abendmahl als neue Riten,
   - eine neue Grunderzählung (einen Mythos) von Tod und auferstehen Jesu und
   - ein Ethos, das durch die Opfermetaphorik beschrieben werden kann: das Lobopfer, die gegenseitige Hilfe, das Opfer des Märtyrers.« (G. Theißen, Religion der ersten Christen, S. 216f.).

2. Dogmengeschichte

Von Anfang an gab es in der nachbiblischen Auslegung zwei Deutungsmuster, die später zur Polarisierung der Konfessionen geführt haben:

Justin deutet als erster die frühchristlichen Abendmahlsfeier über den Gedanken der Inkarnation aus Joh 1. Entsprechend »ist auch die Speise, die durch ein von ihm kommendes Gebetswort zur Eucharistie wird, mit der unser Blut und Fleisch durch Umwandlung genährt wird, Fleisch und Blut jenes fleischgewordenen Jesus.«

Irenäus bezeichnet die eucharistischen Elemente als Opfer. Christus macht sie zu Opfergaben des neuen Bundes.

Origenes formuliert »eine reife Auffassung«: Die wahre Speise und der wahre Trank ist das Wort, das die Seelen nährt. Die Elemente sind nur Symbole dieser Speise.

Augustin unterscheidet in seiner Sakramentslehre äußeres Zeichen und innere Kraft: »Geistlich fasst auf, was ich gesprochen habe: nicht diesen Leib, den ihr seht, werdet ihr essen, nicht jenes Blut trinken, welches meine Kreuziger vergießen werden. Ich habe euch eine Art Sakrament empfohlen; geistlich aufgefasst wird es euch lebendig machen. Wenn man es auch sichtbar feiern muss, so hat man es doch geistlich aufzufassen.« (In Joh. Ev. Tract. 80,3 [MPL 35, Sp. 1840] vgl. H.-M. Barth, Dogmatik, S. 579.)

Gregor der Große sieht in der Eucharistie die unblutige Wiederholung des Opfers. Dieses Opfer übermittelt uns sein Leiden zu unserer Lossprechung und nützt auch den Seelen im Fegefeuer.

Damit ist die Kirche zum Subjekt des Abendmahlsgeschehens geworden. Aufgrund des Einspruchs der Reformation hat das Konzil von Trient erklärt: Einerseits ist das Opfer Christi ein einmaliges auf Golgatha gewesen – andererseits ist jede Messe ein eigener Opferakt, der Christi Opfer repräsentiert.

Das II. Vaticanum knüpft daran an: Durch den Priester bzw. die Kirche wird das Opfer Christi repräsentiert. Damit sind zwei Motive festgehalten: die Einmaligkeit des Kreuzesopfers und das Mitwirken der Kirche.

Die evang. Position knüpft an Origenes und Augustin an und betont die Einmaligkeit des Opfers auf Golgatha. Die Kirche selbst hat das Opfer nicht zu vollziehen, sondern nur zu verwalten, darzureichen. Wenn der Priester als Opfernder auftritt, wird das Evangelium verkehrt. Nicht der Mensch leistet Opfer, sondern Gott opfert sich in Jesus Christus den Menschen. Das Abendmahl ist darum Lob-Opfer.

Ökumenische Sicht: Die Konvergenzerklärung betont die Einmaligkeit des Opfers auf Golgatha. Die Kirche bringt im Gedächtnis der Eucharistie ihre Fürbitte in Gemeinschaft mit Christus dar (vgl. H.-M. Barth, Dogmatik, S. 645–648).

II. Didaktische Reflexion

1. Thematische und pädagogische Aspekte

Fachwissenschaften
Die Bilderreihe zum Thema Opfer soll in zwei Richtungen befragt werden:
1. Wie verstehen wir die Zeichensprache des Opferrituals? Wir wollen Opfer als »eine symbolische Darstellung des Sachverhalts sehen, dass Leben auf Kosten anderer Leben lebt – und zugleich einen Versuch, diesen Zusammenhang für sich zu nutzen: Durch Hingabe oder gar Zerstörung anderen Lebens soll das eigene Leben gesichert und gemehrt werden« (Gerd Theißen).
2. Welche Funktionen lassen sich feststellen? Die Bilder regen dazu an, über verschiedene Funktionen von Opferriten nachzudenken.
   → **M 5** Ritualtheorien.

Auf den Doppelseiten soll das Thema Ethik sowie Werte wie »Vergebung« im Kontext von Opferriten und Opferkritik behandelt werden. Dabei geht es um folgende Thematik:

- Das blutige Tieropfer im Voodoo-Kult steht als Beispiel eines heutigen Opfer-Rituals. Es dient u. a. der rituellen Inszenierung bzw. Wiederherstellung einer göttlichen Ordnung.
- Die Opferkritik Buddhas schlägt in eine ethische Weltdeutung um (Karma).
- Das jüdische Opferritual erfährt im Versöhnungsgedanken der Christologie eine neue Deutung (»Eucharistische Ethik«).
- Die letzte Seite dokumentiert mit Prinzessin Diana eine ›Ikone‹ der Popularkultur. Hier finden sich ›religiöse‹ Deutungen vor allem ihrer Mitmenschlichkeit und einer heldinnenhaft-gebrochenen Existenz und nicht zuletzt ein eindrucksvolles Bild ihrer Verehrung durch Millionen von Menschen.

Die Welt der Schülerinnen und Schüler
Oberstufenschüler/innen denken und urteilen vielfach »post-konventionell« (Lawrence Kohlberg). Sie sind an eigenständigem Denken, Urteilen und Verhalten interessiert und orientieren sich daher gerne an anderen, möglichst universalen ethischen Prinzipien. Ihre Kritik an konventionellen Lebens- und Verhaltensmustern ist teilweise heftig. Insofern ist der Einstieg über das Voodoo-Ritual motivierend, zumal der Begriff Voodoo in der Jugendkultur ein schillerndes Eigenleben entwickelt hat, wo er sich verbindet mit »geiler« Musik und Zauberei, mit Erfahrungen mit einer magischen Gegenwelt, z. B. für transformative Prozesse des Bewusstseins. Zombies – ursprünglich dauerhaft narkotisierte Menschen – geistern durch Horrorfilme. Voodoo-Puppen – seinerzeit in New Orleans von Priestern als Abbilder der verbotenen Voodoo-Götter hergestellt – sollen stellvertretend Fluch und Zauber auf Menschen übertragen. Im Kontrast dazu steht die präzise Beschreibung eines Voodoo-Rituals als Beispiel einer religionswissenschaftlichen Analyse. In der Darstellung der universalen ethischen Prinzipien des Neobuddhismus wird man zunächst den Gegensatz »Tieropfer« (S. 27) – »Mitleid mit allen lebenden Wesen« (S. 28, Bekenntnis Top 13) aufgreifen, um dann die lange Liste der ethischen Grundsätze im Neobuddhismus in ihre elementaren Bausteine aufzulösen und zu analysieren, um elementare Aussagen des Buddhismus zur Ethik auf dem Hintergrund des Karma-Begriffs zu analysieren. Die Betrachtungsweise des Abendmahls im Kontext der Opferthematik sowie der eucharistischen Ethik im Kontext heutiger kirchlicher Praxis wird spannend sein. Verbindende Themen zwischen Buddhismus und Christentum ergeben sich aus den Stichworten »Opferkritik« und den ethischen Prinzipien der Gleichheit und der Liebe. Der Artikel »Religion in der Popularkultur« wird Widersprüche hervorrufen, solange die Begriffe »Religion« und »Popularkultur« nicht geklärt sind (s. LH: Einleitung und Block A). Dann aber öffnet sich ein breites Feld der Betrachtung der eigenen Lebenswelt und es wird darauf ankommen, Verhaltensweise und Werte einiger Idole der Jugendkultur herauszuarbeiten und im Kontext der Überlegungen zu den Kapiteln 14–16 zu reflektieren.

2. Kompetenzen und Bezüge zu Bildungsplänen

Die bisherigen Überlegungen verweisen auf folgende Themen von Bildungsplänen:
- Ethik: Opferritual und Ethik; die Kritik Buddhas am hinduistischen Opferbegriff; ethische Grundaussagen des Buddhismus; ethische Aspekte des Christentums in der Deutung des Abendmahls (Sühneopfer, Versöhnung, Ethik des neuen Bundes); Idole der Popularkultur.
- Religionen
- LPE Wirklichkeit: Ritual, Symbolsprache (Opferriten, Abendmahl), Mythos

Kompetenzen
Schülerinnen und Schüler können
- die rituelle Inszenierung bzw. Wiederherstellung einer göttlichen Ordnung als Element eines Opfer-Rituals beschreiben (Ethnische Religionen);
- die Opferkritik Buddhas als Impuls seiner ethischen Weltdeutung (Karma-Ethik) reflektieren;
- ethische Grundaussagen im heutigen Buddhismus wiedergeben;
- ethische Aspekte des Abendmahls am Ritus des Abendmahls und an 1. Kor 11f. beschreiben (Sühneopfer, Versöhnung, Ethik des neuen Bundes; »Eucharistische Ethik«);
- ›Ikonen‹ einer mitmenschlichen Ethik in der modernen Popularkultur erkennen und beschreiben.

III. Hinweise zu den Medien

Kap. 14 Ethnische Religionen

Die Beschreibung des Opfer-Rituals im Voodoo-Kult zeigt eine spirituell-magische Deutung der Wirklichkeit. Der Text entfaltet die Opferthematik mit den Aspekten des Rituals, des Tieropfers und der Lebenshilfe. Anders als Zauber- und Verschwörungsrezepte der westlichen Voodoo-Mode wird hier eine afrikanisch-christliche Form des Synkretismus vorgestellt und in vielen Einzelheiten erklärt. Im Mittelpunkt steht der Aspekt des Opferrituals als einer Form der religiösen Lebensbewältigung. Als einer der ältesten religiösen Kulte hat es nach vielen Theorien eine religiöse und soziale Funktion. Zusatzmedien klären den Opfer- und Ritualbegriff auf wissenschaftliche Weise. Dies ist notwendig, nachdem wir den Opferbegriff meist im Sinn eines Sühneopfers verstehen. Der Ritualbegriff wird aus theologischer und auch aus religionswissenschaftlicher Sicht erläutert.

Voodoo (auch Vodou, Vodu, Wodu; kreolisch aus westafrikanisch Ewe, bzw. Fonsprache vodu oder wudu = Geist, Gottheit). Im Voodoo sind Elemente der seit dem 16. Jh. von schwarzen Sklaven aus Westafrika – vor

D: Opfer – Vergebung – Ethik

allem von den Fon aus dem Reich Dahome, heute Benin – mitgebrachten Religionen und des Katholizismus miteinander verschmolzen. Voodoo wurde von den französischen Kolonialherren, dem Staat und der katholischen Kirche bekämpft, auch als heimtückische Zauberei missdeutet, und verbreitete sich daher zunächst als Geheimkult. Dennoch entwickelte sich die Religion auf Haiti zur Volksreligion, der mindestens 75% der Bevölkerung, meist neben dem Christentum, anhängen. Seit dem Ende des 19. Jh. fanden Voodoo-Riten über Haiti hinaus auch in anderen Teilen der Karibik (unter dem Namen Santeria), in Brasilien und in den USA Verbreitung und finden sich heute auch in den afrikan. Ursprungsländern Benin, Togo Nigeria. Weltweit gibt es etwa 50 Millionen Anhänger.

Im Voodoo wird ein Pantheon aus Natur- und Lokalgottheiten afrikanischen Ursprungs und Geistern von Verstorbenen (Iwa oder Loa) verehrt. Ihre Botschaften werden bei öffentlichen Festen von den Initiierten (ounsi) in Trance empfangen. Ihnen sind Trommelrhythmen, Roben, Blut- und Speiseopfer, sowie Zeichen zugeordnet. Dem Iwa übergeordnet ist der ferne Schöpfergott Bondye, der angerufen, aber nicht verkörpert wird. Der Voodoo-Kult kennt auch weibliche Gottheiten, darunter Mami Wata, eine Wassergottheit, die für Gesundheit und Wohlstand zuständig ist. Die Gottheiten werden manchmal auch Anges (frz. »Engel«) oder Saints (»Heilige«) genannt – göttliche Wesen aus der afrikan. Vorstellungswelt, auf die z. T. Züge kath. Heiliger übertragen wurden. Die Ahnen, die Verstorbenen, sind die nächst religiöse Instanz unterhalb der Götter. Sie stehen durch Verwandtschaft den Menschen näher als die Götter und vermitteln zwischen den Lebenden und den Göttern. Die Verbindung zu den Geistern wird mit Fetischen hergestellt. Dann wird das Opfer dargebracht. Es folgt der rituelle Tanz der ounsi, der sich bis zur Besessenheit (Trance) steigern kann. Der Gott »reitet« die Tänzerin oder den Tänzer und teilt dem Medium seinen Willen mit, den die betr. Person dem Priester weitergibt. Trance bedeutet Vereinigung mit einer Gottheit und ist ein beglückender Zustand.

S. 26f. Astrid Reuter, Dem Iwa opfern (Voodoo)
Der Text informiert sachkundig über Opferritual und Opferverständnis in der Voodoo-Religion. Dabei werden folgende Aspekte behandelt:

- Der Begriff Voodoo-Religion und seine Verbreitung
- Der Gott / Geist Iwa
- Der afrokatholische Synkretismus
- Das Ritual des Tieropfers
  - Das Opfer als Gabe an Iwa. Iwa wird vom Opfer »ernährt«
  - Rituelle Zubereitung des Opfertiers
  - Rituelle Schlachtung
  - Das Blutritual: Träger spiritueller Energie
- Das öffentliche Ritual
  - Die manbo (leitende Priesterin), der oungan (leitender Priester)
  - Der Buschpriester (pretsavann)
  - Die ounsi (Initianten)
  - Rasseln, Trommeln, Rhythmik
  - Trankopfer
- Das religiöse Leben der ounsi
  - Der Alltag ist von der Macht des Lwa durchdrungen
  - Die Priester sind Heiler, die Tempel Beratungsstellen
  - Krankheiten sind Folgen einer gestörten Beziehung im spirituellen Bereich.

S. 27 Bild: Voodoo-Priester opfert Ziegenbock
Im Voodoo-Kult wird meist ein Hahn oder ein Ziegenbock geopfert. Die Tiere müssen durch individuelle Zeichen ihr Einverständnis zur Opferung gegeben haben. Das Tieropfer wird im Text u. a. mit folgenden Stichworten erläutert: Rituelle Vorbereitung, Widmung der Opfergabe, rituelle Schlachtung, Blutzeremonie.
Vgl. auch: Tieropfer in der Bibel; **M 32** Tieropfer im Islam; **M 5** Ritualtheorien; **M 10** A. Quack: Opferfeste, Opfermahle bei den Subanun.

Kap. 15 Buddhismus: Opferkritik und Opferhandlung

Die Doppelseite geht von drei Grundgedanken aus:
1. Der Zusammenhang zwischen Opfer und Ethik zeigt sich in der buddhistischen Opferkritik.
2. Buddhistische Ethik steht unlösbar im Zusammenhang von Karma und Nirvana.
3. Buddhistische und christliche Normen haben viele Überschneidungen, gehören aber ganz unterschiedlichen Denk- und Glaubenssystemen an.

Die Seite dokumentiert zwei unterschiedliche Positionen buddhistischer Opferkritik:

SH Kapitel 15	Medien	Thematisches Stichwort	Zusätzliche Infos
Linke Spalte	Opferkritik und Opferhandlung	Kritik an der Opferpraxis des Hinduismus Ethische Grundaussagen	M 15: M. v. Brück, Karma und Schicksal S. 5: Grundbegriffe
Rechte Spalte	Der spirituelle Sinn des Opferns	Opfergaben schaffen ein positives Potential	
Rechte Spalte	Bild: Gläubige vergolden Buddha-Statuen	Vergöttlichung Buddhas im Mahayana	

S. 28 Bekenntnis der Neobuddhisten Indiens

1. Die Bewegung der Neobuddhisten Indiens
Die Bewegung des Neobuddhismus geht auf den singhalesischen Gelehrten und Publizisten Anagarika Dharmapala (eigentl. David Hewavitarne, 1864–1933) zurück, der 1880 zum Buddhismus konvertierte und als Apologet des Neobuddhismus gegen die christliche Mission in Ceylon wirkte. 1963 führte der vietnamesische Zenmeister Thich Nhat Hanh den Namen »Engaged Buddhism« ein – Synonym für den Neobuddhismus, der auch »protestantischer Buddhismus« genannt wurde. Thich Nhat Hanh lebt seit dem Vietnamkrieg im Exil in Frankreich und gilt neben dem Dalai Lama als einer der einflussreichsten buddhistischen Meister im Westen.
Der »Engaged Buddhism« wird heute von vielen Buddhisten in Asien, Amerika und Europa vertreten. Es ist ein sozial und politisch engagierter Buddhismus, welcher den traditionellen Buddhismus radikal kritisiert, die Rolle der Laien neu bewertet und die Meditation als allgemeine Praxis einführt. Die Lehre des Buddha sei auf Vernunft gegründet, rationalistisch, atheistisch, wissenschaftlich, eine Lebensphilosophie, keine Religion. 1989 wurde in Thailand das International Network of Engaged Buddhists geschaffen.
Das Dokument spiegelt die Ideen der Reformbewegung mit ihrer scharfen Abgrenzung gegen Ungleichheit (Nr. 6–8; 19a) und der Hervorhebung ethischer Grundsätze, welche eine Brücke zur Philosophie der Vernunft schlagen und den Prinzipien der Menschenrechte Rechnung tragen (9–10, 18). Andererseits grenzt sich das Dokument als Bekenntnis gegen Irrlehren des Hinduismus ab und erhebt den Anspruch absoluter Gültigkeit im Sinn einer ethischen und weltanschaulichen Selbstverpflichtung (20–22).

Textanalyse
Das Bekenntnis stellt ein Konglomerat aus mehreren ethischen Grundsätzen dar. Die Übersicht und die zusätzlichen Informationen wollen eine differenzierte Analyse des Dokuments und buddhistischer Ethik – auch im Gegenüber zur christlichen Ethik – ermöglichen.
Einige allgemeine Hinweise zu Buddha und den Brahmanen, zum Achtfachen Pfad, zu Dharma und Karma finden sich im SH Kap. 2 und im LH zu Block A – Buddhismus.

Einleitung
1. Buddhas Abwendung vom hinduistischen Opfergedanken.
2. Die fünf elementaren Verbote (pancasila), Aspekt des Tötens und der Tieropfer.
3. Bewegung der Neobuddhisten Indiens.

Das Bekenntnis der Neobuddhisten
1. Hinduistische Ethik (6–8.19a)
   – Opferspenden an Brahmanen
   – Rituale
   – Ungleichheit der Menschen
2. Buddhistische Ethik (11–21)
   – Der Achtfache Pfad (11)
   – Die Zehn Vollkommenheiten (12ff.)
   – Ideale von Weisheit, Sittlichkeit, Mitleid (18)
   – Dharma / Saddharma (19a.20)
   – Wiedergeburt (21)
3. (Westliche?) Philosophie (9–10.18)
   – Es gibt nur eine Humanität
   – Ich trete ein für die Gleichheit
   – Ideal der Weisheit und Sittlichkeit

Die Quellen des Bekenntnisses (»Ethische Tafeln im Buddhismus«)
Zu Top 6–8; 19a: s. o. Buddhas Opferkritik
Zu Top 9–10: s. o.: Programm der Neobuddhisten
Zu Top 11: Der Edle Achtfache Pfad

Die Grundlehre (dharma) beinhaltet zunächst die vier edlen Wahrheiten:
1. Alles ist Leid.
2. Leid entsteht aus Gier.
3. Durch die Aufhebung der Gier wird das Leid aufgehoben.
4. Der achtgliedrige Weg führt zur Aufhebung des Leidens.

Dieser achtgliedrige Weg ist zugleich der mittlere Weg, der über drei Stufen zur Erlösung (bodhi) führt (nach Axel Michaels, Wörterbuch der Religionen, S. 83):
Erste Stufe: Weisheit (Wissen)
   1. rechte Ansicht
   2. rechter Entschluss bzw. Denken
Zweite Stufe: Zucht (Sittlichkeit)
   3. rechte Rede
   4. rechtes Verhalten bzw. Handeln
   5. rechtes Leben
   6. rechte Anstrengung bzw. Streben
Dritte Stufe: Meditation (Sammlung)
   7. rechte Bewusstheit bzw. Wachsamkeit
   8. Rechte Sammlung bzw. Meditation

Zu Top 12–17 und zur Einleitung: Die fünf elementaren Gebote und die 10 ›Paramitas‹ (Vollkommenheiten)
Die buddhistische Ethik richtet sich auf Mitleid, Liebe und Freiheitsliebe, Gleichmut und Wohltätigkeit. Im Vordergrund steht die Vermeidung von Gier, Hass, Verblendung (SH: Die Mitte des Lebensrads, S. 37). Daher zielt das Verhalten auf die Befreiung vom Vergänglichen.
Wer sich auf dem Weg zum Bodhisattva vervollkommnen will, kann nach der Lehre des Mahayana-Buddhismus folgende Tugenden in 10 Stufen perfektionieren. Diese gelten für Nonnen und Mönche (Zweistufen-Ethik). Die fünf Gebote sind für Laien verbindlich (nach: Axel Michaels, Wörterbuch der Religionen, S. 84.395).

Zehn Vollkommenheiten
[erste Stufe]
   1. Freigebigkeit

D: Opfer – Vergebung – Ethik

2. Sittlichkeit
3. Nachsicht
4. Willenskraft
5. Konzentration
6. Weisheit

[zweite Stufe]

7. Geschicklichkeit in der Anwendung der Erlösungsmittel
8. Gelübde, für die Erlösung aller Wesen zu wirken
9. Kraft
10. Erkenntnis

Fünf Gebote
1. Nichtverletzung
2. Kein Diebstahl
3. Kein unkeuscher Lebenswandel
4. Keine Lügen
5. Keine berauschenden Getränke

Zu Top 19+21: (s. SH, S. 5)
Dharma (sanskrit: Pali, wörtl.: das Getragene, Gehaltene) bedeutet im Buddhismus: a) Lehre Buddhas, b) Weltgesetz, c) sittliche Norm und d) Manifestation der Wirklichkeit. Im Hinayana meint es auch psychische und physische Daseinsfaktoren der empirischen Welt.
Karma (sanskrit: Werk, urspr. rituelle Tat) Indische Bezeichnung für den Glauben an Tatvergeltung im nächsten Leben: der Mensch träg die Konsequenzen dessen, was er getan hat. Karma, Seelenwanderungsglaube und Erlösung sind nicht voneinander zu trennen. Geistige und körperliche Handlungen wirken auf das Karma, mithin auf die Erlösung aus dem Kreislauf der Geburten. Darin stimmen hinduist. und buddh. Theorien überein (Axel Michaels, Wörterbuch der Religionen, S. 110.276).

S. 28 Thubten Chodron, Der spirituelle Sinn des Opferns
Ist der Text ein Widerspruch zur Opferkritik Buddhas (Text der linken Spalte)?
Die Spitze im Bekenntnis der Neobuddhisten richtet sich gegen den gegenwärtigen Hinduismus. Buddha hat Opfer nicht abgeschafft, nur ihren Rang verändert: »Der Buddha wendet sich also nicht gegen Taten, nicht einmal prinzipiell gegen Rezitationen, Rituale oder Opfer, sondern gegen im falschen, sittenlosen Bewusstsein ausgeführte Taten.«
Chodron zielt auf das Zentrum buddhistischer Lehre, der Abwendung von: »Anhaftung und Kleinlichkeit«.
Siehe Kap. 2 Rad der Lehre, Kap. 20 »Attachments...«
Und er bringt eine spirituelle Umdeutung des Opfers, wie er auch uns vertraut ist (»schenken – loslassen, geteilte Freude...«).

Kap. 16 Christentum: Abendmahl und Ethik

Die Doppelseite zeigt nach dem Beitrag des Buddhismus zur Opferkritik den klassischen Topos der christlichen Opferkritik – das Abendmahl. Dieses benennt die drei Aspekte unseres Kapitels in folgender Weise:

Opfer: »das ist mein Leib, der für euch gegeben wird ...
Vergebung: ... zur Vergebung der Sünden ...
Ethik: das neue Testament in meinem Blut ...«

Am Abendmahl lässt sich die Einschätzung des amerikanischen Religionswissenschaftlers Clifford Geertz erläutern: »Religionen sind Zeichensysteme«. Das Abendmahl entfaltet »das urchristliche Zeichensystem« nach Gerd Theißen in drei verschiedenen Formen:
1. Als narrative Zeichensprache erzählt es Mythos und Geschichte. Sie erzählt vom Abendmahl, von Abschied und Erinnerung, vom Opfer eines Menschen, dem Ende aller Tier- und Menschenopfer (Hebr 10,10).
2. Als präskriptive Zeichensprache, bestehend aus Imperativen und wertenden Sätzen, konstituieren die Einsetzungsworte den neuen Bund, der durch das Blut Jesu besiegelt wurde. In Analogie zum alten Bund des Mose, der mit dem Dekalog verbunden ist, ist dies nach dem Verständnis des Matthäus die neue Lebensordnung Jesu (Mt 5,1ff.) – die Basis christlicher Ethik.
3. In der rituellen Sprache der urchristlichen Sakramente vergegenwärtigt das Abendmahl in Brot und Wein eine neue Wirklichkeit, in der kein Leid, kein Tod mehr sein wird (s. Bild SH S. 29).

Nach der Terminologie der Religionswissenschaftlerin C. Bell ist das Abendmahl ein Beispiel der »rites of communion and exchange«. Das Abendmahl durchbricht nach Gerd Theißen die Regeln des alttestamentlichen Sündopfers: Im Sündopfer wird das Opferfleisch nicht von der Gemeinschaft der Opfernden verzehrt, sondern ausschließlich von den Priestern; und am Versöhnungstag sind auch sie vom Verzehr ausgeschlossen; denn das Sühnopfer wird aus der Gemeinschaft ausgeschlossen. Es soll ja aus ihr entfernen, was sie belastet. Bei einem Sühnopfer war es strikt ausgeschlossen, dass das Opfer gegessen wurde (Lev 16,23–28).
Eben das aber geschieht in symbolischer Weise im Abendmahl. Brot und Wein werden gedeutet als Jesu Leib und Blut und von der Mahlgemeinschaft verzehrt. Ein sühnendes Aggressionsopfer wird zur Grundlage eines Kommunionsopfers in dezidiertem Widerspruch zu den Ausschlussregeln des alttestamentlichen Opferkults.
S. M 5 Ritualtheorien.

S. 29 Hans-Martin Barth, Das christliche Abendmahl und die Liebe
Der Textabschnitt »Das christliche Abendmahl und die Liebe« steht am Ende eines größeren Abschnitts und fasst die Überlegungen des Systematikers Hans-Martin Barth zur Erlösungslehre zusammen. Die Termini und Implikationen des Textes sind für die Klasse erklärungsbedürftig und werden darum über Schlüsselbegriffe und Hintergrundinformationen erschlossen.
1. Abendmahl: Opfer und Liebesethik (1.+3. Absatz)
1. »Eucharistische Ethik«, Liebesgemeinschaft
2. »Der Communio-Gedanke / Leib Christi«
3. Konvergenzerklärung von Lima

Liebesgemeinschaft, Einsetzungsworte (ältester Text): 1. Kor 11,17–22.23–34; 12,12ff.
Die neutestamentlichen Einsetzungsworte enthalten drei theologische Motive:
1. Die Verkündigung des Todes Jesu
2. Die Bekräftigung des Bundes
3. Die Vorwegnahme des kommenden Messias

2. Deutungsmuster der Kirchen zum Menschenopfer und Opferlamm (2. Absatz)
1. Menschenopfer »Bezug zum archaischen Menschenopfer«. »Gott opfert sich in Jesus«; »Menschen sollen nicht andere Menschen opfern, sie sollen sich auch nicht selbst opfern«; spirituelles Opfer: »verzichten, sich aufopfern«
2. »Das kath. Messopfer« – Die orthodoxe »Göttliche Liturgie« – reformat. Theologie

3. »Nicht-christliche Mahlriten« (Ende des 1. Absatzes)
Zur Erläuterung des Begriffs und zur Überprüfung seiner Kritik seien folgende Beispiele für außerchristliche Mahlriten genannt:
a) Ethnische Religionen: Voodoo – Blutritual und Opfermahl (Kap. 14), Opferfeste und Opfermahle bei den Subanun (M 10).
b) Judentum: Passa
»Am nächsten liegt es natürlich, eine Beziehung zwischen dem christlichen Abendmahl und der jüdischen Passafeier herzustellen. Diese Beziehung ist exegetisch immer wieder untersucht, aber unterschiedlich beurteilt worden. Schon im Neuen Testament selbst gibt es dazu zwei verschiedene Versionen: Nach Auffassung der Synoptiker hätte das letzte Mahl Jesu tatsächlich im Rahmen einer Passafeier stattgefunden, während sich diese Auffassung in die johanneische Darstellung nicht einfügt. Sollte der historische Jesus tatsächlich ein dezidiertes und gegenüber seinem sonstigen Mahlverhalten herausgehobenes Abschiedsmahl gefeiert haben, so liegt es nahe, der synoptischen Darstellung recht zu geben. Doch auch in diesem Fall bleibt die Verknüpfung lose. Der spezifische Gehalt des jüdischen Passamahls tritt gerade nicht in Erscheinung. Ursprünglich ein Frühlingsfest, bei dem man für den neuen Wurf an Lämmern dankte (›p-s-ch‹ wird mit »hüpfen« in Zusammenhang gebracht), wurde ›Pessach‹ noch in der Frühzeit der Hebräischen Bibel historisiert und als ›Passa‹ (›pasah‹ meint ›vorübergehen‹, ›verschonen‹; vgl. Ex 12,13) auf das Exodusgeschehen bezogen. Seither ist Pessach das zentrale Fest der Erinnerung an die Befreiung Israels aus der Knechtschaft in Ägypten und von daher symbolische Vergegenwärtigung des Befreiungshandelns seines Gottes. Das Mazzotfest, ursprünglich ein Fest kanaanäischer Ackerbauern, konnte in diese Tradition integriert werden. Im Judentum wird Pessach also nicht als sakramentales Mahl gefeiert, das den Teilnehmenden als ›Heilsmittel‹ dienen könnte, sondern als Fest der Erinnerung. Das konviviale, gemeinschaftsbildende Element spielt dabei gleichwohl eine wichtige Rolle, wobei sich die hier erlebte Gemeinschaft von der Familie her aufbaut. Pessach wird ja bekanntlich trotz all seiner liturgischen Elemente im häuslichen Rahmen gefeiert« (H.-M. Barth, Dogmatik S. 655).
c) Islam: Das Opferfest
Ein Erlebnisbericht findet sich in **M 32** Ritualopfer im Islam.
»Der Islam kennt nur ein nebengeordnetes Opfermahl, das im Zusammenhang der Pilgerfahrt nach Mekka begangen wird. Es geht vermutlich auf eine vorislamische Sitte zurück. Sein Vollzug soll an den Gehorsam Abrahams erinnern, der nach islamischer Tradition bereit war, seinen Sohn Ismail zu opfern. An dem Tag, an dem in der Nähe von Mekka ein Tier von den Pilgern rituell geschlachtet wird, wird in der gesamten islamischen Welt das ›Opferfest‹ begangen: Nach genauen Regeln, zu denen der Kehlenschnitt und das Verbot einer Betäubung des Tiers gehören, wird die Opferung vorgenommen. Ein Teil des Opfertiers dient dann dem Verzehr der am Opfer Teilnehmenden, während ein anderer Teil an Bedürftige abgegeben wird. Das konviviale Element steht also auch hier im Vordergrund. Angesichts der Tatsache, dass das gemeinsame Essen und Trinken im Islam aber doch eine deutlich nachgeordnete Bedeutung hat, ist zu fragen, ob dort nicht die Enthaltsamkeit von berauschenden Getränken und Schweinefleisch gerade das entscheidende, die Gemeinschaft verbindende Element darstellt. Das gemeinsame Fasten im Monat Ramadan hat zweifellos eine hohe gemeinschaftsbildende Kraft und dürfte dem sakramentalen Denken und Empfinden im Christentum insofern nahe kommen. Auch das festliche und freudige gemeinsame Fastenbrechen muss in diesem Zusammenhang bedacht werden« (H.-M. Barth, Dogmatik S. 655).

Kap. 17 Religion in der Popularkultur

Unter ›Popularkultur‹ versteht man seit den 80er Jahren die Kultur der Menschen, wie sie sich in den Massenmedien ausdrückt – im Gegenüber zur Hoch-, Massen- oder Trivialkultur (W. Ritter, Abschied vom Opfermythos, S. 199f.). Michael Nüchtern, ehemals Leiter der Evang. Zentralstelle für Weltanschauungsfragen, stellt Prinzessin Diana als Beispiel einer neuen Sehnsucht nach Religion vor dem Hintergrund der Säkularisierungsthese dar. Dabei werden vor allem zwei religiöse Topoi herausgestellt:
– Dianas Mitleid mit Opfern bzw. ihr Leben und ihr Ende als Opfer;
– der Kult um Prinzessin Diana als einer modernen Heiligenverehrung in der Popularkultur.

Auffallend ist, dass sich diese Deutungen vor allem in der Boulewardpresse finden, wobei man nicht genau weiß, was von der Presse gemacht wurde und was »die Volksseele« auf Lady Di projiziert.
Das Bild mit den zahllosen Blumen vor dem Buckingham-Palast nach Lady Dianas Unfalltod zeigt, wie viele Menschen ihre Verbundenheit zum Ausdruck brachten. Die Blumen können hier für manches stehen:

- Sie sind ein Zeichen der Anteilnahme, der Trauer;
- sie lassen sich mit der Rose im Lied von Elton John in Verbindung bringen; und
- sie können als »Gabenopfer« für eine Heilige verstanden werden.

Die Doppelseite bietet Material zu den beiden Aspekten »Heilige« und »Opferlamm«.
Zusätzliche Informationen bieten:
- eine Übersicht über die Vita (Internnet-Recherche),
- die Deutung durch Elton John (vgl. **M 37** Elton John, Candle in the wind '97).
- Eine Reflexion der Popularreligion: **M 38** Jürgen König, Ikonen sterben nicht.

IV. Methodische Hinweise

Kap. 14 Ethnische Religionen

- Video zum Voodoo-Kult, Recherche im Internet: Stichwort »Voodoo«
- Erschließung über den Text S. 26f. plus Zusatz-Info:
  - Block A, Kap. 1: Überblick über ethn. Religionen, Verbreitung (Haiti), Merkmale
  - Recherche: http://www.relinfo.ch
  - Ergänzende Informationen zum Text, s. o.
- Beispiele aus den zahlreichen Opfertheorien, s. **M 5** Ritualtheorien
- Vertiefung: Zum Weltbild ethnischer Religionen (Anwendung der Kulturtheorie von Clifford Geertz: »Zeichensystem lesen«)
  - **M 10** A. Quack, Opferfeste, Opfermahle bei den Subanun
  - Kap. 33: Religion als Teil der Kultur; Religion unterscheidet nicht zwischen sakral + profan; zentrale Funktion von Festen;
  - S. 58 Bild: Rolle des Heilers; Heilungsritual und Opferproblematik
  - Kap. 22: Heilung und Totemtier

Arbeitsaufgaben:
1. Beschreiben Sie das Voodoo-Ritual nach der Schilderung von Astrid Reuter.
2. Erläutern Sie den Begriff des Opfers.
3. Nennen Sie Beispiele für Opfer in den abrahamitischen Religionen.
4. Erläutern Sie den Begriff des Rituals nach einer theologischen und religionswissenschaftlichen Darstellung.

Weitere Hinweise:
Das Thema Tieropfer lässt sich auch in den abrahamitischen Religionen darstellen:
- Infos über Tieropfer im Judentum und Islam s. o. zu Kap. 16.
- **M 32** Opferritual im Islam (Das Opferlamm).

Kap. 15 Buddhismus: Opferkritik und Opferhandlung

S. 28 Bekenntnis der Neobuddhisten Indiens: Opferkritik

Einstieg
Einführender Lehrervortrag: Die Ethisierung des Opfergedankens durch Buddha.

Erarbeitung
1. In einem ersten Durchgang werden die Begriffe und Schlagworte der Einleitung und des Bekenntnisses geklärt: Die Kritik Buddhas am hinduistischen Opferverständnis.
2. Information über Neobuddhisten, »Engaged Buddhism« Lektüre **M 12** Der Edle Achtfache Pfad, Lehrer-Info (Erklärung s. o.).
3. Gruppenpuzzle: Erarbeitung des Textes mit Hilfe der »Ethischen Tafeln im Buddhismus«. Erstellen von Plakaten zu den Tafeln; Stellungnahme, Präsentation. Durch diese Schritte soll die Klasse abschließend
   - Kerngedanken und Kernsätze buddhistischer Ethik kennen,
   - die ethischen Grundsätze in den Texten herausarbeiten und in »ethischen Tafeln« darstellen,
   - diese in ihren religiösen, weltanschaulichen Kontext einordnen,
   - ethische Grundsätze des Buddhismus benennen im Zusammenhang von
     - Opferkritik und Ethisierung des Opfergedankens,
     - Ethik und Karma im Buddhismus (**M 15** Michael von Brück: Karma und Schicksal),
     - ethischen Normen im Neobuddhismus.

Arbeitsaufgaben zu den Medien:
1. Nennen Sie Motive und Ziele der buddhistischen Opferkritik.
2. Beschreiben Sie einige Auffassungen, welche die buddhistische Haltung zu den Ursachen und zur Überwindung des Leids kennzeichnen (dharma, Karma, Erkenntnis).
3. Erläutern Sie die Opferkritik Buddhas und das neue Verständnis des Zusammenhangs von Tun und Ergehen mit dem Gedanken der Überwindung der »Anhaftung und Kleinlichkeit« (Predigt von Benares, SH S. 4: »Festhalten am Sein«, S. 36: »attachments to worldly things«).
4. Welche Aussagen enthält der achtfache Pfad?
5. Welche Aussagen aus dem Bekenntnis der Neobuddhisten lassen sich mit den Menschenrechten und den Grundgedanken des Weltethos verbinden?

Weitere Hinweise
Verschiedene Deutungen des »Tun-Ergehen-Zusammenhangs« zusammenstellen:
- Hinduistische Brahmanen: Opfer sichern Tun und Ergehen.
- Buddhas Opferkritik: Einsicht in den Tun-Ergehen-Zusammenhang.

- Buddhistisches Karma – Ethik als Anhäufung von Verdiensten im Kreislauf der Wiedergeburten.
- Protestantismus im Ablassstreit: die Rechtfertigungslehre als Kritik an einem falschen Tun-Ergehen-Verständnis (gute Werke – Seligkeit).
- **M 15** Michael von Brück: Karma und Schicksal.

S. 28 Thubten Chodron, Der spirituelle Sinn des Opferns

Einstieg

PA: Schlüssel-Begriffe erarbeiten und erläutern
- Differenzierung der Opferkritik Buddhas (s. o.)
- Spiritueller Sinn von Opfern
- »Anhaftung und Kleinlichkeit«

Erarbeitung

Recherche zum intendierten Zustand der »Leerheit« (v. Brück, Einführung in den Buddhismus, S. 240ff.)
- Reflexion des Schenkens und Teilens und des Opfers im eigenen Erfahrungsbereich.
- Eigene Einschätzung der Positionen im Text.
- Reflexion des Passus »In Konsequenz des Opfers Jesu werden Menschen in die Lage versetzt, abzugeben, zu verzichten ...« S. 29, rechte Spalte oben.

Jesus und Buddha: »Liebe« und »heilende Zuwendung zu allen Wesen«?

Einstieg

Textarbeit zum Dialog von buddhistischer und christlicher Ethik, von Buddha und Jesus:
- **M 13** Buddhistische und christliche Ethik, ein Dialog: Axel Michaels – Ulrich Luz
- **M 15** Michael v. Brück, Karma und Schicksal

Erarbeitung

- Partner-Puzzle: Ethische Aussagen Jesu und Buddhas; Ethik und Karma im Buddhismus. Erarbeitung und Präsentation von ethischen Aussagen der beiden Religionen.
- PA: Nach dem Muster von **M 13** Jesus und Buddha – ein Dialog zur Ethik wird ein eigener Dialog entwickelt und vorgestellt.
- Heißer Stuhl: Ergebnisse des kritischen Dialogs – etwa zum Thema Liebe, Gewalt, Verdienste und Erlösung werden eingebracht, bestritten, vertieft, festgehalten.

Ziele

Der spirituelle Sinn des Opfers soll verdeutlicht werden:
- »Anhaftung« und Teilen.
- »Positives Potential schaffen«; vgl. Predigt von Benares, S. 4: »Festhalten am Sein«, S. 36 »attachments to worldly things« Ethische Tafeln des Buddhismus und des Christentums erstellen.

Liebe und Achtsamkeit bei Jesus und Buddha:
- Der weltanschauliche Bezugsrahmen ethischer Aussagen.
- »Ethische Tafeln« bei Buddha und Jesus

Verschiedene Deutungen des »Tun-Ergehen-Zusammenhangs« aufzeigen:
- Buddhistische Karma-Ethik als Anhäufung von Verdiensten im Kreislauf der Wiedergeburten.
- Protestantismus im Ablassstreit: Rechtfertigungslehre.

Ergänzungen

Die Realisierung ethischer Normen des Buddhismus an aktuellen Konflikten aufzeigen. Wahlweise:
- Projekt Weltethos s. Block H
- Tibet (Gewaltfreiheit und Humanität)
- Tiere töten (Tieropfer und das Gebot der Achtsamkeit).

Kap. 16 Christentum: Abendmahl und Ethik

Die Erarbeitung der Seite gliedert sich in drei thematische Schritte – nacheinander oder gleichzeitig, arbeitsteilig in der Form einer Gruppenarbeit oder eines Gruppenpuzzles.

Die Transformation des Opferkults im Abendmahl (Bild)

Einstieg

Bildbetrachtung: Die Bildreihe des Blocks vermittelt unterschiedliche Opfervorstellungen, welche die Klasse nun mit Hilfe der erarbeiteten Texte Kap. 14 + 15 charakterisieren soll.

Erarbeitung

»Die Transformation der Tieropfer im Sühneopfer Christi« (nach Theißen).
- Fokussierung auf das Bild »Anglikan. Priesterin zelebriert die Eucharistie«, S. 29. Bilderklärung anhand von Vorwissen zum Abendmahl.
- Tafelarbeit / UG:
  ☐ Ergebnisse der PA.
  ☐ 1. Kor 11: Die drei theol. Motive der Einsetzungsworte: Opfer – Vergebung – Ethik.

Deutungsmuster der Kirchen zum Menschenopfer und Opferlamm (Text, 2. Absatz)

Einstieg mit dem Film: Die Passion Christi.

Erarbeitung

- UG: Menschenopfer »Bezug zum archaischen Menschenopfer«. »Gott opfert sich in Jesus«; »Menschen sollen nicht andere Menschen opfern, sie sollen sich auch nicht selbst opfern«; spirituelles Opfer: »verzichten, sich aufopfern«.

D: Opfer – Vergebung – Ethik

- L-Vortrag: Deutungen des Todes Jesu: Neues Testament; das katholische Messopfer; die orthodoxe »Göttliche Liturgie«; reformat. Theologie.
- Ein Beispiel eines nichtchristlichen Opferrituals (Judentum, Islam):
  - ☐ Judentum: Sühneopfer; Pessach.
  - ☐ Islam: Das Opferfest. **M 32** Michael Özelsel, Ritualopfer im Islam. Das Opferlamm.

Christliche Ethik ist »Eucharistische Ethik« (Text 1. und 3. Absatz)

Einstieg: Bildbetrachtung: Sieger Köder, Abendmahl.

Erarbeitung
- PA Textarbeit
  - ☐ S. 29: Kennzeichen der eucharistischen Liebe (1. und 3. Absatz), Stichworte erklären.
  - ☐ »Eucharistische Ethik«, nach 1. Kor 11,17ff.; 12,12ff.
  - ☐ »Der Communio-Gedanke / Leib Christi« nach der Konvergenzerklärung von Lima – Lima-Text Nr. 20 (s. u.).
- Thesen oder bildhafte Gestaltung eines Lebens-Modells für Menschen unterschiedlicher Religionen nach christlicher Ethik.

Arbeitsaufgaben zu den Medien
1. Erarbeiten und erklären Sie die wesentlichen Aussagen des Theologen Hans-Martin Barth zur eucharistischen Ethik.
2. Überprüfen Sie bzw. entwickeln Sie Gegenthesen zu den nichtchristlichen Mahlriten, zum archaischen Menschenopfer und zum katholischen und evangelischen Verständnis des Abendmahls und klären Sie damit Ihre Positionen ab.
3. Teilen Sie die Auffassung, die christliche Ethik sei eucharistische Ethik?
4. Entfalten Sie das Modell vom »Leib Christi« für die heutige Zeit, vor allem im Blick auf die unterschiedlichen Religionen.

Weitere Hinweise
Im Kontext evangelischer Theologie legt sich ein Diskurs nahe über die christliche Vorstellung von Schuld und Vergebung im Gegenüber zum Tun-Ergehen-Zusammenhang (Karma) als Wurzel der buddh. Ethik (Wiedergeburt), vgl. Kap. 15, Punkt 21 und Michael von Brück, Karma und Ethik (s. o., Einführung).

Bericht eines Theologen, der in Singapur wachsende christliche Gemeinden beobachtet, zur Frage: Was fasziniert Singalesen am Christentum? »Da ist zum einen die christliche Lehre, die gegenüber dem Tun-Ergehen-Zusammenhang der chinesischen Religionen einen ganz anderen Charakter hat. Gerade die Rechtfertigungsbotschaft, die in Deutschland kaum ein Pfarrer seinen Schäfchen mehr einleuchtend darstellen kann, ist hier in Singapur vor dem Hintergrund von Religionen, denen es um die Anhäufung von Verdiensten geht, von einer hohen Durchschlagskraft. Während die traditionellen chinesischen Religionen eher äußerliche Rituale sind, die man vollzieht, und die mit dem sonstigen Leben nicht viel zu tun haben, bietet das Christentum seinen Anhängern Richtlinien, die sich auch auf die Gestaltung des Alltags beziehen. Und das ist das, was sich viele moderne Chinesen wünschen.

Typisch für das Christentum ist der ausgeprägte Gemeinschaftscharakter. Das ist sicherlich für die Chinesen, bei denen die Single-Haushalten stetig anwachsen, ebenfalls von großer Bedeutung.«

Kap. 17 Religion in der Popularkultur

Portrait der Lady Diana

Einstieg
- Bildbetrachtung S. 31.
- UG: Motive der Blumengabe.
- »Goodbye, England's Rose«: Text und CD Elton John, Candle in the wind '97
- **M 37** Elton John, Candle in the wind '97 (dt. Übers.)

Erarbeitung
- PA: Portrait der »Rose Englands« nach Elton John
- Hausaufgabe: Recherche zur Biographie von Lady Diana (Internet). Materialsammlung zu den beiden Stichworten »Heilige« und »Opfer«.

Lady Diana – Heilige und Opfer

Einstieg
TA: »Heilige« und »Opfer« – Begrifflichkeiten am Beispiel von Lady Diana und anderen Persönlichkeiten der Popularkultur.

Erarbeitung
- Tafel- und Textarbeit: Die Stichworte »Heilige« und »Opfer« werden aus der Biographie, dem Text S.30 und der Bildbetrachtung zusammengetragen und festgehalten:
  - ☐ Biographie: Bulimie als Jugendliche, Scheitern ihrer Ehe, Medienspektakel, ihr tragisches Ende;
  - ☐ ihr soziales Engagement, ihre ethische Haltung: »wer in Not ist, kann auf mich zählen ...«;
  - ☐ das Geheimnis ihrer Popularität;
  - ☐ Merkmale einer Heiligen;
  - ☐ Eigene Standpunkte aus christlicher Sicht.
- PA: Analyse der Begrifflichkeit »Ikone der Popularreligion« (**M 36** Hubert Knobloch, Populäre Religion, **M 38** Jürgen Krönig, Ikonen sterben nicht).

**Literaturempfehlungen
für Schülerreferate und Projekte**

Voodoo-Kult:
http://www.relinfo.ch/voodoo/index.html
Informationsplattform Religion (Judentum, Christentum, Islam, Buddhismus): http://www.remid.de/

Buddhismus:
Michael von Brück, Einführung in den Buddhismus, Leipzig 2007, S. 109ff.253ff.
Religionswissenschaftlicher Medien- und Informationsdienst e.V. Marburg (Universität): www.religion-online.info/ Infos z. B. zum Buddhismus und seinen Schulen

E: Schicksal – Leiden – Freiheit

I. Inhaltliche Grundlegung

Das Thema im Überblick

Block E	Thema	Didaktisches Stichwort: Ansatzpunkte und thematische Horizonte für den Unterricht	Weitere Bezugspunkte (Schülerheft = SH; Lehrerheft = LH; Zusatzmedien im LH = M)
Kapitel 18 **Judentum: Leben wie Hiob** – Margarete Susman, Das Buch Hiob und das Schicksal des jüdischen Volkes – Zvi Kolitz, Wos noch? – Abb. Tomi Ungerer, Judentransport	Die Schoa in der jüdischen Theologie.	Die Sch. beschäftigen sich mit unterschiedlichen Ansatzpunkten in der jüdischen Theologie. Dabei werden auch Fragen nach der Tragfähigkeit traditioneller Gottesbilder reflektiert (Buch Hiob).	LH – Deutungen der Schoa M 24: N. Solomon, Theologie des Holocaust. LH S. 63: Hinweise zum Buch Hiob. M 23: Elie Wiesel, Wie Hiob.
Kapitel 19 **Christentum: Warum? Wozu? Fragen und Antworten** – Wolfgang Huber: Wie konnte Gott das zulassen? – Alexander Kissler, Wo war Gott? – Pressefoto: Tsunami 2004	Die Katastrophe des Tsunami 2004 in christlicher Deutung.	Goethes Diktum zu Lissabon von 1755 leitet die Sch. zur Auseinandersetzung mit klassischen Antworten zur Theodizeefrage an. Das führt zur Frage, ob denn heutige Antworten – wie die etwa von Bischof W. Huber zum Tsunami 2004 – überzeugen.	M 28: Wolfgang Huber, Ein Schrei geht durch die Schöpfung (Predigt mit Bezug zum Tsunami 2004).
Kapitel 20 **Buddhismus: Das Karma** – Lionel Wijesiri, Karma und Katastrophe – Abb. Buddhistisches Lebensrad	Die Katastrophe des Tsunami 2004 in buddhistischer Deutung.	Die Sch. lernen mit der Erklärung des Tsunami anhand der Karma-Logik ein konträres, in sich konsistentes Erklärungsmodell kennen. In seiner Gegensätzlichkeit fordert es zur Suche nach überzeugenden Antworten des eigenen Glaubens auf das Leid heraus.	M 16: Deutsche Übersetzung zu S. 36. LH S. 64–65: Film: Kim Ki-Duk, Frühling, Sommer, Herbst, Winter ... und Frühling. M 15: Michael von Brück, Karma und Schicksal.
Kapitel 21 **Islam: Angst und Mut** – Nasr Hamid Abu Zaid, Ich hatte nie Angst – mein Glaube hat mich geführt – Zwei Hadithe: Vorherbestimmung – Die geistliche Anleitung der Attentäter – Abb. Film »Paradise now«	Unterschiedliche Aussagen zum Umgang mit dem Schicksal aus der islamischen Theologie: – Schicksalsglaube, – Gottvertrauen, – Kampf gegen das Böse.	Die Sch. können unterschiedliche Positionen im Umgang mit dem Leid und dem Bösen kennenlernen. Dabei bietet sich insbesondere die Auseinandersetzung mit aktuellen Konflikten um aufklärerische und fundamentalistische Strömungen an.	LH S. 66f.: Theologische Richtungen M 35: Nasr Hamid Abu Zaid, Spricht Gott nur Arabisch? SH S. 54f.: Dschihad; der Weg der Toten, Das Paradies. SH S. 55: Mohammed Atta, Islamische Charta. LH S. 39: Zum Film »Paradise now«: Das Dilemma der Entscheidung.

**Wird der Begriff Theodizee der Vielfalt
der Religionen gerecht?**

Der Titel vermeidet den Begriff »Theodizee«, weil er der Vielfalt der Kulturen und Religionen nicht gerecht wird. Die drei Begriffe umschreiben ein Themenfeld, in dessen Zentrum die Frage nach dem Leid steht. Es besteht ein begründetes Interesse, bei der Beschäftigung mit Religionen und Kulturen eine möglichst differenzierte Wahrnehmung zu ermöglichen. Diese würde durch den Begriff Theodizee eingeschränkt. Das Nachdenken darüber kann uns bewusst machen, was »eurozentristisches Denken« ist. Dieses – und das zeigt sich besonders am Bedeutungsfeld »Theodizee« – ist vor allem durch zwei Einflüsse geprägt:
- durch die jüdisch-christliche Theologie: ein theistisch-monotheistisches Weltbild
- durch das Gedankengut der Aufklärung: den Glauben an die Vernunft

Hinter der Frage nach der Theodizee steht eine noetisch-aufklärerische Denkweise, die sich auf eine ›berechenbare‹ außermenschliche Instanz richtet. Das Dilemma eines so gedachten Monotheismus formulierte bereits Epikur (um 342–271 v. Chr.):
»Entweder will Gott die Übel beseitigen, und kann es nicht, oder er kann es und will es nicht, oder er kann es nicht und will es nicht. Wenn er es nun will und nicht kann, so ist er schwach, was auf Gott nicht zutrifft. Wenn er kann und nicht will, dann ist er missgünstig, was gleichfalls Gott fremd ist. Wenn er nicht will und nicht kann, dann ist er sowohl missgünstig wie auch schwach, und dann auch nicht Gott [...] wenn er aber will und kann, was allein sich für Gott geziemt, woher kommen dann die Übel und warum nimmt er sie nicht weg?«
(Epikur, Von der Überwindung der Furcht, Stuttgart 1968, S. 136)

Der Begriff »Theodizee« wurde von G.W. Leibniz (1646–1716) nach Röm 3,4f. geprägt.
»Man kann das Übel im metaphysischen, physischen und moralischen Sinn auffassen. Das metaphysische Übel besteht in der einfachen Unvollkommenheit, das physische im Leiden und das moralische in der Sünde. Obwohl nun das physische und moralische Übel nicht notwendig sind, so genügt ihre Möglichkeit auf Grund der ewigen Wahrheiten. Und da diese ungeheure Region der Wahrheiten alle Möglichkeiten umschließt, so muss es unendlich viele mögliche Welten geben, muss das Übel in mehreren von ihnen Eingang finden, und muss die beste von allen Welten es enthalten: hierdurch ist Gott bestimmt worden, das Übel zuzulassen.« (G.W. Leibniz, Die Theodizee, Hamburg 1968, S. 110f.)

Der Begriff Theodizee bezeichnet nach I. Kant die »Verteidigung der höchsten Weisheit des Welturhebers gegen die Anklage, welche die Vernunft aus dem Zweckwidrigen der Welt gegen jene erhebt«. Ankläger, Verteidiger und Richter werden von der Vernunft verkörpert, die sich angesichts vernunftwidrig erscheinender Erfahrung der Stimmigkeit ihrer Sicht vergewissert.

Theo Sundermeier unterscheidet in Anlehnung an diese Formulierung von Leibniz physische, moralische und kosmische Modelle im Umgang mit dem Bösen. Das Christentum habe alle drei Modelle des Leidens gebündelt und »als Sünde wie keine anderer Religion fast ins Unerträgliche gesteigert ... Aber das Christentum gewährt zugleich in der durch Christus gewirkten Sündenvergebung allein aus Gnade, in dem Wirken des lebensschaffenden Hl. Geistes (Credo: ,spiritus vivificans'), und in dem Glauben an den bedingungslos liebenden Gott eine Überwindung des Bösen in allen drei Gestalten, die alle unsere Erfahrungen, alle Vernunft und alle Religionen übersteigt« (Sundermeier, Religion – was ist das? S. 145f.).

Sundermeier zeigt mit seiner Darstellung indirekt die Aporie der Begrifflichkeit von Leibniz auf. Der Begriff Theodizee, ein Begriff europäischer Metaphysik, steht im Deutungskontext jüdisch-christlichen Denkens und impliziert ein bestimmtes, von der Aufklärung geprägtes theistisches Gottesbild. Damit lässt sich weder die Vielfalt der Religionen und Kulturen verstehen noch christliche Theologie betreiben in einer nach-theistischen Zeit (vgl. P. Tillich).

Schicksale

Schicksal meint den Glauben, dass alles Weltgeschehen von Mächten gelenkt wird, die damit auch (vorher-)bestimmen, was dem Einzelnen an Glück und Unglück widerfährt. Aus religionswissenschaftlicher Sicht subsummiert der Begriff jedoch unterschiedliche Vorstellungen. Die in vielen Kulturen verbreitete archaische Lebenseinstellung, Menschen und z.T. auch Götter seien dem Walten einer unberechenbaren, jedem sein »anteiliges Los« (griech. *Moira*, lat. *Fatum*) zuteilenden kosmischen Ordnung unterworfen, hat unterschiedliche Vorstellungen hervorgebracht, die keinesfalls mit dem Überbegriff »Theodizee« erfasst werden können, da die Religionen von unterschiedlichen Weltbildern ausgehen. Der arabische Begriff »kismet« ist eine europäische Fehldeutung der durchaus divergierenden islamischer Vorstellungen über Willensfreiheit und Vorherbestimmung.
Im Hinduismus und Buddhismus geht es an dieser Stelle um das Karma-Schicksal, das unserem Denken diametral entgegengesetzt ist.

Das Kapitel wählt »Schicksalsdaten« – die Schoa, den Tsunami, den 11. September 2001 –, um paradigmatisch jüdische, christliche, islamische und buddhistische Deutungen vorzustellen. Diese erfahren in sich weitere Differenzierungen. Im Judentum wird das klassische Deutungsschema »Sünde – Strafe« hinterfragt, im Christentum geht es um eine heute verantwortbare Deutung des Leids (Bischof Huber) und um »Grenzen der Theorie« (Kardinal Lehmann) im Kontrast zu einer gegenläufigen Sicht aus Sri Lanka (Buddhismus), und schließlich um das Leiden im Zusammenhang des islamischen Terrorismus.

E: Schicksal – Leiden – Freiheit

Leiden

Der Begriff *Leid* bezeichnete ursprünglich das Unglück, das einem in der Fremde widerfährt (althochdt. *Lidan* – in die Fremde gehen; lat. *Passio*, sanskr. *Duhka*). ›Leiden‹ meint eher individuelle Empfindungen – Gefühle wie Schmerz, Angst, Trauer, aber auch soziale Erfahrungen wie Armut und Isolation und relig. Sachverhalte. Mit ›Leid‹ ist eine kollektive Erfahrung gemeint: das Unglück, das Lebensschicksal als Ganzes (Sterben, Tod; Sünde, Strafe; Gottesferne). Nach C. Geertz stellt sich aus rel. Sicht nicht die Frage, wie Leid zu vermeiden sei, sondern wie zu leiden sei. Insofern könnte man sagen: Leid und Heil sind unmittelbar aufeinander bezogen; denn die Suche nach Heil (german. *haila* – ganz, unversehrt; lat. *sanus* – heil, gesund) als Erfüllung oder Befreiung von körperlichen und geistigen Leiden setzt die Erfahrung von Leid, d. h. die Deutung der Lebenswirklichkeit als unheil- bzw. leidvoll voraus (Wörterbuch der Religionen, S. 203).

Der Begriff ›Freiheit‹ steht in kulturellen Debatten für sog. westliche Werte, deren Wurzeln in der jüdisch-christlichen Tradition liegen. Augustin entwickelte den Gedanken der Freiheit aus der griechischen Philosophie und der paulinischen Theologie (vgl. Gal 5,1; Röm 8,21). Demnach ist der von Christus erlöste Mensch frei. Luther streitet mit Erasmus über den freien Willen (De servo arbitrio) und erstellt die berühmte Doppelthese von der Freiheit eines Christenmenschen. Die willensgeleitete Vorstellung der Freiheit bestimmt die Debatten der Aufklärung von R. Descartes bis Rousseau und wird von Kant als Instrument der sittlichen Selbstbestimmung eingesetzt. W. v. Humboldt entwickelte daraus den Gedanken »der freien Entfaltung der Persönlichkeit«. Im Judentum ist der Freiheitsbegriff eng mit der Exodustheologie verbunden. In Spannung dazu steht das Prinzip des Gehorsams im Islam. Freiheit ist im Buddhismus ist mit der Einsicht in die leidhaften Daseinsfaktoren verbunden und mit dem Ende des Kreislaufs der Wiedergeburten im Nirvana.

Was sagen Religionen zum Leid?

ETHNISCHE RELIGIONEN

Afrikanische Erzählung, wie der Tod zu den Menschen kam:

Der Herr des Landes sandte den ersten Menschen das Chamäleon, um ihnen zu sagen: »Die Menschen werden sterben, aber sie werden wieder auferstehen.« Dann wurde die große Eidechse mit dem blauen Kopf gesandt, um zu sagen: »Ihr werdet sterben und verwesen.« Die Eidechse aber überholte unterwegs das Chamäleon. Als schließlich das Chamäleon ankam, sagten die Menschen zu ihm: »Du bist zu spät. Wir haben schon die andere Botschaft gehört.« Darum sind die Menschen dem Tod verfallen (Th. Sundermeier, S. 134).

Gott schickt zwei Boten, das Chamäleon und die Eidechse. Beide Botschaften Gottes umschreiben die Wirklichkeit: es gibt Leben und Tod. Warum das so sein muss, wird nicht reflektiert. Theodizeefragen sind den afrikanischen Religionen fremd. Wenn man allerdings fragt, wo das Böse seinen Ursprung hat, so lautet die Antwort: im Neid. Das Böse existiert im Menschen. Hexen und Zauberer verkörpern das Böse in besonderer Weise (vgl. SH Kap. 28, S. 58).

ZARATHUSTRA

Der Zoroastrismus hat mit dem Denkmodell eines strengen Monismus und eines ethischen Dualismus versucht, die beiden Problemfragen der Herkunft des Bösen und der Allmacht Gottes zu lösen. Dieses Modell hat in der Gestalt des Mithras-Kults und des Manichäismus (ethischer Dualismus) eine nachhaltige Wirkung auf die Geschichts- und Erlösungsvorstellungen von Spätjudentum, Christentum und Islam ausgeübt.

Die von Zarathustra reformierte altiranische Religion (1.000–600 v. Chr.) führte Heil und Leid auf zwei Prinzipien zurück: Ahura Mazda und Ahriman – die Zwillinge und Geschöpfe Gottes. Der Mensch hat die Wahl zwischen dem Guten (Reich des Lichts, Ahur Mazda) und dem Bösen (Reich der Finsternis, Ahriman). Damit kann er an der Allmacht Gottes festhalten und zugleich Wahrheit und Lüge, Gut und Böse als Schicksalskräfte unterscheiden. Das Schicksal liegt in der Entscheidung der Menschen. Am Ende wird Ahura Mazda siegen. So wird das Schicksal in einen kosmologisch-moralischen Rahmen gestellt. Der Glaube ist endzeitlich ausgerichtet auf eine messianische Erlösergestalt.

BUDDHISMUS

»Kern- und Angelpunkt des Buddhismus ist die Lehre vom Leben als Leid« (Wörterbuch der Religionen, S. 106). Allerdings deutet er Leiden in einem völlig anderen Kontext und kann deshalb mit Begriffen wie Theodizee nicht erfasst werden. Er verzichtet auf jegliche Metaphysik, auf ein konkretes Gottesbild, und erfasst den Zusammenhang von Tun und Ergehen in einer anderen Denkstruktur. Die entscheidende mystische Erfahrung Buddhas erfolgte nach jahrelangen intensiven Leid- und Schmerzerfahrungen (vgl. SH Kap. 2; **M 12**). Leid (*dhuka*) gehört zu den Daseinsfaktoren, welche an die Modalität »Entstehen – Vergehen / Bestehen – Wandel« gebunden sind. Wie ein an einen Pfahl angebundener Hund bewegt sich der Mensch im Kreise und wird nicht frei von den Verursachern des Leids, der Gier, dem Begehren und dem Durst. Indem man die Gier besiegt, ist Erlösung möglich, der Kausalnexus wird durchbrochen. Wissen ist Erlösung – Nichtwissen führt, fast wie die biblische ›Ursünde‹ zum Fluch, welcher den Kreislauf der Widergeburt in Gang hält.

Im Vergleich zum Christentum hält A. Michaels fest:

– Die Erklärung des Leids basiert auf einem anderen philosophischen System als dem der Theodizee.
– Der Buddhismus entwickelt in der Lehre von »Karma« und »Samsara« die Vorstellung, dass der Mensch sein Leid selbst verursacht – ohne Einwirkung eines Gottes oder Widersachers.
– Mit dem Wissen darüber erfolgt die Aufhebung des Leids automatisch, ohne Vorbehalt, restlos.
– Die Aufhebung ist zunächst nur auf den Einzelnen bezogen.

JUDENTUM

Der Glaube an den Weltschöpfer, ohne dessen Wissen und Willen nichts geschieht, auch kein Unglück und böses Tun (Am 3,6; Ps 46,10; Hiob), ist die Voraussetzung für die jüdisch-christliche Theodizeedebatte. Der Glaube an Verheißung und Erwählung steht in Spannung zu persönlichem Leid (Ps 22, Hiskias Gebet Jes 38, Hiob) und zu geschichtlichen Erfahrungen etwa im Exil.

Nicht erst die Schoa hat bedrängende Fragen nach dem Willen und der Gerechtigkeit des Schöpfers aufgeworfen. Bemerkenswert ist es darum, wie biblische Antwortversuche in der neueren Theologie aufgegriffen werden. Dabei sind insbesondere Jeremia, die Gottesknechtslieder, die Psalmen und das Buch Hiob zu nennen.

In der neueren Theologie sind die traditionellen Begriffe »Sünde – Strafe« oder »kollektive Verantwortung« kritisch hinterfragt worden. Man neigt dazu, von Gott, der sein Gesicht verbirgt, zu sprechen als Teil des quälenden Problems, warum Gott angesichts des menschlichen Leidens schweigt. Andere haben empfunden, dass die Schoa es erfordert, die Vorstellung eines persönlichen Gottes aufzugeben. Viele religiöse Juden sehen – in Anlehnung an Jer 33 – in der Entstehung Israels »die Wiederherstellung Israels«, also eine z.T. verwirklichte Eschatologie, einen göttlichen Ausgleich für die Schoa.

CHRISTENTUM

Nach der klassischen christlichen Dogmatik gehört die Lehre von der Erhaltung und Leitung der Schöpfung zur Schöpfungslehre (conservatio, gubernatio s. SH Kap. 19 – W. Huber über Goethe). Leibniz beschäftigte sich in seiner Theodizee nicht nur mit dem physischen, sondern auch dem moralischen Übel – also der Frage nach den metaphysischen Gründen für die Existenz des Übels. Das ›malum morale‹ ist der Preis dafür, dass der Mensch sich frei, also auch für das Böse entscheiden kann. Das ›malum physicum‹ aber ist als Konsequenz des ›malum morale‹ in Kauf zu nehmen.

Im Neuen Testament gibt es keinen allgemeinen Begriff des Leidens; dafür stehen konkrete Erfahrungsformen des Leidens im Vordergrund. Diese werden etwa in der Antwort Jesu auf die Anfrage der Johannes-Jünger genannt (Mt 11,5; vgl. Mt 5,3–12).

Der Neutestamentler Ulrich Luz formuliert: Für Jesus ist die Unterschichtperspektive charakteristisch. Im Neuen Testament werden sozial verursachte Leiden sehr ernst genommen – anders als in buddhistischer Tradition (Luz / Michaels, S. 123). Bei Paulus gilt insbesondere der Tod als eine gottfeindliche Macht, als der »letzte Feind«, den der Weltherrscher Christus unterwerfen wird (1. Kor 15,26).

Die Bibel ist außerordentlich zurückhaltend, wenn es darum geht, Gott mit dem Bösen in Verbindung zu bringen. Er ist vielmehr derjenige, der »vom Bösen erlöst« (Mt 6,13). Dafür wird der Mensch als Ursache des Leidens gesehen. Mythologisch ist das in der Geschichte von der Vertreibung aus dem Paradies ausgedrückt (Gen 3). Bei Hiob wie bei Jesus spielt die Gestalt Satans eine Rolle. Bei Jesus sind es die Dämonen, die Trabanten des Satans, die Menschen ›besetzen‹, d.h. um ihr Selbst bringen. Dahinter verbirgt sich die Erfahrung, dass das Leiden übermächtig ist. Die Geschichte Hiobs sowie die Theologie des Deuterojesaja machen deutlich: Der Gerechte muss leiden! Jesus widerspricht dem Zusammenhang von Schuld und Krankheit (Joh 9,3). Nach Mk 15,34 stirbt er den Tod eines Gerechten.

H.-M. Barth (Dogmatik, S. 451) formuliert eine ›trinitarische Lösung‹ für eine christliche Umgangsweise mit dem Leid:
1. Gott ist stärker als das Böse.
2. Gott leidet mit und nimmt das Leiden in Jesus Christus an.
3. Gott inspiriert zur Überwindung des Bösen.

ISLAM

Muslimische Theologen haben sich in Bezug auf das Verhältnis von der Allmacht Gottes und der Willensfreiheit des Menschen mit ähnlichen Problemen befasst wie christliche, aber oft mit anderen Schlussfolgerungen. Für Muslime ist die Theodizee Ausdruck des »Nicht-Islams«, des Ungehorsams, der Auflehnung gegen Gott.

Im Blick auf die Themenstellung sind vor allem folgende Aspekte wichtig:

Schicksal

Gott leitet und erhält die Schöpfung (»creatio continua«).
»*Sprich: Wer versorgt euch vom Himmel und von der Erde, oder wer verfügt über Gehör und Augenlicht? Und wer bringt das Lebendige aus dem Toten und bringt das Tote aus dem Lebendigen hervor? Und wer regelt die Angelegenheit? Sie werden sagen: ›Gott.‹ Sprich: Wollt ihr nicht gottesfürchtig sein?*« Sure 10, 31

»*Gott, es gibt keinen Gott außer Ihm, dem Lebendigen, dem Beständigen. Nicht überkommt Ihn Schlummer und nicht Schlaf. Ihm gehört, was in den Himmeln und auf der Erde ist. Wer ist es, der bei ihm Fürsprache einlegen kann, es sei denn mit seiner Erlaubnis? Er weiß, was vor ihnen und was hinter ihnen liegt, während sie nichts von seinem Willen erfassen, außer was Er will. Sein Thron umfasst die Himmel und die Erde, und es fällt Ihm nicht schwer, sie zu bewahren. Er ist der Erhabene, der Majestätische.*« Sure 2, 255

Der Allmächtige bestimmt auch das Schicksal der Menschen. In welchem Maße das geschieht, darüber gibt es in der islam. Theologie unterschiedliche Auffassungen. Während die Hadithe (SH S. 38) von der Vorherbestimmung sprechen, plädiert Nasr Hamid Abu Zaid in Anlehnung an die Lehre der Mutaziliten für die Willensfreiheit und die Vereinbarkeit von Vernunft und Glaube (SH Kap. 21; **M 35**).

Leiden

Der Islam löst nach Sundermeier das Dilemma des strengen Monotheismus durch Anleihen beim iran. Dualismus. Neben Gott wirken die Dschinn, deren Natur aus Feuer besteht, und Iblis, der Teufel (SH Kap. 28, S. 57 Sure 2).

E: Schicksal – Leiden – Freiheit

Zahlreiche Stellen des Korans sprechen von der Rechtleitung durch Gott, aber auch von der Irreführung durch ihn: »*Gott führt irre, wen Er will, und wen Er will, den bringt Er auf einen geraden Weg.*« (Sure 6, 39 vgl. Sure 16, 93)

Allerdings darf der Mensch das Böse, das ihm widerfährt, nicht auf Gott zurückführen. Die Verantwortung dafür liegt bei ihm selbst, entweder weil er dieses Böse tut oder weil er es als Strafe verdient hat. Der Koran bejaht darum die Willensfreiheit des Menschen, der sich vor dem Weltenrichter zu verantworten hat. Leiden resultiert aus dem Ungehorsam. Allerdings kann der Fromme auch im Gehorsam gegen Gott auf dem Weg des kämpferische Dschihad Verfolgung und Tod erleiden. Solches Leiden der Märtyrer führt in das Paradies (SH S. 55).

Freiheit
Der Freiheitsbegriff ist im Islam heftig umstritten. Während fundamentalistische Muslime den unbedingten Gehorsam über die Freiheit stellen, sehen liberale Theologie wie Nasr Hamid Abu Zaid darin eine legalistische Auslegung des Koran, wie sie etwa in der Losung für ›die Märtyrer vom 11. September‹ ausgegeben wurde (SH S. 39). Zaid kritisiert die »Reduktion des Denkens auf den Glauben: Die Behauptung, alle existenziellen und epistemologischen Hürden überschreiten zu können im direkten Zugriff auf die Absicht Gottes, der im heiligen Text greifbar werde«. »Eine von der Scharia und der Sunna vorgegebene Lösung wird zur Strategie für alle Probleme der Gegenwart« (**M 35** Nasr Hamid Abu Zaid).

Der bei uns verbreitete Begriff ›kismet‹ spielt in der islamischen Theologie keine Rolle. Der türkische Begriff kismet (volkssprachl. Schicksal, von arab. *Qisma* – zugeteiltes Teil) wurde durch europäische Reisende als Teil der islam. Dogmatik interpretiert. Im Koran wird qisma ausschließlich in Bezug auf das Erbrecht gebraucht.
»Die gängige Theologie des Islams heute hält an der menschlichen Willensfreiheit und zugleich an der göttlichen Vorherbestimmung fest. Der Volksglaube aber betont in seinen Aussagen und im feststellbaren Verhalten der muslimischen Massen so sehr die Vorherbestimmung, dass man von Fatalismus reden könnte. Aber der islam. Glaube ist nicht fatalistisch, denn er glaubt nicht an ein blindes, unerbittliches Schicksal. »Das Leben des Menschen wird von einem lebendigen Gott gelenkt, dessen Entscheidungen zwar souverän und nicht hinterfragbar sind, der aber auch der weise und barmherzige Herr der Menschen ist. Was als Fatalismus erscheinen mag, ist die Haltung, sich in schweren Situationen dort, wo er an die Grenzen seiner Möglichkeiten stößt, in den Willen Gottes zu ergeben. »Es wird also nicht alles Gott überlassen ..., sondern es wird dort, wo der Mensch ohnmächtig ist, alles aus der Hand Gottes angenommen, manchmal mit Resignation, oft aber auch mit Gottvertrauen und Gelassenheit« (Adel Th. Khoury, Der Koran, S. 75).

II. Didaktische Reflexion

1. Thematische und pädagogische Aspekte

Elementarisierung der fachwissenschaftlichen Perspektive
Die Frage nach der Herkunft und Überwindung des Leidens wird in den Religionen unterschiedlich beantwortet. Die jeweiligen Fragestellungen und Antworten können nur mithilfe der Zeichensprache der jeweiligen Religion und Kultur sachgemäß verstanden werden. Begriffe wie Theodizee, Schicksal, Freiheit, Gerechtigkeit, Karma oder »kismet« sind darum jeweils auf ihren spezifischen Kontext hin zu befragen.
Das Kapitel zeigt an einigen besonders schweren Erfahrungen von Leid auf, wie solche Deutungen aussehen können. Dabei wählen wir exemplarisch
– die Schoa und das Ringen um ein Verständnis in der Jüdischen Theologie;
– den Tsunami 2004 und die theologische Auseinandersetzung mit der Theodizeefrage;
– den Tsunami im asiatischen Denken, vor allem im der buddhistischen Vorstellung vom Kausalnexus und von der Wirkungskraft des Karma;
– den Anschlag auf das World Trade Center 2001 und Stimmen aus der islamischen Welt zur Gewalt und zur Herkunft des Leidens.

Die Welt der Schülerinnen und Schüler
Werner H. Ritter hat in seiner empirischen Studie mit 10- bis 18-jährigen Schülerinnen und Schülern aus Nürnberg und Leipzig nachgewiesen, dass »die Frage der Theodizee bei Kindern und Jugendlichen heute keinen so hohen Stellenwert hat wie früher.« Damit wird die Einschätzung von Karl Ernst Nipkow, der aufgrund von Umfragen in den 80er-Jahren die Theodizeefrage zum Schlüsselproblem der Gottesfrage erklärte, relativiert (s. Einleitung zum LH, Literatur). Einige der von Ritter aufgeführten Erklärungen werden im SH wie folgt aufgegriffen:

Aussagen aus dem Gesamtergebnis der Befragung
1. Aufgrund fehlender Leiderlebnisse hat das Thema »Theodizee« für viele Schülerinnen und Schüler keine Relevanz.
2. Eine Verbindung zwischen Gott und dem Leid wird von den meisten Kindern und Jugendlichen nicht hergestellt, weil sie sich u. a. auch an anthropologisch-immanenten oder kosmischen Vorstellungen orientieren.
3. Jugendliche fragen nach dem Sinn des Leids und finden dabei andere, etwa pädagogisch-therapeutische Antworten.

Didaktische Ansätze im Themenblock
1. Der Themenblock geht von konkreten Leiderfahrungen aus und zeigt dabei unterschiedliche Deutungen auf.
2. Der Themenblock zeigt neben deistischen und theistischen Deutungsmodellen auch solche, die unseren westlichen Denkgewohnheiten völlig fremd sind.

3. Das Kapitel erläutert die buddhistische Karma-Ordnung und zeigt Grenzen der klassischen Schuld-Sühne-Klimax auf.

Nach dem Stufenmodell der Entwicklungspsychologie verändert sich die religiöse Entwicklung bei Jugendlichen durch die Ablösung des deistischen Gottesbildes, welches bis dahin eher an der Vorstellung des »do ut des« orientiert ist (P. Oser, nach Büttner/Dieterich, S. 134ff.). Solche kausalen Modelle stehen möglicherweise hinter der Einschätzung unter Punkt 3. Dieses Modell ist theologisch nur bedingt tragfähig. Das zeigt etwa der Diskurs des Hiobbuches, welcher dieses Denken ad absurdum führt. Der Beitrag »Leben wie Hiob« SH Kap. 18 ist sowohl theologisch, als auch im Blick auf die Denkentwicklung von Jugendlichen interessant. Wenn es in der Welt des Hiob um die Ablösung der Gleichung geht: »Hiob war fromm und gerecht – warum sollte ihn JHWH nicht belohnen?«, dann steht hier sozusagen nicht nur ein bestimmtes Bild der göttlichen Gerechtigkeit zur Debatte. Hier geht es auch um die Ablösung des konventionellen Weltbildes (do ut des) zugunsten eines postkonventionellen Glaubens (»wo warst du, als ICH die Erde schuf?«).

Die Lehrkraft tut gut daran, sich darauf – auch mit eigenen Überzeugungen zu einem »nicht-theistischen Gottesbild« – einzustellen. Gerade die Beiträge zum Judentum (Schoa) und zum Buddhismus laden dazu ein, andere Vorstellungen kennen zu lernen und auch auf ihre Tragfähigkeit zu überprüfen. Es bietet sich von daher an, Block E im Verbund mit Block D und F zu behandeln.

2. Zur Auswahl der Medien

Die Auswahl der Medien will folgende Aspekte darstellen:
- dass es nicht nur in der christlichen Theologie nach dem Holocaust, sondern besonders innerhalb der jüdischen Theologie eine breite Diskussion um die Leiderfahrung in der Schoah und um die Frage nach der Gerechtigkeit Gottes gibt, welche traditionelle Deutungsmuster (z. B. Hiob, Sünde – Strafe) hinter sich lässt (S. 34–35);
- wie im Bezugsrahmen christlichen und buddhistischen Glaubens dasselbe Ereignis (Flutkatastrophe) konträr gedeutet wird (S. 34–37);
- dass es im Blick auf die Auseinandersetzung um Gewalt im Namen Allahs nötig ist, ein Meinungsspektrum islamischer Theologie zum Thema Leid zu kennen (S. 38–39).

3. Kompetenzen und Bezüge zu den Bildungsplänen

Schülerinnen und Schüler können:
- Grenzen einiger herkömmlicher Deutungsmodelle und Gottesbilder nach der Schoa aufzeigen;
- einige neuere Fragestellungen und Antworten aus der jüd. Theologie zur Schoa beschreiben;
- am Beispiel des Tsunami zwei unterschiedliche Deutungsmodelle zur Frage des Schicksals und des Leidens darstellen und »dialogisch aufeinander beziehen«, nämlich die Position eines christlichen europäischen Theologen zur Theodizee und eines buddhistischen Journalisten aus Sri Lanka zur Karma-Lehre;
- Haltungen islamischer Theologen zum Umgang mit dem Leid und kontroverse Positionen zur religiösen Gewalt beschreiben.

Die einheitliche Prüfungsanforderung Evangelischer Religionslehre (EPA)

Das Kapitel lässt sich dem Themenbereich 3 zuordnen (Die christliche Rede von Gott, Thematischer Schwerpunkt 2: Gott in Beziehung – Was heißt es, an Gott zu glauben?). Dabei steht die Frage nach einer schicksalhaften Macht im Vordergrund (»Schicksal«).
Focussiert man das Thema Leiden auf das Erleben von Menschen (Leiden, Freiheit), geht es um den Themenbereich 1 (Das christliche Bild des Menschen).
Der Themenbereich 3 formuliert:
»Der Glaube von Menschen ist nie unmittelbar, sondern immer nur in religiösen Ausdrucksformen greifbar. Diese bleiben für die Schülerinnen und Schülern daher missverständlich, mehrdeutig und ambivalent, insbesondere dann, wenn sie vor dem Hintergrund eigener Grenzerfahrungen von Leid, Unglück, Schuld und Tod wahrgenommen werden oder in Relation gestellt werden zu neuzeitlichen überindividuellen Erfahrungen von Katastrophen, Vernichtung und Zerstörung. Denn die religiösen Ausdrucksformen verweisen nicht nur darauf, dass Lebensvollzüge in einer vertrauensvollen Beziehung zu Gott gründen können, sondern auch auf Spannungen, Widersprüche und Brüche, die grundlegende Krisen des Glaubens anzeigen. Solche Krisen haben schon in den biblischen Zeugnissen ihre Spuren hinterlassen. In der Gegenwart bündeln sie sich in der Theodizee-Frage bzw. in der Frage, ob nach Auschwitz überhaupt noch von Gott geredet werden könne.«

Der Beitrag zum Christentum entspricht ganz diesem Ansatz (SH S. 34f.). Der Themenblock erweitert jedoch diese christliche Sicht durch die Dimension »Religionen«. Es fördert damit im Einzelnen die
- Wahrnehmungs- und Darstellungsfähigkeit (S. 32–39): Situationen erfassen, in denen letzte Fragen nach Grund, Sinn, Ziel und Verantwortung des Lebens aufbrechen;
- Deutungsfähigkeit (S. 32–38): religiöse Sprachformen analysieren und als Ausdruck existentieller Erfahrungen verstehen; Glaubenszeugnisse in Beziehung zum eigenen Leben und zur gesellschaftlichen Wirklichkeit setzen und deren Bedeutung aufweisen;
- Dialogfähigkeit (S. 32–33; 36–39): sich aus der Perspektive des christlichen Glaubens mit anderen religiösen und weltanschaulichen Überzeugungen argumentativ auseinandersetzen.

III. Hinweise zu den Medien

Kap. 18 Judentum: Leben wie Hiob

SH Seite	Medien	Thematisches Stichwort	Biblische Referenztexte	Weitere Informationen
33	Bild S. 33: Tomi Ungerer, 2004, Judentransport	Das Thema: Die Schoa 1938–1945		Vorwissen der Klasse; evtl. Recherche
32	Margarete Susman, 1946, Das Buch Hiob und das Schicksal des jüdischen Volkes	Israel zwischen Bund (Abraham) und Verstoßung. Immer neue Fragen (wie Hiob): – Der verlorene Zug von Leid und Schuld. – Göttliche und menschliche Gerechtigkeit sind Auseinandergebrochen.	Gen 17,1–8 Jer 31 Jes 52,13–53,12 Hiob	Einführung zur jüdischen Theologie nach der Schoa und zum Buch Hiob. M 23: Fragen und Antworten im Buch Hiob.
33	Zvi Kolitz, 1946, Wos noch?	»Es ist keine Frage von Sünde und Strafe ...« »Wenn du dein Gesicht verhüllst ...«	Jes 52,13–53,12 Jes 54,6ff. Ps 30,8; 89,47	M 24: Theologie der Schoa nach 1970: »Kiddusch Haschem«; »Geburtswehen des Messias«; »Wiedergeburt Israels«.

Die Schoa im Unterricht

Die Schoa wird meist geschichtlich behandelt – auch im RU –, und wenn theologisch, dann eher unter ethischen Aspekten wie »Erinnerungskultur«, bzw. Schuld und Verantwortung. Hier geht es um zentrale Fragen des Glaubens. Dabei versucht Margarete Susman, das Schicksal des jüdischen Volkes vor dem Hintergrund von Hiob zu verstehen, und hinterfragt die herkömmliche Vorstellung von Gottes Gerechtigkeit. Wie Susman weist auch Zvi Kolitz: Wos noch? Grenzen der Terminologie »Schuld – Strafe« auf. Er spricht stattdessen vom verborgenen Gott. Tomi Ungerer erinnert in seiner Buchillustration zu Zvi Kolitz an das Grauen der Schoa.

Die Texte enthalten eine Reihe von Anspielungen auf biblische Texte. Die wichtigsten Referenztexte sollten im RU mit verwendet werden.

Jüdische Theologie nach der Schoa

Die beiden Texte SH S. 32f. stammen aus dem Jahr 1946. Eine spezifische Theologie des Holocaust entwickelte sich erst in den siebziger Jahren des 20. Jahrhunderts. Norman Solomon, Fellow am Oxford Centre for Hebrew and Jewish Studies, nennt im Einzelnen u. a. folgende Positionen (nach: N. Solomon, Judentum. Eine kurze Einführung, Stuttgart 2004, S. 133ff.).

– Das Prinzip des *Kiddusch Haschem* (Heiligung des Namens Gottes; s. Achtzehn-Bitten-Gebet) verpflichtet jeden Juden, eher sein Leben zu opfern als an einem Mord, einer unmoralischen Handlung oder einem Götzenkult teilzunehmen. Viele Juden betraten die Gaskammern mit dem *Ani Ma'amin* (Glaubensbekenntnis des Maimonides) oder dem *Sch'ma Israel* (5. Mose 6,4–9: »Gott ist einzig, und Israel soll ihn lieben und seinen Geboten gehorchen«) auf den Lippen. Was geschah, ging über ihr Verständnis, doch ihr Glaube triumphierte über das Böse, und sie waren bereit, in der überlieferten Form »den Namen Gottes zu heiligen« – *Kiddusch Haschem*. Noch im Abgrund der Vernichtung priesen sie Gottes Liebe.

– Der Glaube an ein Leben nach dem Tod. Dieser Glaube, gleichgültig ob als physische Auferstehung, als ewiges Leben des Geistes oder als irgendeine Kombination beider verstanden, ist nach wie vor zentral in der orthodoxen Lehre. Manche Juden, vielleicht beeinflusst von der Kabbala, haben zum Reinkarnationsgedanken gegriffen, um das Leiden offensichtlich Unschuldiger, etwa von Kindern, zu erklären.

– Einige sehen im Holocaust das gerechte Urteil Gottes über Israels Verrat am Bund der Tora, wie er sich im Abfall vom Glauben, in der Assimilation und Reformbewegung zeige. Die meisten Juden halten derlei Überlegungen für eine Beleidigung sowohl der Toten wie der Überlebenden.

– Richard Rubenstein zog aus Reflexionen über die Schoa den Schluss, dass die traditionelle Vorstellung von Gott als dem »Herrn der Geschichte« unhaltbar sei: Gott habe einfach nicht eingegriffen, um seine Getreuen zu retten. Wiewohl er den Vorwurf des Atheismus zurückweist, fordert er Christen wie Juden nachdrücklich auf, sich nichttheistische, auf heidnischen oder asiatischen Vorbildern basierende Religionsformen zueigen zu machen, und entdeckt in der Symbolik des Tempelopfers reiche spirituelle Anregungen.

– Emil Fackenheim gründet seine Theologie auf den faktischen Widerstand der Opfer der Schoah. Eine Wiederherstellung Israels ist nach dem Holocaust möglich. Wesentlich für diesen Prozess sei ›die Wiederherstellung Israels‹ (vgl. Jer 33) und ein neuer konstruktiver Dialog mit einem selbstkritischen Christentum. Bekannt wurde Fackenheim auch durch seine Forderung, es sollte zusätzlich zu den 613 Geboten der Tradition ein 614. geben: zu überleben als Juden, uns zu erinnern, nie an Gott zu verzweifeln, damit wir Hitler nicht doch noch postum den Sieg überlassen.

C. Kayales nennt in ihrem Buch »Was jeder vom Judentum wissen muss« noch folgende Aspekte:
– Blumenthal, der viele Jahre mit sexuell missbrauchten Menschen gearbeitet hat, entdeckte viele Parallelen zwischen Opfern sexuellen Missbrauchs und Opfern des Holocaust. Die Unschuld der Opfer macht den Holocaust zum Missbrauch. Weil Blumenthal am persönlichen Gottesbild festhalten will, folgert er: Gott hat sie missbraucht. Er argumentiert dabei mit Anklagen der Psalmen wie »Du gibst uns dahin wie Schlachtschafe und zerstreust uns unter die Heiden« (Ps 44,12f.). Die Psalmen sind darum eine Sprachhilfe des Glaubens.
– Elie Wiesel, der als Kind die Vernichtungslager überlebt hat, sagt: »Es kann keine Theologie nach Auschwitz geben ... was immer wir sagen, ist unangemessen.« Er wurde zum charismatischen Erzähler chassidischer Frömmigkeit:
»Im Königreich der Nacht nahm ich an einem sehr merkwürdigen Prozess teil. Drei fromme und gelehrte Rabbiner hatten beschlossen, über Gott zu Gericht zu sitzen wegen des Blutbades an unseren Kindern. Sie erhoben Anklage, Gott habe sein Volk vergessen, den Bund gebrochen. Er wurde schuldig gesprochen. Dann sagte einer der Rabbiner angesichts der untergehenden Sonne: Es ist Zeit zum Beten. Und sie senkten ihre Köpfe und beteten.«
Eine Gruppe von Juden im Vernichtungslager versammelt sich zum Gebet. Sagt einer: »Pst! Betet nicht so laut, Gott hört sonst, dass es noch Juden gibt, die leben!« (Kayales, S. 103ff.)

Zum Buch Hiob und zur Frage der Gerechtigkeit Gottes
Die Arbeit am Text von Susman setzt die Kenntnis des Hiob-Buches voraus:
»Das Hiobbuch entstand zwischen dem 5. u. 3. Jh. v. Chr. Es gehört im Kontext seiner Parallelen zur ›Auseinandersetzungsliteratur‹, in der der herkömmliche Tun-Ergehen-Zusammenhang ad absurdum geführt und eine neue theologische Perspektive aufgetan werden soll. »In der Diskussion der Rabbinen über die Entstehung des Hiobbuches, die im Traktat Baba batra des Bab. Talmud (15aff.) überliefert ist, nennt ein Gelehrtenschüler das Hiobbuch einen *masal*, d. h. etwa: ein Gleichnis, eine Erzählung, Dichtung. Er vergleicht den Realitätsgehalt der Geschichte mit dem der Erzählung des Propheten Natan von dem Armen, der nur ein Lamm besaß und dem der Reiche dieses eine nahm (2. Sam 12,1–4). Sowenig es den Armen und sein Schaf in der Realität gegeben habe, sowenig habe Hiob real existiert. [...] Wenn die Geschichte Hiobs mit dieser Analogie als ›Gleichnis‹ bezeichnet wird, so geht es um den Realitätsgehalt fiktionaler Literatur, der sich nicht daran misst, ob die geschilderten Personen tatsächlich gelebt haben und die erzählten Geschichten tatsächlich passiert sind, sondern daran, ob und inwieweit so – und womöglich so allein – Wirklichkeit zu erfassen, zu beschreiben, zu deuten ist« (J. Ebach, Streiten mit Gott. Hiob, 1996, S. IXf.).
Die Hioberzählung ist also ein »masal«, ein Gleichnis der Weisheitsliteratur zur Frage nach einer neuen Deutung des Leidens. Dabei wird die traditionelle Logik des ›do ut des‹ (kausaler Tun-Ergehen-Zusammenhang) abgelöst durch eine neue Perspektive.

S. 32 Margarete Susman, Das Buch Hiob und das Schicksal des jüdischen Volkes

In der jüdischen Auslegungstradition werden die biblischen Gestalten des Jeremia und Hiob zum Gleichnis für die Schoa. Susman geht es dabei vor allem um die Frage, ob Israel verstoßen wurde, ob es sich um eine Strafe handelt und wie die Gerechtigkeit Gottes mit der menschlichen Vorstellung zusammengeht. Sie lässt dabei den zweiten Teil des Buches Hiob außer Acht. Dieser ist wichtig, nicht wegen des happy end, sondern weil der Begriff der Gerechtigkeit eine neue Deutung erfährt. Das Buch Hiob gehört zur Auseinandersetzungsliteratur des alten Orients, welche den überkommenen Gerechtigkeitsbegriff, der auf der do-ut-des-Formel beruht, zu überwinden sucht. Hiob ist nicht nur Symbolgestalt des großen Leidenden und Dulders, sondern des Frommen, der mit Gott streitet, sich von Gott als dem Gerechten nicht abbringen lässt und dessen Erkenntnis in einer neuen Weltsicht mündet, die sich eben nicht dem Muster einer menschlich gedachten Gerechtigkeit fügt. Diese exegetische Erkenntnis zum Buch Hiob formuliert M. Susman aus der existentiellen Not und Ratlosigkeit der Überlebenden heraus: »Bei Hiob, im Exil, in der Schoa sind göttliche und menschliche Gerechtigkeit auseinandergebrochen« (SH S. 33).

S. 33 Zvi Kolitz, Wos noch?

»Ich glaube an die Sonne, auch wenn sie nicht scheint. Ich glaube an die Liebe, auch wenn ich sie nicht fühle. Ich glaube an Gott, auch wenn er schweigt.« – Im Unterschied zu ›Jossel Rakovers Testament‹ ist die Aufschrift auf der Wand eines Kellers in Köln, wo sich einige Juden während des Krieges versteckt hatten, echt. Der Text SH S. 33 enthält zwei wesentliche Aussagen jüdischer Theologen nach der Schoa, das Motiv vom ›verborgenen Gott‹ (Hiob 13,24; Ps 30,8; 89,47; Jes 54,8; 45,15), welches auch die obige Aufschrift aus Köln formuliert und den Zweifel an der Terminologie ›Schuld – Strafe‹.
Jossel Rakover ist eine literarische Figur von Zvi Kolitz, wie sich erst spät herausgestellt hat. ›Jossel Rakovers Wendung zu Gott‹ erschien erstmals 1946 in »Die Jiddische Zeitung«, Buenos Aires. Zvi Kolitz (geb. 1912 in

E: Schicksal – Leiden – Freiheit

Litauen – gest. 2002 in New York), Sohn eines berühmten Rabbiners, verließ 1937 seine Familie auf dem Weg nach Palästina. Er arbeitete als Journalist in vielen Ländern und engagierte sich u. a. als Abgesandter des jüdischen Weltkongresses.

Kap. 19/20 S. 34–37 Christliche und buddhistische Deutungen des Tsunami

An den christlichen und buddhistischen Deutungen des Tsunami lassen sich zwei konträre Deutungsmodelle des Schicksals, des Leidens und der menschlichen Freiheit studieren. Für das Christentum gilt wohl – ähnlich wie für die jüdische Theologie nach der Schoa: »Seit dem 20. Jahrhundert ... [ist] das Böse auf keinen heilsgeschichtlichen Nenner mehr zu bringen ... [ist] die Theodizee heimatlos geworden« (A. Kissler, SH S. 35).
Für den Buddhismus ist die Karma-Logik das Prinzip, mit dem menschliche Schuld und schicksalhafte Katastrophen erklärt werden können. Der Artikel von Lionel Wijesiri und der Zusatztext von Michael von Brück erläutern diese ›Karmalogik‹ (LH zu Kap. 20 in deutscher Übersetzung; **M 15** M. v. Brück, »Karma und Schicksal«).
Während das Karma-Prinzip in kausal-schicksalhaften Zusammenhängen denkt, bietet der Artikel von Bischof Wolfgang Huber finale Lösungsmodelle an, welche einem positiven Gottesbild verpflichtet sind (**M 28** Huber, Weihnachtspredigt). Das Rad der Lehre weist dem Einsichtigen Auswege aus dem Bösen, welches in der Gier, der Verwirrung und dem Hass wurzelt (SH S. 37).

S. 34–35 Kap. 19 Christentum: Warum? Wozu? Fragen und Antworten

S. 34 Wolfgang Huber, Wie konnte Gott das zulassen?
Wolfgang Huber (geboren 1942) war von 2003 bis 2009 Vorsitzender des Rates der Evangelischen Kirche in Deutschland (EKD). 1968–1980 Mitarbeiter und stellvertretender Leiter der Forschungsstätte der Evangelischen Studiengemeinschaft in Heidelberg. 1980–1984 Professor für Sozialethik in Marburg. 1984–1994 Professor für Systematische Theologie in Heidelberg. Seit 1994 Bischof der Evangelischen Kirche in Berlin-Brandenburg.

Der Text gibt die wesentlichen Gedanken wieder, welche Huber bei vielen Gelegenheiten damals äußerte.
Die Texte S. 19 und 20 und die Predigt, die Bischof W. Huber im Januar 2005 im ZDF-Gottesdienst gehalten hat, enthalten einige typische christliche Positionen in dem Versuch, die klassische Deutung der Theodizee zu umgehen (Erdbeben von Lissabon und die theologische Bemerkung Goethes). Besonders sein Rückgriff auf die Sintflut und das gleichzeitige Ausblenden des Bösen und des Strafmotivs aus dem Gottesbild sollten zur Diskussion gestellt werden.

S. 36–37 Kap. 20 Buddhismus: Das Karma

S. 36 Lionel Wijesiri, Karma und Katastrophe
Es bietet sich an, den Text anhand der deutschen Übersetzung zu erschließen (**M 16** Lionel Wijesiri, Karma und Katastrophe. Zum Tsunami 2004).
Die Informationen zum Karma-Begriff und zum Rad der Lehre erleichtern das inhaltliche Verständnis. (SH Kap. 2; **M 12** Thich Nhat Hanh, Der alte Pfad; **M 14** Axel Michaels, Das Leid des Entstehens und Vergehens)

S. 37 Buddhistisches Lebensrad
Das Bild zeigt drei Bereiche:
1. den Außenbereich,
2. das Rad mit drei Ringen und vielen Segmenten,
3. die Radmitte mit dem Kernbereich, den Wurzeln allen Übels und der Radnabe

Im Außenbereich ist zu sehen:
– *Der erwachte Mensch (›buddha‹):* Buddha steht außerhalb des Lebensrads. Er verweist auf eine buddh. Rede. Oft erscheint hier das achtspeichige Rad der Lehre ›Dharma-Chakra‹ für den achtfachen Pfad der Befreiung.
– *Yama, der Tod:* Der Tod hält den Daseinskreislauf im Griff. Alles ist im Fluss, alles ist vergänglich, dem Tod unterworfen.

Das Rad ist unterteilt in den
– *Außenring:* 12 Symbole: 12 Glieder des abhängigen Entstehens. Sie stehen für unbewusste Verstrickungen in Angst, Stress und Leid.
– *Hauptbereich:* 6 Segmente: 6 jenseitige Existenzformen und diesseitige Bewusstseinsqualitäten im Kreislauf der Wiedergeburten (›Samsara‹). Glückvoll sind Götter, Titanen und Menschen. Leidvoll aber sind Tiere, hungrige Geister, Höllenwesen.
– *Innenring:* Karma bestimmt Glück und Leid. Die vier Wohnstätten der Götter stehen für höchstes Glück, Liebe, Mitgefühl und Mitfreude in Gleichmut.

Die Radmitte bilden
– *Radmitte:* 3 Wurzeln des Unheilsamen, die Zwänge: Gier / Hahn – Verwirrung / Schwein – Hass / Schlange.
– *Radnabe:* Sie fehlt, weil *Samsara* sich um einen vorgestellten Kern dreht, nämlich die Leerheit der Daseinsmerkmale.

Zur Veranschaulichung der Doppelseite empfiehlt sich der mehrfach ausgezeichnete Film von Kim Ki-Duk: Frühling, Sommer, Herbst, Winter ... und Frühling, 2004 (98 Min.). Der Film ist eine gute Möglichkeit, Grundgedanken des Buddhismus zu erschließen. Er zeigt in 5 Episoden den schmerzhaften Reifeprozess eines Menschen quasi in der Laborsituation auf einem schwimmenden Tempel im Jusan See. Wir sehen zunächst einen kleinen Jungen als Novizen, der mit seinem Meister allein lebt. Der Novize durchlebt fünf Altersphasen, um u. a. folgende Lebensaufgaben zu bewältigen: die Achtsamkeit gegen die Natur, die Beherrschung der Leidenschaften, die Leiden des Verhaftetseins (»attachment«, vgl. SH S. 36), die Befreiung von der Last, die Erkenntnis des höchsten Gutes, die Lehre der Weisheit. Der Film ist somit eine Parabel über die Vorstellung von Samsara, dem Kreislauf der Wiedergeburt und der Befreiung vom Leiden. Dabei illustriert er mit Tiersymbolen die drei Wurzeln des Leidens: Gier, Hass und Verwirrung, die auch die Mitte des tibet. Lebensrades SH S. 37 bilden.

Im Film steht der Hahn für die erotische Liebe, die Verblendung und Hass zur Folge hat. Die Schlange steht nicht nur für den Hass, sondern wohl auch für die Weisheit des Meisters. Sie kriecht nach dessen Selbsttötung auf den Altar. Ein anderes Symbol ist der Stein. Steht er für das Leiden? Der Junge bindet die Tiere an Steine, quält sie. Der Meister bindet den Stein auf den Jungen und belehrt ihn: »Wenn eines der Tiere stirbt, wirst du ein Leben lang den Stein auf dem Herzen tragen.« Als Erwachsener bindet er den Stein mit einer Leine an sich, erinnert in seinem Leid an die Tiere, denen er Leiden zugefügt hatte. Als er auf dem Berggipfel angekommen ist, betet er und setzt die Statue eines Buddha Maitreya (sanskr. ›der Liebende‹) – der 5. und letzte Buddha – auf den Fels. Man mag sich an den Sisyphus-Mythos erinnern, der eine ganz andere Deutung enthält. Der Mönch hat für sich das Leiden überwunden und Erleuchtung erlangt, auch wenn der Kreislauf des Lebens weitergeht, das Rad Samsara sich ewig weiter dreht.

»Frühling, Sommer, Herbst, Winter ... und Frühling« (Erschließungshilfe)

Lebenszeit, Aufgabe	Novize	Meister	Symbole
Frühling: Kindheit, Achtsamkeit	Junge quält Tiere	»Wenn eines stirbt, wirst du dein Leben lang diesen Stein auf deinem Herzen tragen.«	Fisch, Frosch, Schlange. Stein, Fessel
Sommer: Jugend	Der Jüngling verliebt sich in ein Mädchen: »Ich werde verrückt, wenn ich dich nicht habe« – verlässt die Insel	»Aus Begierde entsteht Abhängigkeit, und daraus erwachen Mordgedanken.«	Hahn
Herbst: Erwachsen	Er kehrt als Erwachsener zurück; er hat das Mädchen umgebracht; spirituelle (Meister, Sutra) und bürgerliche (Polizei) Wege aus der Abhängigkeit vom Hass	»Was dir gefällt, gefällt auch anderen.« »Das Leben ist so – da heißt es loszulassen!« »Der Text aus dem Diamant-Sutra heilt die Seele – Tod des Meisters. Weltliche Strafe.	Messer (Mordwaffe); Stockschläge; Strafe. Diamant-Sutra (die Leere aller Erscheinungen) einritzen, die Wut aus deinem Herzen herausschneiden
Winter: Alter	Der Novize wird zum Meister	Eine vermummte Mutter bringt ihr kleines Kind zum Meister, ertrinkt.	Stein, Berg, Statue des Buddha Maitreya
... und Frühling: Kindheit		Der junge Schüler quält begeistert eine Schildkröte ...	

Kap. 21 S. 38–39 Islam: Angst und Mut

Das Kapitel thematisiert folgende Aspekte des Themenblocks:

Thema	Stichworte auf S. 38–39	Weitere Medien
Schicksal	Zwei Hadithe: Vorherbestimmung. N.H. Abu Zaid: Mein Glaube hat mich geführt.	Einführung: theolog. Richtungen. Film »Paradise now«: Junge Menschen im Dilemma des polit.-religiösen Schicksals.
Leiden	N.H. Abu Zaid: Leid als persönliches Schicksal; Glaube an die Erlösung. M. Atta: Leid als »ewige Gnade für die Märtyrer«.	SH S. 54f.: Dschihad; der Weg der Toten, das Paradies. Film »Paradise now«: Selbstmordattentat.
Freiheit	M. Atta: »unbedingter Gehorsam. N.H. Abu Zaid: »Gott hat uns nicht gemacht, um uns zu quälen«.	N.H. Abu Zaid: Der Islam wurde schon immer instrumentalisiert. Film »Paradise now«: Entscheidungen.

S. 38 Nasr Hamid Abu Zaid, Ich hatte nie Angst
Der Text ist Teil eines Interviews mit Navid Kermani aus dem gleichnamigen Buch, in dem es um die tödliche Bedrohung des Autors durch Islamisten geht. Die Aussage »Ich hatte nie Angst« muss also ergänzt werden: »... vor einem gewaltsamen Tod durch Fundamentalisten«.

Nasr Hamid Abu Zaid steht für eine historisch-kritische Auslegung des Koran und die Anfeindung dieser »westlichen« Position durch den islam. Fundamentalismus. Der hermeneutisch geschulte Literaturwissenschaftler hinterfragt den religiösen Text Koran nach den Bedingungen und Möglichkeiten seiner Rezeption:
»*Die Botschaft des Islam wäre vollkommen folgenlos geblieben, hätten die Menschen, die sie als erste empfingen, sie nicht verstehen können. Sie verstanden den Islam in ihren Lebensumständen, und durch ihr Verständnis und ihre Anwendung des Islam veränderte sich ihre Gesellschaft. Man sollte die Auffassung der ersten Generation von Muslimen und der folgenden Generationen aber keineswegs für endgültig oder absolut halten. Der Text des Koran gestattet einen endlosen Decodierungsprozess. In diesem Prozess sollte die ursprüngliche Bedeutung nicht ignoriert oder vereinfacht werden, weil diese Bedeutung entscheidend dafür ist, die Richtung der weiteren Deutung des Textes aufzuzeigen. Wenn man die Richtung hat, ist es viel leichter, sich auf den Sinn des Textes im heutigen soziokulturellen Kontext hinzubewegen. ... So paradox es klingen mag: Gerade wenn die Botschaft des Islam für die gesamte Menschheit unabhängig von Zeit und Ort gültig sein soll, ist eine Vielfalt der Interpretation unvermeidlich. Wenn der Text auch ein historisches Faktum von göttlichem Ursprung ist, so ist seine Interpretation doch absolut menschlich.*« (Nasr Hamid Abu Zaid: Spricht Gott nur Arabisch? In: Die Zeit Nr. 5/2003).

In den Augen seiner Gegner besteht das Sakrileg Abu Zaids darin, den heiligen Text als lebendigen religiösen und spirituellen Text, aber eben als Text ernst zu nehmen und sich zu weigern, der Reduktion auf ein nicht zu hinterfragendes Handbuch für Politik und Gesellschaft beizustimmen.

»*Der Koran ist eine religiöse Autorität, aber nicht der Bezugsrahmen etwa für die Erkenntnisse der Geschichte oder der Physik. Doch verstärkt sich heute die Tendenz zu meinen, der Koran enthalte bereits alle Wahrheiten, die die Vernunft je erkannt hat oder erkennen wird. Das ist gefährlich – gefährlich für die Vernunft und das Bewusstsein der Muslime –, denn es führt zu zweierlei: zum einem wird die Bedeutung der menschlichen Vernunft herabgesetzt und damit die Rückständigkeit zementiert, und zum anderen verwandelt sich der Koran aus einem Offenbarungstext in einen politischen, wirtschaftlichen oder juristischen Traktat. Dadurch aber verliert der Koran etwas Wesentliches, nämlich seine spezifisch religiöse, spirituelle und in einem allgemeinen Sinne ethische Dimension.*« (Nasr Hamid Abu Zaid, Ein Leben mit dem Islam, S. 49f.)

Nasr Hamid Abu Zaid wehrt sich dagegen, dass in der Islamdebatte der Islam oft als unvereinbar mit dem Westen dargestellt wird.

»*Ost und West sind abstrakte Begriffe unserer Imagination. Im Laufe der Geschichte haben sich beide gegenseitig durchdrungen, ergänzt und auch bekämpft. An dem Beispiel meiner Person mache ich gern deutlich, was ich unter solch einer konstruierten Identität verstehe: Meine Herkunft als ägyptischer Araber und Muslim bedeutet, dass ich vielerlei kulturelle Elemente im Blut habe – pharaonische, griechische, römische und koptische ebenso wie arabische und islamische. Ich habe in den USA und in Japan studiert und gelehrt, während ich jetzt in Europa lebe. Und wer bin ich nun? Ist meine Identität östlich oder westlich geprägt? Ich plädiere dafür, den Begriff ›Identität‹ von seiner simplen, eindimensionalen Etikettierung wie etwa ›europäisch‹ oder ›muslimisch‹ zu befreien und ihn durch eine komplexere Vorstellung von*

Identität zu ersetzen.« (N.H. Abu Zaid, Ein Leben mit dem Islam, S. 51f.)

S. 39 Die »Geistliche Anleitung« der Attentäter des 11. September

Dieser Text spiegelt und dokumentiert die Angst, von der Nasr Hamid Abu Zaid spricht und den terroristischen Fundamentalismus, gegen den er argumentiert. Der Text selber soll zusammen mit dem Gebet auf S. 55 gelesen werden. Gedankliche Hintergründe zum Dschihad und zum Lohn der Märtyrer finden sich auf S. 54 und der fundamentalistischen Auslegung der Suren 8, 9 und 56. Die Islamische Charta (S. 55) bietet einige konträre Positionen an. Eine theologische Reflexion des fundamentalistischen Ansatzes liefert Nasr Hamid Abu Zaid in seinem Beitrag »Spricht Gott nur Arabisch?«

Es bietet sich an, den Text im Zusammenhang mit dem Bild S. 39 und dem Film »Paradise Now« zu behandeln (**M 35**).

S. 39 Szene aus dem Film Paradise now

Der Titel »Paradise Now« lässt sich als Anspielung auf den Antikriegsfilm Francis Ford Coppolas: »Apocalypse Now«, verstehen. Auch in Hany Abu Assads Drama werden Menschen auf eine Mission geschickt, welche – je nach Standpunkt – als sinnloses ›Himmelfahrtskommando‹ oder als Eintritt ins Paradies verstanden werden kann.

Khaled und Saïd sind seit ihrer Kindheit gute Freunde. Khaled ist ein eher sorgloser, extrovertierter und fröhlicher Charakter, über dessen Werdegang zum Selbstmordattentäter der Film wenig verrät. Der in einem Flüchtlingslager geborene Saïd ist sein genaues Gegenteil. Er leidet darunter, dass sein Vater mit den Israelis zusammengearbeitet hat und als Kollaborateur von den eigenen Landsleuten umgebracht wurde. Hat sich Saïd aus diesem Grund den Mördern seines Vaters als Selbstmordattentäter zur Verfügung gestellt? Nur seine beginnende Liebe zu Suha, einer jungen Frau, der er am Tag vor dem Attentat zum ersten Mal begegnet, könnte ihn vielleicht doch noch aufhalten. Suha ist die Tochter eines verehrten »Märtyrers«. Sie hat lange Zeit in Frankreich gelebt und dort studiert. Sie ist entsetzt über den alltäglichen Wahnsinn in ihrer Heimat – beispielsweise über den gut gehenden Verkauf von Videos, die die Hinrichtung von »Kollaborateuren« zeigen – und lehnt den gewaltsamen Kampf gegen Israel ab. Der Anschlag von Khaled und Saïd misslingt zunächst und Khaled und Saïd überdenken ihr Vorhaben mit unterschiedlichem Resultat ...

Der Regisseur Hany Abu Assad berichtet, er habe Befragungsprotokolle von Attentätern gelesen, deren Aktionen gescheitert sind, habe mit deren Familienangehörigen und Freunden gesprochen und die offizielle Berichterstattung zu den Fällen verfolgt. Es sei ihm ein persönliches Anliegen gewesen zu erfahren, wie sich diese Männer vor ihren Familien und vor dem eigenen Gewissen rechtfertigen. Während seiner Nachforschungen habe er gelernt, dass es sich bei den meisten Selbstmordattentätern nicht um fanatische Aktivisten, sondern um gewöhnliche Männer handelt, liebevolle Familienväter und Ehemänner. Gegen die Vorwürfe einiger Kritiker, »Paradise Now« entschuldige die barbarischen Verbrechen der Selbstmordattentäter, wehrt sich Regisseur Assad: Sein Film zeigt die Palästinenser nicht nur als Opfer, sondern auch und vor allem als Täter. Die heroischen Vergeltungsreden entlarvt Assad als hohle Phrasen. Ziel seines Films sei es, den Zuschauer zum Nachdenken zu bringen und Diskussionen anzuregen.

Die Filmcrew war während ihrer Dreharbeiten an den Originalschauplätzen von April bis Juni 2004 auch mit Schwierigkeiten verschiedener Art konfrontiert. Schießereien und israelische Raketenangriffe haben zu wiederholten Unterbrechungen geführt und veranlassten schließlich Mitglieder der Crew, den Drehort vorzeitig zu verlassen. Auch eine Fraktion palästinensischer Hardliner habe an einem Drehtag die Crew mit vorgehaltenen Waffen dazu aufgefordert, die Arbeiten zu beenden, da der Film ihrer Meinung nach die Selbstmordattentäter in keinem guten Licht erscheinen ließe.

Paradise Now wurde u. a. mit Golden Globes 2006 als offizieller palästinensischer Beitrag mit dem Preis für den besten fremdsprachigen Film auf der Berlinale im Jahr 2005 und mit dem Filmpreis von Amnesty International ausgezeichnet.

IV. Methodische Hinweise

Zum Thema des ganzen Themenblocks

Einstieg
- UG / Tafelarbeit: »Warum leide ich?« Wir fragen nach Gott, dem Schicksal, den unsichtbaren Kräften, welche das Geschick beeinflussen könnten, und nach der Freiheit des Menschen.
- Beispiele aus der Zeitgeschichte – Beispiele aus den Religionen, unterschiedliche Aussagen klingen an in den Bildern des Kapitels.

Erarbeitung
- PA arbeitsteilig: »Welche Szenen, welche Fragen erkennen Sie in den Bildern des Kapitels?« Stichwortsammlung (Kärtchen), Mind-Map.
- UG:
  1. Tafelarbeit: Bildszenen, Fragen.
  2. Lektüre der Einführung zum Themenblock SH S. 32 oben.
  3. LV zu Leibniz / »Theodizee« (vgl. SH S. 34), Gottesbild: Schöpfer und Lenker (creatio continua).
  4. Themenplan der UE: evtl. arbeitsteilige Erarbeitung der Beiträge aus vier Religionen.

Aufgabe:
Erklären Sie folgende Begriffe: »Theodizee«, Schicksal, Leiden, Freiheit, Holocaust, Schoa.

E: Schicksal – Leiden – Freiheit

Holocaust: Das engl. Wort Holocaust für die systematische Vernichtung von Juden durch die Nationalsozialisten wurde von Elie Wiesel eingeführt und bedeutet »Ganzopfer« (Lev 1). Ein Vergleich des Massenmords mit dem biblischen Opfer ist unpassend. Darum verwendet man besser das neuhebräische, in Israel gebräuchliche Wort Schoa (»Vernichtung, Katastrophe«).

S. 32–33 Kap. 18 Judentum: Leben wie Hiob

Einstieg

– Bildbetrachtung: Tomi Ungerer, Judentransport, S. 33.
– LV: **M 23** Elie Wiesel, Wie Hiob (vgl. auch Nelly Sachs, Chor der Geretteten, oder Paul Celan, Todesfuge, z. B. in: Roland Gradwohl u. a., Grundkurs Judentum, V 27, V 18).

Erarbeitung der theologischen Deutungsversuche

Zvi Kolitz: Wos noch?, SH S. 33:
– Einführung: Jossel Rakovers Testament: »Ich, Jossel, der Sohn David Rakovers aus Tarnopol ...« (Warschau, den 28. April 1943) aus: Zvi Kolitz, Jossel Rakovers Wendung zu Gott, S. 11ff. Zur Authentizität der Texte, s. o.
– UG: Vorwissen der Klasse zur Schoa.
– PA

Aufgaben:
1. Nehmen Sie Stellung zu der Aussage: »Gibt es irgendeine Sünde auf der Welt, die eine solche Strafe [wie die der Schoa] verdient, wie wir sie bekommen haben?« und erläutern Sie weitere Versuche jüdischer Theologen, das Handeln Gottes bzw. das Gottesbild nach der Schoa theologisch zu interpretieren.
2. Nennen Sie einige Aussagen christlicher Theologen zur »Gottesfrage nach Auschwitz«.

M. Susman: Das Buch Hiob und das Schicksal des jüdischen Volkes, SH S. 32f.
– Vorinformation über die zeitlichen Epochen, auf die Susman anspielt.
– Fragen zum Text:
  1. Erläutern Sie die These: »Das Schicksal des jüdischen Volkes zeichnet sich rein im Lebenslauf Hiobs ab«.
  2. Was bedeutet der Begriff »der Gerechte« im Judentum?
  3. Welcher Gerechtigkeitsbegriff wird im Buch Hiob verhandelt?
  4. Erläutern Sie die These von Jürgen Ebach: »Hiob hat nie gelebt, das Buch Hiob ist ein ›masal‹ (hebr.: Gleichnis)«.
  5. Begründen Sie die Behauptung: »Bei Hiob, im Exil, in der Schoa sind göttliche und menschliche Gerechtigkeit auseinander gebrochen.«
  6. Textanalyse.

Vertiefung, Erweiterung: Biblische Referenztexte
In vier Gruppen werden die wichtigsten Textaussagen von M. Susman und Zvi Kolitz mit ihren bibl. Referenztexten erschlossen:
1. Verheißung und Bund (Gen 17) und Erneuerung des Bundes (Jer 31).
2. Verachtung und Verstoßung Israels durch Gott. Sünde und Strafe (Jes 52,13–53,12).
3. Der verborgene Gott (Jes 54,6ff.; Ps 30,8; 89,47; Aufschrift aus Köln, s. o.).
4. Leben wie Hiob (**M 23** zu Kap. 18 – Hiob).

Leben wie Hiob. Das Buch Hiob als Gleichnis für die Theodizeefrage
1. Worin besteht die Wahrheit des Hiobbuches? »Hiob hat nie gelebt!« Das Buch Hiob ist nach jüdischer Auslegung ein Gleichnis, ein »masal« – wie das Gleichnis von Nathan in 2. Sam 12. Es dient dazu, der Wahrheit ins Auge zu schauen (Jürgen Ebach).
2. Welcher Gerechtigkeitsbegriff wird im Buch Hiob diskutiert? (Hinterfragung des »do ut des«-Begriffs der alten Opferpraxis).
3. Welche Antworten geben die Freunde Hiobs, was antwortet Gott und welche Antwort gibt Hiob selber?
4. Warum zitiert Margarete Susman nur den ersten Teil des Hiobbuches?
5. Diskutieren Sie die Formulierung Martin Luthers zu Hiob: »*Summa: Gott kann nicht Gott sein, er muss zuvor ein Teufel werden. Ich muss dem Teufel ein Stündlein die Gottheit gönnen und unserm Gott die Teufelheit zuschreiben.*«

S. 34–37 Kap. 19 und 20 Christliche und buddhistische Deutungen des Tsunami

Einstieg
Bildbetrachtung des Fotos von Arko Datta S. 35.

Arbeitsauftrag:
1. Betrachten Sie die Körperhaltung der Frau (am Boden, wie tot, betend) und ihre Hände (leer, verdreht, starr, wie tot, bittend nach oben geöffnet).
2. Was sagt dieses Bild über den Tsunami aus?
3. Stellen Sie Infos, Bilder, Karten, Fakten zum Tsunami 2004 zusammen.

Erarbeitung der zentralen Texte
Wolfgang Huber: Wie konnte Gott das zulassen? S. 34
Vgl. auch **M 28** Wolfgang Huber, Ein Schrei geht durch die Schöpfung.

Arbeitsauftrag:
1. Fassen Sie den Text in Thesen zusammen und formulieren Sie zu jeder These eine eigene Aussage – zustimmend, kritisch, fragend ...
2. Wie beurteilen Sie Hubers Vergleich des Tsunami mit der Sintflut?
3. Nehmen Sie Stellung zur Behauptung: »Nicht die All-

macht Gottes, sondern die Allmachtsvorstellungen des modernen Menschen werden ... in Schranken gewiesen.«
4. Bischof Huber vermeidet es, Gott mit dem Tod und dem Leid vieler Menschen in Verbindung zu bringen, so wie das z. B. die Psalmen der Bibel tun. Halten Sie das für richtig?
5. Welche Überlegungen stellt W. Huber zur Frage an »Wie konnte Gott das zulassen?«

Alexander Kissel: Wo war Gott?, S. 35

Arbeitsauftrag:
Beziehen Sie in Ihre Darstellung und Bewertung der Position Hubers die Aussagen von Alexander Kissel mit ein:
1. Warum ist »seit dem 20. Jahrhundert ... die Theodizee heimatlos geworden«? (vgl. Kap. 18).
2. Wie beurteilen Sie den Verzicht heutiger Theologen auf Aussagen zur Theodizee (»Grenzen der Theorie«)?

Lionel Wijesiri, Karma und Katastrophe. Zum Tsunami 2004, S. 36 (vgl. dazu **M 16** Deutsche Übersetzung).

Arbeitsauftrag:
1. Stellen Sie die Hauptaussagen des Zeitungsartikels in den Kontext der buddhistischen Karma-Lehre.
2. Vergleichen Sie dazu **M 15** Michael von Brück, Karma und Schicksal.
3. Erläutern Sie den Begriff des »attachments to worldly things« aus dem Text.
4. Ziehen Sie dazu auch das buddhistische Lebensrad S. 37 und die Predigt von Benares SH S. 4 heran.

Vertiefung / Ergebnissicherung / Erweiterung
– Christliche Positionen zur Theodizeefrage; Textanalyse von **M 28** Predigt von Wolfgang Huber »Gott und das Leid« im Zusammenhang der Gottesfrage.
– Buddhistische Deutungen des Leids. Die Wurzeln des Leids.
  • Film: »Frühling, Sommer, Herbst, Winter ... und Frühling«.
  • **M 12** Thich Nhat Hanh, Alter Pfad (der achtfache Pfad).
  • **M 14** Axel Michaels, Das Leid des Entstehens und Vergehens.
– Gegenüberstellung der beiden christlichen und buddhistischen Deutungsansätze in Kap. 19 und 20.

S. 38–39 Kap. 21 Islam: Angst und Mut

Zwei Zugänge sind denkbar. Zum einen die folgende Reihenfolge:
1. Einstieg mit der Filmszene: Selbstmordattentäter aus »Paradise now« und der Filmvorführung.
2. Motive der Attentäter (S. 39).
3. Auseinandersetzung mit dem Fundamentalismus über Nasr Hamid Abu Zaid (S. 38 und Zusatzmedien).

Oder in der umgekehrten Reihenfolge:

Einstieg
Angst und Gottvertrauen des Gelehrten Abu Zaid
– Bildbetrachtung S. 39.
– UG: Das Bild illustriert, wovor Nasr Hamid Abu Zaid Angst hat.
– Das persönliche Schicksal des Gelehrten (S. 38, Vorspann, weitere Hinweise zur Seite s. o.).

Abu Zaid schreibt an anderer Stelle:
»Das Leben des Menschen wird von einem lebendigen Gott gelenkt, dessen Entscheidungen zwar souverän und nicht hinterfragbar sind, der aber auch der weise und barmherzige Herr der Menschen ist. Was als Fatalismus erscheinen mag, ist die Haltung, sich in schweren Situationen dort, wo er an die Grenzen seiner Möglichkeiten stößt, in den Willen Gottes zu ergeben ... Es wird also nicht alles Gott überlassen ..., sondern es wird dort, wo der Mensch ohnmächtig ist, alles aus der Hand Gottes angenommen, manchmal mit Resignation, oft aber auch mit Gottvertrauen und Gelassenheit.«

Erarbeitung
S. 38 Nasr Hamid Abu Zaid: Ich hatte nie Angst; zwei Hadithe.

Arbeitsauftrag:
1. Erläutern Sie die Thematik »Schicksal – Leiden – Freiheit« am persönlichen Schicksal von Nasr Hamid Abu Zaid.
2. Welche Haltung zum Leiden finden Sie in seinen Ausführungen?
3. Informieren Sie sich über divergierende Auffassungen islamischer Theologen zu Vorherbestimmung und Schicksal (Internetrecherche).

Arbeitsauftrag zur Zusatzinformation:
M 35 Nasr Hamid Abu Zaid, Spricht Gott nur Arabisch?
1. Erstellen Sie eine theologische Argumentationslinie mit den Argumenten von Nasr Hamid Abu Zaid zum islam. Fundamentalismus.
2. Welche Merkmale kennzeichnen »fundamentalistisches Denken«?

Die Position von Prof. Nasr Hamid Abu Zaid. Abu Zaid zum »Fundamentalismus« (nach: N.H. Abu Zaid / Hilal Sezgin, Mohammed und die Zeichen Gottes. Der Koran und die Zukunft des Islam, Freiburg i. Br. 2008):
– Reduktion des Denkens auf den Glauben: Die Behauptung, alle existenziellen und epistemologischen Hürden überschreiten zu können im direkten Zugriff auf die Absicht Gottes, der im heiligen Text greifbar werde.
– Reduktion der Vielfalt der Meinungen: Eine bestimmte Lesart des Textes wird mit dem Text selbst identifiziert, der dann nicht mehr hinterfragt werden darf.
– Reduktion aller Erscheinungen auf eine Primärursache: Wenn Gott als direkt greifbare Ursache aller Dinge nur den Religionsgelehrten zugänglich ist,

E: Schicksal – Leiden – Freiheit

kann jegliche andere Erkenntnis als »säkular« konfisziert werden.
- Reduktion des Erbes: Nur die Autoritäten werden herangezogen, die bestimmte Ansichten stützen.
- Reduktion der Dynamik der Wirklichkeit: Eine von der Scharia und der Sunna vorgegebene Lösung für alle Probleme der Gegenwart.

S. 39 Filmszene: Selbstmordattentäter aus »Paradise now«

Einstieg
UG zum Thema Selbstmordattentate, religiöse und polit. Motive, Zeitgeschehen. Problematisierung der Begriffe Schicksal, Leiden, Freiheit (s. Titel).

Erarbeitung
Terroristen oder Märtyrer? Filmeinsatz: »Paradise now«

Arbeitsauftrag:
1. Erläutern Sie den doppelten Aspekt des Dschihad und dessen religiöse Begründung (Das Paradies, Sure 56, SH S. 54; Lutz Richter-Bernburg, Der Dschihad und der Weg der Toten im Islam, SH S. 54).
2. Erörtern Sie die Positionen von Khaled, Said sowie der Menschenrechtsaktivistin Suha im Film »Paradise now«.
3. Wie deutet Mohammed Atta seinen Anschlag? (S. 39 und 55)
4. Wie stellt sich der Zentralrat der Muslime zu Demokratie und Terrorismus? (S. 55)

S. 39 Die »Geistliche Anleitung« der Attentäter des 11. September 2001

Arbeitsauftrag:
1. Stellen Sie die Einstellung der Attentäter dar, wie sie im Gebet S. 55 und in der geistl. Anleitung S. 39 hervortritt.
2. Informieren Sie sich über die Schlüsselbegriffe »ewige Gnade für die Märtyrer« (vgl. SH S. 54) und den »unbedingten Gehorsam« (vgl. Angaben oben).

Ergebnissicherung, Vertiefung, Erweiterung
Arbeitsauftrag:
1. Fixieren Sie die Positionen der Klasse in einem Positionspapier.
2. Schreiben Sie eine Stellungnahme mit Thesen zum gewalttätigen Islamismus an den Zentralrat der Muslime in Deutschland.

Ergänzende Informationen und Anregungen bietet **M 34** Walter Schmithals: Euroislam.
- Erörtern Sie die Problematik der beiden Hadithe S. 38 im Blick auf die Auseinandersetzung von Khaled und Said im Film »Paradise now«.
- Projekt: Fragen und Informationen zum Umgang mit dem Koran in Begegnungen mit Muslimen der Klasse bzw. der Islamischen Gemeinde vor Ort (vgl. Block C).

Der Schwerpunkt »kritische Koranexegese« kann mithilfe des gemeinsamen Buches von Nasr Hamid Abu Zaid und der deutschen Philosophin Hilal Sezgin vertieft werden: Mohammed und die Zeichen Gottes.

Literaturempfehlungen für die Lehrkraft

Übersicht zum Stichwort »Leid«, »Heil«:
Christoph Auffahrt, Art. Heil/Leid, in: Wörterbuch der Religionen, Stuttgart 2006, S. 203ff.

Theodizee, Karma-Lehre, Islam:
H.-M. Barth, Dogmatik, a. a. O., Kap. Welt und Schöpfung; Providenz und Theodizee; Freiheit des Menschen im Islam
Theo Sundermeier, Religion, was ist das?, a. a. O., S. 132–146

Das Wirken, die Allmacht Gottes im Islam:
Der Koran, erschlossen und kommentiert von Adel Th. Khoury, Düsseldorf 2005, S. 72–78

Christliche und buddhistische Deutung von Passion und Leiden:
Ulrich Luz / Axel Michaels, Jesus oder Buddha. Leben und Lehre im Vergleich, München, 2002, S. 106–136

Die Lehre des frühen Buddhismus:
Das Entstehen in gegenseitiger Abhängigkeit und das Lebensrad, in: Michael von Brück, Einführung in den Buddhismus, Frankfurt/Leipzig 2007, S. 133ff.

Literatur- und Rechercheempfehlung für Schülerreferate und Projekte

Judentum:
Norman Solomon, Judentum. Eine kurze Einführung, Stuttgart 2004, S. 133–139
Christina Kayales u. a. (Hg.), Was jeder vom Judentum wissen muss, Gütersloh 2005, S. 103ff.
Roland Gradwohl, Der jüdische Glaube, in: D. Petri / J. Thierfelder (Hg.), Grundkurs Judentum, 2. völlig neu bearbeitete und erweiterte Aufl. 2002, Stuttgart, S. 7–24
Zvi Kolitz, Jossel Rakovers Wendung zu Gott. Jiddisch-Deutsch. Hg. von Paul Badde mit Zeichnungen von Tomi Ungerer, Zürich 2004
Vorlesetext (Ausschnitte): Eli Wiesel, Die Nacht zu begraben, Elischa. München 1986. Alle Flüsse fließen ins Meer. Autobiographie, 1995, S. 33–35; 49–52; 70f.; 94–97; 154–158
http://www.hagalil.com/Judentum

Buddhismus:

Axel Michaels, Art. Karma, in: Christoph Auffahrt, Art. Heil / Leid, in: Auffarth / Hans G. Kippenberg / Axel Michaels, Wörterbuch der Religionen, Stuttgart 2006, S. 203–205

Helwig Schmidt-Glintzer: Buddhismus, München 2005

www.buddhismus-deutschland.de (Deutsche buddhistische Union)

www.buddhismus.de und http://www.buddhismus-schule.de/ (Buddhistischer Dachverband Diamantweg e.V. differenziert klar die buddh. Richtungen, bietet einfach verständliches, etwas schematisches Unterrichtsmaterial für Sek II, leider ohne Quellentexte)

Christentum:

Kursbuch Religion Oberstufe, hg. von Hartmut Rupp und Andreas Reinert, Stuttgart 2004, Kap. Gott, S. 100ff., bes. S. 120–123. Gott nimmt das Leiden der Menschheit auf sich. Antworten auf die Theodizeefrage

Wo ist Gott, wenn Menschen leiden? (Hiob, Gottesbegriff nach Auschwitz) Religionsbuch Oberstufe, Berlin 2006, S. 162ff.

Islam:

Allmacht Gottes und Vorherbestimmung: Der Koran, erschlossen und kommentiert von Adel Th. Khoury, Düsseldorf 2005, S. 72–78

Heinz Halm, Der Islam. Geschichte und Gegenwart, München 2004; zu »Hadith«, S. 38ff., zu »Islam, Islamismus, Dschihad« S. 84–88

Zur Kontroverse um den Dschihad, Religion und Rechtsstaat, Religion und Vernunft: Klarheit und gute Nachbarschaft. Christen und Muslime in Deutschland. Eine Handreichung des Rates der EKD, Hannover 2006, S. 23ff.42ff.90ff.

Nasr Hamid Abu Zaid / Hilal Sezgin, Mohammed und die Zeichen Gottes. Der Koran und die Zukunft des Islam, Freiburg 2008

F: Gott – Götter – Kräfte

I. Inhaltliche Grundlegung

Das Thema im Überblick

Block F	Thema	Didaktisches Stichwort: Ansatzpunkte und thematische Horizonte für den Unterricht	Weitere Bezugspunkte (Schülerheft = SH; Lehrerheft = LH; Zusatzmedien im LH = M)
Kapitel 22 Ethnische Religionen: Die Ahnenkuh	Klagende Hinwendung zu den Ahnen als helfende Kräfte in der Lebenskrise Krankheit.	Beschreibung eines religiösen Verhältnisses ohne direkten Bezug zu (einem) Gott. Religion und (afrikanische) Lebenswelt.	SH S. 33: Zvi Kolitz, Wos noch? (Klagende Hinwendung zu Gott in der jüdischen Religion). LH S. 63f.
Kapitel 23 Theorien zum Monotheismus Ägyptische Religion – Judentum – Christentum	Toleranz und Intoleranz in einer (frühen) monotheistischen Religionskultur.	Tolerante Religion (?) »Toleranz« als »positiver Grundwert« im Umgang und bei der Bewertung von Religionen in einer religiös pluralen Gesellschaft.	SH S. 22: Islamischer Staat und Toleranz. Versuch eines durchformulierten Toleranzkonzepts im (streng monotheistischen) Islam.
Kapitel 23 Buddhismus Katsumi Takizawa, Das Absolute	Erkenntnis und existentielle Betroffenheit von einer nichttheistischen Erfahrung des Absoluten (als religiöse Erfahrung angesiedelt im Grenzbereich zwischen christlicher und buddhistischer Religion).	Religiöse Erfahrung als Moment des Lebensweges. Religiöse Erfahrung und Erfahrung des Selbst verschränken sich.	SH S. 5: Nirvana-Vorstellung, bei der Nirvana auch gedacht ist als Ort in der Gegenwart. LH S. 12
Kapitel 23 Buddhismus Alexander Grey, Licht	Gebetshaltung als Ausdruck spiritueller Versenkung.	Alex Greys Darstellung: ein Beispiel für die Ästhetik der Popkultur (Grey war auch Illustrator für Pop-CDs).	SH S. 41: Adorationshaltung Echnatons gegen die Sonne hin (Lichtmetaphorik). SH S. 45: Adorationshaltung des Mannes vor der Buddhastatue.
Kapitel 25 Judentum Othmar Keel / Silvia Schroer, JHWH und die Göttinnen	Das (verdrängte) Element des Weiblichen in der JHWH-Religion.	Wandlungen des Gottesbildes; das Zerbrechen von traditionalen Gottesbildern als Element gegenwärtiger Religionskultur (Enttraditionalisierung des Gottesbild); die Genderfrage als Lebensmoment von Religion.	SH S. 56: Gender und Religion. Würde des Menschen und Geschlechtlichkeit – eine anthropologische Entsprechung zur »Männlichkeit« Gottes? SH S. 59: Eine jüdische Stimme zur Gottesebenbildlichkeit des Menschen als Mann und Frau.
Kapitel 25 Islam Sure 4, 171 und Sure 5, 72ff.	Koranstellen zum Thema: Trinitätsglauben der Christen.	Trinitarische Signatur von Segenshandlungen, z. B. bei Taufen, Trauungen etc. als mögliche Referenzpunkte.	SH S. 75: Der Koran (Auslegung des Korans; »Die Eröffnende« [Fahita]). LH S. 122
Kapitel 25 Christentum Hans-Martin Barth, Trinität	Beispiel für eine theologische Argumentationsfigur.	S. o. unter 25.	SH S. 74: Ingolf U. Dalferth, Evangelische Theologie.

**Einer unter vielen – Einer – der Dreieine –
Religionen reden von Gott**

*Gott – Götter – Kräfte:
Die Vielfalt der Religionen und die »Gottesfrage«*

Der Begriff »Gott« bezieht sich auf den ersten Blick auf monotheistische (Judentum, Christentum, Islam), »Götter« auf polytheistische Religionen (griech.-röm. Götterhimmel, Hinduismus, ethnische Religionen). Mit »Kräften« sind numinose Potenzen der Natur, der Ahnen, des Blutes und dergleichen gemeint, aber auch Kräfte, welche wie das buddhistische. »dharma« das Leben und die Welt bestimmen. Die drei Begriffe des Titels dienen einer ersten Orientierung, auch im Sinn einer Unterrichtsplanung – etwa im Themenzusammenhang der Gottesfrage.
Allerdings ist es zu oberflächlich, den religionspädagogisch und didaktisch rückgebundenen Gebrauch der Begriffe allein schon als Ausweis für ihre theologisch und/oder religionswissenschaftlich Differenzierungs- und Erklärungskraft anzusehen. Dass die Verhältnisse komplexer sind, zeigt schon ein keineswegs vollständiger Blick auf die Veränderungen des verallgemeinernd so bezeichneten »biblischen« Glaubens an den einen Gott.

*Der biblische Glaube an den einen Gott
im Blick der Forschung*

Monotheistische Gotteskonzepte leben und gestalten sich nicht abgehoben von der jeweiligen geschichtlichen Situation, in denen sie existieren. Darauf nimmt das Schülerheft in mancherlei Hinsicht Bezug, etwa mit einem Einblick im den Monotheismus des Pharaos Echnaton (SH S. 41) und mit der Perspektive auf Naturgottheiten in Palästina (SH S. 46). Beide Passagen stellen den Monotheismus der jüdischen Religion als eine Größe in geschichtlichen Bezugssystemen dar. Danach ist das Werden des Monotheismus keinesfalls ein urplötzliches Geschehen, sondern ein länger andauernder Prozess. Der Alttestamentler Erich Zenger hat die wesentlichen Entwicklungslinien des biblischen Monotheismus zusammengefasst (vgl. Zenger, S. 160–163). Folgende Etappen sind ihm dabei besonders wichtig:

1. Die Religionsgeschichte Israels ist lange Zeit, bis in die Mitte des 1. Jahrhunderts vor Christus, eng mit der polytheistisch dominierten Religionsgeschichte der altorientalischen Religionen verbunden. Archäologische Funde zeigen: Es gibt eine lebendige Kultur der polytheistischen Götterverehrung im Kontext bäuerlicher Kultur (vgl. dazu auch die Abbildung der Göttin Astarte im SH S. 46).
2. Ab 1100 v. Chr. kommt es in der sich neu organisierenden Stämmegesellschaft zu einer Dominanz des Gottes JHWH, dessen Heimat u. U. in Nordarabien zu suchen ist. JHWH wird zum Schutzgott einer besonderen Gemeinschaft. JHWH wird von der so genannten »Exodusgruppe« als Gott der Befreiung aus Ägypten verehrt. Als solcher wird er unter David und Salomo zum Reichsgott und verdrängt die alte Jerusalemer Stadtgottheit Schemesch (Sonnengottheit). JHWH werden immer mehr Eigenschaften und Kompetenzen der alten Gottheiten zugeschrieben. Auf regionaler und familialer Ebene leben polytheistische Tendenzen aber durchaus noch fort.
3. Ausgelöst durch polytheisierende Tendenzen, die neben JHWH noch andere Hauptgottheiten institutionalisieren wollen, kommt es im 9. Jahrhundert unter Führung des Propheten Elia zu einer kämpferischen »JHWH allein«-Bewegung. Gegner dieser Bewegung sind der König Ahab und seine aus Tyrus stammende Frau Isebel (vgl. 1. Kön 16–19), die den tyrischen Gott Baal-Melqart als Gottheit etablieren wollen. In der Gestalt des Propheten Hosea in der Mitte des 8. Jh. v. Chr. verdichtet sich diese monotheistische Kritik zu einer Religions- und Staatskritik.
4. Einen »Quantensprung« für die Genese des biblischen Monotheismus bildete das so genannte babylonische Exil (587 v. Chr.) und die damit verbundene Zerstörung des Tempels in Jerusalem. Die Einzigkeit des Gottes Israels konkretisierte sich nun nicht mehr an einem zentralen Heiligtum. Prägend werden nun Aussagen über die universale Schöpfermacht JHWHs (vgl. Gen 1) und die Herrschaft JHWHs über die Geschichte (vgl. auch als Prophet des Exodus aus Babylon, Deuterojesaja [Jes 49–56]).
5. Sucht man nach so etwas wie einem »Prinzip« des biblischen Monotheismus, so muss man wohl an den Auszug aus Ägypten denken. Das 1. Gebot beginnt mit den Worten »Ich bin JHWH dein Gott, der dich aus Ägypten, dem Sklavenhaus, befreit hat.« Gottes Gottsein ist demnach für den biblischen Monotheismus primär an eine Befreiungserfahrung gebunden, die in ihrer Intensität auch in neue Deutungs- und Lebenszusammenhänge eingespeist werden konnte.

In den Debatten um den Monotheismus wird immer wieder diskutiert: Ist er eine Wurzel der Gewalt, oder etwas schwächer formuliert: Ist der Monotheismus intoleranter und deswegen gewalttätiger als polytheistische Religionen? Bereits die Philosophen David Hume und Arthur Schopenhauer vertraten die These, wonach polytheistische Religionen strukturell friedlicher seien als die drei großen Monotheismen (vgl. Janßen, S. 20–21). Als Hintergrund und Begründung erwähnt bereits Arthur Schopenhauer: Weil im Monotheismus die Alternative zwischen dem wahren und dem falschen Gott oder den falschen Göttern aufgerichtet werde, sei der alleinig anzubetende Gott eben auch der Gott, der eifersüchtig über seinem Alleinanspruch wacht. Polytheistische Religionen existierten dem gegenüber eher nach dem Prinzip: Leben und leben lassen.
Der Heidelberger Ägyptologe Jan Assmann geht von einer grundlegenden Gewalthaltigkeit der von ihm so genannten »mosaischen Unterscheidung« (vgl. Assmann 2002, S. 130–132) zwischen dem einen wahren und unsichtbaren Gott und den (durch Bilderverehrung gekenn-

zeichneten) Götzen aus. Die Ausmerzung der Götzendiener, exemplarisch durchgeführt durch Elia (vgl. 1. Kön 18,40) wird zur aggressiven Entsprechung einer Unterscheidung zwischen Gott und den (falschen) Göttern. Die damit implizierte Grenzziehung wurde nun nach Assmann aber in den verschiedenen Religionsgemeinschaften verschieden durchgeführt. Danach hat das Judentum in dieser Hinsicht den eher gewaltfreien Weg der Selbstabgrenzung gewählt: Man unterscheidet sich in Ritus, Kultus und personal gelebtem Ethos in hohem Maße von anderen monotheistischen Religionen. Dadurch wird es für Jüdinnen und Juden überflüssig, Anhängerinnen und Anhänger anderer monotheistischen Religionen mit Gewalt von sich abzugrenzen.

Eine solche Strategie der Selbstabgrenzung ist nach Assmann beim Christentum und beim Islam nicht gelungen: »Die Gewalt ihres Gottes gegen die anderen Götter gibt ihnen das Recht, Gewalt gegen Menschen auszuüben, die in ihren Augen anderen Göttern anhängen« (Assmann 2002, S. 131).

Diese Thesen wurden kritisiert. Ottmar John beispielsweise hat geltend gemacht, es sei nicht einzusehen, dass der fundamentale Umgang mit der Wahrheitsfrage unbedingt zwingend zur Gewalttätigkeit führen muss: »Gewalttätige Religionen verzichten auf die Wahrheitsfrage« (John S. 143).

Neben der religionswissenschaftlichen Debatte über die vermeintlichen oder tatsächlichen Gefahren des monotheistischen Gottesverständnisses überhaupt existieren auch interreligiöse Diskurse über Umfang und Gestalt des echten und wahrhaftigen Monotheismus. Stets geht es dabei auch um die Legitimität, Ernsthaftigkeit und »Reichweite« der jeweiligen Selbstaussagen über das Bekenntnis zum einen Gott, etwa zwischen Islam und Christentum.

»Monotheismus« und »Polytheismus« im Spiegel christlicher und islamischer Tradition

Allein schon der im Islam geäußerte Vorwurf, das Christentum sei polytheistisch zeigt, dass es bereits innerhalb der so genannten »abrahamitischen Religionen« große Differenzen über die wahre Gestalt des Monotheismus gibt.

Man hat auf christlicher Seite schon von einem »weißglühenden« Monotheismus im Islam gesprochen, dessen rigide Deutlichkeit sich nicht zuletzt aus dem leidenschaftlichen Bekenntnis zu dem einen und einzigen Gott gründe. Der arabische Begriff vom »Tauhid« (eins machen, einen, das Einssein) wurde im Islam als bekenntnishafter Gegenbegriff gerade auch zu wesentlichen Glaubensinhalten des Christentums, nämlich der Inkarnation Jesu Christi und der Trinität. Die unaufhebbare Einheit Gottes verbietet danach nämlich einmal die Annahme, dass es zwischen Gott und der Schöpfung in irgendeiner Weise eine Ähnlichkeit geben könne – eine »Fleischwerdung Gottes« ist demnach undenkbar. Zum anderen sind schon im Koran selbst deutliche antitrinitarische Aussagen auszumachen. Sure 112 lautet etwa »Sprich: Er ist der eine Gott, der ewige Gott, er zeugt nicht und wird nicht gezeugt, und keiner ist ihm gleich.« Eine der wichtigsten antitrinitarischen Passagen findet sich aber in Sure 4,171. Hier werden die Christen direkt angesprochen und ermahnt den Irrweg der Trinität zu verlassen. »O Ihr Leute der Schrift! Übertreibt nicht in eurer Religion und sprecht über Allah nur die Wahrheit. Der Messias Jesus, der Sohn der Maria, war ein gesandter Allahs und Sein Wort, das Er Maria entbot, mit einer Seele, geschaffen von Ihm. So glaubt an Allah und seinen Gesandten und sprecht nicht: ›Drei‹. Lasst davon ab, das ist für euch besser. Allah ist nur ein einziger Gott, Er ist hoch darüber erhaben, dass Er einen Sohn haben sollte! Sein ist, das in den Himmeln und was auf Erden ist. Und Allah genügt als Beschützer.«

Aus Koranstellen wie diesen gewinnt der Islam seine dezidierte Ablehnung eines trinitarischen Gottesverständnisses. Als Hauptvorbehalt bleibt dabei gegenüber den Christen der Vorwurf des Tritheismus (Glaube an drei Götter) bestehen. Es finden sich in der islamischen Tradition aber auch differenziertere Aussagen, die freilich die Grundhaltung der Ablehnung deshalb nicht aufgeben. Sicherlich aber ist das aufgezeigte Spannungsfeld zwischen radikalem Monotheismus im Islam und trinitarischem Gottesverständnis innerhalb des christlichen Glaubens nicht einfach nur ein Thema der Religionsgeschichte. Auch gegenwärtige Selbstaussagen des christlichen Glaubens kommen ohne eine Reflexion auf die Dreieinigkeit Gottes nicht aus, wenn sie im interreligiösen Dialog gehört und diskutiert werden wollen. Der Religionswissenschaftler Theo Sundermeier berichtet von der Irritation einiger Muslime, als christliche Theologiestudenten im Rahmen eines interreligiösen Gesprächs die Thematik »Trinität« nicht angesprochen haben wollten; gerade an dieser Stelle erwartete man von muslimischer Seite von den Christen mindestes die Fähigkeit zu minimaler Auskunfts- und Dialogfähigkeit.

Es ist darum wohl auch kein Zufall, dass gerade Hans-Martin Barths »Dogmatik im Kontext der Weltreligionen« das trinitarische Gottesverständnis als zentrale Grundfigur des christlichen Glaubens ausmacht. Die Rede vom dreieinen Gott ist demnach *erstens* die spezifische Grundform der christlichen Gotteslehre überhaupt. Das heißt: Das Christentum versteht Gott *nicht* zuerst als *einen* Gott, der (quasi zusätzlich zu seiner Einheit) auch noch dreieinig ist. *Zweitens*: Trinitarisches Gottesverständnis ist – gerade auch wegen der logisch oft so paradoxen Formulierung – die spezifisch christliche Weise, Gott als Geheimnis zu thematisieren. Die Wurzel der Trinitätslehre ist in diesem Zusammenhang auch das christliche Grundbekenntnis zum gekreuzigten Menschen Jesus als dem Sohn Gottes (vgl. Barth 2001, S. 272–273); die in diesem Bekenntnis liegende Spannung formuliert demnach, warum Gott von menschlichem Denken und Begreifen niemals ganz umgriffen werden kann.

Drittens kann für Barth die Trinitätslehre auch eine Grundfigur aller religiösen Beziehungen thematisieren, nämlich das Verhältnis von Absolutem und Relativem (vgl. dazu das Zitat SH S. 47); damit aber gewinnt für Barth die Trinitätslehre auch erklärende Kraft für religiöse Grundkonzeptionen im Buddhismus, im Islam und im Judentum. Diese letzte Konsequenz trinitarischen Denkens mag als Aussage über andere Religionen durchaus umstritten sein, im Unterricht wird sie gewiss auch lebhaften Widerspruch erzeugen. Sie zeigt aber die konstitutive Bedeutung der Trinität für das Selbstverständnis des Christentums im Gegenüber zu anderen Religionen.

Bedeutsam ist: Bereits die Begriffe »Monotheismus« und »Polytheismus« sind Produkte des abendländischen Umgangs mit Religion. Der Ausdruck »Monotheismus« wurde erstmals im Jahre 1660 vom Philosophen Henry More eingeführt, und zwar in einem Werk gegen den skeptischen Materialismus Thomas Hobbes *und* das schwärmerische Christentum des Puritanismus. Gleichzeitig wollte sich More mit diesem Begriff gegen den Vorwurf wehren, durch die christologischen Bezüge innerhalb der christlichen Religion sei gerade der Ausschließlichkeitsanspruch Gottes in Gefahr. Der Begriff »Monotheismus« wird also ursprünglich gar nicht als Gegenüber zu polytheistischen religiösen Systemen gesehen, sondern als apologetischer Kampfbegriff in philosophisch-theologischen Diskussionen.

Wohl wird gegenwärtig aber der Begriff Monotheismus und der Gegenbegriff Polytheismus für eine religionswissenschaftliche Unterscheidung verwendet. Polytheistisch ist eine Religionsform demnach dann, wenn »mehrere als persönlich vorgestellte Götter nebeneinander agieren« (Auffarth, S. 405). Dennoch wird immer wieder betont, dass die Unterscheidung zwischen Monotheismus und Polytheismus dem Selbstverständnis von bestimmten Religionen nicht gerecht wird. So sind beispielsweise die religiösen Traditionen im Hinduismus nur unzulänglich beschrieben, wenn man nur auf die Vielzahl der Gottheiten verweist und diese Religion dann als polytheistisch bezeichnet. Mahatma Gandhi hat in seiner Definition des Hinduismus nicht vom Glauben an viele Götter sondern vom Glauben »an ein [menschliches] Selbst (atman) und an ein höheres Selbst (brahman)« gesprochen (Auffarth, S. 405). Ein besonders eindrückliches Beispiel für die spezifische Sicht des Hinduismus auf die Vielzahl seiner Götter bietet ein Ausschnitt aus den Upanishaden. Danach verändert der Weise Yjnavalkya auf die immer wiederkehrende Frage eines Wahrheitssuchers, wie viele Götter es denn gebe, stets aufs Neue seine Antwort; stets wird die von ihm genannte Zahl kleiner. Am Ende kommt der Weise mit seinem Zählen schließlich bei einem Gott an (Knott 2001, S. 81).

Dieses Beispiel zeigt, dass polytheistische Religionen durchaus auch eine von ihnen geglaubte Einheit des Göttlichen hinter den Göttern benennen und reflektieren können. Allerdings sollte man sich im Klaren sein, dass die dann benannte und auch angebetete Einheit unter Umständen deutlich von dem abweicht, was die »klassischen« monotheistischen Religionen unter der Einheit Gottes verstehen.

Numinose Kräfte als zentrale Realitäten bei ethnischen Religionen

Religiöse Beziehungen, Handlungen und Gegebenheiten sind bei ethnischen Religionen oft nur ganz am Rande oder überhaupt nicht auf eine (durch wen oder was »besetzte«) »göttliche Sphäre« bezogen. »Das Göttliche« ist eben für eine Vielzahl von Menschen nicht der lebensweltlich relevante Bezugspunkt für jenes »Andere«, das im religiösen Verhältnis sehr oft »Gott« genannt wird. Die Passage über »die Ahnenkuh« (vgl. SH S. 40) macht in ihrer Beschreibung positiv deutlich, wie intensiv der religiöse Kontakt zu den Vorfahren ausgestaltet sein kann, ohne dass ein Gott oder »das Göttliche« auch nur am Rande eine Rolle spielen muss. Die Fang-Völker aus Äquatorialafrika formulieren diese Ferne (eines) Gottes auf eindrückliche Weise: »Gott (Nzame) ist oben, der Mensch ist unten. Gott ist Gott, der Mensch ist Mensch. Jeder bei sich, jeder in seinem Haus« (Eliade 1998, S. 110). Diese Perspektive aus der Welt einer ethnischen Religion kann allerdings nicht einmal für alle afrikanischen Stammesreligionen verallgemeinernd angewendet werden. In einem Mythos des Yorubastammes aus Nigeria wird beispielsweise erzählt, wie 1700 untere Gottheiten gegen Olódùmare, den obersten Gott, rebellieren und ihn entmachten wollen; auf seinen Vorschlag übernehmen sie zunächst einmal zur Probe für 16 Tage die Herrschaft über die Welt, die ohne die weise Regierung des obersten Gottes aber im Chaos versinkt (vgl. Sundermeier 2007, S. 120–121). Die Formulierung aus den Reihen der Fang-Völker formulierten dagegen »Gott ist Gott – der Mensch ist Mensch.« Diese harte Feststellung verweist nun aber auf eine Grundfrage, die sich beim Reden über Gott, Götter oder das Göttliche immer wieder von selbst einstellt: Wie und wann kann sich Gott oder das Absolute, können sich Götter einem Menschen »zeigen«? Worin liegt also der Grund jener »Transzendenzerfahrung« (vgl. Sundermeier S. 110–111), ohne die Religion generell kaum vorstellbar ist?

Nicht-theistischer Glaube oder sogar Religion ohne Gott – ist das möglich?

Im Selbstzeugnis eines buddhistischen Philosophen wird deutlich, dass religiöse Orientierung auf eine absolute, transzendente Wirklichkeit bezogen sein kann, die durch Ausdrücke wie »persönlicher Gott« oder »Gott in Person« gerade nicht beschrieben werden kann, wohl aber mit dem Begriff »das Göttliche« (vgl. SH S. 42).

Gottheit(en) und ihre Epiphanie(n) – ein komplexer Zusammenhang

Eine allgemeine religionswissenschaftliche Perspektive wird an dieser Stelle auf die verwirrende Vielzahl von Gottesvorstellungen in den Religionen der Welt hinweisen. So werden in einem neueren Lexikon (vgl. Auffarth, S. 192) mannigfaltige Differenzierungen angebracht; hin-

F: Gott – Götter – Kräfte

gewiesen wird auf »gestalthafte Gottheiten«, die in vielerlei Epiphanien erscheinen können und mit denen in ganz unterschiedlichen religiösen Prozessen Kontakt aufgenommen wird (Divinationsprozesse, Bestandsanrufungen, Anrufungen zur Sicherung von Herrschaft, Opferungen). Als Zeichen ihrer übermenschlichen Macht werde diesen Göttern oft außerordentliche körperliche Merkmale oder Eigenschaften zugemessen, so zum Beispiel Vielarmigkeit, Vieläugigkeit, außergewöhnliche Größe, Langlebigkeit oder auch Unsterblichkeit. Diese »gestalthaften Gottheiten« zeichnen sich durch Willensfreiheit und Handlungssouveränität, in Einzelfällen oder auch in Bezug auf das Ganze der Welt (Schöpfung!) aus. Für den Religionswissenschaftler Gregor Ahn ist dabei der Monotheismus lediglich ein Spezialfall des Polytheismus und keinesfalls dessen absolutes Gegenteil. Im Monotheismus treten demnach durch die Annahme eines einzigen, unsichtbaren Gottes einige Spezialprobleme auf, zum Beispiel das Theodizeeproblem. Wenn nämlich Gott als alleinige transzendente Macht angenommen wird, ergibt sich unausweichlich die Frage: Woher stammt dann das Böse?

II. Didaktische Reflexion

1. Thematische und pädagogische Aspekte

Elementarisierung der fachwissenschaftlichen Perspektive

Man kann die oben vorgestellten theologischen und religionswissenschaftlichen Deutungsperspektiven auf die Thematik noch einmal elementarisieren. Beschreitet man auf dem Feld der Religionen das Segment »Gott – Götter – Kräfte«, so drehen sich viele Fragen und Entscheidungen um zwei Grundthematiken:
– Wie verhalten sich Einheit und Vielheit in der Präsenz der Gottheit bzw. der Gottheiten oder Kräfte?
– Was konstituiert die Macht der Gottheit bzw. der Gottheiten oder Kräfte? Eventuell muss hinzugefügt werden: Mit welchen Gegenmächten ist zu rechnen?

Innerhalb der christlichen Religion werden diese beiden Horizonte theologisch immer auch unter dem Stichwort der »Offenbarung Gottes« behandelt. Dies geschieht etwa im Zusammenhang mit der Trinitätslehre (Gesichtspunkt 1) oder der Christologie (Gesichtspunkt 2). Allerdings ist die Kategorie der Offenbarung keineswegs für alle Religionen gleich bedeutsam. Im Islam wird beispielsweise unter dem arabischen Begriffspaar »anzala« oder »nazzala« (herablassen, aufs Herz legen) auch die menschlich-subjektive Seite des Offenbarungsgeschehens reflektiert. Für ethnische Religionen oder den Buddhismus kann der Begriff »Offenbarung« lediglich als Kategorie von (religionswissenschaftlichen) Fremdbeschreibungen herangezogen werden. Für die Formulierung des je eigenen Selbstverständnisses wird dieser Begriff »Offenbarung« nicht herangezogen.

Die Welt der Schülerinnen und Schüler

Für Schülerinnen und Schüler der Sekundarstufe II kreist die Frage nach Gott gemäß schon etwas älteren Zusammenstellungen um vier Fragen: die Theodizeefrage, die Frage nach Schöpfung und Evolution, die Frage nach der Existenz Gottes überhaupt. Die beiden letzten Fragestellungen konvergieren natürlich mit dem »Machtaspekt« innerhalb des Themenkreises »Gott – Götter – Kräfte«. Die seitens der Schülerinnen und Schüler entwicklungspsychologisch u. U. hochrelevante Frage nach der Existenz Gottes überhaupt liegt freilich nicht auf derselben Ebene, auf der im Dialog zwischen Menschen verschiedener religiöser Traditionen unterschiedliche Gotteskonzeptionen besprochen und diskutiert werden.
Sie verbindet sich aber mit einer eminenten Pluralisierungserfahrung von Schülerinnen: die unterschiedlichen Gotteskonzeptionen und Wahrheitsansprüche der verschiedenen Religionen treten nicht länger nur innerhalb eines eher theoretischen »Religionsvergleichs« (etwa im Religionsunterricht) auf. Vielmehr werden sie zu – wenn auch vielleicht nicht zentralen – Elementen in der Lebenswelt der Jugendlichen. Werbung, Filme und auch die durchaus »religionspluralen« Begegnungen mit anderen jungen Menschen bilden für die Gotteskonzeptionen von Jugendlichen ein vielstimmiges Umfeld von Überzeugungen und Glaubenshaltungen: »Deinem Projekt ist es egal, zu welchem Gott du betest« (Werbung des Baumarktes Obi im Jahr 2007).

2. Zur Auswahl der Medien

Leitend für die Auswahl der Medien war die schwerpunktartige Thematisierung folgender Aspekte:
– Erstens sollte verdeutlicht werden, dass Religionen auch ohne eine explizite Referenz auf Gott oder eine Gottheit im eigentlichen Sinne gelebt werden können (vgl. Kap. 22 und Kap. 24).
– Zweitens sollte am Beispiel gezeigt werden, wie verschieden innerhalb von Religionen die Thematik von »Einheit und Vielheit« des Göttlichen durchgespielt werden kann (vgl. Kap. 23 und Kap. 25).

3. Kompetenzen und Bezüge zu den Bildungsplänen

Die Schülerinnen und Schüler können
– Variationen und Differenzierungen im Transzendenzbezug verschiedener Religionen benennen;
– mögliche historische Entwicklungen in der Ausgestaltung des Monotheismus wiedergeben;
– Konflikte und Spannungspotenziale in den Entstehungs- und Ausgestaltungsprozessen des Monotheismus verstehen.

Mit Blick auf die grundlegenden Kompetenzen der **EPA** können im Rahmen des Themenbereiches 3 (»Die christliche Rede von Gott«) unterrichtlich folgende Fähigkeiten in den Blick genommen werden:
- »Dialogfähigkeit: Gemeinsamkeiten von religiösen und weltanschaulichen Überzeugungen sowie Unterschiede benennen und im Blick auf mögliche Dialogpartner kommunizieren)«;
- »Deutungsfähigkeit: theologische Texte sachgemäß erschließen«;
- »Schülerinnen und Schüler können die Trinitätslehre als systematisch-theologische Denkfigur des monotheistischen Christentums beschreiben und mit dem islamischen Gottesverständnis vergleichen.«

III. Hinweise zu den Medien

Die Bilder des Themenblocks

S. 41 Echnathon und Nofretete verehren Aton, die Sonne. Die Darstellung findet sich in einem Relief aus der Stadt Amarna

Auf der Darstellung enden die Sonnenstrahlen in Händen als Zeichen der Leben spendenden Kraft und Herrschaft der Sonne. Alternativ konnten an die Enden der Sonnenstrahlen auch Anch-Zeichen (Anch = Hieroglyphe für »Leben«) angebracht werden.

Nofretete (ägyptisch Nefertiti) ist die Gattin Echnatons. Echnaton heiratete sie noch vor seiner Thronbesteigung. Die Herkunft der Nofretete ist umstritten, ebenso ist ihr Lebensende kaum geklärt. Ab dem 13. Regierungsjahr Echnatons wird Nofretete nicht mehr erwähnt; aus dieser Tatsache schließt man auf ihren recht frühen Tod.

Bekannt geworden ist die Königin vor allem durch die berühmte Büste, die heute in Berlin ausgestellt ist; dieses äußerlich kleine Kunstwerk wird immer wieder als Repräsentant eines nahezu zeitlosen Schönheitsideals bewundert. Auch in der Darstellungsform des Königspaares vollzog sich Revolutionäres. So wird auf dem so genannten Grab des Machu dargestellt, wie sich Echnaton und Nofretete küssen.

S. 43 Alex Grey, Licht (1998)

Der 1953 in Columbus, Ohio geborene Alex Grey ist einer der profiliertesten und bekanntesten Künstler der New-Age-Szene. Sein Werk umfasst Performances, Installationen sowie Malerei und Skulptur. Der praktizierende Buddhist sieht seine Arbeiten stets als Realisationen einer ausgeführten Kunstphilosophie. In seinem Werk »The Mission of Art« (1998) bezeichnet er einerseits die Kunst als einen Weg, den Künstler selbst zur Erleuchtung zu führen; andererseits sei auch der Betrachter durch die Konfrontation mit einem Kunstwerk in der Lage, einen höheren spirituellen Zustand zu erreichen.

Alex Greys Arbeit ist einem größeren Publikum auch durch Illustrationen für verschiedene Schallplatten- bzw. CD-Covers bekannt geworden. Die bekannteste Arbeit dürfte Greys Illustration für die LP »In utero« (1993) der berühmten Grunge-Formation Nirvana (Sänger: Kurt Cobain) sein. Auf dem Titelbild der Plattenhülle ist ein Engel mit ausgestreckten Armen zu sehen; Ähnlichkeiten zu der im Bild »Licht« durchscheinenden Mischung aus Pop-Art und mystifizierender Programmkunst sind offensichtlich. Auch Schülerinnen und Schülern der heutigen Generationen dürften damit über die Musik einen Zugang zu Alex Grey bekommen, gilt doch der Sänger Kurt Cobain als Urbild jugendlicher Gegenentwürfe zu einem äußerlich unproblematischen, bürgerlichen Leben.

Die in dem Bild auf S. 43 gezeigte Bildsprache zeigt ein für Grey typisches Verfahren: Die spirituelle Kraft des Menschen wird in direkt greifbaren und zugleich malerisch übersteigerten Bildelementen dargestellt. Diese Spiritualität wird einmal durch die markant gestaltete Gloriole repräsentiert. Der Heiligenschein ist vor allem durch die Basistexte verschiedener Religionen bestimmt. Von außen nach innen gerechnet finden sich

a) ein Text aus der Tradition der Hindu-Religion;
b) ein Text des Judentums (Schema Israel; Dtn 6);
c) ein Text aus der Buddhistischen Tradition;
d) ein Text aus der Tradition des Christentums (Vater unser);
e) ein Text aus der Tradition des Islam (Koran).

Damit wird die Gebetshaltung des Menschen zum Gestus einer allen Religionen eignenden Spiritualität. Bemerkenswert ist auch die auf anatomische Details hin durchscheinende Körperstruktur des betenden Menschen. Einem heutigen Betrachter drängen sich dabei fast unumgänglich Eindrücke aus den umstrittenen Körper-Welten-Ausstellungen des Anatomen Gunter von Hagens auf. Grey hat allerdings schon in früheren Arbeiten diese spektakuläre »Durchsicht« durch den menschlichen Körper präsentiert.

S. 45 Buddhastatue im Dharmikarama-Tempel, Malaysia

Die Abbildung ist als bewusster Kontrast zu der gegenüberliegenden Textseites konzipiert; der erste Anblick versetzt den Betrachter in ein Szenario der Verehrung eines Götterbildes. Ist Buddha hier zum Gott geworden? Ihrer Konzeption nach sind buddhistische Tempel für das erinnernde Gedenken an den Buddha und seine Verehrung. Die so genannte Goldene Halle mit der Buddha-Statue bildet so das Zentrum einer buddhistischen Tempelanlage des chinesischen Typs.

Die Handgeste (so genannte Mudra) der linken Hand des Buddhas erinnert an die so genannte »Geste des Erbarmens der Karana«. Die Hand ist dabei ausgestreckt, Zeigefinger und kleiner Finger ebenfalls.

Tempel zählen allerdings nicht zu den ursprünglichen Sakralbauten im Buddhismus. Das erste sakrale Bauwerk des Buddhismus ist der Stupa, ursprünglich ein Grabhügel für die Bestattung von Königen, später Aufbewahrungsort für Reliquien des Buddha. Stupas erreichten, oft aus Stein gehauen, eine beträchtliche Höhe.

F: Gott – Götter – Kräfte

Kap. 22 Ethnische Religionen: Die Ahnenkuh

S. 40 Theo Sundermeier, Die Ahnenkuh
Der Heidelberger Religionswissenschaftler wählt die Szene um die Verehrung der Ahnen als Beispiel für einen Ort der Transzendenzerfahrung.
Die Zulu gehören der Sprachgruppe der Nguni an und bewohnen vor allem den Osten der Republik Südafrika. Zu Beginn des 19. Jahrhundert einte der Clankönig Chaka in zum Teil blutigen Unterwerfungskriegen verschiedene kleinere Stämme zu einer »Zulunation«. Gegen Ende des 19. Jahrhunderts wurden die Zulu von der britischen Kolonialmacht endgültig militärisch unterworfen (Juli 1879). Das Königtum der formal selbstständigen Zulu-Gebiete existierte jedoch immer weiter fort Der gegenwärtige König ist Goodwill Zwelethini ka Bhekuzulu.
Die trotz der Einigungsbestrebungen immer noch in zahlreiche Stämme untergliederten Zulu wohnen traditionellerweise in grasbedeckten Kuppelhütten, die in Streusiedlungen arrangiert sind. Die wirtschaftliche Grundlage des Lebens bildete früher nahezu ausschließlich die Viehzucht. Gegenwärtig sind viele Zulu als Industrie-, Berg- und Farmarbeiter beschäftigt.
Nur noch eine Minderheit hängt der traditionellen Zulureligion an; neben dem zweifellos zentralen und dominierenden Ahnenkult gibt es in dieser Religion auch Beziehungen zu Gottheiten. Beispielsweise existieren Vorstellungen von einem obersten Himmelsgott (Inkosi Yezulu), dem Blitz und Donner zugeordnet werden. Daneben wird eine Fruchtbarkeitsgöttin (Inkosana Yezulu) angerufen und verehrt. Als Prinzessin des Himmels ist sie auch Schutzherrin der Frauen.
In der Erzählung über die Ahnenkuh wird die lebensweltlich allumfassende Bedeutung des Rindes deutlich.
Das Rind ist in den Augen des afrikanischen Viehzüchters ein Teil seiner selbst (vgl. Sundermeier, S. 129f.). Alles am Rind ist nützlich – vom Dung und Urin als Beimischung zum Lehm beim Hausbau bis zur Haut als Ausgangsmaterial für Kleidung und Schmuck.
Die im Text beschriebene Transzendenzerfahrung ist ein Beispiel der von Sundermeier so bezeichneten »Primären Religionserfahrung«. Sie ist in Kleingesellschaften und Stammesgesellschaften beheimatet, die vor allem durch einen hohen Grad an gegenseitiger (verwandtschaftlich bestimmter) Bekanntheit geprägt ist. Das religiöse Verhältnis zwischen den Menschen und den existenztragenden transzendenten Sphären (hier: die Ahnen) beruht auf mythischen und analogischen Denkweisen. Auf diese Weise deckt Religion alle Lebensbereiche ab und schließt eine Menschengruppe zu einem religiösen Verbund zusammen, der bis in kleinste Verhaltensweisen die Religiosität des Einzelnen durchdringt und bestimmt.
Die »Sekundäre Religionserfahrung« verortet Sundermeier in (tendenziell zunächst einmal unübersichtlicheren) größeren Gesellschaften. Religion wird nun bestimmt durch Elemente der begrifflichen, rationalen Durchdringung, an deren Ende gar ein ganzes System von »Theologie« stehen kann. Hinzu kommen Techniken der schriftlichen Codierung und Überlieferung sowie schließlich universellem Anspruch auf Gültigkeit.
Zugespitzt kann nach Sundermeier gesagt werden: Die primäre Erfahrung von Religion wird durch das sinnlich und intuitiv Erfahrene konstituiert. Sekundäre Religionserfahrung durchdringt diese Gegebenheiten durch theoretisch erarbeitete Vorstellungsgehalte.

S. 41–43 Kap. 23 Theorien zum Monotheismus

S. 41 Erik Hornung, Die neue Religion des Echnaton
Die Seite präsentiert Material zu einer jüngst heiß diskutierten These über die Entstehung des Monotheismus.
Zur Orientierung und Einordnung des Textes zunächst einige allgemeine Informationen:
Ausgangspunkt ist die These, dass die so genannte »monotheistische Revolution« Amenophis' IV. (Echnaton) Wurzel und Ursprung, wenigstens aber Vorläufer des (biblischen) Monotheismus sei.
Echnaton war der 9. Pharao der 18. Dynastie. Die Datierungen seiner Herrschaft sind stark schwankend. Neben dem im Schülerheft notierten Datum der Thronbesteigung kursieren auch Datierungen, die seine Herrschaftszeit deutlich früher anlegen (z. B. 1351–1334 v. Chr. oder 1364–1347 v. Chr.). Geboren als zweiter Sohn von Amenophis III. und seiner Gemahlin Teje bestieg er nach dem frühzeitigen Tod seines älteren Bruders Thutmoses den Thron.
Im Rahmen seiner Herrschaft vollzog Amenophis IV. (später Echnaton) eine radikale Wendung in der ägyptischen Reichsreligion, die sich am eindrücklichsten in der Neuerrichtung einer Hauptstadt versinnbildlicht. Am Anfang seiner Herrschaftszeit noch in Theben residierend, errichtete Amenophis IV. die auf dem Ostufer des Nils in Mittelägypten gelegene neue Hauptstadt Achet-Aton (Horizont des Aton), heute tell al-Amarna. Die Stadt wuchs rasch zu einer großen Metropole von ca. 50.000 Einwohnern an; die alten Zentren Theben und Memphis blieben Verwaltungssitze. Der Kult um den einzigen Reichsgott Aton wurde in Achet-Aton / Amarna in zwei Tempeln vollzogen. Die Gründung der Stadt inszenierte also die Verlegung des Herrschaftszentrums mit der Etablierung und Ausgestaltung eines völlig neuen religiösen Kultes. Dabei ist zu beachten, dass die Existenz einer Königsstadt mit ihren Tempeln und religiösen Festen für die altägyptische die kosmische Weltordnung garantierte und sicherte. Folgende Elemente des religiös-sozialen Umbaus haben nach Jan Assmann zu einer tief greifenden, wenn auch zeitlich kurzen Traumatisierung der ägyptischen Gesellschaft geführt:
- Aufbau einer neuen Reichshauptstadt ohne jeden sichtbaren Bezug zu den Tempelanlagen der alten Gottheiten;
- Abbruch der alten religiösen Riten und Feste;
- Zerstörung von Götterbildern;
- Tilgung von Götternamen;
- Entmachtung der bisherigen priesterlichen Aristokratie.

Vor allem die Aufhebung der religiösen Feste, d. h. besonders der großen Prozessionen musste auf die gesamte Bevölkerung Ägyptens zutiefst verstörend wirken; denn aus Anlass dieser Prozessionen »verließen« die Götter sinnenfällig die dunkle Abgeschiedenheit der Tempel, in denen sie nur den Priestern zugänglich waren.

Gegen die polytheistische Götterwelt setzte Echnaton die alleinige Verehrung Atons, dessen ferne und alleinige Präsenz die Sonnenscheibe repräsentiert. Dabei findet eine Abstraktion von hohen Graden statt. »Aton« ist das ägyptische Wort für »Scheibe«. Präzise heißt der Gott der neuen Religion darum »lebende Scheibe«. Entsprechend der Name Echnaton: »Der Sonnenscheibe wohlgefällig«.

In der »Amarna-Religion« gibt es keine Kultbilder mehr. Die Sonne ist durch ihr Licht im Tempel gewissermaßen die einzig legitime bildhafte Repräsentation der einzigen Gottheit. Der Pharao ist ihr oberster Priester, der allein das Recht hat, direkt mit ihr zu sprechen.

Die religiöse Revolution Echnatons dauerte nur kurz. Er starb im 17. Jahr seiner Regierungszeit. Die Rückkehr zu den alten Gottheiten vollzog sich rasch und konsequenterweise begleitet von einem Aufgeben der Stadt Achet-Aton und der Zerstörung der von Echnaton erbauten Tempel. Der polytheistische Roll-back brachte es auch mit sich, dass der Name Echnaton später aus den Königslisten getilgt wurde.

Ein Text auf der so genannten »Restaurationsstele« des berühmten Pharaos Tut-Anch-Amun charakterisiert die Zeit Echnatons noch als Periode des Verfalls und der Verderbnis für die Religion und Gesellschaft: »Das Land machte eine Krankheit durch.«

Assmann sieht in der religiösen Revolution Echnatons die Wurzel für einen biblischen Monotheismus, der einen bilderstürmerischen (ikonoklastischen) Gestus mit einem gewaltbereiten Absolutheitsanspruch in Frage der religiösen Wahrheit verbindet.

Die Verbindung zum Alten Testament ergibt sich für Assmann durch die Gestalt des Mose. Als Zentralfigur des biblischen Exodus ist Mose zugleich der am ägyptischen Hof erzogene Hebräer. Im Rückgriff auf Thesen Sigmund Freuds erinnert für Assmann zunächst einmal der Name Mose an ägyptische Namen (z. B. Thutmose, der Bruder Amenophis' IV.); vor allem aber sind für Assmann die Strukturähnlichkeiten des biblischen »Anti-Ägyptianismus« mit dem Monotheismus des Echnaton unübersehbar: strikter Monotheismus; Ausschluss magischer Riten; anikonische Tendenz (Ausschluss von Götterbildern); Betonung ethischer Forderungen.

Neben diesen Strukturähnlichkeiten existieren auch einige, wenn auch schwächer ausgebildete historische Gründe für eine mögliche Abhängigkeit: Danach haben kanaanäische Semiten zur Zeit der so genannten Hyksos in Ägypten gelebt. Diese u. U. aus Syrien und Kanaan eingewanderten Semiten schwangen sich zwischen 1650 und ca. 1530 v. Chr. als Herrscher in Ägypten auf. Sie nahmen die ägyptische Kultur an und führten wohl Streitwagen und Sichelschwert als Kampfmittel in Ägypten ein. Die Hyksos wurden jedoch ab ca. 1514 v. Chr. durch die späteren Herrscher der 18. Dynastie vertrieben. Diese Vertreibungsgeschichte bildete für die Bibel demnach den historischen Raum, in den der biblische Exodus eingezeichnet wurde.

Erik Hornung war zuletzt bis zu seiner Emeritierung Professor für Ägyptologie in Basel. Im vorliegenden Text präsentiert sich der Wissenschaftler auch als Popularisator der oben skizzierten wissenschaftlichen Debatte.

Die im Text angesprochene »Dreiheit« von Gottheit, Pharao und Königin sollte nicht als Hinweis auf »Entsprechungen« zur Trinität missdeutet werden. Vielmehr geht es Hornung darum, die Ausschließlichkeit des direkten Zugangs zur Gottheit zu betonen, die nur dem König und seiner Gemahlin gewährt war. In einer längeren Untersuchung (s. u.) hat Hornung den unbedingten Charakter dieser Ausschließlichkeit noch einmal betont. Im Text wird auch deutlich gemacht, dass sich die Wucht der religiösen Revolution Echnatons nicht von Anfang an entfaltete, sondern erst allmählich entwickelte.

Der Ausdruck »Re Harachte« bezeichnet eine Gottheit der traditionellen ägyptischen Religion, in der die Götter Re und Harachte zu einer Einheit verschmelzen. In bildhaften Darstellungen wird Re Harachte meistens als sitzender Mann mit Falkenkopf dargestellt. Am Kopfschmuck trägt er eine Uräussschlange, die auch Kopfschmuck der Pharaonen war, sowie eine Sonnenscheibe.

S. 41 Auszüge aus dem Sonnengesang Echnatons

Bereits in dem abgedruckten Ausschnitt zeigt sich, dass Aton, der einzige Gott, sein Wesen und seine Macht nicht in dramatischen Kämpfen (zum Beispiel mit anderen Göttern oder Chaosmächten) durchsetzen muss. Darin unterscheidet sich der Duktus dieses Sonnengesangs von den Sonnenhymnen der traditionellen ägyptischen Religion. In ihnen inszenierte der Gang der Sonne einen täglichen, dramatisch angelegten Prozess der Welterneuerung, bei dem alle Götter zusammenarbeiteten.

Anklänge an diesen Sonnenhymnus finden sich in Psalm 104. Ps 104,20–23 erinnert mit der Schilderung von Tag und Nacht mit ihren spezifischen Unterschieden (Nacht: Zeit der wilden Tiere; Tag: Rückzug der Tiere und Zeit der Arbeit des Menschen) an Passagen aus Echnatons Hymnus. Dort heißt es über die Nacht: »Jeder Löwe kommt aus seinem Haus, alle Schlangen beißen« – über den Tag: »Die Menschen erwachen und stehen auf ihren Füßen, du hast sie aufgerichtet. [...] Das ganze Land macht sich an die Arbeit«.

Die enge Verbundenheit zwischen Echnaton und der Gottheit Aton wird bereits durch den Namen deutlich. Die vollständige Deutung des Namens Echnatons hat folgende Fassung: »Es lebte Re, der Herrscher der beiden Lichtberge [= östl. und westl. Horizont] der frohlockt im Lichtberg in seinem Namen als Vater, der wiedergekommen ist als Aton.« Die »alte« Sonnengottheit Re ist als Aton (»Scheibe«) die neue, nun einzige Gottheit.

S. 41 Abb.: Echnaton und Nofretete verehren Aton
Erläuterungen siehe oben, »Die Bilder des Themenblocks«.

S. 42 Katsumi Takizawa, Das Absolute
[*Corrigendum:* Vor- und Nachname des Autors ist im SH leider vertauscht.]
Der Text dokumentiert einen Teil der intellektuellen Biographie eines der bedeutendsten japanischen Theologen. Takizawa geht dabei einen Dreischritt, dessen Dramaturgie fast an eine Bekehrungsgeschichte erinnert.
a) Begegnung mit dem alten Bauern als Auslöser tiefgreifender Fragen nach dem Sinn der eigenen Existenz.
b) Studien und Beschäftigungen mit intellektuellen Antworten, die aber nicht wirklich befriedigend sind.
c) Begegnung mit der Philosophie Nishida Kitaros, anfängliche Probleme und schließlicher Durchbruch zum Wesentlichen.

In einem von Zen-Buddhismus geprägten Elternhaus aufgewachsen, wird ihm die im Text erzählte Episode mit dem arbeitswütigen alten Mann zur Initialzündung für das Studium der Philosophie. Der von Takizawa erwähnte und besonders hervorgehobene Philosoph Kitaro Nishida (1870–1945) gilt als führender japanischer Denker des 20. Jahrhunderts. Eine philosophische Denkfigur Nishidas behandelt die »Logik des Ortes« als Ausgangspunkt von Erkenntnistheorie und Ontologie (= philosophische Lehre vom Sein). Der Begriff des »Ortes« gibt die ausschlaggebende Grundkategorie für die gesamte philosophische Arbeit her. Die erwähnte Kyoto-Schule der Philosophie hat, lange bevor dies in der neueren europäischen Philosophie thematisch wurde, eine Philosophie des Raumes oder Feldes (japanisch: basho) entwickelt. Dabei gilt: Die Verbindung des Einzelnen mit dem Absoluten realisiert sich nicht außerhalb des Denkens oder außerhalb des Bewusstseins, sondern im »Prädikat«, das dem (menschlichen) Subjekt zugeschrieben wird. – Was ist dabei mit »Prädikat« gemeint, das Takizawa als »transzendent«, »umfassend real«, »an und für sich selbst leuchtend« bestimmt?

Was ist philosophisch ein Prädikat und in welcher Weise wird es im vorliegenden Text gebraucht?
In der (abendländischen) philosophischen Logik bedeutet »Prädikat« (von lat. praedicare, »ausrufen« aussagen«) eine Näherbestimmung von Gegenständen oder Personen. Dies unterscheidet die philosophische Verwendung des Begriffes »Prädikat« in gewisser Weise auch von der grammatikalischen. Zwei Beispiele:
a) Im Satz »Der Regen tropft auf das Dach.« ist der Ausdruck »tropft auf das Dach« das Prädikat des Subjektes »Regen«.
b) Im Satz »Manfred blickt in die aufgehende Sonne« ist der Ausdruck »blickt in die aufgehende Sonne« das Prädikat des Subjektes »Manfred«.

An diesen Beispielen wird deutlich, was geschieht, wenn Takizawa das Prädikat mit so gewichtigen Begriffen wir »transzendent«, »umfassend real« oder »leuchtend« versieht. Das Absolute zeigt sich dann nicht in einem (beispielsweise von Lebenssituationen) abstrahierten Gefüge. Abstrahierende, theoretisierende Aussage über Beziehungen zwischen »Gott und den Menschen im Allgemeinen« sind eigentlich unerheblich und obsolet. Vielmehr scheint »das Absolute« in der konkreten Situation auf; abseits dieser Situation ist es gar nicht fassbar. Was in der logisch-philosophischen Tradition also nur ein zufälliges Bestimmtsein ist (Beispiel B: »blickt in die aufgehende Sonne«), ist für Takizawa der einzig legitime Ort, an dem das Absolute überhaupt aussagbar wird. Nur wer ganz »in einer Situation ist«, kann das Absolute überhaupt thematisieren. Allgemeine spekulative Sätze über dieses Absolute sind deshalb unangemessen.

Katsumi Takizawa und die Theologie
Das Studium bei Karl Barth (1933–1935) führte Takizawa zur Taufe (zusammen mit seiner Frau) und zum Entschluss, christlicher Theologe zu werden. Trotz dieser »Initialzündung« hatte Takizawa immer wieder Vorbehalte und Kritik gegenüber bestimmten christologischen Entscheidungen Barths; auch diese gründeten in der oben skizzierten Philosophie des Raumes. So ist nach Takizawa der »konkret-universale Gott« nur am »Ort« des einzelnen Menschen wahrhaft existent. Diese Konstellation ist für Takizawa allerdings ein universelles »Urfaktum«, das sich immer wieder im konkreten Leben der Menschen vollzieht. Nur als solches ist er für den einzelnen Menschen wirklich der »Immanuel« (Gott mit uns), wie er sich in Jesus Christus zeigt. Dieser Ansatz relativiert für Takizawa auch den Ort der *Kirche* Jesu Christi als Ort der Offenbarung Gottes.

S. 42 Theorien zum Monotheismus
Die kurze Skizze über die Entstehung von Monotheismustheorien geht vor allem auf das im 19. Jahrhundert entwickelte Konzept einer Evolution des Gottesglaubens vom Polytheismus zum Monotheismus aus. Die Bemerkung, wonach »Monotheismus der Sache nach bei vielen Religionen« gegeben sei, bedarf noch der Differenzierung. So ist zum Beispiel in bestimmten Traditionsströmen des Hinduismus die Vorstellung lebendig, dass hinter der Vielzahl der Gottheiten im Grunde genommen nur eine Gottheit verborgen sei; so kann im Hinduismus die monotheistische Verehrung eines Gottes ebenso möglich sein wie die polytheistische oder die dämonistische Verehrung vieler Götter« (Axel Michaels).

Übersicht zu einigen im Text erwähnten Monotheismus-Theorien

Autor	Hauptwerk zur religionsphilosophischen Fragestellung	Zentrale Perspektive in der Frage der Entwicklung der Religion oder des Monotheismus
Georg Wilhelm Friedrich Hegel (1770–1831)	Vorlesungen über die Philosophie der Religion (1821)	Religionen sind Ausdruck einer Bewegung des (Welt-) Geistes, der in einem Prozess von einfacheren zu komplexen Formen fortschreitet. Dabei gibt es Abstufungen (z. B. Religion der Erhabenheit – Religion der Schönheit) Die »absolute Religion« stellt dabei die Spitze aller religiösen Formationen dar.
Auguste Comte (1798–1857)	Catéchisme positive (1852)	Ähnlich der Entwicklung eines einzelnen Menschen durchläuft auch die Menschheit verschiedene Entwicklungsphasen. In ihrer ersten, kindheitlich-religiösen Phase sind menschliche Gesellschaften noch einem Glauben an eine machtvolle Beseelung natürlicher Dinge (Fetischismus) verhaftet. Religion wird dann im Glauben an viele Götter (Polytheismus; 2. Phase) und schließlich (3. Phase) in der Verehrung eines einzigen Gottes sichtbar. Die höchste religiöse Stufe ist die Religion der Humanität (letzte Phase). Dies ist die säkulare Religion einer wissenschaftlich-technisch fortentwickelten Gesellschaft.
Edward Burnett Tylor (1832–1917)	Primitive Cultures (1871)	Religion ist »Glaube an geistige Wesen«. Der »Animismus« (von lat. Anima, Seele; Begriff von Tylor geprägt) ist als Glaube an die machtvolle Beseelung von Menschen, Tieren, und Gegenständen der Ursprung aller Religionen: er findet sich hauptsächlich in so genannten primitiven Kulturen.
Wilhelm Schmidt (1868–1954)	Der Ursprung der Gottesidee; 12 Bde. (1912–1955)	In einer Art »Uroffenbarung« setzt Gott den Glauben an sich als den Schöpfer. Die biblische Schöpfungserzählung vom Garten Eden bewahrt in mythologischer Form Erinnerungen an dieses Geschehen auf. Diese Erinnerungen sind nach Schmidt auch ethnologisch nachweisbar.

Die schon zu seinen Lebzeiten v.a. bei Ethnologen höchst umstrittene Theorie Schmidts hatte einen Vorläufer beispielsweise in Lessings Schrift »Von der Erziehung des Menschengeschlechts«. In den §§ 6–7 geht Lessing von einem ursprünglichen Monotheismus der Menschen aus, der dann aber »den einzigen Unermesslichen« (= Gott) in viele einzelne »Ermessliche« zerlegte (= viele Götter). Dadurch sei es zum Polytheismus gekommen, auf den Gott dann aber schließlich durch sein Erwählungshandeln an Israel reagiert habe.

S. 43 Alex Grey, Licht
Erläuterungen siehe bilddidaktische Einführung in den Themenblock F.

S. 44–45 Kap. 24 Buddhismus und Christentum: Ist der Buddhismus atheistisch?

S. 44 Existiert Buddha?
Der Dialog wurde dem Werk Milindapanha entnommen (übers.: Fragen des Königs Menandros), dessen Titel ursprünglich »Lehrrede des Mönches Nagasena« lautete.

Der Weise Nagasena lebte ca. 150 v. Chr.; Milindapanha (Menandros) war ein graeco-indischer König, der im 2. Jh. v. Chr. ein Königreich im Nordwesten Indiens regierte; dieses war im Anschluss an die Eroberungszüge Alexanders des Großen entstanden. Es ist allerdings historisch fraglich, ob sich Menandros wirklich zum Buddhismus bekehrte. Buddha und seine Lehre bedingen sich gemäß der Lehrrede des Mönches gegenseitig. Der »Körper der Lehre« ist der neue Realisationsort des im Nirvana erloschenen Buddha.

S. 44 Sind die Götter ewig?
Die Passage stammt aus einer Sammlung von Lehrreden, deren Anfänge wahrscheinlich auf das 1. Jh. v. Chr. zu datieren sind; die Schlussredaktion stammt vermutlich aus dem 2.–3. Jh. n. Chr. (Name der Sammlung: Anguttura Nikaya [Angereihte Sammlung]). Als Dokument des frühen Buddhismus präsentiert der Textauszug damit eine in sich spannungsreiche Gotteskonzeption. Der Religionswissenschaftler Axel Michaels bemerkt dazu im Anschluss an Raimon Pannikar: »Der frühe Buddhismus ist weder atheistisch (er erkennt die Götterwelt bis zu einem gewissen Grad noch an) noch theistisch (er billigt ihnen

nicht die Allmacht zu), sondern allenfalls paratheistisch (er transzendiert den Theismus) oder supratheistisch (er stellt sich über die Götter: ein Buddha gilt als Herr über Götter und Menschen)« (Luz, S. 153).

S. 44 Axel Michaels, Der Gott Buddhas und der Gott Jesu

Die argumentative Grundlinie des Textes stellt Jesu zentrale Verkündigung von der bereits anbrechenden Herrschaft Gottes in Kontrast zur Marginalisierung der Götter im Buddhismus: »Gott fehlt im Buddhismus und Jesus verlangt die Hinwendung zu Gott.«

Für die Bewertung der Gottheiten ist es nach Michaels nun von zentraler Bedeutung, dass der Buddhismus das Ganze der Welt in insgesamt drei »Teilwelten« unterteilt. Die Positionierung der Götter in der niedrigsten der drei Welten, der so genannten kamaloka, symbolisiert deren geringe Bedeutung. Im kamaloka sind nämlich neben den Gottheiten auch die Tier- und Dämonenwelt sowie die sinnenhaft wahrnehmbare Welt der Menschen angesiedelt; diese Welt ist der enttäuschungsgefährdeten sinnlichen Begierde unterworfen, was sich auch daran zeigen mag, dass im abgedruckten Textabschnitt die Götter wehklagen und jammern.

Die beiden anderen Welten der Drei-Welt (triloka)-Konzeption des Buddhismus sind:

– Rupaloka. Dies ist eine Welt von feinstofflichen Gottheiten (Sanskrit: devas), deren Namen zum Teil aus der Veda der hinduistischen Religion entliehen sind; diese Gottheiten besitzen zwar pachtvolle Paläste und sind mit außerordentlicher Macht und Lebensfülle ausgezeichnet. Doch sind auch diese Götter sterblich. Sie können auch, bei entsprechen ungünstigen Verhältnissen ihres Kharmas, in eine niedrigere Daseinsstufe gelangen.

– Arupaloka. Dies ist eine Welt der höchsten meditativen Versenkung. Dieser Zustand der Versenkung in intensiver und von allen konkreten Bezügen losgelöster Meditation ist dem Menschen, aber auch bestimmten Göttern möglich. Götter in dieser Welt unterscheiden sich also wenigstens in einem wesentlichen Kriterium nicht von den Menschen.

Der Bezug auf Lk 17,21 in der Darstellung von Jesu Reich-Gottes-Konzeption betont noch einmal die grundlegende Differenz zwischen Jesus und Buddha. Die Gottesherrschaft ist für Jesus eben nicht ein Moment der letztlich weltlosen Versenkung des einzelnen Gläubigen; vielmehr ist das Reich Gottes eine auf Gemeinschaft hin ausgerichtete Bestimmtheit jedes individuellen Menschen; diese Bestimmtheit zeigt sich dann freilich auch in seinem Inneren.

S. 45 Buddhastatue im Dharmikarama-Tempel, Malaysia

Erläuterungen s. o., »Die Bilder des Themenblocks«.

Kap. 25 Abrahamitische Religionen: Monotheismus und Trinität

S. 46 Ottmar Keel / Silvia Schroer, JHWH und die Göttinnen

Die Thesen von Keel und Schroer fußen auf archäologischen Funden (vgl. unten) und der Analyse von biblischen Texten unter religionsgeschichtlichen Gesichtspunkten. Diese Doppelperspektive machen die wesentlichen Forschungsschwerpunkte der erwähnten Fribourger Schule aus.

1. Die Naturgottheit Aschera ist eine kanaanäische Göttin, die in Texten aus Ugarit auch als Gattin des höchsten Gottes El auftritt. Der Begriff Aschera bezeichnet sowohl die Gottheit als auch den ihr geweihten Kultpfahl. Verschiedene außerbiblische Inschriften bringen den Gott JHWH aber in eine enge Verbindung mit Aschera. In einer Inschrift, die in Kuntilet Agrud gefunden wurde heißt es: »Ich segne euch bei JHWH von Samaria und seiner Aschera.«

Aschera wird nach biblischem Zeugnis bereits in der frühen Richterzeit bekämpft. In Ri 6,25 befiehlt ein Engel JHWS dem Richter Gideon, eine Ascherastatue seines Vaters umzuhauen und dem wahren Gott einen Altar zu errichten.

2. Die These von Keel und Schröer, wonach im vorexilischen Israel eine deutliche Präsenz von Göttinnen im vorexilischen Israel zu konstatieren war geht vor allem auch auf archäologische Funde zurück. Bei Ausgrabungen im Gebiet des biblischen Südreiches Juda stieß man auf Wohnhäuser, in denen man zum Teil hunderte von kleinen Figurinen (10–15 cm hoch) mit weiblichen Gestalten fand. Die Archäologen nahmen an, dass es sich bei den Gegenständen um Schutzfiguren oder Adorationsfiguren für die private Familienfrömmigkeit handelte; genauer wurde an Darstellungen der Göttin Aschera gedacht. Wichtige biblische Referenztexte, die sich kritisch mit der Verehrung weiblicher Gottheiten auseinandersetzen finden sich im 44. Kapitel des Jeremiabuches. Der Prophet setzt sich darin kritisch mit der Verehrung der Himmelsgöttin auseinander, der die Gegner Jeremias Schutz- und Erhaltungsfunktionen beimaßen (vgl. vor allem Je 44,15ff.). Auch die theologische Tendenz der biblischen Königsbücher ist in dieser Hinsicht eindeutig: Kritisiert wird der Kult der Aschera als Frevel an der Alleinverehrung JHWS. (1. Kön 15,13; 1. Kön 16,33; 2. Kön 21,3.7).

S. 46 Johann Figl, Die Abrahamitischen Religionen

Der Text charakterisiert zunächst die drei Religionen Judentum, Christentum und Islam, indem er jeweils zentrale Glaubensaussagen präsentiert, die allesamt die Einheit Gottes thematisieren. Den beiden jüngsten der drei Religionen werden charakteristische Hinzufügungen zugewiesen, von denen der trinitarische Glauben des Christentums als »wichtigste Differenz« benannt wird.

Zum Ausdruck »abrahamitische Religionen«

Der Ausdruck »abrahamitische Religionen« markiert die Tatsache, dass alle drei Religionen Abraham als Vorbild des Glaubens verehren und an zentralen Orten ihres Glaubens thematisieren. Die jüdische Haggada etwa ehrt Abraham als Bewahrer des mündlichen Gesetzes, das von Gott gegeben war, ehe Israel über die Vermittlergestalt des Mose die Thora als schriftliche Verkündung des Gotteswillens erhielt.

Das Christentum sieht Abraham als Vater des Glaubens (Röm 4). Ein wohl recht früher Beleg für die Denkfigur von den »abrahamitischen Religionen« findet sich in Dokumenten des Zweiten Vatikanischen Konzils. In einer »Erklärung über das Verhältnis zu den nichtchristlichen Religionen« heißt es: »Bei der Besinnung auf das Geheimnis der Kirche gedenkt die Heilige Synode des Bundes, wodurch das Volk des Neuen Bundes mit dem Stamme Abrahams geistlich verbunden ist« (zitiert nach: Adel Th. Koury [Hg.], Lexikon religiöser Grundbegriffe. Judentum – Christentum – Islam, Wiesbaden 2007, S. VII).

Für den Islam schließlich ist Abraham der Vertreter eines völlig konsequenten, radikal bilderkritischen Monotheismus; gemäß Sure 21,59–67 überführt Abraham die götzendienerische Religiosität seiner Heimatstadt Ur der theologischen Ungereimtheiten. Abraham erhält den Ehrentitel »Gottesfreund« (Khalil Allah). Das größte Opferfest im religiösen Kalender des Islam (Id al adha) erinnert an das Opfer Abrahams (vgl. Gen 22,1–19), bei dem am Ende statt des Sohnes Isaak ein Widder geopfert wird. Schließlich wird Abraham sogar zum Prototypen des Muslim.

Der integrative Begriff der abrahamitischen Religion sollte allerdings nicht überlastet werden. Es ist unumgänglich, auch um der Kultur der Differenz willen (vgl. SH S. 64–65 und bes. S. 65), sich der oben angedeuteten Interpretationsdifferenzen bewusst zu sein. Abraham wurde in der Vergangenheit oft eben gerade nicht durchgängig als wechselseitige Integrationsfigur zwischen den drei Religionen thematisiert. Vielmehr fungierte er in den unterschiedlichen Religionen als prototypisches Vorbild der je eigenen Glaubensweise.

Zum Trinitätsglauben als »Alleinstellungsmerkmal« und »hartes Differenzkriterium« des Christentums

Die Ablehnung der Trinitätslehre durch das Judentum gründet in dem unbedingten Bekenntnis zur Einheit Gottes. Von daher finden sich namentlich in Werken des mittelalterlichen Judentum deutliche und kritische Anfragen an die christliche Trinitätslehre. Die Rabbinern beziehen sich dabei mehrfach auf das Goldene Kalb als »Dual« des einen, wahren Gottes. Der Ausdruck »Dies sind deine Götter, Israel, die dich aus Ägypten geführt haben (vgl. Ex 32,4) verweist auf eine inakzeptable Pluralisierung Gottes. Ähnliche Tendenzen finden sich öfters, z. B. in der strikten Ablehnung genealogischer Verhältnisbestimmungen (Mutter-Vater-Sohn), wenn von Gott die Rede ist.

Der Islam geht besonders scharf mit der Trinitätslehre ins Gericht. Diese wird als krasser Verstoß gegen die Einzigkeit Gottes angesehen. Entsprechend finden sich bereit im Koran deutlich ablehnende Passagen (Beispiele: vgl. SH S. 47). Diese Amr ibn Bahr al-Djahiz, ein islamischer Theologe des frühen Mittelalters (gest. 869) kritisiert den trinitarischen Glauben der Christen: »Wie die Lampe Öl, einen Docht und einen Behälter braucht, so ist ihnen das Wesen Gottes dreigeteilt.« Die Wurzel dieses Übels der Aufteilung Gottes sieht al-Djahiz im christlichen Glauben an die Menschwerdung Gottes in Jesus Christus. Damit wird für ihn im christlichen Glauben neben der Einheit auch die absolute Transzendenz Gottes verletzt. In jüngster Zeit wird anlässlich des christlich-muslimischen Dialogs von einigen muslimischen Gesprächspartnern differenzierter geurteilt. So wird vereinzelt anerkannt, dass die klassischen christlichen Glaubensbekenntnisse die Einheit Gottes thematisieren; abgelehnt werden dann nur noch tritheistische Fehlinterpretationen des Glaubens an den dreieinen Gott. Diese muslimischen Differenzierungen sind allerdings noch keineswegs Allgemeingut.

S. 47 Hans-Martin Barth, Trinität

Barth hat in seiner Dogmatik die Trinitätslehre als adäquate und maßgebliche Gotteskonzeption des christlichen Glaubens präsentiert. In diesem Textausschnitt verwendet Barth die Trinitätslehre als hermeneutischen Schlüssel zum Verstehen von fremden Religionen (Buddhismus, Judentum und Islam). Die Trinitätslehre umgreift danach die allen Religionen eigene Bearbeitung und Thematisierung einer Spannung zwischen Absolutem und Relativem.

Für das *Judentum* sieht Barth eine mögliche Binnendifferenzierung in der Gotteskonzeption der Schechina und des Geistes Gottes. Die Schechina (Übersetzung: Das Wohnen Gottes) kann innerhalb des Judentums zu unterschiedlichen Zeiten und in unterschiedlichen Traditionen Verschiedenes bedeuten. Nach rabbinischer Auffassung entfernte sich die heilvolle Nähe Gottes durch die geschichtlichen Verfehlungen des Volkes. Erst das Auftreten Gerechter sichert letztlich – und sei es nur temporär – die Gegenwart Gottes. Die Schechina wurde im modernen Judentum allgemein als Bewegung Gottes zur Welt hin verstanden (Martin Buber), oder aber als transrationale Kraft zum Guten (Mordechai Menachem Kaplan) bzw. zur alles erfüllenden Vitalität, zum Schöpfergeist (Rab Kook). Im Talmud wird die Schechina, die Einwohnung Gottes, nicht an den Orten des Trübsinns oder der besinnungslosen Ausgelassenheit vermutet, sondern lediglich dort, wo sich freudige Stimmung und fromme Handlungen zusammenfinden.

Die von Barth für den *Islam* vorgesehene »Binnendifferenzierung« zwischen Gott, dem Koran und dem Propheten umkreist die für den Islam zentrale Frage, wie die hoheitliche Transzendenz des einen Gottes überhaupt mit weltlichen Gegebenheiten, Personen und Beauftragungen zusammen gehen kann. Mohammed ist beispielsweise einerseits die zentrale Gestalt (der Prophet) bei der Verkündung des Gotteswillens. Andererseits ist letztlich nicht etwa das Leben Mohammeds von Bedeutung, sondern lediglich die Tatsache, dass er mit einer letztgültigen Offenbarung konfrontiert wurde.

Die angesprochene Grundpolarität vollzieht sich nach Barth im *Buddhismus* in der Differenz zwischen Brahman, verstanden als absolutem Seinsgrund im Gegenüber zu den Gottheiten (Deva), die ja in ganz unterschiedlichen Welten durchaus in relativen und vergänglichen Zusammenhängen leben (vgl. dazu auch oben die Erläuterungen zu S. 44).

Damit wendet Barth die seit Augustin gebräuchliche und auch immer wieder variierte Figur der vestigia trinitatis an. Danach gibt es »Verhüllungen« der Trinität in den Strukturen der Weltwirklichkeit, die durch rationales Erkennen aufgedeckt werden können.

S. 47 Chung Hyun Kung, Komm, Ruach

Die koreanische Theologin bezeichnet sich inzwischen als reflektierte Synkretistin (Interview von 2003) und hat eine Annäherung an buddhistische und hinduistische Kharma-Konzeptionen vollzogen. Im Jahr 1999 lebte sie für längere Zeit in einem buddhistischen Kloster im Status einer Novizin. Ihr jüngstes theologisches Interesse gilt der feministisch-theologischen Arbeit mit muslimischen Frauen.

In ihrem Gebet wird ruach, gemäß der hebräischen Grammatik, als weiblich bezeichnet. Damit weitet die feministische Theologin nicht nur die Wirksamkeit des Heiligen Geistes auf Gestalten und Kräfte außerhalb des christlich-jüdischen Traditionszusammenhanges aus. Zugleich gemahnt die Gestaltung des Textes an eine Transzendierung rein männlicher Gottesvorstellungen; diese trinitarisch angelegte Revision eines männlich angelegten Gotteskonzeptes wurde zum Beispiel von dem Theologen Jürgen Moltmann und dem Dichter und Pfarrer Kurt Marti aufgenommen. Marti spricht beispielsweise in einem Essay von der ruach als der »Heiligen Geistin«.

Der biblische Bedeutungshorizont des Wortes Ruach ist ausgesprochen weit gespannt. Häufig bewegt sich der »Geist« im intermediären Bereich zwischen Gott und Mensch. In lautmalerischer Etymologie bezeichnet der Begriff ruach den Geist zunächst als elementare Natur und Lebenskraft; diese materialisiert sich im heftigen Schnauben der Wut (Jes 33,11) ebenso wie im Lebensatem (Jer 10,14). Gott wird in der hebräischen Bibel nicht direkt »Geist« genannt, aber sein Geist wirkt z.B. körperlich kräftigend (Hes 2,2), aber auch geistig, indem er zum Beispiel Visionen hervorruft (Hes 8,3). Der Geist Gottes – verstanden als segensspendende Macht – kann einem Menschen entzogen werden, einem anderen gegeben werden (paradigmatisch: 1. Sam 16,14). Die neutestamentlichen Autoren setzten das alttestamentliche Verständnis voraus, setzen aber andererseits auch neue Akzente. Der griechische Begriff »pneuma« steht dann beispielsweise im Gegenüber zum negativ irdischen Bestandteil des Menschen (Mk 14,38); Jesus wird vor allem bei Lukas als Geistträger bezeichnet (Lk 4,1.14 u. ö.), die Geburt Jesu »aus dem heiligen Geist« wird zum singulären Ereignis der Schöpfermacht Gottes (Mt 1,18). Schon früh wird die Auferstehung Jesu auf den Geist Gottes zurückgeführt (Röm 1,4; 1. Tim 3,16).

Beim Evangelisten Johannes wird der Geist Gottes schließlich zum eigenständigen Wesen, das eigene Aktivitäten in fast personaler Hinsicht entwickelt: Lehren, Erinnern, Zeugnisgeben etc. (Vgl. Joh 14,26; Joh 15,26).

S. 47 Die 99 Namen Gottes, Islamische Miniatur 1709

Die 99 Namen werden auch die 99 schönen Namen Gottes genannt. Die meisten der Namen stammen aus dem Koran oder leiten sich von koranischen Bestimmungen ab. Es gibt verschiedene Listen mit den 99 Namen, die auch untereinander differieren. Gewöhnlich werden die Namen in zwei Kategorien unterschieden, nämlich in jene, die das innerste Wesen Gottes beschreiben (addat), und in jene, die Gottes Qualitäten beschreiben. Weitere Kategorisierungen ordnen die Namen entweder der Grundeigenschaft göttlicher Majestät oder der Grundeigenschaft göttlicher Barmherzigkeit zu. Die Namen werden beim Gebrauch einer muslimischen Gebetskette mit 33 Perlen rezitiert. Bei dreimaligem »Durchgang« durch die Kette können dann alle 99 Namen rezitiert werden. Nach einem Hadith ist jedem, der die 99 Namen rezitiert, das Paradies sicher.

IV. Methodische Anregungen

Eine »Einstiegsstunde« mit den Bildern des gesamten Kapitels

Einstieg
Gebetshaltungen symbolisieren Haltungen gegenüber Gott.
– Möglicher Impuls durch die Lehrkraft: Über Gott kann man reden und nachdenken. Aber: In Religionen wird Gott/oder die Gottheit auch immer wieder im Gebet verehrt. Gebetshaltungen oder auch Haltungen der spirituellen Versenkung drücken so u. U. auch schon Grundverhältnisse zur Gottheit aus.
– Gruppenarbeit: Gebetshaltungen finden (mindestens zwei).
– Plenum: Darstellung der gefundenen Gebetshaltungen in Form von Standbildern. zu den gefundenen Gebetshaltungen: Ich welcher Religion wird diese Gebetshaltung ggf. verwendet? Was drückt sich in dieser Gebetshaltung aus?

Erarbeitung
(Gebets)Haltungen gegenüber Gott/Göttern/Kräften in den Bildern des Kapitels entdecken und beschreiben.
– Einzelarbeit: Betrachtung der »Gebetshaltungen« in den Bildern des Kapitels: Echnaton und Nofretete (S. 41), Alex Grey, Licht (S. 43), Mann vor der Buddhastatue im Dharmikarama-Tempel (S. 45).

- UG: Was drückt sich in der jeweilgen Gebetshaltung aus? [Mögliche Lösungshorizonte: Echnaton: »Erhebung« zu Gott; Alex Grey: Versenkung; Mann vor der Buddhastatue: Unterwerfung, Verehrung]
- Evtl. Überprüfung der gefundenen Ergebnisse an Texten. [Mögliche Perspektiven für Fragestellungen: Inwiefern ist die Sonne für Echnaton eine Gottheit? Ist es denkbar, dass der Buddhist im Bild aus dem Tempel Buddha als Gott verehrt?]

Vertiefung/Sicherung/Erweiterung
- Eintrag der Gebetshaltungen ins Arbeitsheft und Notation der wichtigsten Ergebnisse neben der jeweiligen Skizze.
- Mögliche Vertiefung als Hausaufgabe: Kurzessay / Impulstext zum Thema verfassen: »Menschen vor der Gottheit: Körperhaltungen und Einstellungen« o. ä. Thema.

S. 40 Kap. 22: Ethnische Religionen: Die Ahnenkuh

Einstieg
- (TA) in Anlehnung an ein Textelement:« Was macht mich unruhig?«
- Sammeln in Kleingruppen oder im Plenum: Beunruhigendes in unserem Leben – und mögliche Hilfsmittel dagegen.
- Evtl. Überleitung zu Erarbeitung. »Was macht einen Menschen in Afrika unruhig? Wie könnten seine Strategien aussehen?

Erarbeitung
- Lektüre des Textes und Zusammenstellung der »Beunruhigungsfaktoren« im Leben des Zulu. Fragestellungen: Was beunruhigt den Mann? Was braucht er, um dagegen angehen zu können? (Gegenstände und ihre Arrangements/Handlungen)
- Arbeitsauftrag: Finden Sie ein einfaches Symbol für den Augenblick der beginnenden Beruhigung des Zulumannes.
- Evtl. Vergleich der Klage des Zulu mit einem atl. Krankheitspsalm (z. B. Ps 38,3–9) (Kleines Gruppenpuzzle in Zweiergruppen). [Mögliche Horizonte des Vergleichs: Beschreibung von Krankheit und sozialer und sonstigen Problemlagen. Welche Hilfe wird von den Ahnen bzw. von Gott erwartet?]

Sicherung/Vertiefung/Erweiterung
- Evtl. erweiternde Zusammenstellung für Entsprechungen zur »Ahnenkuh« in modernen Lebenswelten. Überschrift: »Hilfreiches gegen beunruhigende Situationen«.
- Klassendiskussion: »Woran du nun dein Herz hängst, das ist nun dein Gott« (Martin Luther). Wo gilt dieser Satz auch bei der Zusammenstellung: »Hilfreiches in beunruhigenden Situationen?« Wo ist dieser Satz übertrieben?

S. 41–43 Kap. 23 Theorien zum Monotheismus

Einstieg
- Bildbetrachtung zu S. 43. Mögliche Fragestellung: Wo ist das Zentrum des göttlichen Lichts?
- Evtl. Übermalungsarbeit auf Kopien zum Bild: Übermalen Sie alles Unwesentliche und lassen Sie nur den »(Quell-)Ort des Göttlichen/Gottes« frei.

Erarbeitung
- Gruppenpuzzle zu den Großtexten S. 41 und 42. Thematischer Horizont: Wo wird der eine Gott bei Echnaton und Takizawa jeweils angesiedelt? Wo findet er seinen Ort?
- Zusammenstellung der Gruppenegebnisse im Tafelanschrieb. [Mögliche Ergebnisansätze: Im Echnatonkult situiert sich die Gottheit in der Sonne/beim oder inmitten des Königspaares. Bei Takizawa situiert sich die Gottheit/das Absolute in der jeweilig konkreten Situation des Menschen]

Vertiefung/Sicherung/Erweiterung
- Zuordnungsübung 1: »Ps 104 wird von Echnaton und von Takizawa gelesen. Schreibe jeweils einen Kurzkommentar.« (Auch als Hausaufgabe denkbar.)
- Zuordnungsübung 2: Diskussion einer Gruppe vor der Klasse: »Hätte die Arbeit von Alex Grey (S. 43) auch als Bild neben die ›Echnaton-Texte‹ gepasst? Nennen und diskutieren Sie jeweils Gründe für eine positive und eine negative Antwort!«

S. 44–45 Kap. 24 Buddhismus und Christentum: Ist der Buddhismus atheistisch?

Einstieg
Ein virtueller Brief auf die Eingangsfrage: »Der Gläubige auf dem Bild S. 45 wird mit der Frage »Ist der Buddhismus atheistisch?« konfrontiert: Welche Antwort würde er schreiben?« (Bearbeitung der Aufgabe in Partnerarbeit.)

Erarbeitung
- Lektüre des Textes. Kurzer Austausch.
- PA: Jesus, Buddha und die Gottesfrage: »Formulieren Sie zur Grundhaltung von Jesus und Buddha jeweils drei Thesen. Eine davon muss falsch sein.«
- Alle Arbeiten werden ausgelegt. Die einzelnen Zweierpaare durchwandern die Plätze mit den verschiedenen Lösungsansätzen. Notiz der jeweils falschen These.
- Gesamtgruppe: Korrektur der falschen Thesen.

Vertiefung/Sicherung/Erweiterung
Gestaltungsaufgabe für Einzelarbeit: Gestaltung eines Tafelanschriebs zum Themenkomplex: Ist der Buddhismus atheistisch? Grundlage: Elemente aus der Erarbeitungsphase.

F: Gott – Götter – Kräfte

Kap. 25 Abrahamitische Religionen: Monotheismus und Trinität

Einstieg
Schwierigkeiten mit der Einheit Gottes: Trinität
- Erarbeitung von **M 3**. Entschlüsselung der Trinitätssymbolik.
- TA der Sätze: »Der Herr ist unser Gott, der Herr allein ...« »Es gibt keinen Gott außer Gott ...« (vgl. SH S. 46: Johann Figl, Die Abrahamitischen Religionen).
- UG: Welcher Religion sind die Satzelemente jeweils zuzuordnen? Wie stehen diese Religionen wohl zur Rede vom dreieinen Gott? Durch welche Gegebenheiten könnte der Glaube an die Einheit und Einzigkeit Gottes generell in eine Krise geraten? (Eventuell: Hefteintrag)

Erarbeitung
Konfliktlagen um die Einheit Gottes
- Gruppenpuzzle zu den Texten der Doppelseite.
- Erarbeitungsphase I: Bearbeitung der Einzeltexte in den Expertengruppen (Fragen siehe unten unter »Arbeitsaufträge und Fragestellungen zu den Medien).
- Erarbeitungsphase II: Abgleichung der Ergebnisse in den gemischten Gruppen.
- Erarbeitungsphase III: UG »Gott, Einheit und Vielheit« – Welche Fragen und Probleme ergeben sich im Gespräch zwischen Menschen verschiedener Religionen?

S. 46 Othmar Keel / Silvia Schroer, JHWH und die Göttinnen

Einstieg
Welche Probleme schildert der Text bezüglich der Frage nach der Einheit Gottes? Welche Fronten und Strategien werden in dieser Frage werden deutlich? Welche Göttersymbolik zieht sich – verdeckt oder offen – durch die religiöse Konfliktgeschichte Israels? Halten Sie eine kurze Erläuterung Ihrer Ergebnisse für Arbeitsphase II [Gruppenpuzzle] bereit.

Erarbeitung
Erstellen Sie drei Symbole für die jeweiligen Glaubensaussagen in Judentum/Christentum/Islam. Legen Sie diese Symbole in der Arbeitsphase II [Gruppenpuzzle] Ihren Mitschülerinnen und Mitschülern vor und lassen Sie diese dann nach der richtigen Zuordnung suchen.

Vertiefung/Sicherung/Erweiterung
- Debatte vor der Gruppe.
  Gott – Eine(r) oder viele? Zwei SuS debattieren vor der Gruppe über Einheit und Vielheit Gottes. Die Gruppe beobachtet: Welche Argumentationslinien aus dem SH wurden aufgenommen bzw. thematisiert?

G: Menschenbilder

I. Inhaltliche Grundlegung

Das Thema im Überblick

Block G	Thema	Didaktisches Stichwort: Ansatzpunkte und thematische Horizonte für den Unterricht	Weitere Bezugspunkte (Schülerheft = SH; Lehrerheft = LH; Zusatzmedien im Lehrerheft = M)
Kapitel 26 Buddhismus – Westliches und östliches Bewusstsein, Religionspsychologie – Buddhistisches Menschenbild. Die fünf Skandhas. Das wahre Leben. Buddha und Jesus	– Unterschiede zwischen »westlichem« und »östlichem« Blick auf den Menschen. – Ausformungen und Variationen der buddhistischen Vorstellung vom »Nicht-Selbst« bzw. »Nicht-Ich«.	Elementare Ausgangsfragen: – Wer bin ich? – Welche Bewusstseinszustände kenne ich? – Wann bin ich »Ich«? – Was ist eine Person?	SH S. 66: Paul Tillich, Gott ist das, was uns unbedingt angeht. S. 67: Katsumi Takizawa, Das formlose Selbst. (Zwei Versuche, den »westlichen« und den »östlichen Blick auf den Menschen zusammenzubringen).
Kapitel 27 Erlösung und Glück – Buddhismus: Bestattungsritus – Rites de Passage – Darstellung der Gottheit Sridevi – Lutz Richter-Bernburg, Der Dschihad und der Weg der Toten im Islam – Das Paradies. Sure 56 – Anweisung an Muhammed Atta	– Elemente eines buddhistischen Bestattungsritus mit Anteilen nichtbuddhistischer Volksreligion. – Buddhistische Darstellung von Vergänglichkeit. – Das islamische Verständnis vom Dschihad in Verbindung mit der islamischen Vorstellung vom Paradies. Ursprungsbedeutung und terroristische Lesart.	– Konstitutive Elemente einer Bestattung. – Wie wollte ich (nicht) bestattet werden? – Vorstellungen von postmortaler Existenz und vom Paradies. – Umgang mit den Toten in der Gesellschaft. – Ikonographische Grundmuster in Bildern von Tod und Vergänglichkeit. – »Dschihad« als Reizwort. – Paradiesvorstellungen in Vergangenheit und Gegenwart (Werbung).	SH S. 31: Blumen vor dem Buckingham-Palast nach Lady Dianas Unfalltod (Kultische Verehrung einer Toten). SH S. 33: Tomi Ungerer, Judentransport (Auf dem Weg in den »namenlosen« Tod ohne Bestattung). SH S. 39: Islam: Angst und Mut (Töten im Namen Gottes – Das religiöse Selbstverständnis der Attentäter des 11. September 2001).
Kapitel 28 Gender und Religion (Islam) Hans-Martin Barth, Das erste Menschenpaar im Islam und in der Bibel	Die biblische/koranische Erzählung von der Menschenschöpfung als Urszene für das Verständnis der Würde von Mann und Frau.	– Was macht Menschenwürde aus? – Was sind Menschenrechte? – Kriterien für die Gleichbehandlung von Mann und Frau.	SH S. 59: Adam und Eva im Judentum (Eine »genderorientierte« Interpretation des Gedankens vom der Gottesebenbildlichkeit mit Rückbezug auf jüdische Tradition [Midrasch]).
Kapitel 28 Gender und Religion (Ethnische Religionen) Birgit Heller, Der Status von Frauen (S. 58)	These von der höheren »religiösen Bedeutung« von Frauen in ethnischen Religionen.	– Erfahrungswerte, Einschätzungen: Die soziale Stellung von Frauen in verschiedenen Religionen. – Welche Religionen kommen sofort in den Blick?	SH S. 29: Abb.: Eine anglikanische Priesterin bei der Zelebration des Abendmahls (Frauen als Priesterinnen im Christentum).
Kapitel 28 Gender und Religion (Islam) S. 60–61 (Texte zur Frauenfrage)	Ambivalenz der Stimmen: Die Selbstbefreiung der Emel Algan. Missverständnis »westlicher Freiheit« und die Pornographie.	Vor-Urteile zur Haltung des Islam gegenüber Frauen: Lebensweltliche Anhaltspunkte.	SH S. 62: Ayaan Hirsi Ali / Theo van Gogh, Submission Teil 1; Die verschleierte Frau.

Religion – Menschenbild – Anthropologie: Missverhältnisse, Missverständnisse, Überschneidungen

GIBT ES DAS: EIN »MENSCHENBILD« EINER RELIGION?

Ein Lexikon vermerkt über den Ausdruck »Menschenbilder«: es sei eine von bestimmten Fakten und Vorstellungen ausgehende und in den Rahmen bestimmter wissenschaftlicher oder weltanschaulicher Systeme gefügte Betrachtung oder Anschauung über »den Menschen« (Brockhaus Bd. 14, S. 464).

Diese Auskunft impliziert einmal eine hohe »Theorielastigkeit« des Begriffes. Zum anderen wird auch vorausgesetzt, dass ein »Menschenbild« tendenziell auf eine vollständige Umfassung aller Phänomene »des Menschlichen« abzielt. Dann wäre ein »Menschenbild« letztlich eine enzyklopädisch angelegte Antwort auf die Frage, die nach Immanuel Kant eine der Kernfragen aller Philosophie darstellt: »Was ist der Mensch?« (Kant, Werke Bd. VI, S. 497). Nach Kant nimmt sich die philosophische Anthropologie dieser Frage an.

Haben Religionen eine in dieser Hinsicht fixierte Anthropologie?

Zweifellos geben dann Begriffe wie z. B. »Gottebenbildlichkeit« oder »Reinkarnation« religionsspezifische Richtungsangaben für den je verschiedenen Blick auf das menschliche Dasein wieder. Man kann und sollte auf solche Richtungsangaben nicht verzichten. Aber es sollte klar sein, dass auch die bekanntesten und geläufigsten »anthropologischen Spitzenbegriffe« keineswegs die ganze Sicht einer Religion auf »den Menschen« repräsentieren. Auch muss von Fall zu Fall geklärt sein, was mit dem verwendeten Begriff jeweils gemeint ist.

Wenn also innerhalb von Religionen »Menschenbilder« thematisiert werden, dann geschieht dies nicht im Duktus theoretischer, in sich abgeschlossener Systembildungen. »Des Systems Gebälk« (Friedrich Schiller) ist nicht die Gesamtgestalt dessen, was im Haus einer Religion über den Menschen zu sagen ist. Erzählungen, Bilder, Gebete, Hymnen entwickeln so mit Blick auf den Menschen einen heuristischen Eigensinn, den kein Systementwurf einzuholen in der Lage ist. Es ist beispielsweise beliebt, »das christliche Menschenbild« nahezu ausschließlich unter Verweis auf Gen 1,26 durch den Begriff »Gottebenbildlichkeit« darzustellen. Die Bibel hält aber eine Fülle von anderen Aussagen, Bildern und Reflexionen über den Menschen bereit. Diese umfassen – beispielsweise hinsichtlich der menschlichen Sterblichkeit – Erwägungen über das gemeinsame Todesschicksal von Mensch und Tier (Pred 3,18) oder über den Zusammenhang von Tod und Sünde (Röm 6,23).

Die »Menschenbilder« der Religionen leben zunächst in lebensweltlichen Verständigungs- und Deutungsprozessen und erst danach in ausgefeilten Theorieentwürfen. Sie sind darum nicht einfach pragmatische Handlungsanweisungen oder strategische Ratschläge für das menschliche Miteinander. Auch religiöse Menschenbilder wollen Grundsätzliches aussagen. In einem neueren religionswissenschaftlichen Lexikon werden vier elementare Beziehungsverhältnisse angegeben, die die unterschiedlichen Menschenbilder von Religionen grundieren. Danach geht es immer wieder
– um das Verhältnis des Menschen zu Natur und Kosmos,
– um das Verhältnis des Menschen zur »geistigen und übersinnlichen« Sphäre,
– um das Verhältnis des Menschen zu Kultur und Geschichte,
– um das Verhältnis des Menschen zu seiner sozialen Umwelt
(vgl. Wörterbuch der Religionen, S. 336–337).

BILDER VOM MENSCHEN IN VERSCHIEDENEN RELIGIONEN

Die Religionen können das Welt- und Selbstverhältnis von Menschen nur formulieren und reflektieren, indem sie ein Verhältnis des Menschen zu Gott oder dem Göttlichem, allgemeiner gesagt: zu transzendenten Wirklichkeiten voraussetzen. Deutlich wird dies beispielsweise in SH S. 56, wenn der Umgang mit Sterben und Tod letztlich einem hochkomplexen Symbolsystem anvertraut wird, in das sich Menschen hinein bewegen können.

Die Grenzen des Menschseins sind dabei mehr als die System- und Leistungsgrenzen zum Beispiel einer Maschine. Menschen leben eben »nicht in einer Welt harter Tatsachen [...], sondern vielmehr inmitten imaginärer Emotionen, in Hoffnungen und Ängsten, in Täuschungen und Enttäuschungen« (Ernst Cassirer, Philosophie der symbolischen Formen, nach Schürmann, Sehen als Praxis S. 54). Wie oben bereits angedeutet, können unterschiedliche Religionen hier unterschiedliche Richtungsvorgaben machen. Wenn diese hier nun skizziert werden, geschieht dies immer unter dem Vorbehalt der oben genannten Differenzierungsnotwendigkeiten.

ETHNISCHE RELIGIONEN

In ganz besonderer Weise gibt es in der Vielzahl der ethnischen Religionen eine Grundkonstante in der Sicht des Menschen. Theo Sundermeier formulierte sie paradigmatisch: »Nur gemeinsam können wir leben« (vgl. Sundermeier 1997). »Weil wir sind, bin ich« (John Mbti, zitiert bei Quack, Heiler, Hexer und Schamanen S. 51).

Diese unabdingbare und unablässige religiöse Einbindung des Selbstverhältnisses von Menschen in die Gemeinschaftsbezüge zeigt sich zum Beispiel in der Verehrung von Ahnen oder auch in einer reichen Festtradition bei Passageriten (Initiation, Bestattung); diese beanspruchen oft nicht nur beträchtliche Zeiträume, sondern umschließen auch – in wesentlich stärkerem Maße als bei den so genannten »Hochreligionen« – die gesamte soziale Gruppe (Clan/Stamm) (vgl. Quack, S. 5).

JUDENTUM, CHRISTENTUM UND ISLAM

Die drei Religionen sehen den Menschen – immer wieder auch mit Rückgriff und Reinterpretation der Schöpfungserzählungen in der hebräischen Bibel – als Geschöpf Gottes. Als Geschöpfe sind Menschen immer auch Elemente des gesamten, von Gott geschaffenen Kosmos.

Diese Geschöpflichkeit konstituiert die Endlichkeit des Menschen, aber zugleich auch seine Würde. Alle drei Religionen können diese Würde nicht formulieren ohne Hinweise auf die Kraft zur Weltgestaltung – und zwar durch Arbeit *und* durch barmherzige, solidarische Hilfe gegenüber den Mitmenschen und respektvollen Umgang mit der nichtmenschlichen Schöpfung.

Vor allem der Auftrag zur Weltgestaltung wird in der ersten Schöpfungserzählung zum Termin vom Menschen als Ebenbild Gottes verdichtet (Gen 1,26). Eine jüdische Interpretation meint dazu pointiert: »Ein Liebling [Gottes] ist der Mensch, denn er ist im Bilde geschaffen« (Khoury, Lexikon religiöser Grundbegriffe, S. 676). Christliche Theologie, namentlich im Mittelalter, aber auch einige islamische Theologen (Koslowski, Gottesbegriff, Welturspung und Menschenbild in den Weltreligionen S. 127) sehen den erkennenden und wertenden Intellekt der Menschen als wesentlichen Ort der Gottebenbildlichkeit. In seinem Ursprungsgehalt zielt das Wort von der Gottebenbildlichkeit des Menschen auf dessen Würde, aber auch seine Kraft zur Weltgestaltung und Kommunikation.

Als Geschöpfe sind Menschen aber auch existenzielle Mängelwesen. Sie sind gemäß einer Interpretation der islamischen Tradition »vergesslich, irritierbar, verzweifelt, verloren, ungerecht, streitsüchtig und tyrannisch« (Khoury, Lexikon religiöser Grundbegriffe S. 683). Die Bestimmtheit des Menschen durch Sünde, verstanden als Verfehlung gegenüber Gott und den Mitgeschöpfen, ist in den drei »abrahamitischen Religionen« deutlich als Konstante präsent.

Das göttliche Gericht über die Geschicke und Taten der Menschen ist für das **Christentum und den Islam** von Anfang an, für das Judentum im Laufe seiner Geschichte bedeutsam geworden. Die Gerichtsvorstellung impliziert die Vorstellung einer Auferstehung der Toten und eine letzte Verantwortlichkeit des Menschen vor seinem Schöpfer. Dabei ist vor allem für den **Islam** das Gericht Gottes zu einem präzise ausgeführten Topos der religiösen Vorstellung geworden (Schimmel, Der Islam, S. 76f.). Weitere Unterschiede werden – auch mit Blick auf die Materialien im SH an folgenden Elementen sichtbar:

Für das **Christentum** formuliert nun das Neue Testament – namentlich in den neutestamentlichen Briefen und in den Passions- und Osterpassagen der Evangelien – die Erlösungsbedürftigkeit und Erlösungsfähigkeit der Menschen durch Kreuz und Auferstehung Jesu Christi. Diese spezifische religiöse Topologie kann innerhalb der so genannten »abrahamitischen« Religionen als Spezifikum der christlichen Religion gelten. Gerade die Vorstellung von einer Erlösung der Menschen durch einen gekreuzigten Heilsmittler wird im **Islam** vehement abgelehnt. Danach ist der Mensch fähig, ohne fremdes Zutun und aufgrund des koranisch kodifizierten Verhaltens vor Gott die Seligkeit des Paradieses zu erlangen (vgl. Khoury, Lexikon religiöser Grundbegriffe S. 203). Das **Judentum** hat den Erlösungsgedanken immer auch als innergeschichtliches gemeinschaftsorientiertes, politisch am Exodus orientiertes Geschehen gefasst.

Buddhismus: »Die Seinserfahrungen sind ihrem Wesen nach vergänglich. Rüstet euch mit Wachsamkeit« (Digha-Nikaya XVI, 6.7, zitiert bei: Notz, Herders Lexikon des Buddhismus, S. 549). So lauten gemäß der Pali-Überlieferung die letzten Worte Buddhas. In diese kurze Sentenz kann man auch wesentliche Aussagen des Buddhismus über das menschliche Dasein eingebettet sehen. Danach ist das, was man gemeinhin das menschliche »Ich« nennt, keineswegs eine in sich konsistente Personalität; vielmehr handelt es sich um ein ganzes Bündel, um ein Aggregat von Daseinsfaktoren. Diese Daseinsfaktoren befördern beim Menschen einen permanenten und letztlich leidbehafteten Wandel seiner Existenz in der Welt. Die leidbehaftete Wechselhaftigkeit des Daseins ist letztlich eine unentrinnbare Struktur der Weltwirklichkeit überhaupt. Um dem ebenfalls leidhaften »Anhaften« (Sanskrit: upadana) dieser Existenz zu entgehen, gehen Buddhisten den »Edlen Achtfachen Pfad« von rechter Erkenntnis, rechter Gesinnung, rechter Rede, rechtem Handeln, rechtem Lebenserwerb, rechter Anstrengung, rechter Achtsamkeit, rechter Konzentration.

II. Didaktische Reflexion

1. Thematische und pädagogische Aspekte

Elementarisierung der fachwissenschaftlichen Perspektive

Aus den fachwissenschaftlichen Erwägungen ergeben sich in didaktischer Hinsicht folgende Konsequenzen:

1. Menschenbilder in den Religionen können unterrichtlich nicht einfach als theoretisch »fest verschraubte« religiöse Anthropologien verhandelt werden. Der Blick geht eher auf Phänomene des Menschlichen denn auf eine anthropologische Theorie.
2. Diese Phänomene des Menschlichen werden aber nicht einfach nebeneinander gestellt. sondern in einen umfassenden Sinnzusammenhang überführt. Der Blick geht eher auf Bilder, Metaphern und Geschichten denn auf die Anstrengung des Begriffs.

Die Welt der Schülerinnen und Schüler

Die Frage »Wer bin ich?« als Ausgangsfrage für einen lebensrelevanten Umgang mit Menschenbildern ist für Schülerinnen und Schüler in der Adoleszenzphase von gesteigerter Bedeutung. Genauer stellt sich die Aufgabe einer eigenständigen, der Welt der Eltern frei und unverkrampft gegenübertretenden Ausgestaltung der Ich-Identität. Die mannigfaltigen entwicklungspsychologischen Stufentheorien (Erikson, Kohlberg u. a.) variieren bei ihrer Analyse der Adoleszenzphase genau diese Thematik. »Wenn man es einfach haben will, dann kann man sagen: Der heranwachsende Mensch habe in dieser Phase zwei fundamentale Daseinsprobleme zu lösen: das der Autorität und das der Intimität« (Ziemer, Seelsorgelehre S. 255).

Neben und inmitten dieser entwicklungspsychologischen Dimension treten gegenwärtig auch noch andere Tendenzen auf: die zunehmende Medienorientierung jugendlicher Lebenswelten versetzen Schülerinnen und Schüler in einen wahren Dschungel von Selbstkonzepten und Selbstinszenierungen. Speziell in gymnasialen Klassen trifft man bisweilen auf eine popularisierte Biologisierung des Menschenbildes. Entscheidungen und Haltungen werden dann ausschließlich zum Ergebnis eines neuronalen Feuerwerks im Gehirn erklärt.

2. Zur Auswahl der Medien

Die Texte und Bilder dieses Kapitels orientieren sich in zwei einander ergänzenden Richtungen. Dieser Zuschnitt entspricht den oben dargelegten grundsätzlichen Ausführungen.

1. Die Menschenbilder der Religionen beschreiben und reflektieren aufschlussreiche Szenarien und Konstellationen, in denen »anthropologische Grundentscheidungen« auftauchen oder eine Rolle spielen.
2. Entsprechend dem Gesamtkonzept des Heftes werden nicht alle Thematiken durch alle behandelten Religionen »durchbuchstabiert«. Vielmehr finden sich jeweils spezifische Schwerpunkte (z. B. Buddhismus: die Thematik des Selbst im Gegenüber zum vertrauten Leib-Seele-Modell [vgl. SH S. 48–51]; Islam: Beziehungen von Mann und Frau / Würde des Menschen [vgl. S. 56 und S. 60–61]).

3. Kompetenzen und Bezüge zu den Bildungsplänen

Die Schülerinnen und Schüler können
– bei verschiedenen Religionen Grundorientierungen erkennen und in spezifischen Konstellationen und Situationen verorten;
– die spezifischen Perspektiven unterschiedlicher Textgattungen bei der Thematisierung von »Menschenbildern« erkennen und benennen (hermeneutische Kompetenz);
– die Besonderheit des religiösen Redens vom Menschen gegenüber naturwissenschaftlichen Anthropologien identifizieren und zu dieser Differenz Stellung nehmen (religiöse Kompetenz).

Der *Bildungsplan Gymnasium* (Baden-Württemberg) führt als Wahlmodul »Auseinandersetzung mit dem Menschenbild einer nicht-christlichen Religion« an. Für *berufliche Gymnasien* ist unter dem Themenkreis 6.4 vorgesehen: »Die verschiedenen Menschenbilder in den Weltreligionen.«

Aus den »Einheitlichen Prüfungsanforderungen für Abitur im Fach Religion (EPAs) können folgende Kompetenzen und Fachliche Inhalte geltend gemacht werden:

»*Dialogfähigkeit – am religiösen Dialog argumentierend teilnehmen:*
– die Perspektive eines anderen einnehmen und in Bezug zum eigenen Standpunkt setzen;
– Gemeinsamkeiten von religiösen und weltanschaulichen Überzeugungen sowie Unterschiede benennen und im Blick auf mögliche Dialogpartner kommunizieren;
– sich aus der Perspektive des christlichen Glaubens mit anderen religiösen und weltanschaulichen Überzeugungen argumentativ auseinandersetzen;
– Kriterien für eine konstruktive Begegnung, die von Verständigung, Respekt und Anerkennung von Differenz geprägt ist, in dialogischen Situationen berücksichtigen.«

III. Hinweise zu den Medien

S. 48–51 Kap. 26 Buddhismus: Das Selbst und die Faktoren des Menschseins

S. 48 Ole Vedfelt, Westliches und östliches Bewusstsein

Ole Vedfelt, geboren 1941, arbeitet als Psychotherapeut in eigener Praxis in Kopenhagen. Er ist Mitglied der Internationalen Gesellschaft für Analytische Psychologie und Dozent für Psychologie in Kopenhagen. Neben psychologischen Sachbüchern schreibt er auch Romane und Bühnenstücke.

Als Psychotherapeut der Jungschen Schule ist Vedfelt mit der Aufnahme anthropologischer Kategorien aus den östlichen Religionen durchaus vertraut; C.G. Jung selbst hat sie wesentlich befördert (vgl. dazu die Erläuterungen zu S. 50). Im Textausschnitt wird auf zweierlei Wert gelegt: Einmal gewinnt der Buddhismus nach Vedfelt seine Aussagen über den Menschen nicht allein aus philosophischem Nachdenken; vielmehr verbindet sich in diesem Zusammenhang religiöses Erfahrungswissen mit Reflexionswissen.

Mit dieser Gegenüberstellung übt der Psychologe Kritik an einem rationalistisch verengten Konzept von Subjektivität; danach gibt es ein stabiles Ich, dessen Festigkeit hauptsächlich auf dem rationalen Alltagsbewusstsein aufruht. Als philosophischer Gründungsvater einer solchen Konzeption wird immer wieder René Descartes (1596–1650) genannt. Dieser Mitbegründer des frühneuzeitlichen Rationalismus hat in seinen »Meditationen über die Grundlagen der Philosophie« das Denken als letzten Grund der menschlichen Selbstgewissheit angegeben. »Ich bin, ich existiere, das ist gewiss. Wie lange aber? Nun, solange ich denke« (Descartes, Meditation über die Grundlagen der Philosophie S. 23). In seiner Argumentation (vgl. vor allem die zweite Meditation) hat Descartes den Traum als trügerischen, ungewissen Bewusstseinszustand gerade dem nachdenkenden Wachbewusstsein entgegengestellt.

Die buddhistische Konzeption der sechs Bardos kennt weder eine solche Hierarchie der Bewusstseinszustände noch gar die Vorstellung eines in sich stabilen Ich.

Das tibetanische Wort »bardo« heißt wörtlich übersetzt »Zustand zwischen zwei [Extremen]«. Ursprünglich war die Bardos-Konzeption ein Teil von bestimmten buddhistischen Vorstellungen über den Tod.

Entsprechende Aussagen finden sich in der im so genannten »Tibetanischen Totenbuch« (14. Jh.) dargelegten Konzeption des menschlichen Geschicks nach dem Tod. Der eigentliche Titel des »Totenbuches« gibt hier schon einen Hinweis »Bardo Thödol« [wtl. Übersetzung: Befreiung durch Hören im Zwischenzustand]. Dem Verstorbenen wird durch die Verlesung des Totenbuches innerhalb einer 49-tägigen Frist die Wahrheit über sein vergangenes Leben und die Bedingungen seines Karma mitgeteilt. In diesem Prozess durchläuft der Verstorbene die drei im Text S. 48 genannten »nachtodlichen Bardos«. Erst danach und gemäß der Bedingungen seines Karma tritt der Mensch wieder in den Kreislauf der Wiedergeburten.

Erst sehr viel später wurde die Bardos-Vorstellung auch auf die Existenz vor dem leiblichen Tod ausgeweitet.

S. 49 Laotse, Das TAO

1. Taoismus

Der Taoimus ist neben dem Konfuzianismus eine der autochthonen Religionen Chinas. Der entscheidende Unterschied zur eher staatsoffiziellen Religion des Konfuzianismus besteht in einer stärkeren Individualisierung der religiösen Grundausrichtung. Pointiert gesagt; »Wo ein Konfuzianer ›Was soll ich tun?‹ fragt, fragt ein Taoist: ›Welche Person sollte ich sein?‹« (Oxford-Lexikon der Weltreligionen S. 980). Der Taoismus ist aber keineswegs eine religiös grundierte psychologische Technik. Kosmologie, Anthropologie und Ethik gehen enge Verbindungen ein.

Der im SH erwähnte Zentralbegriff des »TAO« (gesprochen: Dau) gilt als die unerschaffene, die ganze Welt durchwirkende und erschaffende Kraft, in der alle Lebewesen ihre Lebenskraft empfangen und erhalten. Die Schwierigkeiten bei der terminologischen Übersetzung des Wortes Tao sind immens. Das chinesische Zeichen für Tao umfasst die Symbole für »Kopf« und »gehen«. Die Übersetzungsvorschläge reichen von »Weg« über »Sinn« bis hin zu »Gott«. Das Tao ist das unerschaffene Prinzip in allem, was ist. Es ist aber nicht einfach in den Dingen eingeschlossen, sondern repräsentiert so etwas wie »Sinn«. Der Sinologe Richard Wilhelm meint zum Tao: »Es handelt sich also um eine Konzeption, die auf der Grenze der Welt der Erscheinungen liegt« (vgl. Clarke, C.G. Jung und der östliche Weg S. 103). Danach sind im Tao die gegensätzlichen Strukturen der Welt aufgehoben, potentiell aber vorhanden.

Dieses der Welt letztlich transzendente Tao macht sich durch das so genannte Te manifest und konkret. Von allen Phänomenen und Lebewesen gilt: »Tao erzeugt sie, Te ernährt und erhält sie« (Tao te king). Ein Mensch ist nach taoistischer Ansicht dann als vollkommen gut zu bezeichnen, wenn er das Tao in seinem Te vollständig zur Geltung kommen lässt.

Als elementare Lebenskraft unter dem Tao angesiedelt ist das Ch'i (chinesisch Luft, Atem Stärke). Für den Menschen bedeutsam ist das »Ernähren des Lebensgeistes« (Yang ch'i) durch eine Vielzahl von Übungen, Diäten und eben besonders auch durch die Bewegungs- und Atemübungen des Tai-Ch'i. Die starke Fixierung auf Körperübungen gründet in einer Annahme über das Tao: Weil die gesamte Natur im Tao vereinigt ist, kann Unsterblichkeit nicht dadurch erreicht werden, dass ein Aspekt der Natur (etwa »Seele« oder »Geist«) befreit wird. Vielmehr muss eine richtige Lenkung der Kräfte innerhalb des eigenen Körpers gesucht werden. Im (volks-)religiösen Taoismus werden diese Kräfte zu inneren Gottheiten personalisiert, die man in angemessener Weise ernähren muss (vgl. dazu: Oxford-Lexikon der Weltreligionen S. 980).

2. Taoismus und Buddhismus

Der Taoismus, die »inoffizielle Hochreligion Chinas« (A. Seidel), hat mit dem chinesischen Buddhismus eine wechselvolle Geschichte der Wechselwirkungen zu verzeichnen. Der Buddhismus, der sich seit dem 1./2. Jahrhundert entlang der großen Handelsstraßen (Seidenstraße) in China ausbreitete, hatte in der so genannten Han-Zeit (3. Jh. v. Chr. bis 3. Jh. n. Chr.) noch eine stabile taoistisch und konfuzianisch geprägte Kultur als Gegenpol. Nach dem Zusammenbruch der Han-Dynastie erstarkte der Buddhismus in China, vor allem in der Zeit vom 7.–10. Jh. Äußerlich kam es ab dem 9. Jh. aber zu Verfolgungswellen, vor allen gegen buddhistische Klöster. Man nimmt andererseits an, dass seit dem 11. Jahrhundert der Taoismus, der Konfuzianismus und der Buddhismus bei der chinesischen Bevölkerung in »einer intellektuellen Synthese der drei Religionen« (Eliade, Das Handbuch der Religionen S. 316) fortbestanden. Es ist zwar umstritten, ob diese Synthese am Ende auf ein Erlahmen des taoistischen Widerstandes gegen eine zunehmende chinesische Adaption des Buddhismus (»Sinisierung«) zurückzuführen ist, oder aber bereits von Anfang an in der inneren Verwandtschaft der beiden Religionen verwurzelt ist. Tatsache ist allerdings, dass bereits in der Frühphase buddhistischer Mission in China eine vom Taoismus beeinflusste Übersetzungsleistung steht. Durch die so genannte ko-i Methode wurden buddhistische Begriffe aus dem Sanskrit ins Chinesische übersetzt, wobei man sich der taostischen Terminologie bediente.

3. Die Passage aus dem Buch Tao te king. Laotse

Die im Schülerheft zitierte Passage aus dem Buch Tao te king stammt aus dem zweiten Teil des Werkes (»Über das Leben«); dort findet es sich in Abschnitt 78. Im Anschluss an die abgedruckte Passage werden die Aussagen über das Wasser auf das Verhalten des Herrschers angewandt. Die gesamte Passage lautet:

G: Menschenbilder

»Auf der ganzen Welt gibt es nichts Weicheres als das Wasser. Und doch in der Art, wie es dem Harten zusetzt, kommt nichts ihm gleich.
Es kann durch nichts verändert werden.
Dass Schwaches das Starke besiegt
und Weiches das Harte besiegt,
weiß jedermann auf Erden,
aber niemand vermag danach zu handeln.
Also auch hat ein Berufener gesagt:
›Wer den Schmutz des Reiches auf sich nimmt,
der ist der Herr bei Erdopfern.
Wer das Unglück des Reiches auf sich nimmt,
der ist der König der Welt.‹
Wahre Worte sind wie umgekehrt.«
(Chinesische Philosophie, S. 27331).

Die im chinesischen Altertum geläufige Vorstellung vom Aufsichnehmen von Schuld als Vorbedingung für Herrschaftsausübung wird als Konkretion der Metapher vom »Harten und Weichen« ausgeführt.
Laotse, der legendäre Autor der Buches Tao te king, soll der Überlieferung nach ein Zeitgenosse des Konfuzius (551–479 v. Chr.) gewesen sein. Laotse wurde später im so genannten religiösen Taoismus vergöttlicht.

4. C.G. Jung und der Taoismus
Der Tiefenpsychologe Carl Gustav Jung (1875–1961) kam mit den Religionen Chinas zum ersten Mal durch eine Übersetzungsarbeit des Theologen und Sinologen Richard Wilhelm (1873–1930) in Berührung. Wilhelm hatte das Orakelbuch des Konfuzianismus, das I-Ging (eigentlich: Yijing, Buch der Wandlungen) übersetzt. Im Taoismus entdeckte Jung, vor allem in der Tao-Lehre, Aussagen über so genannte »akausale Zusammenhänge«; diese Konzeption entsprach in hohem Maße seiner eigenen psychologischen Sichtweise. Danach gibt es in der Welt Strukturen und Abläufe, die zwar nicht (kausal) voneinander abhängen, aber doch (im Sinne der Synchronizität) zusammen gehören. Mit dem gedanklichen Grundgerüst des akausalen Zusammenhangs entwickelte C.G. Jung seine Traumlehre. Danach entsprechen Traumsymbole den großen menschheitsumspannenden Archetypen, ohne dass einfach eine direkte, quasi mechanische Kausalität vom einen zum anderen konstatiert werden dürfte.

S. 50–51 Buddhistisches Menschenbild. Die fünf Skandhas / Das wahre Leben – Nirvana

Die beiden gegenüberliegenden Seiten kombinieren die Frage nach der Existenz eines Selbst mit der Behandlung der buddhistischen Version von Erlösung – der Lehre vom Nirvana.

S. 50 Die fünf Skandhas
Die für westliches Denken zentrale Frage nach dem »Wesen des Selbst/des Ich« wird vom Buddhismus abgelehnt. Ursprünglich aber waren die Fronten anders bestimmt: Buddha wies die dem Hinduismus zugewiesene brahmanische Idee eines ewigen Selbst (atman), das vom Karma der Welt unberührt blieb, ausdrücklich ab. Der atman-Lehre stellt er die Lehre vom An-atman (Sanskrit: nicht Selbst) gegenüber. Letztlich ging es Buddha darum, die Idee einer wie auch immer gearteten individuellen »Substanz« des Seelischen oder des Menschlichen zurückzuweisen.
Wie aber ist dann der einzelne Mensch beschreibbar? Auch dafür gibt es im Buddhismus ein Konzept. Die konkreten Kombinationen der im SH beschriebenen fünf Daseinsfaktoren nennt man im Buddhismus Namarupa (Sanskrit: »Name und Gestalt«). Uns begegnet also Namarupa, wenn uns ein konkreter Mensch entgegentritt. Allerdings ist dies für den Buddhismus keine feststehende Person, sondern eben ein Aggregat von Daseinsfaktoren in einer bestimmten, vergänglichen Kombination. Der Religionswissenschaftler Michael von der Brück schlägt deshalb vor, das Wort Skandha mit »Daseinsaggregat« zu umschreiben.

C.G. Jungs Übernahme des Begriffes »Selbst« (atman) aus dem Hinduismus
Das Interesse C.G. Jungs für die Religionen des Ostens erhielt in den 20er Jahren des 20. Jahrhunderts durch die Lektüre von Büchern von Oskar Schmitz (»Psychoanalyse und Yoga«) und Herrmann Keyserling (»The East and West in their Search for a common truth«) entscheidende Impulse. Nachdrücklich verstärkt wurde das Interesse für östliche Religionen durch die Freundschaft mit dem Indologen Richard Wilhelm sowie durch die Bekanntschaft mit dem Indologen J.W. Hauer. In die Zeit der 20er und frühen 30er Jahre des 20. Jh. datieren sowohl der Beginn dieser Bekanntschaften als auch die Formulierung der Konzeption vom Selbst. 1938 brach Jung zu einer dreimonatigen Indienreise auf, die in ihm allerdings ambivalente Gefühle und keineswegs vollständige Begeisterung hervorrief, zumal sich Jung zu dieser Zeit schon verstärkt der europäischen Alchemie und ihren tiefenpsychologischen Implikationen zugewandt hatte.
Der Begriff des »Selbst« wird im Unterricht zu klären sein, weil u. U. begriffliche Unschärfen bestehen.

Bedeutungshorizonte des Wortes »Selbst«:
Umgangssprachlich: ›Selbst‹ als Reflexivpronomen. Selbst kann auch »Ich« bedeuten (»es betrifft mich selbst«), aber auch eine Art Personkern umschreiben (»Mein Selbst«).
C.G. Jung: Das »Selbst« ist die unbewusste Grundstruktur der Persönlichkeit und auch des Lebens überhaupt, welches im Sinn einer ganzheitlichen Schöpferkraft das Leben und die Dynamik der Lebenskräfte, des Schicksals anordnet. Man könnte es als areligiöse Fassung einer bestimmten Gottesvorstellung bezeichnen. Das Selbst ist der Urgrund des Lebens an sich.
Hinduismus: Das Selbst ist ewig und Träger des Karma.
Buddhismus: Es gibt kein Selbst (Vorstellung vom »anatman«).

S. 50 Das Lehrgespräch Buddhas mit Vacchagotta (unterlegter Textblock)

Der Text stellt eine zentrale Quelle der buddhistischen Lehre vom anatman (s. oben) dar. Er ist der »Samyutta nikaya« (Vereinigte Sammlung) entnommen (genaue Stellenangabe: Samyutta nikaya IV, 400, 10–401, 11). Die »Vereinigte Sammlung« enthält mehr als 7000 Predigten oder Lehrreden. Das Schweigen Buddhas ist beredtes Zeichen dafür, dass schon die Frage nach einem Selbst gemäß der Auffassung vom anatman unangemessen ist. Die erwähnte »Vernichtungslehre« der »Asketen und Brahmanen« ist eine Lehre innerhalb des Hinduismus, wonach alle Lebewesen nach dem Tod vollständig vernichtet werden (Annihilisten, uchhedavada). Im Unterschied dazu vertraten die Eternalisten (sassatavada) die Auffassung, dass die (menschliche) Seele, das Selbst ewig und unwandelbar sei und den eigenen Tod des Lebewesens überdauere.

S. 50 Axel Michaels, Man ist nicht ein Selbst und man hat nicht ein Selbst

Zur Unterscheidung von »esse morale« (moralisches Sein), »esse rationale« (vernünftiges Sein) und »esse naturale« (natürliches Sein): Die Passage bezieht sich (wenn auch nicht terminologisch genau) auf die Unterscheidung von bestimmten Seelenanteilen. Die griechischen Philosophen Aristoteles und Platon hatten – bei aller Unterschiedlichkeit der Positionen – eine »Binnendifferenzierung« im Menschen. Bereits der Kirchenvater Augustin (354–430) hatte eine solche Unterscheidung (wohl in Aufnahme von neuplatonischen Konzeptionen) durchgeführt; die christliche Vorstellung von der Auferstehung des Menschen geriet damit in die Nähe einer Anthropologie, die Leib und Seele strikt trennte. Die mittelalterliche Philosophie verband die Konzeption von einer in sich differenzierten Seelensubstanz mit Aussagen zur Lehre vom Seienden überhaupt (Ontologie). Darin wurde der Mensch inmitten des Weltganzen als »animal rationale« beschrieben, wobei »animal« für die natürlichen Anteile des Menschen stand, während »rationale« geistige und intellektuelle Anteile repräsentierte.

Die von Michaels genannten »abendländischen Dichotomien« (Trennungen, Aufteilungen) haben einen wesentlichen Ausdruck in der Philosophie von René Descartes gefunden (Geist/Materie. Vgl. dazu und zum Gegenüber zu buddhistischen Vorstellungen die Erläuterungen und Ausführungen zu SH S. 48). Als weitere Beispiele könnten die erkenntnistheoretischen Erwägungen David Humes und Immanuel Kants über die Erkennbarkeit der außermenschlichen Weltwirklichkeit herangezogen werden (Subjekt/Objekt).

Innerhalb der modernen Psychologie und Hirnforschung wurden die Vorstellungen von einem festen, in sich strukturierten Kern des Selbst öfters kritisiert und als Erklärungsmodell zum Teil auch schon aufgegeben. Beispielsweise gibt es eine psychologische Debatte darüber, ob die unbestreitbar vorhandenen »Selbstkonzeptionen« von Menschen eine »personinhärente Vorgabe aufweist [...] oder ob das Selbst das Ergebnis der gegebenen Lebensereignisse ist (Life-event-Konzept)« (Benesch, dtv-Atlas Psychologie S. 468).

S. 51 Buddhistische Texte zum Nirvana (Unterlegter Textblock)

Sariputta war einer der Hauptschüler des Buddha. Anguttara-Nikaya (übersetzt: »Aufgereihte Sammlung«) ist eine Schriftensammlung im so genannten Pali-Kanon. Das Ordnungsprinzip gliedert die Lehrgegenstände nach Zahlengruppen, insgesamt 11 Bücher in 11 Gruppen (»Einserbuch, Zweierbuch« etc.).

Udana (übersetzt: »Feierlicher Ausspruch«) ist ebenfalls ein Element der Pali-Sammlungen, dessen ältester Kernbestand (sentenzenartige Aussprüche) in späterer Zeit durch Geschichten ergänzt wurden.

Der ausgesprochen schwierige Begriff des Nirvana gründet in der Sanskrit-Wurzel nir-va (verwehen, erlöschen). Sein schwebender, kaum fassbarer Gehalt zeigt sich schon in den im SH dokumentierten Texten. In allgemeinster Form ist Nirvana definiert als das Ende der Wanderungen durch die Welt der Existenzen. Für den Menschen geht es genauer um das Verwehen von Begehren und Leiden, und zwar dadurch, dass alle »Wurzelgrößen des Unheilsamen: Gier, Hass und Verblendung« (Notz, Herders Lexikon des Buddhismus S. 338), vor allem die Gier nach immer neuer Existenz vernichtet sind. Die oben bereits beschriebenen fünf Daseinsfaktoren (skandhas) (vgl. Erläuterungen zu S. 50) spielen in der Existenz des Menschen keine Rolle mehr. Das heißt: auch die bereits jeweils sowieso nur zeitlich begrenzt koordinierten Daseinsfaktoren verlieren jede Kraft.

Die letzte Antwort Sariputtas müsste nach Theodor Sundermeier für das genaue Verständnis etwa so übersetzt werden: »Gerade das ist ja das Glück, dass es keinen mehr gibt, der empfinden kann.«

S. 51 Ulrich Luz, Das wahre Leben. Buddha und Jesus

Zur Gliederung des Textes

1. Jesus begegnet Buddha. Eine fiktive Szene [Spalte 1, Anfang bis zur Textstelle: »(Lk 17,33)«]. Schwierigkeiten in der Vermittlung der beiden anthropologischen Grundkonzeptionen.
2. Was meint Jesus mit Leben? [Spalte 1, »Wir kennen den ursprünglichen Kontext ...) bis Spalte 2 (»Macht.«)].
3. Loslassen als Lebensaufgabe des Menschen. Gemeinsamkeiten und Unterschiede zwischen Buddha und Jesus [Spalte 2, »Jesus weiß«, bis zum Ende des Textes].

»Fleisch« als anthropologischer Basisbegriff in der Bibel
In der fiktiven Begegnung zwischen Jesus und Buddha verwendet Jesus das Wort Fleisch im Sinne des hebräischen Wortes ›basar‹. Der Begriff markiert dann die Endlichkeit des Menschen als Geschöpf im Gegensatz

zur Ewigkeit Gottes des Schöpfers. In seiner gewissermaßen neutralsten Variation steht das Wort dann für die Körpersubstanz Fleisch neben Haut und Knochen (z. B. Hiob 10,11); ›basar‹ kann aber auch den Körper des Menschen als Ganzes umschreiben (z. B. Gen 6,3) oder aber für den Menschen als (sterbliches) Geschöpf unter Mitgeschöpfen, die ebenfalls »Fleisch« sind (vgl. z. B. Ps 145,21).

Im Neuen Testament hat der Begriff Fleisch auch den Bedeutungshorizont des alttestamentlichen Wortes. Er bezeichnet dann die Sphäre der endlichen Existenz von Menschen (z. B. 1.Tim 3,16), an dem auch Jesus Christus teilhat. »Fleisch« gewinnt aber auch einen anderen, negativ eingefärbten Bedeutungshorizont. Danach ist »Fleisch« dann das widergöttliche Orientiertsein des Menschen, und zwar in allen Bereichen seiner Existenz (vgl. bes. Röm 8,1–17; Gal 3,3).

Gal 2,19f. als Berührungsfeld zum Buddhismus?
Die gegen Ende des Textes angeführte Stelle Gal 2,19f. wird von Ulrich Luz als Berührungsfeld des christlichen Glaubens mit dem Buddhismus interpretiert. Luz reklamiert hier die Wurzel einer mystischen Variante des Christentums (»Christus in mir« als relativierende Form des reinen Subjektbewusstseins »Ich bin [ich]«). Allerdings muss man auch auf die Differenzen aufmerksam machen. Innerhalb der christlichen Mystik ist das »Verschwinden des Ich« immer rückgebunden an ein Vereinigungserlebnis (»unio mystica«) zwischen Mensch und Gott oder Mensch und Christus. Dies ist nicht einfach identisch mit dem Eingehen ins Nirvana, verstanden als ein Verlöschen von Subjektivität überhaupt.

Kap. 27 Erlösung und Glück

S. 52 Theo Sundermeier, Ein buddhistischer Bestattungsritus
In dieser Darstellung wird deutlich, dass Religionen nicht einfach in ihrer Reinform voneinander abgetrennt werden können. Der geschilderte buddhistische Bestattungsritus zeigt, wie sich buddhistische Traditionen an animistische Religiosität anschließen können. Folgende Elemente sind z. B. besonders mit dem Animismus verbunden:
– (Mehrmaliges) Waschen des Toten;
– Zerstörung (hier: Verbrennung) von persönlichen Gegenständen des Toten (Ausgrenzung des Toten aus dem Bereich der Lebenden);
– Aufbahrung des Toten an einem besonderen Ort (hier: Schlafgemach);
– Magisches Ansprechen des Toten (hier: Wünsche für die kharmagebundene Rückkehr des Toten).

Generell wird am Beispiel auch sichtbar, was Lothar Käser als wesentliches Charakteristikum animistischer Bestattungspraxis benannte: »Totenrituale sind außerordentlich komplex und gliedern sich in eine Fülle von Teilritualen« (Käser, Animismus S. 256).

Die buddhistischen Elemente des Bestattungsritus sind ebenfalls deutlich zu erkennen. Dabei kann schon die Teilnahme von Mönchen an den Zeremonien als Element eines neuzeitlichen Buddhismus gewertet werden. Denn ursprünglich entzog sich das buddhistische Mönchtum in asketischer Weltverweigerung jeglicher religiösen Funktionalisierung durch die Gesellschaft. Erst in der Neuzeit wird eine verstärkte Übernahme von spirituellen Aufgaben durch mönchische Gemeinschaften in der Gesamtgesellschaft üblich. In der geschilderten Situation verrichten die Mönche eine ihrer vornehmsten Aufgaben außerhalb des Klosters: die Rezitation von Sutren (Lehrreden Buddhas). Die buddhistische Vorstellung von einem kharmagebundenen Geschick des Toten zeigt sich in der Bemühung, durch das Singen von Sutren die Verdienste des Toten anwachsen zu lassen sowie in den Wünschen an den Toten zu seinem Geschick nach der Wiedergeburt (Keine Krankheiten, Reichtum).

S. 53 Abbildung der sechsarmigen Gottheit Sridevi
Der Lamaismus, in dessen Religionssystem die Gottheit Sridevi eine bedeutende Rolle spielt ist am bekanntesten geworden durch den tibetanischen Budddhismus; der Dalai Lama ist der weltbekannte Repräsentant dieser Form des Buddhismus. »Lama« heißt eigentlich »der Obere«; damit wird deutlich, dass der Lamaismus stark an einer spirituellen Führungspersönlichkeit orientiert ist, die als »Heilsfreund« (Sanskrit: kalyanamitra) religiöse Orientierung und selbstloses Eintreten für das Wohl anderer Lebewesen verbindet. Der Lama ist die manifeste Repräsentation der Buddhaschaft und somit über die Sphäre des rein Menschlichen bereits hinausgehoben.
In tibetanischen Klöstern darf eine Darstellung von Sridevi nur von Eingeweihten betrachtet werden. Für den tibetantischen Buddhismus ist Sridevi (oder Shridevi) eine der höchsten Weisheitsgöttinnen. Ihre Fußfessel ist ein Symbol ihres Ursprungsmythos: Als Tochter einer Göttin geboren, wurde Sridevi wegen mancherlei Verfehlungen und einer Ehe mit einem Dämon von ihrer Mutter verflucht. Erst die Begegnung mit dem Buddha und die Verneigung vor dem Erleuchteten führten zur Läuterung der Göttin und zu ihrer Aufnahme in den buddhistischen Götterpantheon.
Damit wird auch deutlich, dass Gottheiten im Buddhismus keineswegs die Funktion von absoluten, transzendenten Wesen besitzen. Vielmehr sind auch sie eingebunden in die leidvolle und ambivalente Wirklichkeit der Welt.

S. 54 Lutz Richter-Bernburg, Der Dschihad und der Weg der Toten im Islam
Der Islamwissenschaftler Lutz Richter-Bernburg ist Direktor des Orientalistischen Instituts an der Universität Tübingen.
Der Text vermittelt auch einen Eindruck über islamische Jenseitsvorstellungen.
Der im Koran immer wieder betonten Unausweichlichkeit des Todes (vgl. Sure 4,78 sowie besonders Sure 62,8) entspricht eine ausdifferenzierte eschatologische Vorstel-

lung. Die Vorstellung eines Zwischenzustandes, wie sie Richter-Bernburg schildert, ist im Islam durchaus umstritten, nicht aber die im Text beschriebene Trennung zwischen Seele und Körper. Bei den Gerichtsvorstellungen hervorzuheben ist besonders die hohe Bedeutung der Rechtgläubigkeit und ihrer Überprüfung.

S. 54 Sure 56 (Unterlegter Textblock)
Die eschatologischen Vorstellungen im Islam verbinden aufs engste die kosmische Dimension des Jüngsten Gerichts (vgl. z. B. Sure 84) mit einer persönlichen »Rechenschaftsablage vor Gott« und mit dem Paradies; dem entsprechen drastische Höllenvorstellungen. Gemäß der Himmelsreise Mohammeds (vgl. Sure 17,1) entwarf die volkstümliche Frömmigkeit des Islam einen siebenfach ausdifferenzierten Aufbau von Himmel und Hölle. Paradies und Hölle werden explizit auch durch angenehme Kühle und sengende Hitze unterschieden (vgl. dazu Sure 56, 41–56). Die in Sure 56 beschriebene Vorstellung des Paradieses wird im Koran noch durch andere Paradiesbilder ergänzt. Gemeinsam ist allen die Vorstellung eines umfassenden leiblichen, seelischen und spirituellen Wohlergehens. Als Spitze dieser Freuden wird von der islamischen Gruppierung der Aschariten unter Berufung auf Sure 9, 72 auch die Schau Gottes bezeichnet, die allerdings nur besonders Erwählten gewährt wird.

Besonders in der islamischen Mystik gibt es die Tendenz, die beschriebenen Zustände der Freuden und der Qualen als innerseelische Befindlichkeiten zu deuten und so die drastischen Vorstellungen zu spiritualisieren.

Die hier abgedruckte, wohl bekannteste Darstellung des Paradieses im Koran ist in der jüngsten Zeit im Rahmen der Auseinandersetzung um die Koranexegese ins Zentrum des Interesses gerückt. Die in der Texterläuterung erwähnte Übersetzung des Wortes »huri« durch den Begriff »Trauben« wurde durch einen liberalen, vermutlich arabischen Koranforscher einer breiteren Öffentlichkeit bekannt (Pseudonym Christoph Luxemburg). Luxemburgs Forschungen wollen den Koran als historisch zu verortendes Dokument lesen, das nicht wörtlich, sondern über weite Strecken metaphorisch zu verstehen sei.

S. 55 Islamische Charta
Wie bei allen anderen Quellen auf dieser Seite wird in dem abgedruckten Text ein besonderes Augenmerk auf die Problematik eines kriegerischen Deutungshorizontes des Wortes »Dschihad« gerichtet. Im konkreten Fall geben die 21 Punkte einen Eindruck von der Selbstdarstellung der Muslime in Deutschland nach den Attentaten des 11. September 2001. Die Grundrichtung des 21-Punkte-Programms ist deutlich. Fundamentale islamische Glaubenssätze werden mit Bekenntnissen zu Toleranz und Menschenrechten verbunden.

Die 21 Punkte werden in der vollständigen islamischen Charta noch in kurzen Sätzen ausgeführt.

Zu dem für dieses Kapitel besonders relevanten Punkt 5 wird erläutert: »Die Muslime glauben, dass der Mensch, soweit er freien Willen besitzt, für sein Verhalten allein verantwortlich ist und dafür am Jüngsten Tag Rechenschaft ablegen muss.« Damit wird die eschatologische Grundierung der Rechenschaftsablage auf die Bewertung des ethischen Verhaltens konzentriert. Die oben gezeigte koranische Verbindung von eschatologischer Gerichtsvorstellung, Paradies- und Höllentopologie sowie ethischer Rechenschaftsablage kommt damit nicht mehr zum Tragen.

S. 55 Abbildung: Fatimische Krieger machen einen Ausfall
Der Ausdruck »Fatimisch« bezieht sich auf die Dynastie der Fatimiden, weshalb wohl besser auch von fatimidischen Kriegern gesprochen werden kann. Diese schiitische Dynastie herrschte zwischen 909 und 1171 in Nordafrika. Ihre Repräsentanten verbanden dabei missionarische Aktivitäten für den Islam mit nur zum Teil erfolgreichen Expansionsbemühungen bis an den Atlantik. Historisch bedeutsam war die Eroberung Ägyptens durch die Fatimiden im Jahre 969. Unter ihrer Herrschaft vollzog sich in Ägypten ein schwungvoller Wirtschaftsaufschwung und eine Ausweitung der Handelsbeziehungen bis nach Indien. In der Zeit der Kreuzzüge beteiligten sich die fatimidischen Krieger an den Auseinandersetzungen mit den christlichen Kreuzfahrerheeren. Mit der erfolgreichen Belagerung Askalons durch Balduin III. verloren die Fatimiden ihren letzten Stützpunkt in Palästina.

S. 55 Aus der Anweisung des Mohammed Atta
Deutlich wird in diesem Text die Verarbeitung von islamischen Todesvorstellungen sichtbar. Die für den Volksglauben wichtige Vorstellung eines Todesengels, der in der Stunde des Ablebens engen Kontakt mit dem Menschen sucht, wird durch Sure 32, 9 grundgelegt:
»Sprich: Abberufen wird euch der Engel des Todes, der mit euch betraut ist. Dann werdet ihr zu eurem Herrn zurückgebracht.«

Die Vorstellung von der postmortalen Gemeinschaft der Märtyrer gründet weniger in koranischen Vorgaben, obwohl es auch im Koran Verweise auf die himmlische Existenz der Märtyrer gibt. Bedeutsam ist hier vor allem Sure 3, 161 (»Haltet nicht diejenigen, die auf dem Pfade Gottes getötet wurden, für tot. Nein. Sie leben wohlaufgehoben bei ihrem Herren.«)

Wirksamer waren und sind aber entsprechende Stellen in der so genannten Hadith-Literatur. Hadithe sind volkstümliche Erzählungen und Anekdoten zum Leben Mohammeds. Diese schildern in zum Teil lebhaften Farben die Vorzüge des Martyriums.

Kap. 28 Gender und Religion

S. 56 Hans-Martin Barth, Das erste Menschenpaar im Koran und in der Bibel
Der Text ist ein längerer Abschnitt aus Barths Dogmatik (2002), die erstmals im evangelischen Raum die systematisch-theologischen Lehrgehalte und Reflexionen in den Horizont der Weltreligionen stellt.

G: Menschenbilder

Zum Aufbau des Textes:
1. Barth thematisiert zunächst die koranische Grundlegung der islamischen Sicht auf den Menschen (Der Mensch im Paradies).
2. Sodann werden wesentliche Differenzkriterien für unterschiedliche Gewichtungen in der Menschenrechtsfrage ausgemacht (Die Würde des Menschen).
3. Diese Ausweitung wird dann an der Frage des Verhältnisses zwischen Mann und Frau exemplifiziert (Die Rolle der Geschlechter).

Das Spezifikum der islamischen Sicht auf den Menschen ist ohne Zweifel seine Bestimmung als Beauftragter Gottes. Zugleich wird aber immer wieder die Schwäche, Verführbarkeit und Abhängigkeit betont. Weil Gott als absolut freier Wille über der Schöpfung steht, ist der Mensch auch nicht in der Lage, von sich aus den Willen Gottes zu tun. Er bedarf der »Rechtleitung« durch Gott, um das Rechte zu tun (vgl. Sure 7, 23).

Das irdische Aufgabenfeld und seine Bewältigung wird für den gläubigen Moslem durch eine ganze Reihe von positiven Grundeigenschaften bestimmt. Genannt seien hier: Solidarität mit Mensch und Tier, Bereitschaft, sich für die von Gott geschaffene Ordnung einzusetzen.

Als Hauptgegenspieler firmiert der Satan, der durch hinterlistige Angriffe gute Ordnungen zerstört.

Niemals aber ist für einen Moslem oder eine Muslima wegen der strikten Transzendenz Gottes der Mensch in irgendeiner Weise ein Ebenbild Gottes. Dies unterscheidet den Islam vom Judentum und vom Christentum. Die für beide Religionen zentrale Bedeutung der Gottebenbildlichkeit des Menschen gründet in Gen 1,26 und findet für das Christentum seine christologische Entsprechung bzw. Ergänzung zum Beispiel im Kolosserbrief (Kol 2,15: Jesus Christus als das Ebenbild des unsichtbaren Gottes). Im Gegenüber zu etlichen, vor allem mittelalterlichen Konzeptionen wird gegenwärtig die Gottebenbildlichkeit des Menschen nicht mehr über seine (intellektuellen) Seelenfähigkeiten bestimmt. Vielmehr gilt der Mensch als Gottes Ebenbild, weil er beziehungs- und gestaltungsfähig ist.

S. 57 Bild: Engel fallen vor Adam nieder (Persische Miniatur)

Die koranische Darstellung macht den Teufel und die Dämonen ursprünglich zu Bewohnern des Paradieses, aus dem sie dann schließlich wegen ihres Ungehorsams vertrieben werden.

Bemerkenswert ist, dass sich zunächst der Teufel zusammen mit den Engeln gegen eine Erschaffung des Menschen ausspricht (Sure 2, 30): »Und als dein Herr zu den Engeln sprach: ›Ich werde auf der Erde einen Nachfolger einsetzen.‹ Sie sagten: ›Willst Du auf ihr einen einsetzen, der auf ihr Unheil stiftet und Blut vergießt, während wir dein Lob singen und deine Heiligkeit rühmen?‹ Er sprach: ›Ich weiß, was ihr nicht wisst.‹«

Erst später trennt sich das Schicksal von Engeln und Teufel, dann nämlich, als der Teufel sich weigert, vor dem Geschöpf niederzufallen, das Gott in seiner Souveränität als Schöpfer in die Welt gestellt hat. Nachdem der Teufel und die Dämonen von Gott aus dem Paradies geworfen wurden, stellen sie den ebenfalls nachparadiesisch lebenden Menschen ununterbrochen nach. Diese Feindschaft ist der Grund für die unzähligen Anfechtungen, die Menschen während ihres Lebens zu erleiden haben.

S. 58 Birgit Heller, Der Status von Frauen / Abbildung Ritual

Die Aussagen von Birgit Heller über stärker matriarchale bzw. matrilineare Strukturen innerhalb von ethnischen Religionen stehen, wenigstens vordergründig, im Kontrast zur Abbildung über die religiös formierte Behandlung einer Frau durch den Medizinmann Ba Tadoh Fomentum. Im Foto wird nämlich förmlich ins Bild gesetzt, wie ein animistisches Reinigungsritual, durchgeführt durch einen männlichen Schamanen, eine Frau im Vollzug religiöser Praxis gerade nicht in eine »hohe Position« versetzt.

Hellers Gegenüberstellung von religiös stabilen Beteiligungsformen von Frauen im Gegensatz zu deren Marginalisierung, ja sogar Dämonisierung in den so genannten Hoch- und Weltreligionen ist auch kritisiert worden. So weist der Religionswissenschaftler Theo Sundermeier darauf hin, dass die hochgestellte religiöse Funktion der Frau innerhalb von ethnischen Religionen zwar durchaus gegeben ist, aber oft auf das Haus beschränkt bleibt und so die schamanische Rolle von Frauen nicht die bei Männern wahrzunehmende »Öffentlichkeitswirksamkeit« hat (mündliche Auskunft von Theo Sundermeier).

In diesem Zusammenhang ist es auch wichtig, dass der Ausdruck »Hexe« oder »Hexerei« für die Bezeichnung von sozial ausgegrenzten Frauen das Wirklichkeitsverständnis ethnischer Religionen nicht vollständig trifft. Es geht nämlich beim »Hexesein« nicht um einen Pakt mit dem Teufel, wie ein gebräuchliches Normalverständnis des Wortes in europäisch-westlichen Kontexten nahelegt. Oftmals handelt es sich in animistischen Kontexten bei »Hexen« um medial veranlagte Personen, die Kontakt mit der Welt der Geister aufbauen und behalten können. Dieser Kontakt bringt sie zwar in Verbindung mit gefährlichen Sphären, macht sie aber nicht per se einfach zu moralisch marginalisierten oder fragwürdigen Personen.

Ein Beispiel für die von Heller erwähnte Hochschätzung der Frau in neureligiösen Bewegungen ist die so genannte Wicca-Bewegung. In einem so genannten Hexencoven (Hexenzirkel) agieren ein Hohepriester und eine Hohepriesterin gleichberechtigt nebeneinander. Die Bewegung wurde von Gerald Brousseau Gardener (1884–1954) gegründet.

S. 59 Elie Wiesel, Adam und Eva im Judentum

Der jüdische Charakter der Auslegung zeigt sich vor allem darin, dass – anders als in traditionellen christlichen Interpretationen des Urpaares Adam und Eva – eine Weiterführung und Hypostasierung der paradiesischen Urszene in Richtung auf eine »Sündenfallgeschichte« völlig fehlt. Dagegen wird in anderen jüdischen Interpretationen die

Würde des Menschen, verstanden als Dual von Mann und Frau, metaphorisch und symbolisch ins Zentrum gerückt (vgl. den Hinweis auf die Größe Adams). Die Gestalt Evas wird dabei in einer eigentümlichen Verbindung von Unterordnung, Gleichberechtigung und Überordnung gezeichnet. Sie ist »zum Wohle« des Mannes geschaffen, gleichzeitig ist Adam ohne Eva kein Mensch.

S. 60 »Ich musste ausbrechen« – Das neue Leben der Emel Algan

Emel Algans Selbstbefreiung vollzieht sich gemäß dem Duktus des Berichts über ganz verschiedene Momente und Einflüsse. Wichtige Stationen:
1. Begegnung mit der Musik traditioneller nichtislamischer Kultur;
2. Ideen zur kreativen Gestaltung des Verschleierungsgebotes;
3. Schließlich: Ablegen des Kopftuches und Reflexion über den Sinn des Verschleierungsgebotes.

Emel Algan bezeichnet sich heute stets noch als gläubige Muslima. Sie lebt als Kommunikationstrainerin in Berlin. Ihre Sicht bezüglich der (ihrer Ansicht nach mangelnden) religiösen Begründung zum Verschleierungsgebot legte Emel Algan jüngst folgendermaßen dar:
»Ich bin erstaunt darüber, wie wenig informiert Muslime sind, wenn es um die theologischen Quellen bezüglich dieses Themas geht. Spätestens jetzt, wo im Namen des Islam unverhältnismäßig um das Kopftuch gekämpft wird, sollte bewusst werden, dass das ursprünglich als unbedeutender Teil eines Volksglaubens geltende Tuch nun auf der politischen Bühne als Fahne gehisst wird. Warum wird diese Zweckentfremdung geduldet?
Es wird meistens aus Verpflichtung geglaubt, aber nicht mit Überzeugung aufgrund eigener Erkenntnisse. Mit dem Verweis auf das Befolgen von Gottes Willen und die Einhaltung einer religiösen Pflicht geben sich immer noch sehr viele Frauen zufrieden, ohne genauere Fragen zu stellen. Jeder Muslim, den ich bisher gefragt habe, kannte zum Beispiel die Offenbarungsgründe, also den historischen Kontext der beiden Bedeckungsverse, gar nicht. Auch dass die Vorgabe, welche Körperteile von Männern und Frauen zu verhüllen sind, auf einen Beschluss von Gelehrten nach dem Tod des Propheten zurückgeht, interessiert niemanden« (Emel Algan, Gebt endlich die Köpfe frei).

Der Text über die Neuorientierung Emel Algans muss bewusst im Gegensatz zu Cees Notebooms Beobachtungen auf der gegenüberliegenden Seite gelesen werden. Nooteboom verhandelt die Frage nach der muslimischen Existenz in einer westlichen Gesellschaft, die eine Liberalisierung der Geschlechterverhältnisse mit einer Pornographisierung des sexuellen Umgangs verwechselt.

S. 61 Cees Nooteboom, Begegnungen

Nooteboom inszeniert seine kritische Perspektive auf die westliche »Entkleidungsgesellschaft« (Reinhard Slenczka) als Spannungsfeld zwischen der billigen Aufdringlichkeit pornographischer Unkultur und der Erfahrung islamischer Frömmigkeit, die von Nooteboom am Beispiel des Rufes des Immam als erhaben und anrührend beschrieben wird. Dabei verbinden sich Eingangs- und Schlussszene zu einer deutlichen Anklage. Die verdrehte »Freiheit« des »anything goes« wird über die Figur des niederländischen Soldaten sogar zu einem Moment militärischer Präsenz in der islamischen Welt.

Die Legitimation westlicher Militäreinsätze in den vermeintlichen oder tatsächlichen »Biotopen« islamistischen Terrors wird letztlich konterkariert: Der Soldat wird als Konsument von Pornographie gerade nicht zum glaubwürdigen Agenten einer menschenrechtsorientierten Wehrhaftigkeit.

IV. Methodische Hinweise

Kap. 26 Buddhismus: Das Selbst und die Faktoren des Menschseins

Einstieg: Befragung des »Bilderspiegels«
– »Bilderspiegel«. Ruhige Betrachtung der Bilder S. 49 und 51. Leitperspektiven: Welche Körperhaltungen sind in der jeweiligen Abbildung bestimmend? Welche ist augenblicklich leichter zu »kopieren«?
– Evtl. Erstellen von »Standbildern« zum Nachempfinden und zur Nachgestaltung der verschiedenen Haltungen.
– Überleitendes Gespräch: Wie stellen die Bilder »den Menschen« dar? Was »sagen« die Bilder über das, was wir »menschliches Ich«, »menschliche Person« nennen?

Erarbeitung: »Menschenbilder« auf den Texten der S. 48–51
– Textarbeit mit der Gestaltungsaufgabe: Für die insgesamt sechs Quellentexte wird (in arbeitsteiliger Gruppenarbeit) jeweils ein elemtares Symbol als »Menschenbild« erarbeitet, gezeichnet und vor der Gesamtgruppe vorgestellt und erläutert.
– Mögliche Erschließungsfragen und Zugänge zur Textarbeit:
  □ Ole Vedfelt: Westliches und östliches Bewusstsein (S. 48): Worin unterscheidet sich das »westliche« und das »östliche« Verständnis von Bewusstsein und Ich?
  □ Laotse: das Tao (S. 49): Welche Aussage über das »Ich« könnte der Text des Laotse in sich tragen?
  □ Gespräch des Mönches Vacchagotta mit Buddha (S. 50): Warum ist die Antwort des Buddha auf die Frage nach dem Selbst so verstörend?
  □ Axel Michaels: Man ist nicht ein Selbst und hat nicht ein Selbst (S. 50): Immer wieder wird um die Frage gestritten, ob sich der Mensch im Buddhismus selbst erlösen könne oder nicht. »Der Buddhismus ist eine Selbsterlösungsreligion.« – »Der

Buddhismus ist keine Selbsterlösungsreligion«. Suchen Sie nach der Lektüre der Texte die *falsche* These! Wie könnten Sie Ihre Wahl begründen?
- ☐ Ulrich Luz, Das wahre Leben (S. 51): Stellen Sie sich vor, Jesus und Buddha zeichnen ihr Bild vom Menschen in Form einer einfachen Skizze. Wie könnte diese Skizze jeweils aussehen?

Sicherung: Menschen-Bilder-Tableau
Übertrag der verschiedenen elementaren Symbole auf ein (evtl. vorbereitetes) Arbeitspapier mit bereits vorstrukturierten Zeichenfeldern.

Mögliche Erweiterung
Entwurf eines »christlichen Menschenbildes« (gestaltet als »elementares« Symbol), etwa nach einem Kurs »Mensch«. Vergleich der beiden Skizzen bzw. Skizzenreihen. Mögliche Betrachtungsperspektiven: Gestaltung und Sicht des »Ich«, Vergänglichkeit, Sünde, Gemeinschaft mit anderen Menschen (oder Lebewesen) im christlichen bzw. buddhistischen Menschenbild.

Kap. 27 Erlösung und Glück

Einstieg: Bildbetrachtung »Die sechsarmige Gottheit Sridevi«
- Der schnelle Blick (erste Betrachtung des Bildes): Welche Gefühle löst das Bild auf den ersten Blick aus? (Notieren.)
- PA Bildbotschaften: Welche Botschaften sendet das Bild über den Tod, über das Geschick des Menschen, über das Wesen von Gottheiten?
- PA: Sch suchen einen sprechenden Bildtitel.
- Gesamtgruppe: Zusammenstellung verschiedener Bildtitel. Was sagen diese Bildtitel über das Geschick des Menschen (vor dem Tod/nach dem Tod)? Könnten mit diesen Bildtiteln auch christliche Vorstellungen zum Thema Tod/Vergänglichkeit des Menschen tangiert werden (z. B. Hölle, Sterblichkeit des Körpers / Problematik des Spannungsfeldes: Erlösung-Verdammnis)?

Erarbeitung: Lebensführung, Tod und Erlösung im Buddhismus und im Islam
Arbeitsteilige Gruppenarbeit:
- Buddhismus (S. 52–53): »Passageritus« und Erlösung
  - ☐ Lektüre des Sachtextes »Rites de Passage«
  - ☐ Erarbeitung der »Stationen« im buddhistischen Bestattungsritus.
  - ☐ Mögliche Erschließungsfragen und Zugänge zur Textarbeit:
    1. Was geschieht auf den Stationen »zugunsten« des Verstorbenen?
    2. Was geschieht »zugunsten« der Hinterbliebenen bzw. der Lebenden?
    3. Woran wird der Charakter eines Passageritus erkennbar?
    4. Wo spielt die Lebensführung des Verstorbenen eine Rolle für sein weiteres Geschick?
    5. Entdecken Sie Parallelen/Entsprechungen zu christlichen Bestattungen?
- Islam (S. 54–55): Lebensführung, Erlösung, Paradies im Islam
  - ☐ Mögliche Erschließungsfragen und Zugänge zur Textarbeit:
    1. Welche Elemente des Dschihad (verstanden als Anstrengung/Bemühung) werden im Text von Lutz Richter-Bernburg (S. 54) thematisiert? Welche Momente davon finden sich in der islamischen Charta? (S. 55)
    2. Das Geschick der Toten gemäß Sure 56 und dem Weg der Toten im Islam (S. 54)
    3. Das Testament des Mohammed Atta (S. 55) und der »Weg der Toten im Islam« (S. 54) – Gemeinsamkeiten und Unterschiede.

Wechselseitige Informationen zu den Vorstellungen in Islam und Buddhismus

Leitperspektiven des Gesprächs: Rolle der Lebensführung und Vorstellung von einem »Gericht« / Das Geschick der Verstorbenen nach dem Tod.

Sicherung: Erarbeitung einer Mindmap
- Leben, Tod und Erlösung in Buddhismus und Islam
- mögliche Ergänzung: Christentum

Alternative/Erweiterung
Inszenierung eines religiösen »Debating Clubs«. Thema: Was geschieht mit den Toten? Was geschieht nach dem Tod? Ein Gespräch zwischen »Experten« aus dem »Islam« und dem »volkstümlichen Buddhismus«.

Kap. 28 Gender und Religion

Einstieg: Frauenbild und Religion
- Sch betrachten die Abbildungen auf den Seiten 29, 31 58, 59, 61, 63. Zuordnungsübung zur Rolle der Frau. Wie wird die Frau gesehen? (Mögliche Zuweisungskategorien: Frei/Unfrei. Integriert/Isoliert. Subjekt/Objekt etc).
- Zusammenstellung auf Lernplakaten: »Frauen – Männer – Religion«; Bilder, Urteile und Vorurteile.

Erarbeitung: Frauen und Männer im Kontext verschiedener Religionen
- Arbeitsvorgabe: Im Jahre 1993 fand in Chicago ein so genanntes Weltparlament der Religionen statt. Stellen Sie sich vor, sie seien auf diesem Kongress Mitglieder einer Arbeitsgruppe zum Thema: »Gender und Religion«. Erstellen Sie anhand der Materialien für eine Religion jeweils ein kurzes Arbeitspapier.
- Sch entwerfen Arbeitspapiere für die Position von ethnischen Religionen (Material vgl. S. 58+59), Judentum (Material vgl. SH S. 59) und Islam (Material vgl. SH S. 56, 60, 61).

- Mögliche Erschließungsfragen und Zugänge zur Text- und Bildarbeit in Einzelgruppen:
  - **Islam I:** Hans-Martin Barth: Das erste Menschenpaar im Islam und in der Bibel / Korandarstellung (S. 56/57):
    1. Wie bestimmt die islamische Tradition die Würde des Menschen? Was heißt nach dem Koran: Gleichstellung der Geschlechter? Was wird an der koranischen Grundvorstellung kritisiert?
    2. Worin unterscheidet sich die koranische »Adamsdarstellung« von christlichen Darstellungen Adams bzw. des ersten Menschenpaares?
    3. Suchen Sie den Teufel im Bild. Welcher Unterschied tut sich im Vergleich zum biblischen Mythos von der Verführung des ersten Menschenpaares durch die Schlange auf (1. Mose 2)?
  - **Ethnische Religionen / Judentum:** (Birgit Heller: Der Status von Frauen / Elie Wiesel: Adam und Eva im Judentum (S. 58/59):
    1. Welche Unterscheidungen trifft Birgit Heller bezüglich »einfacheren Gesellschaften/Religionen« und »universal ausgerichteten« Weltreligionen?
    2. Diskutieren Sie die These: Die Darstellung des animistischen Rituals aus Afrika (S. 58) widerspricht eigentlich einer Grundintention Birgit Hellers in der Bewertung ethnischer Religionen.
    3. Welche Argumente hätte Elie Wiesel gegen Birgit Hellers Thesen zum Rollenbild der Frau in den Hochreligionen?
  - **Islam II:** Das neue Leben der Emel Algan / Cees Noteboom: Begegnungen
    1. Emel Algan bezeichnet sich heute noch als gläubige Muslima. Kann sie dies noch mit Recht so sagen? Lesen Sie dazu auch S. 56 den Abschnitt »Die Rolle der Geschlechter«.
    2. Befreiung der Frau – Entwürdigung der Frau. Welche (verschiedenen) Perspektiven ergeben sich nach der Lektüre der Seiten 60 und 61?
    3. »Die Muslima, die auf dem Foto S. 61 zu sehen ist, ist emanzipiert.« Diskutieren Sie diese Aussage!

Sicherung

- Ein fiktiver Austausch im Rahmen des Weltparlaments Religionen: Welche Rollen weisen die verschiedenen Religionen Frauen und Männern zu?
- Befreiung der Frau: Notwendig? Unnötig? »Ganz anders« als bisher? – Tauschen Sie sich über verschiedene Haltungen in religiösen Kontexten aus!

H: Begegnung – Dialog – Wahrheit

I. Inhaltliche Grundlegung

Das Thema im Überblick

Block H	Thema	Didaktisches Stichwort: Ansatzpunkte und thematische Horizonte für den Unterricht	Weitere Bezugspunkte (Schülerheft = SH; Lehrerheft = LH; Medien im Lehrerheft = M)
Kapitel 29 **Muslime und »westliche Kultur«** Ayaan Hirsi Ali / Theo van Gogh, Submission Teil I	Ein westliches Medienprojekt provoziert radikale islamische Gläubige, die mit Mord und Verfolgung »antworten«.	Was »darf« eine liberale Mediengesellschaft, wo werden Grenzen überschritten?	SH S. 55: Islamische Charta. Eine islamische Stimme zur Menschenrechtsfrage. SH S. 60–61: Beispiele für kritische Begegnungen zwischen Islam und westlicher Kultur (Frauenfrage!).
Kapitel 30 **Juden und Christen: Eine Kultur der Differenz** – Die dreizehn Glaubensartikel des Maimonides – National Jewish Scholars Project DABRU EMET »Redet Wahrheit«	– Eine mittelalterliche Zusammenfassung des jüdischen Glaubens. – Konzeption für einen jüdisch-christlichen Dialog / Kritik und Gegenkritik.	Möglichkeiten und Grenzen einer »Zusammenfassung« religiöser Grundüberzeugungen. Beten alle monotheistischen Religionen zum gleichen Gott?	SH S. 18–19: Jüdisches Leben in der Diaspora: Unterschiedliche Formen jüdischer Existenz in nichtjüdischer Umwelt. SH S. 73ff.: Theologie – christlich, jüdisch, islamisch. SH S. 46–47: Abrahamitische Religionen: Monotheismus und Trinität.
Kapitel 31 **Christen und Buddhisten: Was uns unbedingt angeht** – Paul Tillich, Gott ist das, was uns unbedingt angeht – Katsumi Takizawa, Das formlose Selbst – Der XVI. Dalai Lama, Meine Verehrung für die großen Religionen der Welt	– Ansätze zu einem Dialog der Religionen unter »existenziellem« Vorzeichen. Gemeinsamkeiten in der Formulierung von religiöser Erfahrung. – Toleranz und Differenzerfahrungen.		SH S. 48–51: Anthropologische Grundkonzeptionen des Buddhismus (die Frage nach dem Selbst). SH S. 74: Was ist Theologie?
Kapitel 32 **Interreligiöser Dialog und Ökumene**	Beispiel für historische Ansätze zum interreligiösen Dialog und aktuelle Kriterien.	Wie hat sich das Gespür für einen interreligiösen Dialog entwickelt? Gibt es in der Gegenwart der Einen Welt nicht wichtigere Probleme (Armutsthematik)?	Block A: Religionen auf einen Blick (Zur Geographie der Religionen).

Umgang mit Wahrheitsansprüchen: Das schwierige und notwendige Gespräch zwischen den Religionen

Einige Bedingungen der Gegenwart

Das Unterrichtsthema »Begegnung – Dialog – Wahrheit« ist in der Gegenwart vor allem durch fünf Horizonte bestimmt, die zum Teil aufs engste miteinander verbunden sind. Damit wird zugleich deutlich, dass es einen »Dialog der Religionen« streng genommen nicht geben kann. Dialoge Debatten und Verständigungen über Religion(en) können nur zwischen konkreten Menschen, in konkreten Situationen und Konfliktlagen geführt werden. Gegenwärtig sind folgende Horizonte besonders wichtig:

Eine pluralistische und durch die Globalisierung weltweit geöffnete Gesellschaft kommt an einem Diskurs über die Pluralität der Religionen nicht mehr vorbei. Dabei ist »Religion« plötzlich auch ein – wenn auch manchmal nur unpräzise bestimmtes – »Unterthema« von politischen und wirtschaftlichen Szenarien. Beispiele sind die Debatten und Einschätzungen über den politischen Einfluss fundamentalistischer Christen in den USA (Kreationismus) oder die Ängste und Befürchtungen über die Ölpolitik »islamischer« Staaten.

Der 11. September 2001 wird mit dem Stichwort »islamistischer Terror« zu einem sprechenden Datum für die Behandlung einer zweiten, immer wieder kontrovers diskutierten Frage: Wie gelingt es, die Gewaltpotentiale in (monotheistischen) Religionen so zu zivilisieren, dass der Missbrauch von religiösen Inhalten nicht zur ideologischen Unterfütterung von gewalttätigen, politischen Aktionen wird?

In der bundesrepublikanischen Öffentlichkeit finden in immer stärkerem Ausmaß »religionssensible« und »pluralismusgetränkte« Fragen einen Platz auf der (politischen) Agenda. Einige Beispiele aus den letzten Jahren: Wie steht es um die Verschleierung von islamischen Lehrkräften deutschen Klassenzimmern? Wo und wie sollen Moscheen für die wachsende Zahl von Muslimen gebaut werden? Welche Rolle spielen die religiösen Überzeugungen beim Gelingen oder Misslingen von Integration? Harte Konfrontationslinien in der Behandlung und Verwertung der Integrationsfrage werden im SH S. 62 sichtbar: Die islamkritischen Arbeiten des ermordeten holländischen Publizisten Theo van Gogh lassen in dieser Hinsicht nichts an Deutlichkeit vermissen.

Vor allem für Schülerinnen und Schüler gehört inzwischen die Begegnung mit nichtchristlichen (meist muslimischen) Mitschülerinnen und Mitschülern zum Alltag. Was bedeutet eine solche Begegnung, wenn man sich der eigenen religiösen Tradition unsicher ist oder schlichtweg kaum noch etwas über sie zu sagen weiß?

Schließlich existiert eine Pluralisierung und Enttraditionalisierung von Glaubensüberzeugungen, besonders auch in Europa. Die klassischen konfessionellen Milieus von christlichen Grundüberzeugungen sind keineswegs mehr die selbstverständlichen Biotope religiöser Biographien. Religion wird mehr und mehr zur Angelegenheit persönlicher Wahl, in der verschiedene Elemente »kombiniert« werden können. Texte islamischer Sufimystiker, buddhistische Mantras und christliche Bild- und Textwelten finden in der Glaubenswelt vieler Menschen wie selbstverständlich nebeneinander Platz. Die Frage nach der Wahrheit von Religion entscheidet sich für viele Menschen an ihrer Brauchbarkeit für das persönliche »Lebensdesign«. Wie weit reicht ein solches Kriterium?

Theologische Ansätze zum Dialog der Religionen

Nicht zuletzt diese Problemkonstellationen haben dazu geführt, dass auch in der religionsphilosophischen und theologischen Debatte der letzten Jahre und Jahrzehnte der Umgang mit der Pluralität von Religionen zu einem wichtigen Thema geworden ist.

Zum Zwecke der Differenzierung der verschiedenen Deutungsansätze wird dabei häufig zwischen so genannten exklusivistischen, inklusivistischen und pluralistischen Religionstheologien und -philosophien unterschieden. Was ist mit diesen Begriffen jeweils gemeint?

Die so genannten »exklusivistischen Ansätze« bestimmen die jeweils eigene Religion als den einzigen Weg zum Heil. Ein »exklusivistischer christlicher Ansatz« bezeichnet das Christentum also allein als wahre Religion. Der Kirchenvater Augustin etwa hat das Christentum als »vera religio«, wahre Religion bezeichnet. Nur in Christus ereignet sich das Heil der Menschen, nur in Übernahme und Vollzug des christlichen Glaubens tritt der Mensch in die Sphäre des Heils ein. Als Beispiel der Neuzeit könnte man Karl Barths frühe Religionstheologie anführen. Barths steile These lautet: Der christliche Glaube ist eigentlich keine Religion, wie umgekehrt Religion im strengen Sinne Unglaube ist. Das Verhältnis zu Menschen anderer Religionen ist daher nur im Gestus des Zeugnisses und der Mission zu sehen.

»Inklusivistische Ansätze« betonen dem gegenüber, dass in den verschiedenen Religionen Wahrheitsmomente im Offenbarungshandeln Gottes enthalten sind. Pointiert gesagt: Der Inklusivismus beansprucht nicht einen Alleingeltungsanspruch des christlichen Glaubens (etwa gegenüber dem Unglauben anderer Religionen). Die nichtchristlichen Religionen verhalten sich demnach zum Christentum wie Anlage zur Vollendung. Angesichts des universalen Offenbarungshandelns Gottes gibt es in den anderen Religionen Wahrheitsmomente und Vorstufen der Gottesoffenbarung in Jesus Christus. Es kann dann eine Theologie der Religionsgeschichte entstehen, einer Religionsgeschichte, die freilich auf das Christentum hinführt. Der im Schülerheft kurz angeführte Ansatz des mittelalterlichen Theologen Nikolaus von Kues (1401–1464) (vgl. SH S. 68) bringt – vorsichtig gesprochen – eine Variation dieses Ansatzes zum Tragen. Alle Menschen haben demnach im Grunde genommen die gleiche Religion, die sich im Verlauf der Menschheitsgeschichte in verschiedenen Religionen auffächert. Stärker noch als in der Schrift »De pace fidei« hat Nikolaus von Kues diese Position im letzten Kapitel des Werkes »Docta ignorantia« verfolgt.

Als inklusivistischer Ansatz in der gegenwärtigen Diskussion ist die Theologie Wolfhart Pannenbergs zu nennen.

Pannenberg entwickelt eine Theologie der Religionsgeschichte, die ein geschichtlich vermitteltes Offenbarungshandeln Gottes voraussetzt. Diesem Offenbarungshandeln Gottes weist Pannenberg eine religionsgeschichtliche Entwicklungslinie zu, die die nichtchristlichen Religionen dem Christentum nicht einfach entgegensetzen. Es liegt für Pannenberg nahe, »die Religionsgeschichte als Erscheinungsgeschichte der Einheit Gottes zu betrachten, die von dem einen Gott selbst bewirkt ist als der Weg zur Offenbarung seines Wesens« (Pannenberg, Systematische Theologie I, S. 164).

Die pluralistischen Religionstheologien sind die jüngste und gegenwärtig aktivste Variante religionstheologischer Betrachtungsweisen. Man geht von der Erfahrung einer radikalen und grundsätzlichen Pluralität der Religionen aus. Dieser Ansatz ist nach dem Theologen Paul Knitter (vgl. unten) das Ergebnis einer Suchbewegung angesichts einer radikal veränderten Weltlage; die Globalisierung bedeutet konkret auch: Pluralisierung der wahrnehmbaren religiösen Einstellungen und Strömungen. Angesichts der hautnah spürbaren Vielfalt der Religionen kommt es einem Prozess der Selbstmarginalisierung gleich, wollte man sich in die Wagenburg eines einfachen Absolutheitsanspruches zurückziehen.

Das Zeitalter des Eurozentrismus wird damit endgültig verlassen. Von den Pluralisten wird die Vorordnung »erfahrungsorientierter« Deutungshorizonte in der theologischen Einschätzung anderer Religionen betont. Beispiele finden sich im Beitrag von John Hick über die Wucht eigener pluraler religiöser Erfahrungen (SH S. 68) oder auch in den Ausführungen der jüdischen Theologin Chana Safrai (S. 65). Allerdings ist gerade in Safrais Beitrag deutlich, dass die Wahrnehmung von Pluralität nicht einfach mit der Konstruktion einer »für alle gültigen« Einheitsreligion »hinter den Religionen« zu verwechseln ist. Die folgenden Beispiele zeigen dagegen, wie unterschiedlich pluralistisch orientierte oder den Pluralismus vorsichtig aufnehmende »Theologien der Religionen« ausgelegt sein können.

DAS GESPRÄCH IN GANG BRINGEN: EINIGE WEGBEREITER
Besonders der Tübinger Theologe **Hans Küng** hat durch sein »Projekt Weltethos« das Thema »Dialog zwischen den Weltreligionen« einer breiteren Öffentlichkeit bekannt gemacht.
»Kein Überleben ohne Weltethos. Kein Weltfriede ohne Weltreligionen. Kein Religionsfriede ohne Religionsdialog« (Küng 1990, passim). Mit diesen paukenschlagartigen Sätzen begann Hans Küng im Jahre 1990 sein Buch Projekt Weltethos. Mit dem Entwurf zeigte der Tübinger Theologe damit ein ganzes Bündel von Bedingungsfeldern auf, die den Dialog der Religionen zu einer Überlebensfrage der Menschheit werden lassen. Ein Grundpfeiler in Küngs Plädoyer lautet: Die moderne technisch-wissenschaftliche Zivilisation hat neben vielen Fortschritten auch gewaltige Probleme für die Menschen gebracht. Eine Lösung dieser Probleme ist letztlich unmöglich, wenn nicht die ethischen Traditionen der Religionen miteinander in einen Dialog gebracht und auf Gemeinsamkeiten hin befragt werden. Die durchaus umstrittenen Thesen Küngs sind nach den Anschlägen des 11. September 2001 noch einmal verstärkt in das Interesse der Öffentlichkeit gerückt. Inzwischen sind sie in die Bildungspläne des Religionsunterrichts aufgerückt: »Die Schülerinnen und Schüler beschreiben Merkmale eines Weltfriedens, stellen das Projekt Weltethos dar und zeigen auf, dass die Weltgesellschaft ein globales Ethos oder zumindest gemeinsame ethische Standards braucht, damit menschliches Zusammenleben in Frieden und Gerechtigkeit weltweit gelingen kann.« (Bildungsplan berufliche Gymnasien Baden-Württemberg).

Küng geht davon aus, dass in allen Religionen ein – je unterschiedlich fundiertes und gestaltetes – »unbedingt Verpflichtendes« (Küng, Projekt Weltethos S. 75) zu finden sei. Die Religionen der Welt könnten so letztlich ein mögliches Fundament für ein Ethos sein. Auch gegenüber Nichtgläubigen könne dabei ein gewisses Maß an Plausibilität der Entscheidungen formuliert werden. Trotz vieler – von ihm selbst eingestandenen und auch analysierten – Verkürzungen, Missbrauchstendenzen und Perversionen des Ethos in der Praxis religiöser Menschen steht nach Küng fest: »Alle großen Religionen bieten ja mit Autorität eine religiöse Grundorientierung an – Halt, Hilfe und Hoffnung angesichts der Eigenmechanik aller menschlichen Institutionen, angesichts des Eigeninteresses der verschiedenen Individuen und Gruppen und angesichts der Überinformation durch die Medien« (Küng 1990, S. 81). Obwohl es Küng um die Entwicklung eines Verständigungsrahmens für das Ethos von Religionen geht, thematisiert er Dialogbedingungen für Religionen überhaupt. Er skizziert einen »ökumenischen Weg zwischen Wahrheitsfanatismus und Wahrheitsvergessenheit«, plädiert für einen Dialog, der Standfestigkeit in der eigenen religiösen Tradition mit dem Wissen um die notwendige Offenheit im Dialog verbindet (vgl. Küng 1990, S. 126). An der Spitze einer interrreligiösen Kriteriologie steht für Küng das generelle ethische Kriterium. Eine Religion ist dann und nur dann gut, wenn sie in ihren Grundorientierungen menschliches Leben nicht unterdrückt und zerstört, sondern schützt und fördert. Als generelles religiöses Kriterium gilt: eine Religion muss ihrem eigenen Ursprung und Kanon treu bleiben. Die Haltung eines »Anything goes« ist demnach einem wahren Dialog nicht förderlich. Für das Christentum bedeutet dies: das Zeugnis von Jesus Christus und das Bekenntnis zu Jesus Christus darf im interreligiösen Dialog auch um dieses Dialoges willen nicht aufgegeben werden.

Küng hält es allerdings für möglich und machbar, bestimmte verbindliche Grundüberzeugungen zu formulieren, die in ihrer Substanz in verschiedenen Religionen beheimatet sind. Er greift dabei auf eine Erklärung zurück, die 1970 auf der Weltkonferenz der Religionen für den Frieden verabschiedet wurde. In dieser Erklärung thematisieren die Religionsvertreter viele Einzelmomente als wertgeschätzte Elemente der jeweiligen Religion. Genannt werden: Einheit der Menschheit, Gleichheit und Würde aller Menschen; Unantastbarkeit des Einzelnen und seines Gewissens; Wert der menschlichen Gemeinschaft; Relativierung der menschlichen Macht, vor allem durch Bindung an das Recht; Überzeugung von der Kraft von Mitleid, Selbstlosigkeit und innerer Wahrhaftigkeit gegenüber den zerstörerischen Potenzialen von Hass, Feindschaft und Eigeninteressen; Option für die Armen. Die im Schülerheft S. 68 abgedruckten Forderungen des Parlamentes der Weltreligionen (1999) dokumentieren die Fortschreibung dieser Grundlinien.

Neben und vor Küng gab es weitere wichtige theologische und religionsphilosophische Entwürfe, von denen wenigstens einige Ansatzpunkte hier kurz skizziert werden sollen. Weitere Informationen finden sich ggf. bei den entsprechenden Erläuterungen zu den Texten.

John Hick (geb. 1922) hat seine philosophische Theologie der Religionen ausgehend von eigenen Erfahrungen bei intensiven spirituellen Kontakten mit dem Islam, dem Judentum und dem Hinduismus entwickelt, die einen gemeinsamen Bezugspunkt des Transzendenten – Hick nennt es »The Real« – für alle Religionen annimmt. Der im Schülerheft S. 68 abgedruckte Text spricht denn auch in der Übersetzung von der »heiligen Realität«. Nach Hick gilt für alle Religionen: Menschen öffnen sich in religiösen Vollzügen »einer höheren göttlichen Wirklichkeit, die sie als einen personalen und guten Gott kennen, der Gerechtigkeit und Liebe zwischen den Menschen gebietet« (Hick, Gott und seine vielen Namen S. 202). »The Real« liegt dabei allen einzelnen religiösen Wahrheitsbegründungen und -vollzügen noch einmal voraus. Keine Religion kann beanspruchen, die Macht dieser Wirklichkeit in Gänze zu besitzen. Die so beschriebene göttliche Wirklichkeit macht nicht alle Religionen gleich; allerdings vermittelt sie einen Erlösungsimpuls, der in allen religiösen Zusammenhängen Menschen aus ihrer Selbstbezüglichkeit herausführt und für die Schöpfung, den Mitmenschen und Gott selbst öffnet. Die ethischen Früchte dieser Bewegung sind Achtung vor den Mitmenschen und Verpflichtung auf elementare Lebensregeln.

Raimon Pannikar (geb. 1918) will anders als Hick keine alle Religionen integrierende religionsphilosophische Theorie des Absoluten erstellen. Ihm geht es darum, die verschiedenen Religionen als ganz verschiedene Zugänge zu der einen geheimnisvollen Wirklichkeit würdigen. Nach Pannikar durchdringen sich die Realitätsebenen von Göttlichem, Menschlichem und Weltlichem permanent. Es ist die eine »kosmotheandrische« (Kunstwort; übersetzt etwa: kosmischgottmenschliche) Wirklichkeit, vor deren Geheimnis die Religionen stehen. Die damit gegebene Pluralität ist aber nicht in einer Art »transreligiösem« Akt der Integration hinein aufzulösen. Vielmehr geht es Pannikar gerade darum, den interreligiösen Dialog der Erfahrungen in aller Pluralität beizubehalten und zu befördern. Pannikar selbst hat profunde multireligiöse Erfahrungen: »Ich bin als Christ ›gegangen‹, habe mich als Hindu ›gefunden‹ und ich bin als Buddhist zurückgekehrt, ohne doch aufgehört zu haben ein Christ zu sein« (Pannikar, Der neue religiöse Weg S. 51).

Paul F. Knitter (geb. 1939) geht es im Dialog der Religionen weniger um Übereinkunft oder Dialog zum Thema der religiösen Lehre als vielmehr um die Gemeinsamkeit der Religionen in der verpflichtenden Praxis. Die Lehren der Religionen mögen verschieden sein und letztlich auch verschieden bleiben. Knitter befürwortet aber massiv eine Art Befreiungstheologie der Religionen. Im Rückblick sieht sich Knitter denn auch immer wieder bei zwei »Anderen« seinen Ausgangspunkt nehmen: Beim leidenden Anderen und beim religiös Anderen (Knitter, Horizonte der Befreiung S. 13). Beim Dialog der Religionen geht es nach Knitter daher auch nicht um die Konstruktion eines für möglichst viele möglichst schmerzfreien »anything goes«. Auch soll nicht eine verkrampfte Suche nach einer ›gemeinsamen Substanz‹ oder einem ›großen theologischen Integral‹ betrieben werden. Es geht Knitter vielmehr darum, die gemeinsamen Orte der Erfahrungen von Menschen verschiedener Religionen auszumachen und zu begehen. Im gemeinsamen Kampf gegen Armut und Unterdrückung können aber Angehörige verschiedener Religionen sich auch darüber austauschen, »was ihre Entschlüsse begründet, ihre Hoffnungen inspiriert und ihre Handlungen leitet« (Knitter, S. 186). Diese sozialethisch und politisch orientierte Perspektive wird im Schülerheft besonders auf S. 69 sichtbar (»Ökumene – Option für die Armen«). Gerade auch die weltweite innerkirchliche Ökumene steht danach immer in einem interreligiös und sozial sensiblen Kontext; die Option für die Armen reicht über die Grenzen der eigenen (christlichen) Religion hinaus.

Der religiöse »Blick auf andere Religionen«
Nicht nur Theologien, sondern auch Religionen entwickeln in ihren langen Traditionen einen ganzen »Hof« von Prägungen oder Überzeugungen, durch den das Verhältnis zu anderen Religionen bestimmt oder wenigstens beeinflusst wird. Diese sind notwendigerweise vielfältig und unterliegen dauernden geschichtlichen Wandlungsprozessen. Die folgenden Anmerkungen zu verschiedenen Religionen können daher nicht mehr sein als erste Richtungsangaben.

Ethnische Religionen: Ohne Zweifel haben die in den unterschiedlichen ethnischen Religionen verwurzelten Menschen über weite Strecken zum Beispiel das Christentum als Religion von Eroberern erlebt. Die enge und oft unselige Verbindung zwischen Christentum und staatlichem Kolonialismus muss hier nicht noch einmal in allen Einzelheiten ausgebreitet werden. Wohl aber kann auf folgende Details aufmerksam gemacht werden:
Es gibt innerhalb der ethnischen Religionen keine schriftlich dokumentierten Reflexionen über den Zusammenprall zwischen den so genannten »sekundären Religionen« (Christentum, Islam, auch Buddhismus) und den ethni-

schen Religionen; wohl aber gibt es Erfahrungstraditionen über diese Begegnungen, die sich zum Teil auch in der Erfahrung sich wandelnder Distanz bzw. »Nähe« zwischen dem Christentum und ethnischen Religionen zeigen. Beispielsweise gibt es zum Teil nach längeren Phasen der gewollten Trennung synkretistische Übernahmen von religiösen Traditionen aus den ethnischen Religionen in ein erneuertes Christentum hinein (traditionelle Trommelmusik in afrikanischen Gottesdiensten; Übernahme von rituellen Tänzen der Aborigines in den Verlauf eines christlichen Gottesdienstes; vgl. Leitner, Die Aborigines Australiens, S. 86).

Judentum: Im Judentum gibt es einerseits seit biblischer Zeit die Erfahrung der Begegnung mit Menschen anderer Religionen. »Die Anderen« waren darin oft als Sieger gegenüber dem Judentum wahrnehmbar oder aber sie missachteten elementare jüdische Glaubensgrundlagen wie die Einzigkeit Gottes und/oder das Bilderverbot. Dies bezieht sich nicht zuletzt auch auf die Begegnung mit der christlichen Religion. Innerhalb des Christentums hatte man recht bald Stereotype, Symbole und verzerrende Bilder zur Verfügung, um die Marginalisierung und auch Stigmatisierung des Judentums kräftig voranzutreiben.
Insofern gehören die Erfahrungen mit dem christlichen Antijudaismus auch zur Vorgeschichte des nationalsozialistischen Antisemitismus. Nach den düsteren und prägenden Erfahrungen des Holocaust gehört es aber auch zur Geschichte des modernen Judentums, dass zwischen Christen und Juden ein einzigartiger, wenn auch spannungsreicher und nicht immer einfacher Dialog zustande kam (vgl. SH S. 64–65). Die 2000-jährige nahezu permanente Diasporasituation weiter Teile des Judentums hat innerhalb dieser Religion die Debatte um das rechte Verhältnis zwischen Absonderung und Annäherung an die Umwelt bis hin zur Frage der Assimilation immer wieder aufs Neue befeuert. Die diesbezüglich spannungsvolle Bandbreite innerhalb des Judentums bezieht sich beispielsweise auf Radikalität und Liberalität im Umgang mit den Speisegeboten (Was heißt »koscher« essen?).

Christentum: Das Christentum wurde auch von den eigenen Theologen unterschiedlicher Generationen immer wieder als »synkretistische Religion« bezeichnet (so von den Theologen Herrmann Gunkel und Falk Wagner). Schon die im Neuen Testament greifbare spannungsvolle Einheit zwischen jüdischen und hellenistischen Anteilen zeigt den Wahrheitsgehalt dieser Einschätzung. Allerdings ist deutlich, dass nirgends im Neuen Testament die Einzigkeit und Bildlosigkeit Gottes in Richtung auf pagane (heidnische) Religiosität verlassen wäre. Nach der Etablierung des Christentums als Staatsreligion (381) war das Christentum hinsichtlich anderer Religionen alles andere als pluralitätsfreundlich. Noch für die Theologen der so genannten altprotestantischen Orthodoxie (17. Jh.) ergab sich »aus der Pluralität der Religionen noch kein die Wahrheit des Christentums berührendes Problem« (Pannenberg, S. 143). Erst mit der Aufklärung trat für das Christentum die Wirklichkeit anderer Religionen problemauslösend auf. Lessings Drama »Nathan der Weise« nimmt die Pluralitätsproblematik in den Religionen in paradigmatischer Weise auf. Die Lösung angesichts der Wahrheitsfrage lautet: Die Wahrheit hat, wer sich ethisch gut und lebensdienlich verhält (vgl. SH S. 68). Allerdings ist die schlichte Ethisierung der Wahrheitsfrage beim Dialog der Religionen kaum geeignet, den Dialog zwischen Christen und Nichtchristen auf Dauer stabil zu halten. Die Frage nach Gott, nach der Verbindlichkeit heiliger Schriften oder nach der Stellung Jesu Christi etc. kann nicht aus einem interreligiösen Dialog ausgeklammert werden.
Mit dem Entstehen der Religionswissenschaft aus der christlichen Theologie (19. Jh.) tritt eine Wissenschaft auf, die von vornherein die Pluralität religiöser Äußerungen voraussetzt.

Islam: Der gegenwärtige Islam steht bezüglich der Frage des interreligiösen Dialogs in einem deutlichen Spannungsverhältnis. Einerseits kann betont werden, dass bereits im Koran die religiöse Einheit des Menschengeschlechts thematisiert sei. Gott der Offenbarer sei allen Menschen gleich nahe (Sure 50, 16: Gott ist den Menschen näher als die eigene Halsschlagader; vgl. Rabeya Müller, in: Schreiner, Handbuch interreligiöses Lernen, S. 143). Wegen der Geschöpflichkeit tritt danach schon so etwas wie eine elementare religiöse Verbindung und Verbindlichkeit aller Menschen auf. Von islamischer Seite immer wieder zitiert, weist Sure 3, 64 zu einem »Wort des Ausgleichs«, also zu einem Religionsgespräch zwischen Muslimen, Juden und Christen: »Sprich: ›O Leute der Schrift, kommt herbei! Einigen wir uns darauf, dass wir Allah allein dienen und nichts neben Ihn stellen und dass die einen von uns nicht die anderen zu Herren neben Allah annehmen‹« (zitiert nach: Der Koran. Aus dem Arabischen von Max Henning, München 2003, S. 68). Allerdings wird beim erstrebten Ausgleich implizit eine Göttlichkeit Jesu Christi wegen der Einzigkeit Gottes abgelehnt. Hier besteht – gerade durch die neuerdings zahlreicher werdenden Dialogbeauftragten an Moscheen und islamischen Einrichtungen – deutlicher Aufklärungs- und Dialogbedarf.
Bis in die frühe Neuzeit hinein besaßen Juden und Christen in islamischen Ländern als Schutzbefohlene (dhimmi) einen besonderen Rechtsstatus. Aufgrund entsprechender Regelungen im islamischen Recht wanderten Juden wegen christlicher Pogrome in islamische Territorien aus. Allerdings dürfen die zugrunde liegenden staatsrechtlichen Konstellationen nicht mit einem »islamisch begründbaren« Pluralismus verwechselt werden. Umgekehrt muss auch gesagt werden, dass gegenwärtig islamistische Positionen die koranische Mahnung zur Ungeteilten Ergebung (muslim) in Gott als Argument für radikale Trennungen zwischen dem »Haus des Islam« und dem »Haus des Krieges« verstehen; impliziert ist dabei: Nur wer dem Islam angehört, kann letztlich im Frieden leben.

Buddhismus: In der Gegenwart gilt der Buddhismus als pluralitätsfreundlichste Religion. Die Äußerungen des Dalai Lama (vgl. SH S. 67) weisen ebenso in diese Richtung wie die Möglichkeiten Paul Tillichs, sich über zentrale Begriffe mit buddhistischen Lehrmeinungen anzunähern (vgl. SH. S. 66). Der Hintergrund für entsprechende Haltungen wird häufig im Fehlen eines monotheistisch formierten Gottesgedankens und in den buddhistischen Weisungen zur Friedfertigkeit gesehen. Wo eine Einzigkeit Gottes nicht gegen andere Götter, Mächte und Gewalten verteidigt werden muss, bedarf es auch keiner aggressiven Abgrenzung gegenüber anderen Religionen. Allerdings sind bereits in einem wichtigen Corpus buddhistischer Schriften, im so genannten Pali Kanon, deutlich andere Perspektiven zu erkennen. Mit einem häufig als »Löwengebrüll« bezeichneten Gestus weist Buddha Meinungen schroff zurück, die seiner eigenen Haltung und Erkenntnis entgegenstehen (vgl. Schreiner, Handbuch interreligiöses Lernen, S. 165f.).

II. Didaktische Reflexion

1. Thematische und pädagogische Aspekte

Der Weg der religionswissenschaftlichen und theologischen Diskussion um die Pluralität von Religionen weist gegenwärtig folgende Ausgangsbedingungen für den Unterricht auf:

1. Das Zeitalter des Religionspluralismus ist durch die Globalisierung unabweisbar geworden. Eine Nichtwahrnehmung dieses vielfältig greifbaren Phänomens verdrängt ein Stück Wirklichkeit von Religion in der Gegenwart.
2. Selbst wenn exklusivistische Antworten und Konstruktionen problematisch geworden sind, kann sich niemand leisten, die Wahrheitsfrage zu suspendieren. Auch in pluralen Religionstheologien und -philosophien wird deshalb die Frage nach der Wahrheit von und in Religion(en) zu stellen sein. Eine standpunktfreie allgemeine »Diskussionsbereitschaft« ist einem interreligiösen Dialog nicht förderlich und verhindert ihn sogar.
3. Die Gesprächsfelder eines möglichen Dialogs umgreifen die Frage nach dem Wesen Gottes und/oder des Göttlichen ebenso wie die Frage, wie sich verschiedene Religionen in den notwendigen politischen Prozessen um Bewahrung und Gestaltung von Frieden und Gerechtigkeit (gemeinsam) einbringen können.

Die Welt der Schülerinnen und Schüler

Schülerinnen und Schüler speziell der Oberstufe werden die Frage nach der Wahrheit von religiösen Deutungen auch vor dem Hintergrund eigener Positionierungsversuche wahrnehmen und debattieren. Die Frage nach der gültigen Gestalt dessen, »was uns unbedingt angeht« (vgl. SH. S. 66), sowie nach den politischen und sozialethischen Bedingungen und Kriterien für einen Dialog der Religionen (SH. S. 69) treten den Schülerinnen und Schülern so nicht nur äußerlich, quasi als Lebensumwelt entgegen. Eine Beschäftigung mit diesen Fragen trifft vielmehr auf eine Lebensphase, in denen die (autonome) Suche und Entscheidung nach tragfähigen Lebenskonzepten und nach den Begründungen von Haltungen eine große Rolle in der Persönlichkeitsentwicklung spielt.

2. Zur Auswahl der Medien

Die oben beschriebenen Aspekte der fachwissenschaftlichen Diskussion werden in einem Weg »von außen nach innen und wieder nach außen« durchbuchstabiert.

1. Kap. 29 »Muslime und ›westliche Kultur‹: Provokationen und Konflikte« (S. 62–63) thematisiert eine medial vermittelte und damit zugleich drastisch zugespitzte Konfliktlinie zwischen dem Islam und westlicher Kultur: Wie steht es im Islam um die Wahrung der Würde und Autonomie der Frau? Diese Frage stellen Schülerinnen und Schüler häufig in den Mittelpunkt einer konkreten Auseinandersetzung mit dem Islam.
2. Kap. 30 »Juden und Christen: Eine Kultur der Differenz« (S. 64–65) nimmt zunächst eine Thematik auf, die Schülerinnen und Schüler immer wieder und in verschiedenen Brechungen wahrzunehmen haben. Im Religionsunterricht, im Geschichts- und Deutschunterricht wird die Thematik des Judentums als kognitiver Minderheit immer wieder thematisch. Wie sich diese Minderheit »religiös positioniert« bzw. positionieren kann, wird auf S. 64–65 in elementarer Weise sichtbar. Es wird deutlich, dass sich diese Positionierung nicht immer nur in einem vorsichtigen Annäherungsversuch zwischen »Christen und Juden nach Auschwitz« erschöpft.
3. Kap. 31 »Christen und Buddhisten: Was uns unbedingt angeht« (S. 66–67) thematisiert die Frage nach dem Selbst und dem Grund des Glaubens bzw. der religiösen Überzeugung – und zwar angesichts des Buddhismus, der als religiöse Überzeugung für »westliche Bildungsschichten« zu einer immer beliebteren, weil intellektuell faszinierenden und redlich erscheinenden Form von religiöser Überzeugung wird.
4. Kap. 32 »Interreligiöser Dialog und Ökumene« (S. 68–69) führt nach einem Blick in die unterrichtlich »naheliegende« Ringparabel in die weite Welt interreligiöser Konferenzen und religionstheologischer Denkansätze.

3. Kompetenzen und Bezüge zu den Bildungsplänen

Die Schülerinnen und Schüler können
– an einem Beispiel Gründe und Verlaufsformen einer Auseinandersetzung zwischen westlich-säkularer und islamisch geprägter Kultur beschreiben und bewerten;

- eine neuere Entwicklung im Dialog zwischen Christentum und Judentum beschreiben;
- einen thematischen Kernbereich im Gespräch zwischen Buddhismus und Christentum beschreiben;
- anhand der Ringparabel einen Einblick in die Vorgeschichte des interreligiösen Dialogs gewinnen sowie Voraussetzungen und Beispiele seiner gegenwärtigen Gestalt geben.

Die EPA sehen vor, dass die Schülerinnen und Schüler unter der Entwicklung ihrer Dialogfähig »am religiösen Dialog argumentierend teilnehmen«. Die Schülerinnen und Schüler sollen
- »die Perspektive eines anderen einnehmen und in Bezug zum eigenen Standpunkt setzen;
- Gemeinsamkeiten von religiösen und weltanschaulichen Überzeugungen sowie Unterschiede benennen und im Blick auf mögliche Dialogpartner kommunizieren;
- sich aus der Perspektive des christlichen Glaubens mit anderen religiösen und weltanschaulichen Überzeugungen argumentativ auseinandersetzen;
- Kriterien für eine konstruktive Begegnung, die von Verständigung, Respekt und Anerkennung von Differenz geprägt ist, in dialogischen Situationen berücksichtigen.«

III. Hinweise zu den Medien

S. 62 Ayaan Hirsi Ali / Theo von Gogh, Submission Teil 1 / Die verschleierte Fatima

Theo van Gogh (1957–2004), der von dem islamischen Fundamentalisten Mohammed Bouyeri brutal ermordet wurde, hat als Regisseur und Kolumnist immer wieder durch spektakuläre Aktionen von sich reden gemacht. Besonders abzulehnen war ein seiner Meinung nach überzogenes multikulturelles Pathos: zu große Liberalität gegenüber undemokratischen Haltungen von Mitgliedern fremder Kulturen zerstöre die hart erkämpften Freiheitsrechte westlicher Gesellschaften. Nicht nur der Islam, sondern auch das Judentum und das Christentum waren Ziele seiner satirischen Angriffe. Dem Schriftsteller Leon de Winter warf van Gogh beispielsweise Vermarktung des Judentums vor. Als Protestaktion gegen den Islam verkleidete sich van Gogh als islamistischer Hassprediger oder belegte Muslime mit derben Schimpfworten.

Die kritischen Zuspitzungen, die Ayaan Hirsi Ali (Drehbuch) und Theo van Gogh (Regie) gegenüber dem Umgang mit Frauen im islamischen Kontext formulieren, sind letztlich wohl aus zweierlei Gründen ins Fadenkreuz radikalislamischer Kräfte geraten.

Es ging zunächst um die Kritik am Frauenbild, dann aber auch um eine wesentlich tiefer reichende Wurzel dieser Kritik. Ayaan Hirsi Ali wurde bisweilen als »die schwarze Voltaire« bezeichnet – in Erinnerung an den religionskritischen Philosophen Voltaire (1694–1778). Hirsi hat sich also nicht nur einfach als kritische Muslima geäußert, sondern – quasi schon »von außen« – auch den Islam als Gottesglauben insgesamt hart kritisiert; entsprechende Äußerungen über die »Erfindung Gottes durch den Menschen« machen Ayaan Hirsi Ali für radikalisierte Muslime letztlich zu einer Abtrünnigen, die den Tod verdient hat. Die Verschleierung der Frau im Islam geht nicht auf eine direkte koranische Weisung zurück; wohl aber wird in Sure 24, 31 davor gewarnt, dass Frauen ihre Reize offen zur Schau stellen sollen; Sure 33, 59 spricht von einem Überwurf, der von der Frau getragen werden soll. Seit dem 19. Jahrhundert kreist auch die innerislamische Debatte um Intensität und Notwendigkeit der Verschleierung; die im Filmtext anklingende Verbindung zwischen Verschleierung und Separierung der Frau ist auch innerhalb islamischer Debatten immer wieder ein Thema. Verschleierung in der Öffentlichkeit wird von Muslimas allerdings oft auch als Glaubenszeichen gesehen, das die Zugehörigkeit zum Islam, nicht aber a priori die Unterwerfung unter eine repressive Männerdiktatur symbolisiert.

S. 63 Shirin Neshat, Rebellious Silence

Die iranische Fotografin hat in einer Serie von Arbeiten das Thema »Women of Allah« ins Bild gesetzt. In der Fotostrecke erinnert die Künstlerin auf vielfältige Weise an die Position der Frauen im iranischen Islam. Shirin Neshat betont: »Die persische Kultur basiert auf ganz anderen Werten als die muslimische, sie ist weniger rigide, viel poetischer, viel literarischer, es ist eine sehr alte Tradition. Die neue Regierung brachte eine strenge, pure Form des Islam ins Land; sie haben versucht, die persische Geschichte auszuradieren und durch eine allgemeine, islamische Kultur zu ersetzen« (zitiert nach: »Aufbruch in die islamische Moderne«, in: Art. Das Kunstmagazin, 2000, Nr. 4, S. 24). Immer wieder spielt die Künstlerin mit der Kombination aus Gewehr, Verhüllung und arabischer Kalligraphie. Im Bild auf S. 63 teilt das Gewehr das Gesicht der Frau in eine helle und eine dunkle Seite. Mit Bildzitaten und fotografischen Zitaten wie diesen erinnert die Künstlerin an die ambivalente Stellung der Frauen im Islam. Einerseits sind Frauen in der so genannten islamischen Revolution unter Ayatollah Khomeini direkt und auch als Kämpferinnen an einer politischen Bewegung beteiligt. Anderseits bringt die restriktive kulturelle Ausformung des Islam die Frauen im Iran zum Schweigen.

S. 64 Die dreizehn Glaubensartikel des Maimonides

Diese dreizehn Artikel wurden vom jüdischen Psychologen Erich Fromm als äußerst untypisches Beispiel für eine Glaubensäußerung des Judentums beschrieben, und Johann Maier bemerkt: »Im Judentum ist es nie zu einer formalen Dogmatisierung von Glaubensvorstellungen gekommen« (Maier, Judentum von A–Z, S. 107). Es ist daher bezeichnend, dass die dreizehn Glaubensartikel von Moses Maimonides in einem Kommentar zur Mischna auftauchen, also ursprünglich keinen unabhängigen Text darstellen, sondern lediglich in einem größeren Zusammenhang die Aufgabe hatten, bestimmte grundsätzliche Positionen des Judentums zu fixieren.

Maimonides war der Überzeugung, dass diese komprimierte rationale Durchdringung von Glaubensinhalten eine für jede und jeden jüdischen Gläubigen nachvollziehbare Basis sei. Wie auch viele christliche Theologen war Maimonides beeinflusst von der Philosophie des Aristoteles. Gottgefällige Spiritualität war für ihn entsprechend nur denkbar über eine strikte Verbindung zwischen religiöser Aussage und vernünftiger Erkenntnis. Viele jüdische Gelehrte befürchteten aber bei Maimonides eine Gefährdung des dialogisch-debattierenden Stil jüdischer Glaubensaussagen durch eine zu große Nähe zur Philosophie.

S. 64–65 National Jewish Sholars Project DABRU EMET – »Redet Wahrheit« / Stellungnahmen von Matthias Blum und Chana Safrai

Die erste These von Dabru emet eröffnet eine Reihe von 8 Sätzen zum gewandelten Verhältnis zwischen Christen und Juden. Der Text (vgl. www.jcrelations.net) thematisiert einerseits Gemeinsamkeiten, z. B. die der Grundlage des eigenen religiösen Lebens oder die der notwendigen Gemeinsamkeit auf sozialethischen Konfliktfeldern (»These 8: Juden und Christen müssen sich gemeinsam für Gerechtigkeit und Frieden einsetzen«), andererseits werden Kompromisslinien in heiklen Fragen verdeutlicht. Die Frage nach der Wahrheit der beiden Religionen wird unter einen eschatologischen Vorbehalt gestellt: »These 6: Der nach menschlichem Ermessen unüberwindbare Unterschied zwischen Juden und Christen wird nicht eher ausgeräumt werden, bis Gott die gesamte Welt erlösen wird, wie es die Schrift prophezeit.«

Die insgesamt kompromissträchtigen Formulierungen erfuhren allerdings deutliche Kritik, und zwar nicht nur durch Chana Safrai. Die jüdische Theologin Edna Brocke bemängelte, dass sich die Autoren von »dabru emet« gern auf die Szene von der Völkerwallfahrt zum Zion berufen (Jes 2,2–3), um die endzeitliche Einheit aller Menschen vor dem einen Gott zu belegen. Dagegen sei einzuwenden: Der biblische Ausdruck »Gott Abrahams, Isaaks und Jakobs« ist nicht spiritualisierend für alle Menschen gültig, sondern sei konkret auf Israel und das Judentum bezogen.

S. 64 Bild: Miniatur der Menorah nach der Vision Sacharjas

Die Darstellung bezieht sich auf Sach 4,1–5 (Fünfte Vision des Sacharja). In einem Nachtgesicht zeigt ein Engel dem Propheten einen Leuchter, auf dem sich eine Schale mit insgesamt sieben Lampen befindet, die wiederum jeweils sieben »Schnauzen« für Dochte haben. Rechts und links des Leuchters befinden sich zwei Ölbäume. Im Allgemeinen wird gegenwärtig der Leuchter als Symbol Gottes gedeutet, die Lampen können bisweilen sogar als Augen Gottes identifiziert werden, zumal auch in der politisch kulturellen Umgebung des Propheten (Babylon) Leuchter als Gottessymbole nicht selten gebraucht werden. Die Bedeutung der Ölbäume ist recht umstritten. Man sieht in den beiden Bäumen wechselweise z. B. reine Schmuckelemente oder Symbole für priesterliche Gestalten, die JHWH dienen.

S. 65 Bild: Abrahams Schoß

Die Darstellung von Abrahams Schoß bezieht sich auf Lk 16,22. Danach wird der arme Lazarus nach seinem Tod von den Engeln in Abrahams Schoß getragen. Besonders in byzantinischen Darstellungen wird der Topos von Abrahams Schoß mit Darstellungen vom Weltgericht verbunden. »In Abrahams Schoß« sitzen dann jene, die im Gericht errettet werden. Im vorliegenden Kontext gewinnt das Bild eine etwas andere Konnotation. Abraham wird zur Integrationsfigur für alle drei monotheistischen Religionen (»Abrahamitische Religionen«).

S. 66 Bild: Stele zur Verbreitung der Leuchtenden Religion

Nestorianische Christen tragen ihren Namen nach dem antiochenischen Presbyter Nestorius (gest. 451), der im Rahmen von christologischen Streitigkeiten der Alten Kirche Jesus Christus die volle Göttlichkeit absprach. Die nestorianische Kirche hat heute ihren Schwerpunkt im Iran, in Syrien, in Indien sowie in der ehemaligen UdSSR. Vielfältig verfolgt, war das Zentrum der Nestorianischen Kirchen stets schon der Osten Europas und Asien.

Seit Beginn des 7. Jahrhunderts bis zum 9. Jahrhundert lebten nestorianische Christen als verschwindend geringe Minderheit in China. Noch vor der Mission der Jesuiten waren die Nestorianer die ersten Christen, die in Kontakt mit der chinesischen Kultur kamen.

Die Steinstele aus dem Jahr 781 trägt eine ausführliche christliche Inschrift, die mit der Schöpfung der Welt beginnt. Christliche, daoistische und buddhistische Elemente greifen ineinander: Gott der Schöpfer trägt einige Merkmale des daoistischen Urprinzips »Dao« (vgl. zum Daoismus Erläuterungen zu SH S. 49). Gott regt einen Urwind an; das kommt kosmogonischen Vorstellungen des Buddhismus sehr nahe. Heilige und Gott werden als Buddha bezeichnet, die heiligen Schriften werden als Sutren bezeichnet etc.

S. 66 Paul Tillic,: Gott ist das, was uns unbedingt angeht / S. 67 Katsumi Takizawa, Das formlose Selbst

Paul Tillich begründet und formuliert seine Theologie, seine Rede von Gott konsequent vor dem Hintergrund der Analyse menschlicher Erfahrung (vgl. Einleitungstext zum Tillich-Zitat). Die Verbindung dieses Ansatzes mit Tillichs Bemühungen um einen christlich-buddhistischen Dialog gründet u. a. in einem Dialog Tillichs mit dem Japaner Shinichi Hisamatsu im Jahre 1957. Hisamatsu hat nach eigenem Bekunden die Frage nach dem Wesen des Selbst erst in der Praxis des Zen-Buddhismus gefunden. Im Jahre 1957 lehrte Hisamatsu Philosophie an der Universität Harvard. Dort kam es zu mehreren Begegnungen mit Paul Tillich. Im Rahmen der Gespräche thematisierte Tillich die Schwierigkeit, die alltagsweltliche (»horizontale«) und die religiöse (»vertikale«) Dimension des Lebens in eine Verbindung (Korrelation!) zu bringen. Hisamatsu verwies Tillich auf die Transzendierung menschlichen Daseins im so genannten »formless Self« (formlosen Selbst). Darunter verstand Hisamatsu in

H: Begegnung – Dialog – Wahrheit

Aufnahme buddhistischer Konzeptionen den Zustand absoluter Selbstlosigkeit und des Aufgehens in einem anderen, wie es beispielsweise ein (Zen)-Künstler im Akt des Malens beim Entstehen eines Bildes durchlebt (vgl. zur buddhistischen Verwendung dieses Begriffes auch SH S. 67). Tillich sah hier auch kräftige Bezugspunkte zu seinem Konzept der »Tiefe des Seins«, mit der der Mensch in Berührung kommen könne. Dieser Begriff steht für Tillich ebenso wie der Ausdruck »was uns unbedingt angeht« als Chiffre für Gott; dabei geht es immer um eine reflektierte *und zugleich* erfahrungsgesättigte Rede von Gott, die einen Akt der Transzendierung in sich trägt – über das hinaus, was wir »Ich« nennen!

Zu Katsumi Takizawa vgl. die Erläuterungen zu SH S. 42. Takizawa thematisiert mit der gleichen Begrifflichkeit wie Tillichs Gesprächspartner Hisamatsu jene Bewegung des »formlosen« Selbst in den Spannungsfeldern zwischen »irdischer« Existenz und Transzendierung.

S. 67 Bild: Rekonstruktion einer seidenen Tempelfahne aus Dunhuang, China

Der Fundort verweist auf den Austausch von Religion über Handelsstraßen. Dunhuang wurde im 11. Jahrhundert v. Chr. gegründet und war nicht nur ein Ort buddhistischer Religion, sondern auch eine Drehscheibe zwischen Ost und West.

S. 67 Der XIV. Dalai Lama, Meine Verehrung für die großen Religionen der Welt

Der vorliegende Text zeigt ein Beispiel jener integralen Äußerungen zum Religionsthema, wie sie den Dalai Lama bekannt gemacht haben. Das Gefälle seiner Äußerungen geht von einem allen religiösen, politischen und sozialen Barrieren gegenüberstehenden anthropologischen Grunddatum aus: dem Streben der Menschen nach Glück. Eine wirkliche Dialogfähigkeit zwischen Religionen entsteht demnach auch nicht über ein vorschnelles »Heraustreten« aus der eigenen Religion.

Trotz dieser scheinbar auf allgemeinmenschliche Faktoren setzenden Dialoghaltung zeigen sich doch buddhistische Anteile und Perspektiven. An anderer Stelle betont der Dalai Lama nämlich, dass das Streben des Menschen nach Glück nicht an äußere Werte oder Güter geknüpft werden darf; diese seien vergänglich: »allein können sie uns nicht zufrieden stellen« (Dalai Lama 2004, S. 396), da Menschen nicht nur materielle Kreaturen seien. Der buddhistische Gedanke von der Vergänglichkeit und Leidverhaftetheit aller materiellen Gegebenheiten kommt also deutlich zum Tragen.

S. 68 Gotthold Ephraim Lessing (1729–1781), Ringparabel

Lessing hat sein Bühnenstück »Nathan der Weise« im Jahr 1779 als seinen Schlusspunkt unter einen großen theologisch-philosophischen Streit verfasst. Sein Gegner, der lutherische Hauptpastor Johann Melchior Goeze (1717–1786), hatte sich gegen Lessing gewandt, als dieser die bibel- und religionskritischen Schriften des Aufklärers Hermann Samuel Reimarus (1694–1768) veröffentlicht hatte. Der erbitterte Streit um die Gültigkeit und Deutung der Bibel dauerte von etwa 1777 bis 1779. Lessings Werk ist zugleich ein Fanal für die Judenemanzipation. Auch die Ringparabel selbst wurzelt in jüdischen Traditionen. Sie taucht lange vor Lessings Zeit in Bocaccios Novellensammlung »Dekameron« (ca. 1350) auf. Das Motiv der drei gleichen Ringe als Symbole für die drei Religionen taucht aber auch schon in Erzählungen des spanischen Rabbiners Shelomo ibn Verga auf.

Lessings bühnendramatisches Toleranzmodell eines ethischen Wettstreits der Religionen entstand in einer Zeit, in der die Öffnung zwischen Religionen und Konfessionen in vielerlei Hinsicht debattiert wurde. So gab es eine eigene Gattung »Religionsgesprächsliteratur«, in denen fiktive Personen unterschiedlicher Religionszugehörigkeit miteinander über die Wahrheit von Religion(en) diskutierten.

S. 68 Hans Küng, Parlament der Weltreligionen

Einer der ethischen Hauptimpulse der Erklärung zum Weltethos ist die Annahme, dass dieses Ethos einen Grundkonsens über »verbindende Werte, unverrückbare Maßstäbe und persönliche Grundhaltungen« abbilden könne. Nach Hans Küng unterscheidet sich dieser Zuschnitt ausdrücklich von einer »Welt-Einheits-Ethik«, die eine »ungenießbare Mischform, einen synkretistischen Cocktail« (Küng) darbietet. Vielmehr sollen die im Text thematisierten ethischen Leitlinien durch einen permanenten und reflektierten Rückbezug auf die heiligen Schriften der verschiedenen Religion immer wieder neu bedacht und präzisiert werden.

S. 68 John Hick, Die eigene Haltung in den Begegnungen vor Ort

Die in der inhaltlichen Grundlegung oben bereits erwähnte Grundhaltung Hicks tritt deutlich zutage. Hick formuliert eine konsequent pluralistische Religionstheologie, indem er seine Begegnungen mit Menschen anderer Religionen zum Ausgangspunkt seiner Überlegungen nimmt. Letzter Orientierungspunkt für alle Religionen ist nach Hick die »ewige Wirklichkeit« (The Real), die von keiner einzelnen Religion ganz ergriffen werden kann. Auf der Ebene der religiösen Überzeugungen gesteht Hick an dieser Stelle den Religionen einen gewissen Absolutheitsanspruch zu (vgl. den Ausdruck vom »alleinige[n] und absolute[n] Glaube[n]«), der aber beim in der Begegnung vermittelten »Überblick« über alle Religionen nicht das letzte Wort haben darf.

S. 69 Der ökumenische Rat der Kirchen, Pluralität ist Reichtum

Die abgedruckte Passage stammt aus einem Arbeitspapier des ökumenischen Rats, das Konsultationen aus den Jahren 1989–2002 zusammenfasst. Der Ausschnitt findet sich in einer Passage mit dem Titel: »Auf dem Weg zu einer Theologie der Religionen«. Theologisch wird darin ein Modell entwickelt, das von einer »Gastfreundschaft eines gnädigen Gottes« ausgeht. Danach gilt: Bereits in der Schöpfung habe sich diese Gastfreundschaft gezeigt; Gottes Bund mit Noah gelte der gesamten (pluralitätsbestimmten) Schöpfung. Diese Gastfreundschaft setze sich in der Selbsterniedrigung Jesu Christi fort (Bezug auf Phil 2,6–8), wenn Gottes Einwohnung in Jesus Christus die Annahme der conditio humana durch Gott selbst bedeutet.

Vor diesem Hintergrund wird auch deutlich, warum hier gleichzeitig sowohl von Gott als auch von den Menschen als Subjekten der religiösen Vielfalt gesprochen werden kann.

S. 69 Ökumene – Option für die Armen

In verdichteter Form findet sich hier ein Schlaglicht auf die positive Globalisierungsgeschichte des christlichen Glaubens. Diese Anmerkungen stehen in deutlichem Kontrast zu der bekannten, leider historisch nur allzu dicht belegbaren, aber oft auch stereotyp vorgetragenen Einsicht, wonach die Ausbreitung des Christentums aufs Engste mit der gewaltsamen Kolonialisierungsgeschichte verbunden sei:

Bartolome de Las Casas (1474–1566), der anfänglich der spanischen Kolonialisierungspolitik durchaus unkritisch und sogar wohlwollend gegenüber stand, wurde bald so etwas wie das »Gewissen Spaniens« in Bezug auf den Umgang mit den südamerikanischen Indios. Der Sohn eines Kaufmanns begleitete Kolumbus auf seiner zweiten Reise nach Amerika. Zunächst als Laienkatechet in der Missionierung tätig, ging de Las Casas ab 1514 immer mehr auf Distanz zu den bis dahin geläufigen Verbindungen zwischen (ökonomisch bestimmter) Kolonialisierung und Christianisierung.

1516 wurde ihm der Beiname eines »Verteidigers der Indianer« gegeben. Seine in viele Sprachen übersetzte Schrift »Brevissima relacion de la destruycion des las Indias« (1522) ist hierfür das bekannteste Dokument. Politisch besonders bedeutsam ist de Las Casas' Beteiligung an den so genannten »Neuen Gesetzen«, die u. a. das Verbot der Sklaverei und die steuerliche Gleichstellung von Eingeborenen und Spaniern feststellte. Als Berater am spanischen Hof setzte sich de Las Casas bis zu seinem Tode für die Rechte der Indianer ein.

Als Missionstheoretiker lehnte der Dominikaner jeden Zwang in der Übernahme des Glaubens ab und plädierte für dessen freie Annahme durch den Menschen. Auf de Las Casas' Äußerungen und Haltungen beriefen sich nicht nur europäische Aufklärer, sondern auch die nordamerikanischen Kolonialisten und moderne Menschenrechtstheoretiker.

Albert Schweitzer (1875–1965): Der vielfältig begabte Schweitzer hat als Theologe, Organist und Orgeltheoretiker sowie als Mediziner Herausragendes geleistet. Vor allem durch die neutestamentliche Arbeit über die Geschichte der Leben-Jesu-Forschung bekannt geworden, entschloss sich Schweitzer im Alter von 31 Jahren, auf den Glanz einer wissenschaftlichen Karriere zu verzichten, Medizin zu studieren und anschließend nach Afrika zu gehen. In loser Anlehnung an die Pariser evangelische Missionsgesellschaft gründete Schweitzer das Tropenhospital Lambarene. Der vielfach ausgezeichnete »Urwalddoktor« engagierte sich auch gegen die Atombewaffnung und gegen Kernwaffenversuche. Theoretische Gestalt gewann sein humanitäres Engagement in dem von ihm geprägten Begriff einer »Ehrfurcht vor dem Leben« als Kern des menschlichen Ethos.

Dom Helder Camara (1909–1999): Der aus ärmlichen Verhältnissen stammende spätere Erzbischof von Brasilien wurde wesentlich durch den französischen Pionier der Arbeiterpriesterbewegung Kardinal Gelien beeinflusst. Nachdem er zunächst in konservativen kirchlichen Milieus gearbeitet hatte, setzte er sich ab etwa 1955 für die kirchliche Präsenz in den schnell wachsenden Armutsgebieten brasilianischer Städte ein. Er engagierte sich für den sozialen Wohnungsbau, die Einrichtung von günstigen Krediten für Arme und für die Volksbildung. Während des II. Vatikanums geißelte er die kirchliche Prachtentfaltung und setzte sich für die Beendigung des Rüstungswettlaufs ein. Bei Ausbruch der brasilianischen Militärdiktatur (1964) wurde er zum Erzbischof geweiht und von seinen Gegnern seitdem als »roter Erzbischof« diffamiert. Auf der Suche nach einem dritten Weg zwischen Kommunismus und Kapitalismus waren Martin Luther King und Mahatma Gandhi die erklärten Vorbilder Dom Helder Camaras.

Oskar Romero (1917–1980) widmete sich als Erzbischof bis zu seiner Ermordung einer christlich motivierten Arbeit für Frieden und soziale Gerechtigkeit. Romero wirkte auch dezidiert politisch, als er versuchte, den damaligen US-Präsidenten Jimmy Carter dazu zu bewegen, keine Militärhilfe für die rechtsgerichtete Militärdiktatur in El Salvador zu gewähren. So war Romero als politischer und sozialer Mahner zunehmend unbequem. Er wurde während eines Gottesdienstes in der Kathedrale von San Salvador umgebracht.

Das 1994 eingeleitete Seligsprechungverfahren stockt zur Zeit.

Desmond Mpilo Tutu (geb. 1931) wurde als Lehrersohn in einem südafrikanischen Township geboren. Nach seiner eigenen Ausbildung zum Lehrer ließ er sich, u. a. auch in England, zum anglikanischen Priester ausbilden. Im Südafrika der Apartheid führte Desmond Tutu einen ausdauernden, aber friedlichen Kampf für die Gleichberechtigung der schwarzen Bevölkerung. 1984 wurde ihm der Friedensnobelpreis verliehen. 1985 wurde Tutu als erster Schwarzer zum anglikanischen Bischof von Johannesburg gewählt. Seit 1986 bekleidet er als Erzbischof von Kapstadt das höchste Amt der Anglikanischen Kirche in Südafrika. Nach dem Ende der Apartheid wurde Tutu Vorsitzender der südafrikanischen Wahrheits- und Versöhnungskommission, die die Verbrechen der Apartheid-Ära untersuchte.

IV. Methodische Anregungen

Der Themenblock H kann sowohl exemplarisch mit einzelnen Elementen der Kapitel 29–32 behandelt werden als auch als geschlossenes Ganzes (etwa zur Vorbereitung einer »multikulturellen Woche« an einer Schule) verwendet werden. Die folgenden Unterrichtsvorschläge sollen und können diesbezüglich flexibel variiert und eingesetzt werden.

Als »Vorlauf« zu allen Einheiten ist jeweils folgender Einstieg möglich:

Einstieg: Begegnung – Dialog – Wahrheit
Alle SuS erstellen einen »Merkzettel interreligiöser Dialog«. Die Leitperspektiven für die Notizen auf diesem Merkzettel:
– Welche Beispiele gelungener und besonders schwieriger **Begegnung** zwischen Menschen verschiedener Religionen gibt es?
– Welche Fehler können in einem **Dialog** zwischen Menschen verschiedener Religionen gemacht werden?
– Ist es möglich, die Frage nach der **Wahrheit von Religionen** im interreligiösen Gespräch vollständig auszuklammern?

Nach der Arbeit an einzelnen Texten und/oder an den gesamten Kapiteln 29–32 kann der »Merkzettel« wieder aufgenommen werden. Fragestellung:
– Wurde im behandelten Abschnitt / im bearbeiteten Text eher der »Bereich Begegnung«, der »Bereich Dialog« oder der Bereich Wahrheit« berührt? Gab es Berührungspunkte zu den Lösungsansätzen auf dem »Merkzettel«?

Kap. 29 Muslime und »westliche Kultur«

Einstieg
– Erarbeitung des »Merkzettels interreligiöser Dialog« (s. o.)
– Alternative:
  □ Impuls: Wie würden Sie reagieren, wenn Sie das Bild auf S. 63 als Poster im Zimmer einer muslimischen Mitschülerin sehen würden (Urteile – Vorurteile – Vermutungen)?
  □ Diskussion: Gelingt es Shirin Neshat, einen »islamischen Feminismus« darzustellen oder wirkt das Bild (auf uns) völlig anders?

Erarbeitung
– Arbeitsauftrag: Erstellen Sie eine Skizze für einen Artikel in der Schülerzeitung mit dem Titel: »Theo van Gogh – ein tödlich umstrittener Regisseur«.

– Mögliche Erschließungsfragen zu Bildern und Texten:
  □ Welche »Stimmung« bezüglich des Islam erzeugen die Arbeiten von Hirsi Ali / van Gogh?
  □ Inwiefern werden Vorurteile »bedient«, inwiefern wirken die Arbeiten aufklärend?
  □ Würden Sie an Ihrer Schule das Bild auf S. 63 zu Ihrem Artikel hinzusetzen? Wenn ja, warum? Wenn nein, warum nicht?

Sicherung
– Textskizze zum Artikel in der Schülerzeitung.
– (Bei Aufnahme des Merkzettels): Erarbeitung von Lösungsansätzen zu den Fragen; Wie geschieht hier Begegnung der Religionen? Was verhindert einen Dialog? Wer steht in diesem Konflikt für die Wahrheit ein?

Kap. 30 Juden und Christen: Eine Kultur der Differenz

Einstieg
– Erarbeitung des »Merkzettels interreligiöser Dialog« (s. o.).
– Alternative:
  □ Lektüre der beiden Bibelstellen zur Visionsminiatur (Sach 4,1–5; Lk 6,22).
  □ Stummes Schreibgespräch zu den Bildern: »Meine Fragen zu den Bildern«.

Erarbeitung
– Die dreizehn Glaubensartikel des Maimonides (S. 64).
  □ EA: Versuchen Sie eine Gliederung der 13 Glaubensartikel des Maimonides herzustellen!
  □ EA: Vergleichen Sie den Text mit einem christlichen Glaubensbekenntnis und suchen Sie nach Gemeinsamkeiten und Unterschieden. Notieren Sie den Artikel, der Ihrer Meinung nach die größte Nähe zum Christentum hat, sowie jenen Artikel, der Ihrer Meinung nach das Judentum am deutlichsten ausdrückt.
  □ Gesamtgruppe: »Typisch jüdisch / typisch christlich?« Kurze Diskussion zu den Entscheidungen der Einzelarbeit.
– National Jewish Scholars Project, DABRU EMET – »Redet Wahrheit«, These 1 / Matthias Blum, katholischer Theologe / Chana Safrai, jüdische Wissenschaftlerin (S. 64–65)
  a) Versehen Sie nach der Lektüre jeden der Texte mit einer ›sprechenden‹ Überschrift.
  b) Man hört immer wieder: »Wir glauben doch alle an denselben Gott.« Konstruieren Sie drei unterschiedliche Antworten nach der Argumentationslage der Texte.

Sicherung
Hefteintrag mit den Ergebnissen aus a) bzw. b).

Kap. 31 Christen und Buddhisten: Was uns unbedingt angeht

Einstieg
- Erarbeitung / Wiederholung des »Merkzettels interreligiöser Dialog«
- Alternative: Christentum und Buddhismus – Historische Berührungspunkte; Lehrerinformationen / Schülerreferat zu den beiden Illustrationen. – Zielrichtung: Berührungen zwischen Buddhismus und Christentum u. a. in der Gestalt Jesu

Erarbeitung
- Arbeitsperspektive: Entwurf eines Tafelanschriebs zum Thema »Wo und wie existiert Gott?« Antworten von Paul Tillich und Katsumi Takizawa.
  ☐ PA oder GA: Entwürfe zum Thema.
  ☐ Vorstellung und Diskussion ausgewählter Vorschläge (Präsentation auf OH-Folien).

Mögliche Erschließungsfragen für die Textbearbeitung:
- Existiert Gott? Was würde Paul Tillich darauf antworten?
- Worauf verweist nach Tillich der Ausdruck »Was uns unbedingt angeht«?
- Wodurch entsteht nach Tillich eine »innere Spannung in der Gottesidee«?
- Existiert Gott? Was würde Katsumi Takizawa darauf antworten?
- Wodurch kommt man nach Takizawa in Kontakt zu Gott?
- Was heißt »Erwachtsein« im Sinne des Zen-Buddhismus?
- Der Dalai Lama lehnt eine »Vereinigung der Religionen zu einer Welteinheitsreligion« ab. Was würde er wohl über die »Annäherungen« zwischen Tillich und Takizawa sagen?

Sicherung/Erweiterung
Pro und Contra-Diskussion zwischen Lehrer/in und SuS: »›Was uns unbedingt angeht‹ – ein ›interreligiöses Zauberwort‹ als Ersatzbegriff für Gott?« (Die Schülergruppe darf ihre Position wählen). Alternative: Zwei Gruppen diskutierten gegeneinander.

Kap. 32 Interreligiöser Dialog und Ökumene

Einstieg
Erarbeitung /Wiederholung des »Merkzettels interreligiöser Dialog« als »Brille« für die Texte der Doppelseite.

Erarbeitung
- Arbeitsperspektive: Der »Merkzettel« thematisiert als »Schlagworte« die Begriffe »Begegnung«, »Dialog« und »Wahrheit«.
- Fragen: Untersuchen Sie die einzelnen Texte. Welches der drei Worte, ggf. auch welche Kombinationen können Sie den einzelnen Texten zuordnen? Welcher Begriff / welche Begriffe treten jeweils eher zurück? Entwerfen Sie »Etiketten« für die einzelnen Texte der Doppelseite, auf denen Ihre Entscheidung notiert ist.

Mögliche Erschließungsfragen für die vorbereitende Textbearbeitung:
- Was würde Lessing sagen, wenn er nach der Wahrheit der drei monotheistischen Religionen gefragt würde?
- Kann man mit Lessings Ansatz (Liebe und Toleranz als erstrebenswertes Gut aller Religionen) einen Dialog der Religionen wirklich vollständig führen?
- Ist Hans Küngs Idee einer »interreligiösen Kultur« (1993) nicht eine Illusion, wenn man religiös bestimmte Konflikte der Gegenwart betrachtet?
- »John Hick steht in der Gefahr, eine Welteinheitsreligion zu fordern.« Was sagen Sie zu diesem Gedanken?
- Was genau heißt eigentlich »Option für die Armen« für Bartolome de Las Casas, Albert Schweitzer oder Oskar Romero?
- Suchen Sie aktuelle Beispiele (nicht nur aus dem Bereich Religionen!), bei denen die »Kriterien der Toleranz« nach Schmidt-Leukel verletzt wurden.

Sicherung/Erweiterung
- GA zum Thema: Was haben wir jetzt eigentlich gelernt? Die fünf wichtigsten Gedanken / Vorschläge aus den Texten. Es müssen mindestens drei Texte berücksichtigt werden.
- Schlussdiskussion zu den Gruppenentscheidungen.

H: Begegnung – Dialog – Wahrheit

I: Die Wissenschaften

I. Inhaltliche Grundlegung

Das Thema im Überblick

Block I	Thema	Didaktisches Stichwort: Ansatzpunkte und thematische Horizonte für den Unterricht	Weitere Bezugspunkte (Schülerheft = SH; Lehrherheft = LH; Zusatzmedien im LH = M)
Kapitel 33 Ethnologie – Anton Quack: Wald und Religion bei den Mbuti – Bild: Tirio-Volk in Surinam	1. Religionswissenschaften – Einführung in die Arbeitsweise der Ethnologie. – Religionsbegriff. – Religion als Teil der Kultur.	Am Beispiel der Studie zu den Mbuti wird der Denkansatz und das Selbstverständnis der heutigen Ethnologie deutlich. Ethnologie versteht sich als empirische Wissenschaft, die Religion als Teil der Kultur in Blick nimmt.	LH Block-Einführung: Religionsbegriff. SH S. 41: Theorien zum Monotheismus. M 2: Peter Antes, Was ist Religion? M 6: Ders., Religionen vergleichen. M 1: Hans G. Kippenberg, Geschichte der Religionswissenschaft. M 3: Religionserfahrung.
Kapitel 34 Religionswissenschaften: Religion – ein schwieriger Begriff – Manfred Hutter, Gibt es Weltreligionen? – Religionswissenschaft – H.M. Barth, Vergleich kommt nicht in Frage	– Der Religionsbegriff. – Aufgabengebiete und Methoden der Religionswissenschaft. – Die Problematik des religionswissenschaftlichen Vergleichs.	Der empirische Ansatz der Ethnologie ist das heutige Erkenntnismodell der RW – ganz im Gegensatz zu früher, als man die »Weltreligionen« durch eine europäische Brille betrachtete und deduktiv vorging.	LH Block-Einleitung M 6: Peter Antes, Religionen vergleichen. M 1: Hans G. Kippenberg, Geschichte der Religionswissenschaft. M 7: Jürgen Habermas, Säkularisierung – Begriff und Anforderungen.
Kapitel 35 Theologie: Christlich, jüdisch, islamisch – Mündliche und schriftliche Tora – I.U. Dalferth, Evangelische Theologie – Theo Sundermeier, Das Verhältnis von Religionswissenschaft und Theologie – A.Th. Khoury, Die Auslegung des Korans – Sure 1: Die Eröffnung	2. Theologische Ansätze der abrahamitischen Religionen – Der Umgang mit der Tora im Judentum, die historisch-kritische Denkweise in der evang. Theologie und die Scheu vor einer kritischen Exegese des Koran spiegeln den religiösen, geistigen und kulturellen Hintergrund.	Religionswissenschaft und Theologie können sich auf fruchtbare Weise ergänzen. Dabei unterscheiden sich beide in ihrem Ansatz. Theologie denkt von bestimmten Vorgaben her. Wie lassen sich die unterschiedlichen Theologien der abrahamitischen Religionen darstellen und erklären?	SH S. 46f.: Abrah. Religionen. SH S. 59: E. Wiesel zu Gen 2. SH S. 64f.: Dabru emet. SH S. 66: P. Tillich, Gott ist das, was uns unbedingt angeht. SH S. 10f.: Islam. M 34: W. Schmithals, Euro-Islam. M 35: N.H.A. Zaid, Aufklärung im Islam.
Kapitel 36 Religionspsychologie – Ulrich Schnabel, Glauben hilft	3. Religionspsychologie und -soziologie – Psychische Aspekt am Beispiel von Gesundheit und Hirnforschung.	Einen ganz anderen Zugang können die SuS in den psychologischen und soziologischen Studien entdecken.	SH S. 48: Ole Vedfelt, Westliches und östliches Bewusstsein. Religionspsychologie.
Kapitel 37 Religion und virtuelle Welt – M. Utsch, Religiöse Funktionen des Internet	Psycholog. und soziolog. Aspekte der Religion in der Popular-Kultur.		M 36: Hubert Knoblauch, Populäre Religion.
Kapitel 38 Religionssoziologie	Portrait des Begründers der Religionssoziologie Max Weber.	Die Sch. können ein Portrait des Begründers der Religionssoziologie Max Weber erstellen.	SH S. 58: Birgit Heller, Frauen. SH S. 78: F.X. Kaufmann.

Welche Wissenschaften befassen sich mit Religion?

»*In Zeiten schwindender Kenntnisse über die eigene Religion kann die Religionswissenschaft Grundkenntnisse über die christliche Religion und deren Kulturleistungen vermitteln.*« (Peter Antes)

Der Themenblock stellt einige Disziplinen vor, welche sich in wissenschaftlicher Weise mit Religionen befassen. Es geht darum, spezifische Ansätze einiger Wissenschaften deutlich zu machen, um den Erkenntnisgewinn zu nutzen und dabei unterschiedliche Deutungsansätze kennen zu lernen. Der Themenblock favorisiert einen komplementären Ansatz zwischen Theologie und Religionswissenschaften (vgl. Theo Sundermeier SH S. 74).

Wissenschaften, die Religionen erforschen und deuten (Beispiele): Religionswissenschaft, Ethnologie, Soziologie, Theologie, Psychologie, Philosophie.

Die Übersicht zeigt exemplarisch Beiträge dieser Disziplinen im Heft:

Fachbereich	Wissenschaftler (Beispiele)	SH
Religionswissenschaft	Sundermeier: Theologe und Religionswissenschaftler Richter-Bernburg: Islamwissenschaftler Michaels: Indologe	S. 40 Die Ahnenkuh; S. 52 Buddhist. Bestattungsritus S. 54 Dschihad S. 44 Der Gott Buddhas
Ethnologie	Quack: Ethnologe, Theologe, Philososoph Reuter: Ethnologin, Religionswissenschaftlerin	S. 70 Wald und Religion S. 26 Voodoo-Religion
Religionssoziologie	Heller: Religionssoziologin	S. 58 Status von Frauen
Religionspsychologie	Vedfelt: Psychotherapeut	S. 48 Bewusstsein
Theologie	H.-M. Barth: Systematischer Theologe	S. 29 Abendmahl
Philosophie	Habermas: Philosoph	S. 20 Religiöse Bürger

Zur Übersicht über die Disziplinen, ihre Ansätze und ihre Entwicklung s. Klaus Hock (Einführung in die Religionswissenschaft, S. 10ff.

Religionswissenschaftliche und theologische Deutungsansätze

RELIGIONSWISSENSCHAFTEN

Der Bremer Religionswissenschaftler Hans G. Kippenberg skizziert drei wichtige religionswissenschaftliche Denkmodelle:

1. Im Kontext des Kolonialismus des 19. Jh. entstand die Vorstellung, Religion sei die Erfahrung unkontrollierbarer Mächte, aus der sich nach und nach in einem Prozess der Rationalisierung die Kultur entwickelt habe (M. Weber »Entzauberung der Natur«, Säkularisationsthese; E. Durkheim).
2. Kippenberg sieht in den Gewalterfahrungen des 20. Jh. ein Motiv für das Modell von Religion als »mysterium fascinosum et tremendum«, welches vor allem mit den Namen Rudolf Otto und Mircea Eliade und der Schule der Religionsphänomenologie verbunden ist.
3. Seit 1966 hat ein ethnologischer Zugriff die beiden erstgenannten Modelle abgelöst. Mit dem Schlagwort »Religion als kulturelles Zeichen-System« hat der Ethnologe Clifford Geertz eine Neuorientierung eingeleitet: Religion ist Teil der Kultur; Kultur ist Gegenstand der Religionswissenschaft. Sie arbeitet mit der Methode der »dichten Beschreibung« (C. Geertz, Dichte Beschreibung, 1987, S. 44ff.).

Siehe dazu **M 1** Geschichte der Religionswissenschaft.

THEOLOGIE – RELIGIONSWISSENSCHAFT

Der ethnologische Zugriff schafft für die Theologie ein ambivalentes Modell:

– Religion gewinnt an Wert; denn »Religion ist ein konstitutives Moment jeder Kultur. Religion ist nicht »im Winkel«, nicht im Exotischen, sondern in der Zeichensprache der Kultur vorfindbar. Sie gilt es zu beschreiben und zu verstehen.
– Religion diffundiert. Wird der Religionsbegriff im Kulturbegriff aufgelöst? Wie steht es mit dem kritischen Anspruch der Theologie gegenüber der Kultur? (SH S. 70f.)

So formuliert der Heidelberger Religions- und Kulturwissenschaftler Gregor Ahn:

Politische Utopien oder Ideologien bieten ebenso wie die Mythen oder Theologien von Religionen umfassende Weltentwürfe und normative Sinn- und Orientierungsmuster, Fußballspiele oder Rockkonzerte wirken zum Teil ähnlich wie der Besuch eines religiösen Ritus kontingenzbewältigend oder sozial integrativ. Religionen werden mit Hilfe soziologischer Kriterien also nur als Teilmenge einer allgemeineren Größe qualifiziert, ohne dass sich mit dieser Klassifikation die Benennung spezifischer Differenzen zu nicht-religiösen Weltentwürfen oder Kontingenzbewältigungsmustern verbände. (Gregor Ahn, Art. »Religion«, in: Theologische Realenzyklopädie, hg. v. Gerhard Müller u. a., Bd. 28, Berlin 1997, Sp. 513ff.)

Der Heidelberger Neutestamentler Gerd Theißen verwendet die Formulierung von C. Geertz in seiner Beschreibung der Religion der ersten Christen:
»Religion ist ein kulturelles Zeichensystem, das Lebensgewinn durch Entsprechung zu einer letzten Wirklichkeit verheißt. Religion ist ein semiotisches Phänomen. Damit grenzen wir uns von anderen Religionsdefinitionen ab. Wir sagen nicht: Sie ist Erleben von Heiligen. Wir sagen auch nicht, sie sei eine menschliche Projektion. Wir sagen: Sie ist ein objektives Zeichensystem.
Was ist damit gemeint? Der Mensch kann in seiner Umwelt, so wie er sie vorfindet, nicht existieren. Er muss sie verändern. Er tut das einerseits durch Arbeit und Technik, andererseits durch Interpretation. Die Interpretation der Welt erfolgt durch Deutungssysteme: durch common sense im Alltag, durch Wissenschaft, Kunst und Religion in spezialisierten Lebensbereichen. Durch Arbeit und Interpretation macht der Mensch seine Welt zu einer bewohnbaren Heimat. Die Verwandlung der Welt durch Interpretation geschieht dabei nicht durch kausale Eingriffe in die Natur wie in Arbeit und Technik, sondern durch »Zeichen«, d. h. durch materielle Elemente, die als Zeichen semiotische Beziehungen zu etwas Bezeichnetem herstellen. Solche Zeichen und Zeichensysteme ändern nicht die bezeichnete Wirklichkeit, sondern unser kognitives, emotionales und pragmatisches Verhalten zu ihr: Sie steuern unsere Aufmerksamkeit, organisieren unsere Eindrücke in Zusammenhängen, verknüpfen sie mit unseren Handlungen. Nur in der so gedeuteten Welt können wir leben und atmen.
Was ist nun das Besondere des religiösen Zeichensystems? Es lässt sich als Kombination von drei Ausdrucksformen charakterisieren, die sich so nur in der Religion verbinden: durch Mythos, Ritus und Ethos. Der Mythos ist nach drei Dimensionen zu unterscheiden: Er ist ein Text, eine das Leben gestaltende Macht und eine Denkstruktur. Mythen erläutern in narrativer Form das, was Welt und Leben grundlegend bestimmt« (Gerd Theißen, Die Religion der ersten Christen S. 19ff. nach Clifford Geertz, S. 44ff.).

Auch der Zürcher Systematiker Ingolf U. Dalferth schließt sich an Formulierung der neueren Religionssoziologie (C. Geertz) an: »In den Symbolsystemen der Religionen kommt zum Ausdruck, wie die Welt und das Leben der Menschen in ihr erlebt, verstanden und geordnet werden soll. Und in ihren Symbolpraktiken kommt zur Darstellung, wie Kontingenz faktisch erlebt, verstanden und geordnet wird. Sie stellen nicht nur kognitive und ethische Orientierungen in der Welt dar, sondern auch emotionale Einstellungen zur Welt. Logos, Ethos und Pathos sind die drei Aspekte, die für eine das Leben in seiner Mehrdimensionalität umfassenden Orientierung unerlässlich sind. Die Zeichen(handlungen) der Religion ›symbolisieren‹ und ›organisieren‹ eine in bestimmter Weise erlebte Welt und sie schematisieren dieses Welterleben in einer bestimmten symbolischen Ordnung der Orientierung menschlichen Lebens in der Welt. Durch ihre Praxis, ihren Kult und ihre Lehren leiten sie Menschen an, sich in bestimmter Weise in der so erlebten, verstandenen und symbolisch geordneten Welt zu verstehen und zu orten und sich diese Weltsicht und Lebenseinstellung emotional und kognitiv durch Mitvollzug anzuzeigen« (Dalferth/Stoellger, Hermeneutik der Religion, Tübingen 2007, S. 7).

II. Didaktische Reflexion

1. Thematische und pädagogische Aspekte

Der Themenblock erschließt die Begriffe und Forschungsmethoden in den Themenblöcken A bis H und nimmt darum eine Schlüsselfunktion für das gesamte Arbeitsheft ein:
– Block I kann zusammen mit Block A an den Anfang der UE gestellt werden, wenn es um eine breitere Einführung in die Religionen gehen soll.
– Er kann begleitend verwendet werden, um das Verständnis einzelner Abschnitte oder von Begriffen (z. B. Ethnologie, Religion) zu klären.
– Wird der Block für sich behandelt, dann dienen die Blöcke A bis H als »didaktische Schlüssel« zur Konkretion von Block I.

Insgesamt könnte man u. a. folgende Kombinationen wählen:

Block I als didaktischer Schlüssel

Varianten	Themenblock	Beispiele
1. Einführung in die Fragestellungen und Methoden von Religionswissenschaft und Theologie	Block I Blöcke B–H dienen als didakt. Schlüssel zur Erläuterung und Vertiefung von Block I	Religionsverständnis der Ethnologie: Kap. 33; Kap. 6, 14, 22, S. 58 Islam. ›Theologie‹: S. 75 + Kap. 12, 21, 28 S. 60f.
2. Unterstützung des laufenden Unterrichts	Block I + Blöcke B–H	»Ethnologie«? Kap. 33; Kap. 6, 14, 22 ›Religion‹? Kap. 34; Block C ›Theologie – RW‹ Kap. 34, 35; Kap. 14+16;
3. Einführung in das Thema Religionen	Block I + Block A	Kap. 1+4; Kap. 33–35
4. Einstieg ins Thema Dialog und Ökumene	Block I + Block H	Religionsverständnis bei Lessing, Küng, Kap. 32; Kap. 34 Vergleich

Der Themenblock bietet Impulse und Informationen für die
- reflektierte Darstellung der Begriffe »Religion« und »Weltreligionen«,
- Erarbeitung von Kriterien für einen Vergleich von Religionen im Rahmen einer kontextuellen Wahrnehmung von Religion,
- Beschreibung der Fachwissenschaften Religionswissenschaft und Theologie in ihren Anliegen, ihrem Forschungsgegenstand, ihren Methoden (Überschneidungen und Gemeinsamkeiten),
- Dokumentation eines Beispiels der »komplementären Arbeitsweise« von Theologie und Religionswissenschaften,
- Darstellung verschiedener Auffassungen von »Theologie« im Kontext christlicher, jüdischer und islamischer Religion,
- Klärung des methodischen und heuristischen Ansatzes der Religionspsychologie an einem Beispiel,
- Klärung des methodischen und heuristischen Ansatzes der Religionssoziologie an der Gestalt von Max Weber und einem Beispiel der Gegenwart.

Die Welt der Schülerinnen und Schüler

Methodisches Wissen zu vermitteln, vor allem im RU, dem gegenüber gerne das Vorurteil des Subjektiven und Willkürlichen herrscht, ist eine wichtige Aufgabe in Sek II. Hier kann der Beitrag der Religionswissenschaften eine große Hilfe sein: einmal hinsichtlich der analytischen Methodik, zum andern im Blick auf ›erforschbare Inhalte‹, die ein Mehr an ›Objektivität‹ und Ergebnisorientierung erkennen lassen als manche der sonstigen Debatten im Klassenzimmer. Jeder Themenblock enthält solche Beiträge, zumeist aus dem Bereich der Ethnologie. So auch der Block I.

Der Themenblock intendiert im Blick auf die Oberstufe zweierlei:
- Er fragt nach Methoden, die geeignet sind, »Religion« wissenschaftlich zu analysieren, und schärft den Sinn einer wissenschaftlichen Reflexion von Methodik und Hermeneutik.
- Er zeigt den Gewinn einer interdisziplinären Arbeitsweise zwischen Theologen und Religionswissenschaftlern. Diese kann sich im Schulbetrieb in der Kooperation von Ethik und Religion erweisen.

2. Zur Auswahl der Medien

Die Medien sind um drei Themen gruppiert.

Religionswissenschaft, Religionsbegriff
Der einführende Text motiviert mit dem eindrücklichen Bild und der Erzählung zur Lebenswelt der Mbuti. Gleichzeitig führt der Text anschaulich und überzeugend in die Arbeitsweise der Ethnologie und das Verständnis von Religion als Teil der Kultur ein und bemerkt zudem, dass dieser Ansatz nicht nur für ethnische Religionen gilt. Damit ist der Auftakt zu dem ersten Themenabschnitt gegeben: Religionen – Religionsbegriff. Diese Thematik wird durch die Beiträge zum Begriff Weltreligion, Religionswissenschaft und Vergleich fortgesetzt (S. 70–72).

Theologie
Der zweite Themenbereich des Blocks ist das Thema »Theologie« im Verständnis der abrahamitischen Religionen. Dabei bilden die Beiträge auf S. 74 eine Klammer, indem sie die Beziehung von Theologie und Religionswissenschaft thematisieren (S. 73–75).

Religionspsychologie und -soziologie
Der dritte Teil des Blocks bringt anschauliche Beispiele aus den beiden Arbeitsfeldern der Religionspsychologie und Religionssoziologie. Die Übersicht zu Max Weber ist bei Bedarf durch Quellen zu Weber zu ergänzen (S. 76–78).

3. Kompetenzen und Bezüge zu Bildungsplänen

Kompetenzen
Die Schülerinnen und Schüler können
- an einem Beispiel den Ansatz der empirischen Erforschung von Religionen in der heutigen Religionswissenschaft aufzeigen (S. 70);
- den ethnologischen Zugang zu ›Religion als Teil der Kultur‹ an einem Beispiel darstellen;
- begründen, warum ein Vergleich von Religionen problematisch ist (S. 72);
- am Beispiel des Begriffs ›Religion‹ bzw. ›Weltreligionen‹ die Problematik einer eurozentristischen Sichtweise beschreiben (S. 72), inwiefern sich die Arbeitsgebiete von Theologie und Religionswissenschaft überschneiden (T. Sundermeier, S. 76);
- an einem Beispiel darstellen, welchen Gewinn die beiden Disziplinen aus einer Zusammenarbeit ziehen können (s. T. Sundermeier, S. 76 / O. Keel, S. Schroer, S. 46);
- Max Webers Beitrag zur Religionssoziologie erläutern (S. 78).

Die einheitliche Prüfungsanforderung Evang. Religionslehre (EPA)
Der Themenblock leistet einen Beitrag zu einem reflektierten Umgang mit dem Begriff und Phänomen ›Religion, Religionen‹. Er leitet dazu an, unterschiedliche wissenschaftliche Zugänge zur Religion kennen zu lernen und zu überprüfen.
Damit fördert er im Katalog der grundlegenden Kompetenzen vor allem die Fähigkeit der Urteilsbildung durch die Reflexion wissenschaftlicher Methoden und dadurch auch die Fähigkeit zum Dialog mit den Wissenschaften, welche sich mit Religionen befassen:
Urteilsfähigkeit – in religiösen und ethischen Fragen begründet urteilen (S. 70–75):

I: Die Wissenschaften

- deskriptive und normative Aussagen unterscheiden;
- Formen theologischer Argumentation vergleichen und bewerten;
- Gemeinsamkeiten von Konfessionen und Religionen sowie deren Unterschiede erklären und kriteriengeleitet bewerten.

Dialogfähigkeit – am religiösen Dialog argumentierend teilnehmen (S. 70–78).

Der Themenblock bewegt sich damit im sog. Anforderungsbereich III. Im Themenbereich »Religionen« als dem durchgehenden »didaktischen Prinzip aller Themenschwerpunkte« geht es dabei um einen reflektierten Umgang mit den Fachwissenschaften der Theologie und der Religionswissenschaften. Der Anforderungsbereich III wird von der EPA so definiert:
- ein begründetes eigenes Urteil zu einer Position oder einem dargestellten Sachverhalt entwickeln (sich auseinandersetzen mit);
- zu einem Sachverhalt unter Verwendung von Fachwissen und Fachmethoden sich begründet positionieren (Sach- bzw. Werturteil);
- die Vielschichtigkeit eines Beurteilungsproblems erkennen und darstellen, dazu Thesen erfassen bzw. aufstellen, Argumente formulieren, nachvollziehbare Zusammenhänge herstellen und dabei eine begründete Schlussfolgerung erarbeiten (dialektische Erörterung);
- prüfen, überprüfen: eine Meinung, Aussage, These, Argumentation nachvollziehen, kritisch befragen und auf der Grundlage erworbener Fachkenntnisse begründet beurteilen.

III. Hinweise zu den Medien

Themenbereich 1: Religionswissenschaften, Religionsbegriff S. 70–72

S. 70f. Ethnologie

Die Ethnologie versteht sich als Wissenschaft, die fremde Kulturen und Völker verstehen und verständlich machen will. Kennzeichnend für ihre Methoden ist die Feldforschung, die teilnehmende Beobachtung und nach Clifford Geertz die »dichte Beschreibung«. Sie ist Teilbereich der Soziologie, im angelsächsischen Bereich ist sie Teil der Anthropologie (social, cultural anthropology). Religionsethnologie befasst sich u. a. mit den Religionen schriftloser Kulturen. Diese werden auch als Naturreligionen oder Stammesreligionen bezeichnet. »Charakteristisch für den Stamm ist das Wir-Gefühl seiner Mitglieder. Der Stamm bildet vielfach den Rahmen für religiöse Riten und Feiern« (Anton Quack). Quellen der Forschung sind daher vor allem nichtschriftliche Zeugnisse wie Mythen, Symbole, Rituale, Opfer und Feste (vgl. Klaus Hock, Einführung in die Religionswissenschaft S. 110ff.). Das SH dokumentiert solche Zeugnisse an vielen Stellen:

Übersicht: Mythen, Symbole, Rituale, Opfer und Feste in ethnischen Religionen

Kap.	Ethnolog. Beiträge	Thematisches Stichwort	Zusätzliche Informationen
1	Ethnische Religionen	Verdrängung der ethnischen Kultur durch den europ. Kolonialismus	
6	Mythos Erde, Aborigines, Traumpfade	*Mythos* – wichtige Quelle in schriftlosen Kulturen; *die Erde* als spirituelles Medium	M 9: Sun Bear, Mutter Erde
14	Dem Lwa opfern, Voodoo	*Ritual* und *Opfer*	M 10: Anton Quack, Opferfest und Opfermahle
22	Die Ahnenkuh, Zulu	Ahnenkuh; rituelle Heilung im Kral	
28	Status von Frauen, Fadenspiel	Matriarchat; *rituelle Beschwörung*, Bann; Totemtier	M 4: Anton Quack, Mythen und Riten
33	A. Quack, Wald und Religion bei den Mbuti	*Der Wald* – Lebensgrundlage und Religion (Waldkult) Religion ist Teil der Kultur	

S. 70f. Anton Quack, Wald und Religion bei den Mbuti

Anton Quack (Studium der Philosophie, kath. Theologie, Ethnologe und Afrikanistik) ist Professor für Ethnologie an der philosophisch-theologischen Hochschule in Sankt Augustin, dem Missionspriesterseminar der Steyler Missionare bei Bonn. Das Buch »Hexer und Schamanen. Die Religion der Stammeskulturen« enthält interessante Studien zu Stammesreligionen aus Afrika, Asien, Ozeanien und Amerika und eignet sich als Einführungslektüre für die Lehrkraft und zusammen mit der Studie von Corinna Erckenbrecht auch als Quelle für Referate.

Die Mbuti-Pygmäen leben am Epulu, einem Nebenfluss des Ituri mitten im äquatorialen Regenwald im Nordosten der Republik Kongo. Ihren täglichen Lebensbedarf verschaffen sie sich durch Beutezüge in der ansonsten unbeeinflussten Natur. Sie sind Jäger und Sammler und kennen weder Viehzucht noch Landbau. Eine Gruppe der Wildbeuter jagt mit dem Bogen, die andere mit Netzen. A. Quack referiert aus der Feldforschung des Ethnographen Colin Turnbull, der sich zwischen 1950 und 1970 häufig bei den Netzstellern aufgehalten hat und als »teilnehmender Beobachter« ein Jahr lang in einer Mbuti-Gruppe lebte. Er integrierte sich in die Gruppe und zog mit ihr von Lager zu Lager. Studien japanischer Forscher aus den 1990-er Jahren zeigen, dass sich die Situation der Mbuti in der Zwischenzeit verändert hat, sodass der vorliegende Bericht idealtypisch wirkt. Weitere Informationen: A. Quack, a. a. O., S. 36ff.

Zum Text
Der Textausschnitt verbindet eine ethnologische Studie zur Religion des afrikanischen Volkes der Mbuti mit grundsätzlichen Überlegungen zum Verständnis von Kultur und Religion aus der Einführung. Beide Abschnitte ergänzen sich gegenseitig. Abschnitt 1 steht in einer Reihe mit den Beiträgen Kap. 6 und 22 zum Thema »ethnische Religionen«. Abschnitt 2 erläutert den Zusammenhang von Kultur und Religion aus ethnologischer Sicht und bildet den Auftakt zu Kap. 34 und weiteren Beiträgen zum Religionsbegriff im Heft – vor allem im Themenblock F und in den Zusatzinformationen.

Themen und Aussagen:
1. Die Religion der Mbuti:
– »Die Religion der Mbuti ist ein Waldkult«.
– Die Mbuti verehren den Wald als Gottheit: Er
  ☐ spendet Nahrung und Leben,
  ☐ schützt vor Sonne und Krankheit,
  ☐ »ist Vater und Mutter«.
– »Die Religion ist soziale Praxis«.
2. Religion im Verständnis von Ethnologen:
– Religion ist ein Teil der Kultur.
– Religion ist aus ihrem kulturellen Kontext nicht herauslösbar – und umgekehrt.
– Ein selektives Verständnis von Religion setzt die westliche Unterscheidung von sakral und profan voraus.
– Diese Unterscheidung ist auch im abendländischen Raum nicht ganz durchzuhalten.
3. Womit sich Religionsethnologen befassen (S. 71):
– Die Praxis des Lebens, der Vollzug der Religion.
– Kulturen, die keine schriftlichen Dokumente haben.
– Kulturen, welche zwischen Religion und Kultur nicht trennen.
– Hypothese: »Jede Art menschlichen Verhaltens kann religiös motiviert sein« (S. 71).

S. 71 Abbildung: Tirio (oder Trio) in Surinam, Regenwald
Die Abbildung zeigt einen Vertreter des Trio-Volkes in Surinam, das um seine angestammten Landrechte kämpft. Die ehemalige holländische Kolonie Surinam (oder auch Suriname) ist das kleinste und seit 1975 unabhängige Land Südamerikas und liegt am Atlantischen Ozean. Es grenzt im Osten an Französisch-Guayana, im Süden an Brasilien und im Westen an Guyana. Wie in den meisten tropischen Ländern ist die Natur auch in Surinam gefährdet durch Raubbau, wie u. a. Entwaldung durch Rodungen, Bauxitminen und durch die Verschmutzung als Folge von einigen Tausend legalen und illegalen Goldminen. Daneben gibt es auch von staatlicher Seite ein Interesse, die Umwelt zu schützen, u. a. durch Naturschutzgebiete.

Neben indianischen Ureinwohnern und europäischen Zuwanderern leben in dem ehemals niederländischen Teil Guyanas unter anderem auch Inder und Chinesen. In der Hauptstadt Paramaribo steht eine schlichte Synagoge neben der großen Moschee. Moslems und Juden beten hier seit Jahren friedlich Tür an Tür. Daneben gibt es Hindutempel und die von Herrnhutern im Jahre 1778 erbaute Stadtkirche. Von den 493.000 Einwohnern sind 33% indischer Abstammung, 33% Kreolen, 18% Javaner (Indonesien), 9% Morronen (Nachfahren der ins Landesinnere geflohenen ehemaligen Sklaven) und 2% Indianer.

Zur Situation der indigenen Völker
Zu den größten indigenen Völkern in Surinam gehören auch die Trio. Die Indigenen Surinams haben keinen rechtlichen Status als »indigene Völker«, wodurch ihnen ihre traditionellen Rechte versagt werden und sie keinen Anspruch auf Land haben. Surinam gehört zu den wenigen Ländern Lateinamerikas, die die entsprechende Konvention nicht ratifiziert haben.

Themenaspekte:
– Kolonialismus und der Kampf um Landrechte – vgl. SH Kap. 1 und Kap. 6
– Eine Landkarte wie ein Bilderbuch ... Landkarte »Bilderbuch eines Landmythos« – vgl. SH Kap. 6 und S. 59.

S. 72 Religionswissenschaften: Religion – ein schwieriger Begriff
Die Beiträge auf Seite 72 erläutern drei Themen aus dem religionswissenschaftlichen Bereich:
– die Arbeitsweise und Disziplinen der Religionswissenschaften;
– der Begriff ›Weltreligion‹ und der Eurozentrismus in der alten Religionswissenschaft;
– der religionswissenschaftliche Vergleich.

Religionswissenschaft
Der Artikel informiert knapp über Aufgaben und Ansätze der Religionswissenschaft, über das Verständnis von Religion und einige Diszplinen. Über deren Selbständigkeit oder Zugehörigkeit zum Allgemeinbegriff »Religionswissenschaft« herrschen unterschiedliche Meinungen. Dies hängt u. a. damit zusammen, dass die einzelnen Disziplinen in ganz unterschiedlichen Fakultäten verortet

sind und es derzeit keine gemeinsame Fakultät »Religionswissenschaft« gibt. Zwei der genannten Forschungsrichtungen, Religionspsychologie und -soziologie, werden auf S. 76–78 an Beispielen dargestellt.

Manfred Hutter: Gibt es Weltreligionen?
Manfred Hutter lehrt vergleichende Religionswissenschaft an der Universität in Bonn. Sein Beitrag macht auf zwei Dinge aufmerksam:
1. Begriffe sind Kategorien, die Erscheinungen auf unzulässige Weise eingrenzen, ja fehldeuten können. Dies macht er an der eurozentrischen Begriffsgeschichte zu ›Weltreligionen‹ deutlich. Es lohnt sich, dies vor dem Hintergrund des Umgangs der Schriftreligionen mit den schriftlosen Kulturen zu konkretisieren (Kap. 33, Kap. 1).
2. Um Einseitigkeiten unserer Wahrnehmung zu vermeiden gilt es, andere Perspektiven kennen zu lernen. Begrifflichkeiten sind also Wirklichkeitsdeutungen. Sie projizieren mehr oder weniger passende Strukturen auf Erscheinungen, auf Menschen und Kulturen. Ein sorgfältiger ›systemkritischer Umgang‹ mit Begriffen und Denkkategorien ist geboten. Das ist ein wesentliches didaktisches Anliegen im Sinn der »Gegenwartsbedeutung« von Unterrichtsinhalten (Klafki). Dazu leitet die Begriffsgeschichte »Religion« an (**M 2**). Der Beitrag von Barth vertieft diesen Ansatz:

Hans-Martin Barth: Ein Vergleich kommt nicht in Frage
Der Marburger Systematiker Hans-Martin Barth setzt sich in seiner Dogmatik im Kontext der Weltreligionen kritisch mit möglichen Zielsetzungen einer »interreligiös sensiblen christlichen Dogmatik« auseinander. Er möchte »die außerchristlichen Religionen wirklich ernst nehmen und nicht nur als Objekte von religionsphilosophischer Reflexion oder praktischer Missionstätigkeit betrachten«. Das bedeutet u. a., »das Erbe aristotelischen Denkens, innerhalb dessen abendländische Theologie sich artikuliert hat, zurücktreten zu lassen zugunsten eines »linguistischen Relativitätsprinzips«. Damit »tauchen auch Risiken für eine sachgemäße Artikulation des christlichen Glaubens auf«. So versteht er seine »Dogmatik im Kontext der Weltreligionen« als Gratwanderung zwischen religionswissenschaftlichen und theologischen Ansätzen (Barth, Dogmatik, S. 47f.).

Im Textausschnitt S. 72 erfahren wir von Barth zwei Gründe, die gegen einen Vergleich sprechen:
1. Schon methodisch sind Religionen nicht vergleichbarer, weil es sich dabei um ungleiche Größen handelt (Ist der Buddhismus eine Philosophie oder eine Religion?).
2. Aus einem Vergleich wird schnell eine Bewertung. Das Christentum könnte als überlegen dargestellt werden. Dieser Hinweis ist nicht aus der Luft gegriffen.

Jede vergleichende Methode muss sich zwei Fragen stellen:
1. Unter welchen Prämissen wird Vergleichsmaterial gewonnen?
2. Mit welchen Interessen wird der Vergleich durchgeführt?

Vergleiche basieren auf unbewussten – typologischen, ontologischen, evolutionären – Kategorien unserer Kultur und Religion. Einige inakzeptable Beispiele (Burkhard Gladigow, Tübinger Altphilologe und Religionswissenschaftler):
– Friedrich Daniel Schleiermacher: Religion sei »jene allgemein geistige Anlage, welche den Menschen in den Stand setzt, das Unendliche unter den verschiedensten Namen und den wechselnden Formen zu erfassen« (Reden über die Religion).
– Die Evolutionstheorie bei Spencer und Tylor im 19. Jh.
– Die romantische ›Wesensschau‹ und die platonische Wesensschau in der Religionsphänomenologie Anfang des 20. Jh. (R. Otto, F. Heiler).
– Die Idee der Alterität und die Chance von anderen zu lernen – vertreten in der gegenwärtigen ›transnationalen Pädagogik‹.
– Gegenwärtige Programme wie »interkulturelle Theologie«, »Theologie der Religionen« und der »interreligiöse Dialog« (Gladigow, S. 51ff.).

Das heißt:
– »Deduktive Vergleiche« gehen von Prinzipien aus, die nicht aus dem Vergleich gewonnen werden. Sie sind grundsätzlich sachfremd und führen in die Irre (Barth).
– »Induktive Methoden« gehen von empirischem Material aus, ordnen versch. Erscheinungsformen nach bestimmten Typen. Aber ergeben sich Kriterien »von selbst«?
– Vergleiche nur Vergleichbares. Beispiel: Quellenscheidung, historisch-kritische Bibelexegese, religionsgeschichtliche Vergleiche zu Gen 1–3 oder 6–9; oder Enuma Elisch.
– Vergleiche sind möglich unter Sachbegriffen wie dem christl. und islam. Begriff des »Glaubens«, dem Opfer im Islam und in afrik. Religionen, dem Mönchtum in Buddhismus und Christentum, Jesus in Koran und Bibel.
– Vergleiche müssen den kulturellen und religiösen Kontext mit erfassen. Dabei muss das Phänomen im Kontext der jeweiligen Kultur und Religion berücksichtigt werden. Das rel. und kult. Gesamtsystem hat dabei einen höheren Stellenwert als das Einzelbeispiel. Vergleiche können demnach nur sehr begrenzt durchgeführt werden.
Siehe dazu **M 6** Peter Antes, Religionen vergleichen. Ausführlich: Klaus Hock, Einführung in die Religionswissenschaft, S. 71–76.

Themenbereich 2: »Theologie: Christlich, jüdisch, islamisch«, S. 73–75

Der Begriff Theologie und seine Prägungen
Im großen Oxford Lexikon der Weltreligionen kommt der Artikel über »Theologie« vollständig ohne Bezugnahme auf außerchristliche Religionen aus. Aber es ist die Frage, ob nicht auch hier ein Begriff den Blick verstellt für Sprache, Bilder, Rituale aller Religionen, auch der schriftlosen Kulturen. Wird der Begriff »Theologie« nicht exklusiv christlich, sondern inklusiv verstanden, dann öffnet sich der Blick auf die Mythen der schriftlosen Kulturen. Diese verstehen wir dann als ursprüngliche Form narrativer Theologie und Rituale als ›Performance des Glaubens‹, theologische Inszenierungen. Auch nicht-theistische Aussagen des Buddhismus können als theologische Impulse verstanden werden. Der Dialog von Katsumi Takizawa und Paul Tillich (SH S. 66f.) ist ein Beispiel für den Einfluss buddhistischer Theologie auf den nicht-theistischen Ansatz in der modernen evang. Theologie.

Zwar zeigt der Blick in die Begriffsgeschichte – von Plato, wo der Begriff erstmals auftaucht und »Mythen der Götter« bezeichnet, über die »Summa Theologica« des Thomas von Aquin bis zu Luthers Exegese –, dass der Begriff eng mit der abendländischen Geistesgeschichte verbunden ist. Unsere These ist aber: Der Begriff kann heute nicht in Abgrenzung zu nichtchristlichen Religionen verwendet werden. Ihn gilt es vielmehr zu öffnen, um die Sprachen, Bilder, Mythen und Riten der Religionen als ein vielstimmiges »theologiein« verstehen zu lernen im Sinn eines konzertanten Gesprächs über die ultimativen Fragen.

Wenn dies gilt, dann ist eine Formulierung wie die der EKD-Handreichung »Klarheit und gute Nachbarschaft« obsolet: »Wir respektieren muslimische Dialogpartner als religiöse Menschen mit gleicher Würde. Das darf aber nicht heißen, darauf zu verzichten, islamisches Rechtsdenken, theologische Denkfiguren und politische Orientierungen einer kritischen Betrachtung zu unterziehen und festzustellen, dass der Islam als religiös-kulturelles System, jedenfalls in seiner dominant konservativ-orthodoxen und fundamentalistischen Ausprägung, gemessen an theologischen und menschenrechtlichen Standards erhebliche Defizite aufweist. Das gilt im Blick auf die Text-Hermeneutik, das Verhältnis von Religion und weltlicher Ordnung, die menschenrechtliche Bestimmung von Religionsfreiheit (Apostasiefrage), die Frauenfrage und das Problem religiös legitimierter Gewalt (›Dschihad‹)« (Johannes Kandel, Historiker und Politikwissenschaftler, Mitglied der EKD-Arbeitsgruppe Islam, die die Handreichung verfasst hat, zur EKD-Handreichuung »Klarheit und gute Nachbarschaft«, in: Zeitzeichen 5/2008, S. 12ff.).

Problematisch an dieser Darstellung ist neben der generösen Bezeichnung des Dialogpartners als ›religiöser Mensch‹ vor allem die Vorstellung eines ›Standards‹ in der Text-Hermeneutik. Genügt es nicht, festzustellen, dass es unterschiedliche Modelle gibt, die etwas mit der religiösen Kultur und Geschichte zu tun haben und dass es unter bestimmten Voraussetzungen – etwa dem Zusammenleben in einer Gemeinschaft – um Fragen der Verständigung auf gewisse soziale ›Standards‹ ankommt? Der Begriff des Standards verwandelt sich sonst unter der Hand in ein juridisches Instrument, unter dem die ganze Religion bewertet und be- bzw. verurteilt werden kann. Eine andere Problemstellung ergibt sich bei der Frage, wenn Grundrechte der Toleranz verletzt werden.

Mythen als Form »narrativer Theologie« im Heft

Religionen	Theologische Beiträge	Schülerheft (SH)
Ethnische Religionen Mythen sind theolog. Entwürfe schriftloser Kulturen	Mythos Erde, Aborigines Traumpfade Der Wald bei den Mbuti	SH Kap. 6, Kap. 33 *Mythos* – wichtige Quelle in schriftlosen Kulturen, *die Erde* als spirituelles Medium
Jüdische Theologie Kontroverse Theologie	Chana Safrai Elie Wiesel	S. 65 dabru emet S. 59 Adam und Eva

Christliche Theologie
1. historisch-kritisch und religionswissenschaftlich
2. systematisch
	1. Othmar Keel, Silvia Schroer
	   Gerd Theißen
	   Ulrich Luz
	2. Hans-Martin Barth
	   Paul Tillich
		SH S. 46 JHWH – Aschera
		SH S. 8 Christentum
		SH S. 50f. Buddha und Jesus
		SH S. 56 Islam und Bibel
		SH S. 66 Was uns unbedingt angeht

Islamische Theologie	Nasr Hamid Abu Zaid	SH S. 38 Mein Glaube M 35: Spricht Gott nur arabisch?
Buddhistische Theologie	Katsumi Takizawa	SH S. 67 Das Selbst

I: Die Wissenschaften

Beispiele buddhistischer (und christlicher) Theologie

SH Kap.	Buddhismus	Thematisches Stichwort
2	Einführung	Buddha und seine Lehre, Predigt von Benares, Theolog. Richtungen, Begriffe
15	Neobuddhismus	Opferkritik und buddhistische Ethik
20	Karma und Katastrophe Buddhistisches Lebensrad	Karma und Schicksal Die Ursachen des Leids und die Überwindung
23	Das Absolute	Vision des 12-jährigen Katsumi Takizawa
24	Buddhismus – Christentum	Der Gott Buddhas und der Gott Jesu
26	Buddhistisches Menschenbild	Die fünf Skandhas, das Nicht-Selbst, das wahre Leben
31	Paul Tillich, ultimate concern Katsumi Takizawa, das formlose Selbst Dalai Lama	Christen und Buddhisten Weisheit des Buddhismus

Abbildungen S. 73

Die Seite zeigt mit dem Foto zweier diskutierender Studenten und einer Talmud-Seite einen wesentlichen Aspekt jüdischer Theologie, nämlich den der Auslegung der Tora und der Mischna.

Die Mischna wurde zwischen 135 und 200 n.Chr. zusammengestellt, nachdem Juden die Stadt Jerusalem nach dem Bar Kochba-Aufstand nicht mehr betreten durften. Die Mischna ist eine Sammlung von Lehrmeinungen, um aus den Vorschriften der Tora eine praxisorientierte Religion zu schaffen. Die Mischna ist als die mündliche Tora neben der schriftlichen Tora die höchste Autorität im Judentum.

Der Talmud ist die rabbinische Auslegung und Erweiterung der Mischna. Er bildet für jede einzelne Passage ausführliche Interpretationen. Der Talmud (hebr. Studium, Lehre) wurde ca. 400–500 n.Chr. in Palästina (vermutl. Tiberias) abgeschlossen und ca. 600–700 in großen babylonischen Lehrhäusern redigiert. Er organisiert den Stoff der Mischna neu und verwendet dabei auch biblische Belege in einem kreativen Prozess, um ein kohärentes Lehrsystem zu schaffen. Der Talmud enthält theologische Reflexionen und verbindliche Regelungen für den Alltag. Er ist eine Art Enzyklopädie jüdischen Lebens (nach: Wörterbuch der Religionen, S. 343; 511).

»Die Tora, d. h. die fünf Bücher Mose, sollen dem Menschen seinen Weg weisen, den Weg, auf dem er wandeln soll, wie auch jenen Weg zeigen, der ihm verboten ist.« Und was ist Halacha? Sie ist der Weg, auf dem man geht (Halacha gebildet von Wort halach: gehen); sie bestimmt die Art und Weise unseres Lebens (Israel M. Lau).

Das Judentum beruht auf zwei Grundlagen, einer ideologischen einerseits und einer praktischen andererseits: So bestehen zum Beispiel die Gebetsriemen aus zwei Kapseln: aus Gebetskapseln, die dem Kopf zugeordnet werden und das jüdische Denken symbolisieren, und aus Gebetskapseln, die der Hand zugeordnet werden und Ausdruck des praktischen Aspekts der jüdischen Lebensweise sind. Beide können weder getrennt noch allein für sich betrachtet werden; sie gehören vielmehr untrennbar zusammen.

Beiträge zur jüdischen Theologie

Themen	Jüdische Theologie	SH S.
Glaube ist Handeln	Mein Judentum	6–7
Jerusalem – Diaspora	Jerusalem – heilige Stadt Jüdisches Leben in der Diaspora Abb. Remuh-Synagoge	14 18–19
Das Judentum kennt keine systematische Theologie. Es hat Glaubenslehren wie das *Schema Jisrael*, aber keine systematische Glaubenslehre; Dogmen, aber keine Dogmatik.	JHWH und die Göttinnen Genesis 2 in Judentum (Genesis 2 wird nicht als Begründung einer Erbsündenlehre gelesen)	46 59
Reformjudentum in Deutschland nach dem 19. Jahrhundert	Beispiel: Jüd.-christl. Dialog Beispiel: Das Projekt ›Dabru Emet‹	18 64
Die »13 Jüdischen Glaubenssätze werden im Gottesdienst gesungen« (Fohrer)	13 Glaubensartikel des Maimonides	64
Mündliche und schriftliche Tora	Jüdische Theologie	73

(Nach: Georg Fohrer, Glaube und Leben im Judentum, Verlag Quelle und Mayer, Heidelberg 1991, S. 159)

S. 74 Ingolf U. Dalferth und Theo Sundermeier, Theologie – Religionswissenschaft

Die beiden Beiträge von Ingolf U. Dalferth und Theo Sundermeier führen die Thematik von S. 72 fort, indem sie nun nach dem Verhältnis zwischen Theologie und Religionswissenschaft fragen.

Ingolf U. Dalferth, geb. 1948 ist Professor für Systematische Theologie, Symbolik und Religionsphilosophie an der Universität Zürich. Er formuliert: Nicht die Methoden, sondern die Fragestellung macht Theologie zur Theologie. »Theologie redet ausdrücklich von Gott, während Religionswissenschaft Gott nur im Zitat und als Begriff kennt« (SH S. 74).

Der Theologe und Religionswissenschaftler Theo Sundermeier sieht für die heutige Forschung die Chance einer fruchtbaren Ergänzung von Theologie und Religionswissenschaften. Diesen Ansatz verfolgt die Mehrzahl der Beiträge des Heftes. Dazu einige Beispiele:

- Die Beschreibung des Lebens- und Deutungsraumes Wald als »Religion« bei den Mbuti durch den Ethnologen und kath. Theologen Anton Quack (SH S. 70).
- Die ethnologische Darstellung der Zulu-Religion von Theo Sundermeier (SH S. 40f.).
- Die archäologische Forschung der Fribourger Schule um Othmar Keel und Silvia Schroer zum JHWH-Glaube und zu Aschera (SH S. 46).
- Der Dialog des Indologen Axel Michaels und des Neutestamentlers Ulrich Luz zu Buddha und Jesus (SH S. 44 + 50f.).
- Die religionswissenschaftliche Analyse des Urchristentums durch den Neutestamentler Gerd Theißen (Die Transformation der jüdischen Religion ... SH S. 8).
- Der Beitrag des Religionswissenschaftlers Peter Antes zum Thema Religionspädagogik und Religionswissenschaft (LH, Einleitung).

Theo Sundermeier stellt in insgesamt vier Modellen das Verhältnis zwischen Theologie und Religionswissenschaft dar, von denen hier nur zwei wiedergegeben werden.

Modell 1 – zwei voneinander getrennte Kreise:
Theologie und Religionswissenschaft stehen sich als zwei völlig nebeneinander arbeitende Disziplinen gegenüber. Die eine nimmt ihren Ausgang vom Glauben und beschäftigt sich mit dem Wort Gottes, die andere arbeitet wie alle übrigen Humanwissenschaften. Dieses Modell wird oft mit den Namen Karl Barth markiert. Es dürfte aber ein auch heute weit verbreitetes Modell sein, nämlich da, wo man davon ausgeht, dass Theologie vor allem irrationale Glaubensaussagen macht und historisch-kritische Methoden unbekannt sind oder wo sich der Glaube rationaler Auseinandersetzung verschließt.

Modell 2 (das vierte Modell) – zwei Ellipsen mit einem gemeinsamen Brennpunkt:
Beide Wissenschaften haben ein gemeinsames Bezugsfeld – die Religion, bzw. der Mensch in seiner Religionserfahrung – unterscheiden sich aber teilweise durch ihre Aufgaben und Methoden. Eine detailliertere Aufstellung sollte mithilfe des Textes von Dalferth und Dokumenten aus dem SH und einer Differenzierung der theolog. Disziplinen wie Exegese und Dogmatik gewonnen werden.

S. 75 Adel Theodor Khoury, Die Auslegung des Korans

Der Informationstext gibt eine Übersicht zur Auslegung mit dem Ziel, unterschiedliche Richtungen zur Theologie wahrzunehmen. Sure 1, Zusatzinformationen und Texte im Heft ergänzen den Beitrag von Adel Th. Khoury.

Texte zu Themen islamischer Theologie im SH

Kap.	Islamische Theologie	Thematisches Stichwort
5	Islam	Islam, Muslim, Islamismus, Scharia, Koran, Mystik
12	Islamischer Staat und Toleranz Moschee	Toleranzstufen gegenüber Andersdenkenden Muslimischer Glaube
21	Nasr Hamid Abu Zaid: Mein Glaube Geistl. Anleitung der Attentäter	Fatiha, Mein Glaube Fundamentalistischer Terror
25	Trinität? Die 99 Namen Allahs	Abrahamit. Religionen
27	Der Dschihad und der Weg der Toten	Dschihad und die Vorstellungen vom Endgericht
27	Die Islamische Charta	Zentralrat der Muslime zur Demokratie
28	Das erste Menschenpaar Das neue Leben der Emel Algan Begegnungen	Gender und Religion Emanzipation einer Muslimin Westlicher Libertinismus
29	A. Hirsi Ali / Theo van Gogh, Submission	Gender und Religion. Menschenrechte im Islam

I: Die Wissenschaften

Abbildung: Sure 1 – Fatiha S. 75
Die Abbildung einer kalligrafisch gestalteten Seite mit der Fatiha weist auf den kultischen Rang des Korans. Das arabische Wort ›Qur'an‹ meint ursprünglich die rezitative Erinnerung eines – ungeschriebenen – kultischen Textes. Der Koran gilt im Islam weithin als ewiges, unerschaffenes Wort Gottes. Sure 1 enthält typische Begriffe islamischer Frömmigkeit und Theologie.

Zum Text »Die Auslegung des Korans«
Khoury erläutert die Grundhaltung gläubiger Muslime zum Koran. Er unterscheidet dabei drei Positionen:
1. Die wörtliche Offenbarung des Korans verbietet eine moderne Exegese.
2. Der Koran ist nicht nur religiöse und moralische Richtschnur, sondern auch die Summe aller wissenschaftlichen Erkenntnisse.
3. Zaghafte, vereinzelte Versuche einer modernen Exegese heute. Hierfür stehen vor allem zwei prominente Gelehrte der Islamwissenschaft, die den Koran nach den Methoden der modernen Religionswissenschaft und Hermeneutik lesen und deuten, nämlich Muhammed Arkoun, Prof. em. an der Universität Paris, und Nasr Hamid Abu Zaid, ehem. Prof. an der Universität Kairo. Er musste auf Druck islamischer Fundamentalisten seine Heimat verlassen.

Weitere Informationen siehe SH Kap. 21 – LH zur Stelle.

Zur kritischen Koranexegese:
Der evang. Theologe Walter Schmithals meint, islam. Theologie sei nicht möglich, denn:
– Während im Christentum die Bibel ein wie auch immer inspiriertes menschliches Zeugnis von der Offenbarung Gottes in Jesus Christus ist, ist im Islam der Koran selbst die Offenbarung.
– Dies Buch gilt als wesensgleich mit Gott, ist sein unerschaffenes Wort.
– Der Koran offenbart eine Vernunftwahrheit, die allen Gutwilligen einleuchtet.
– Wegen seiner Wesensgleichheit mit Gott kann der Koran nicht übersetzt werden.
– In den Koranschulen wird der arabische Koran auswendig gelernt, und in allen Moscheen werden arabische Suren gebetet, auch wenn die Betenden den Sinn der gebeteten Worte gar nicht verstehen.

Nasr Hamid Abu Zaid sagt, wissenschaftliche Koranexegese sei möglich. Der Autor steht in der rationalistischen Tradition der Theologenschule der Mutaziliten. Sie widersprachen der Lehre über den Koran als ewiges, unerschaffenes Wort Gottes, lehnten darum die wortwörtliche Interpretation des heiligen Textes ab zugunsten einer allegorischen Schriftauslegung. S. LH zu S. 38, **M 35**
Nasr Hamid Abu Zaid: Spricht Gott nur Arabisch?
– Die Überlieferungsgeschichte des Korans führte erst gegen Ende zum ›Koran‹.
– Die ursprüngliche Offenbarung ist heilig und göttlich, nicht aber ihr manifester Ausdruck.

– Der Koran, den wir lesen und interpretieren, ist keinesfalls mit dem ewigen Wort Gottes identisch.
– Der Koran ist eine »Botschaft«, die Gott den Menschen durch den Propheten Mohammed offenbart hat. Mohammed ist der Bote Gottes und selbst ein Mensch.
– Da Gott als der Sender des Korans nicht der Gegenstand einer wissenschaftlichen Untersuchung sein kann, ist die Analyse des kulturhistorischen Kontexts des Koran der einzige Zugang zur Entdeckung der Botschaft. Die Analyse solcher Fakten kann zu einem wissenschaftlichen Verständnis des Korans führen.

In Deutschland arbeitet Angelika Neuwirth, Professorin für Arabistik an der FU Berlin, im Projekt ›Corpus coranicum‹ u. a. an einer dokumentierten Edition des Koran, die eine Fülle ältester Handschriften einbeziehen und elektronisch auswerten, außerdem die umfangreiche gelehrte Literatur zu den Lesarten heranziehen soll. Ziel ist eine dokumentierte, nicht aber eine kritische Ausgabe. Zudem entsteht ein historisch-kritischer Kommentar, der zu jeder Sure ihre extrakoranischen Referenzen, ihren Sitz im Leben und natürlich den Forschungsstand aufführen wird. Im Projekt »Ästhetische Erfahrung der arabischen Sprache« geht es um einen Vergleich zwischen Koran und Psalmen und um Korankalligraphie im Kontext arabischer und hebräischer Schrift.
S. auch http://qantara.de/.

Themenbereich 3: Religionspsychologie und -soziologie S. 76–78

Die thematische Klammer der Seiten: Säkularisation
Thematische Klammer der drei Abschnitte ist die Säkularisationsthese von Max Weber:
– S. 76 Trotz Säkularisation hilft der Glaube an eine höhere Macht, an »kleine Transzendenzen« (S. Murken), »das Gefühl schlechthinniger Abhängigkeit« (Schleiermacher). Im modernen Zuschnitt wird hier von einem Konstrukt im Sinn der Hirnforschung gesprochen.
– S. 77f. Hypothese ist die Aussage des Religionswissenschaftlers Kocku von Stuckrad: »Religion hat sich nicht aufgelöst, verändert haben sich vielmehr Ort und Funktion der Religionen in modernen Gesellschaften« (Art. Religionssoziologie, RGG[4] Bd. VII, S. 382). Beispiel: die virtuelle Welt im Internet und in manchen Filmen wie I, Robot.

M. Utsch zählt religiöse Aspekte des Internet auf, die es zu klären gilt – nicht nur im Blick auf die Kenntnisse über das Internet, sondern auch im Blick auf den verwendeten Religionsbegriff. Die teilweise problematischen Deutungen können als Rückprobe auf das bisher Gelernte verstanden werden. Die soziologischen Deutungen von Franz Xaver Kaufmann (SH S. 78) erscheinen weniger problematisch, sind aber auf ihre spezifisch religiöse Eigenschaft zu befragen.

Der Artikel über Max Weber gibt eine erste Übersicht über den Doyen der Religionssoziologie. Im Kern steht die Säkularisationsthese, die mit einem Quellentext dokumentiert werden kann. Die Webersche These soll im Blick auf die beiden Artikel erörtert werden. Darüber hinaus kann sie Dokumenten des ganzen Heftes gegenübergestellt werden.

Eine deduktive Vorgehensweise würde zunächst ein Portrait von Max Weber mit seiner These zur Religion erarbeiten, um dann die Texte SH Kap. 36 und 37 zu erarbeiten.

Kap. 36 Religionspsychologie

»Die Auswahl der spezifischen Beispiele hat neben didaktischen Erwägungen vor allem fachliche Gründe. Ganz allgemein könnte man sagen: Religionspsychologie fragt nach psychischen Aspekten der Religion. Diese können persönlich-individueller oder kollektiver Natur sein. Aber »eine gemeinhin anerkannte Systematik und umfassende Theorie der R. gibt es nicht. Selbst die Basisdefinitionen als (sozial-)psycholog. Analyse von Religion(en) bzw. subjektiver Religiosität oder als psychische Motivation religiösen Verhaltens und Erlebens sind umstritten. Dieses Dilemma hat seine Ursachen in der Konstruktion, aber auch in der Entwicklungsgeschichte des Fachs. Die jeweils vorausgesetzten Definitionen von Psychologie und Religion generieren grundsätzlich unterschiedliche Perspektiven in der R. Dieser Sachverhalt wird dadurch erschwert, dass die R. im Schnittpunkt von Religionswissenschaft, Psychologie und Theologie steht. Die R. in der Theologie, meist als Pastoralpsychologie bezeichnet, bezieht sich vorrangig auf seelsorgerliche Individual- und Gesellschaftsdiakonie im Rahmen der christl. Konfessionen. In der Religionswissenschaft richtet sich das Interesse der R. auf alle gegenwärtigen und histor. Religionen, wodurch eine religions- und kulturwissenschaftliche R. zu einer psychohistor. Disziplin wird. In der Psychologie wird sie als Teilgebiet der Angewandten Psychologie angesehen. Allerdings erweisen sich nicht nur vormoderne religiöse Persönlichkeitskonzepte, sondern auch außereurop. Kulturen als zumeist nicht kompatibel mit den Modellen von Individualität der modernen westlichen Psychologie (Seele). Verständigungsprobleme und fehlender interdisziplinärer Austausch der drei Fächer untereinander haben die Entwicklung der R. behindert, die an dt. Universitäten durch keinen Lehrstuhl vertreten ist« (Wörterbuch der Religionen, S. 443ff.)

S. 76 Ulrich Schnabel, Glauben hilft

Ulrich Schnabel berichtet über eine Studie von Sebastian Murken über die Rolle von Religion bei der Bewältigung von Brustkrebs. Sebastian Murken fand bei den Patientinnen drei religiöse Einstellungen mit entsprechenden psychischen Auswirkungen:
– ein positives Gottesbild (Patientinnen, die hochreligiös waren) – entlastend und hilfreich;
– das Bild eines strengen, strafenden Gottes – Angst- und Depressionszustände;
– eine mittlere Alltagsreligiosität – von Verunsicherung und Zweifel geplagt.

Nach dem Modell der Freudschen Religionskritik könnte man diese Glaubenstypen als psychische Projektionen bezeichnen. S. Freud hatte analog zur Feuerbachschen Projektionstheorie den krankmachenden Faktor religiöser Systeme herausgestellt. Im Gegensatz dazu versucht S. Murken den therapeutischen Effekt des Glaubens nachzuweisen und »den Glauben an eine höhere Macht« therapeutisch zu nutzen. Als Referenz führt er seine eigenen Studien an krebskranken Frauen und das Programm der Anonymen Alkoholiker an. Dieses »Sich-ins-Verhältnis-Setzen« des Glaubens erläutert er mit dem Denkmodell des Konstruktivismus. Dabei nennt er den hilfreichen psychischen Effekt »kleine Transzendenz«.

Im Blick auf diese Studie könnte man also formulieren, dass bestimmte religiöse Einstellungen mit entsprechenden psychischen Haltungen einhergehen, weil Selbstbilder und Gottesbilder einander entsprechen. Von daher kann man von Fall zu Fall sowohl von therapeutischen wie auch von krankmachenden Aspekten »transzendenter Bilder« sprechen.

S. 76 Abbildung: Weibliche Statuette

Das Bild einer Statuette mit Pestbeulen zur Abwehr dieser Seuche zeigt weitere therapeutische Aspekte des Glaubens auf. Ist es das Geheimnis der »Übertragung«, wie C.G. Jung es nennen würde, welche – im positiven wie im negativen Sinn – entlasten bzw. wie im Bild auf S. 58 belasten kann? Man denkt bei diesem Bild unwillkürlich an den leidenden Christus des Isenheimer Altars in Colmar, dessen grüne Haut von Pusteln übersät ist, die von der Krankheit des Anthoniusfeuers rühren. Der Altar stand inmitten eines Krankensaals. Hier litten Menschen an einer eitrigen, juckenden Mutterkorn-Infektion – eine späte Beschreibung des Gottesknechts aus Jes 53.

Kap. 37 Religion und virtuelle Welt

S. 77 Der Film: I, Robot (Text, Foto)

Das Beispiel I, Robot steht für »die Renaissance der Religion in den Medien« der Popularkultur (W. Gräb). Die Thematik von Schuld und Verantwortung im Gegenüber eines künstlichen Roboters zum Zentralcomputer Viky berührt auch religiöse Muster von göttlicher Allmacht und menschlicher Verantwortung.

Wilhelm Gräb widmet sich als praktischer Theologe dem Feld des Religiösen außerhalb der kirchlichen Institutionen: »Die Kirchen schrumpfen, die Religion aber lebt. Sie lebt als Individuenreligion, die sich aus einem breiten und pluralen Spektrum kultureller Ausdrucksformen speist, das von der Esoterikliteratur über die Therapieszene bis zur audiovisuellen Medienkultur reicht. Diese Pluralisierung und Erweiterung des religiösen Feldes hat dazu geführt,

I: Die Wissenschaften

dass die Praktische Theologie ihr Augenmerk zunehmend auch auf die Wahrnehmung und Analyse der religiösen Phänomene und Praktiken außerhalb des Traditionell-Christlichen gerichtet hat ... Vor allem die audiovisuellen Massenmedien prägen den Kosmos der Gegenwartskultur. Ihre Bildwelten und großen Erzählungen haben – wie die theologische Medienforschung zeigen kann – wichtige Sinndeutungsfunktionen von der traditionellen Religionskultur übernommen.« (Wilhelm Gräb: Massenmedien – Religion – Hermeneutik, in: Ingolf U. Dalferth / Philipp Stoellger (Hg.): Hermeneutik der Religion, Tübingen 2007, S. 221).

S. 77f. Michael Utsch, Religiöse Funktionen des Internet

M. Utsch erweitert die Freudsche Typisierung der menschlichen Kränkungen durch das Modell des Konstruktivismus und der Künstlichen Intelligenz.

Im Blick auf die religiöse Charakterisierung des Internet verwendet er eine unscharfe Begrifflichkeit, die Widersprüche auslöst, sobald man genauer hinschaut. Diese sollen vor dem Hintergrund des erarbeiteten differenzierten Religionsbegriffs (SH S. 70ff.) kritisch hinterfragt und durch eine eigene Darstellung korrigiert werden. Zudem ist es gerade für die evang. Theologie angebracht, die Religionskritik Feuerbachs und Bonhoeffers zu beherzigen, um religiöse Projektionen nicht mit dem christlichen Glauben zu verwechseln.

Kap. 38 S. 78 Religionssoziologie

»Die Religionssoziologie ist (1) Subdisziplin der Soziologie wie auch der Religionswissenschaft, die sich mit den gesellschaftlichen Ausprägungen, Bedingungen und Folgen von Religion beschäftigt. Ausgehend von einem in der Regel religiös neutralen, weltlichen Standpunkt analysiert die R. sowohl die inneren Strukturen der religiösen Institutionen (– Kirche, – Sekte, religiöse – Bewegungen), etwa – Organisation, Mitgliedschaft und soziale Rollen (Funktionäre), als auch ihre äußeren Strukturen.

(2) R. behandelt dabei, etwa in der Kirchensoziologie, herkömmliche Formen der Religion. Sie versteht sich aber auch als Beobachterin jeweils neuer, im Entstehen begriffener Ausprägungen zeitgenössischer Religiosität. R. untersucht außerdem die sozialen Voraussetzungen der Religion in der Kommunikation, im gesellschaftlichen Wissensvorrat und der jeweiligen institutionellen Ordnung und behandelt schließlich auch die Folgen religiöser Vorstellungen, Handlungen und Institutionen für andere gesellschaftliche Bereiche. Dabei setzt sie die verschiedenen Methoden der empirischen Sozialforschung ein, die von der teilnehmenden Beobachtung bis zu Surveys reichen« (Hubert Knoblauch, vgl. **M 36**).

S. 78 Max Weber

K. Hock gibt eine Übersicht über Max Weber, der mit dem Begriff »Entzauberung der Welt« eine evolutionäre Sicht der Säkularisation postuliert hat. Diese bestimmt bis heute den Mainstream der kritischen Geister, hält aber dem Befund der heutigen Religionswissenschaft nicht stand.

Weitere Beiträge der Religionssoziologie:
- SH S. 58: B. Heller, Zum Status von Frauen in den Religionen.

IV. Methodische Anregungen

Themenbereich 1: Religionswissenschaften, Religionsbegriff S. 70–72

S. 70–71 Ethnologie

Einstieg: Probleme der ethn. Religionen
- Bildbetrachtung: Tirio-Volk in Surinam, Regenwald, SH S. 71.
- L.-Information zum Tirio-Volk in Surinam (s. o.).
- Die Probleme der ethn. Religionen – s. Aborigines (vgl. SH Kap. 1).
- Landkarten sind »Bilderbücher eines Landmythos« (vgl. SH Kap. 6 und S. 59) – nicht nur der »ethnischen Religionen« (vgl. auch S. 15 + 17!).

Erarbeitung: Textanalyse SH S. 71
PA / TA: Schlüsselbegriffe des Textes werden gesammelt und anhand der Beiträge im Heft erklärt (Ethnische Religionen, Mythos ›Erde‹ / ›Wald‹, Feste, Rituale, Religion und Kultur, sakral / profan).

Arbeitsaufträge
1. Beschreiben Sie Aufgaben und Methoden der Ethnologie.
2. Erläutern Sie die Religion der Mbuti.
3. Charakterisieren Sie die Bedeutung des Lebensraums (Wald, Erde) in weiteren Stammesreligionen (s. obige Übersicht).
4. Begründen und erörtern Sie folgende Aussagen: »Die Trennung von sakral und profan setzt eine abendländische Lebenserfahrung voraus.« »Auch für christliche Europäer ist gelebte Religion aus dem kulturellen Zusammenhang nicht herauszulösen« (S. 71).

Vertiefung, Sicherung, Erweiterung
Arbeitsauftrag: Erläutern Sie den Zusammenhang von Natur, Kultur und Religion bei den Mbuti, bei den Aborigines nach C. Erckenbrecht und in der Darstellung von Sun Bear, Mutter Erde.

»Das Leben der Aborigines war und ist in allen seinen Bereichen, und nicht nur in einem gesonderten Ritual- oder Zeremonialkomplex von ihren religiösen Auffassungen durchdrungen. Diese berühren das alltägliche Miteinander der Menschen ebenso wie ihre Lebens- und Wirtschaftsweise, die Ausübung ihrer Zeremonien und die Überlieferung der Tradition. Des Weiteren finden sie ihren künstlerischen Ausdruck in Fels- oder Rindenmalereien, die die Ereignisse aus dem Mythologienschatz darstellen.

Hervorzuheben ist auch das Verhältnis der Aborigines zu ihrem Land, das durch religiöse Überlieferung bestimmt wird, sowie ihre Einstellung zur Umwelt, zu Pflanzen und Tieren, von denen sie sich ernähren ... Ein weiteres wichtiges Charakteristikum der australischen Religion und Weltanschauung ist ihre verblüffende Einheitlichkeit. Obwohl die Aborigines auf dem riesigen Kontinent weit verstreut lebten und verschiedenen Sprachgruppen mit verschiedenen Kulturelementen angehörten, so stimmen ihre religiösen und weltanschaulichen Überzeugungen in der Regel doch überein« (C. Erckenbrecht, Traumzeit S. 25f.).

S. 72 Religionswissenschaften: Religion – ein schwieriger Begriff

Einstieg
Ergebnissicherung aus der Erarbeitung von S. 70–71

Arbeitsaufträge:
1. Wie würden Sie das Verständnis von Religion in der Ethnologie beschreiben?
2. Stellen Sie den ethnologischen Ansatz anderen Zugängen zur Religion gegenüber (Zur Arbeitsweise der Ethnologie: **M 9** Sun Bear, Mutter Erde, und Themenblock B: SH Kap. 6ff.).
3. Halten Sie die Antworten auf diese beiden Fragen zu S. 70–71 schriftlich fest und ergänzen Sie diese durch die Arbeit an den Texten auf S. 72.

Erarbeitung
M. Hutter / H.-M. Barth / Artikel »Religionswissenschaft«

Arbeitsaufträge:
1. Welche Einseitigkeiten der Wahrnehmung von Religionen werden von den Autoren M. Hutter und H.-M. Barth aufgeführt?
2. Mit welchen Argumenten plädieren die Autoren für einen differenzierten Umgang mit den Religionen?
3. Welche weiteren Argumente können Sie aus der Vorarbeit in S. 70–71 nennen?

4. Wo tritt Ihnen eine Haltung entgegen, die von M. Hutter und H.-M. Barth kritisiert wird?
5. Versuchen Sie das, was M. Hutter als »europäischen Blickwinkel« bezeichnet, im Blick auf das Verständnis von Kultur und Religion zu beschreiben.
6. Formulieren Sie Aufgabe, Arbeitsweise, Ziel, der wissenschaftlichen Disziplinen der Religionswissenschaften.
7. Konkretisieren Sie einige der genannten Fachbereiche an Beispielen aus diesem Kapitel (oder auch im Heft).

Vertiefung, Sicherung, Erweiterung

Arbeitsauftrag:
Begründen und erläutern Sie folgende Aussagen:
– Die Forschungsgeschichte macht deutlich, dass ›Weltreligion‹ bzw. ›Religion‹ Begriffe sind, die aus einem europäischen Blickwinkel unterschiedliche Religionen in eine Kategorie zwängen wollen (M. Hutter).
– Ein Vergleich, aus dem evtl. das Christentum als überlegen hervorgehen könnte, ist schon aus methodologischen Gründen nicht möglich (H.-M. Barth; vgl. **M 6** P. Antes: Religionen vergleichen, s. LH Einführung zu diesem Block).
– Religionswissenschaft ist ein Sammelbegriff für unterschiedliche Disziplinen, welche in diesem Kapitel sowie im ganzen Heft beispielhaft vorgestellt werden (Artikel Religionswissenschaft).

Zusammenfassende Formulierungen zum Religionsbegriff

Arbeitsauftrag:
Sammeln Sie unterschiedliche Aussagen zum Religionsbegriff im Heft und tragen Sie Kernaussagen in die rechte Spalte ein! Weitere Infos zum Religionsbegriff:
– Einleitung SH, Einführung zum Themenblock I, SH, LH zu Themenblock G;
– Versuchen Sie die Perspektiven und Fragestellungen der jeweiligen Disziplinen zu beschreiben (z. B. Theologie, Psychologie).

Disz.	OZ	Beiträge	Was ist Religion?
RW	Einführung	G. Ahn, C. Geertz, G. Theißen	--- ---
	M 1	H.G. Kippenberg: Geschichte des Rel-begriffs	
	S. 70f.	A. Quack: Ethnologie	
	S. 72	M. Hutter: Weltreligion	
	M 2	P. Antes: Was ist Religion?	
	M 3	Th. Sundermeier: primäre, sekundäre Religion	
Soz	S. 78	F.X. Kaufmann: Internet. M. Weber	
	M 36	H. Knoblauch	
Psych	S. 76ff.	Glaube hilft	
Theol	Einführung	G. Theißen: Religion als Symbolsystem	
	S. 74	I.U. Dalferth, Th. Sundermeier: Ev. Theologie und Relwiss.	

I: Die Wissenschaften

Themenbereich 2: Theologische Ansätze der Abrahamitischen Religionen

Im Anschluss an den vorangegangenen Themenbereich zwei werden nun im Sinn einer systematischen Überlegung religionswissenschaftliche und theologische Ansätze dargestellt. Darauf aufbauend soll dann der Begriff »Theologie« aus der Sicht der Abrahamitischen Religionen erörtert werden.

Religionswissenschaftliche und theologische Zugänge

Einstieg
Die Aussagen zur Fragestellung, Methoden und Inhalte werden in der folgenden Tabelle zusammengestellt. Hierzu werden zwei Beiträge zusammengefasst: Kap. 33 und 34 (als Ergebnissicherung) S. 74: (neu) Evangelische Theologie; das Verhältnis von Religionswissenschaft und Theologie.
Erstellen Sie eine Übersicht zu einigen Disziplinen, die sich mit Religion beschäftigen.

	Ethnologie SH Kap. 33	Rw. SH Kap. 34
Fragestellung		
Methoden		
Inhalte		

Ergänzung
Aufgabe:
1. Erarbeiten Sie spezifische Profile von Theologie und Religionswissenschaften, klären Sie
   – Überschneidungen, Differenzen von Theologie und Religionswissenschaft;
   – Leitfragen;
   – Grundaufgaben;
   – Methoden;
   – Verständnis von Gott.
2. Überlegen Sie, welche Skizze (S. 74) für Ihre Antworten brauchbar ist.
3. Finden Sie bei Dalferth eine ähnliche Zuordnung wie bei Sundermeier?

Schlüsselbegriffe zu S. 74
– Leitfragen der Theologie;
– Empirische Methoden;
– Die beiden Grundaufgaben der Theologie;
– Gott als Thema von Religionswissenschaft und Theologie;
– Evangelische Theologie, Religionswissenschaft und Theologie;
– Religionswissenschaft: Theologie nach Theo Sundermeier.

Der Begriff »Theologie« aus der Sicht der Abrahamitischen Religionen

Einstieg
Bildbetrachtung: Der babylonische Talmud (SH S. 73) und Die Fatiha (SH, S. 75).

Erarbeitung
– In der Klasse sollen Heilige Schriften von Juden, Christen und Muslimen möglichst anschaulich vorstellt werden.
– In arbeitsteiligen Gruppen werden die Namen Tora, Bibel, Koran und ihr Stellenwert als »Heilige Schriften« erschlossen (Klärung der Begriffe »Buchreligion« und »Fundamentalismus«). Die Bedeutung der Offenbarungen sollen im Kontext des jüdischen, christlichen und muslimischen Glaubens erörtert werden (S. 74 Ingolf U. Dalferth, Evang. Theologie).

Aufgaben und Themenaspekte der Gruppenarbeit:
– Zu den heiligen Schriften: Synopse.
– Die Bedeutung der Heiligen Schriften für Juden, Christen und Muslime.
– Methoden und Streitfragen der Schriftauslegung.

JÜDISCHE THEOLOGIE
– Informieren Sie sich über die Tora und die Halacha: **M 17** Israel Lau, die Tora.
– Vgl. S. 73 Mündliche und schriftliche Tora.
– **M 22** Jüdische Theologie (Georg Fohrer, Glaube und Leben im Judentum).
– Erläutern Sie die Thesen:»Das Judentum unterscheidet sich von vielen anderen Glaubensweisen dadurch, dass es vor allem eine Religion der Tat ist.« (Israel M. Lau **M 17**). »Das Judentum ist eigentlich kein theologisches System« »Der Geist des Judentums liegt in der Tora« »Eine Religion von ungeheurer Lebendigkeit und Spiritualität« (Rabbi Jeremy Rosen, Mein Judentum SH, S. 3).

CHRISTLICHE THEOLOGIE
– Christliche und jüdische Fragestellungen in der Theologie: SH S. 64f.
– S. 74 Ingolf U. Dalferth, Evang. Theologie.
– **M 34**: W. Schmithals, Die Rechte des Individuums.

ISLAMISCHE THEOLOGIE
– SH S. 75 Khoury: Die Auslegung des Korans.
– SH S. 38 Nasr Hamid Abu Zaid, Spricht Gott nur Arabisch? Vgl. die Zusatzinformationen zu S. 38 im LH (**M 35**).
– **M 34**: Walter Schmithals, Die Rechte des Individuums.

Fragen:
– Erläutern Sie Schlüsselbegriffe der Fatiha im Gegenüber zum Gebet des ›Vater Unser‹.
– Welche Bedeutung hat der Koran im Leben gläubiger Muslime?
– Was bedeutet das Wort »islam«?
– Welche Haltungen zum Koran lassen sich unterscheiden?
– Wie würden Sie diese Haltungen »theologisch« charakterisieren?

Der Streit um die Auslegung

Im Anschluss an die Darstellung der Gruppenarbeit werden die unterschiedlichen Perspektiven reflektiert und beschrieben.

Im Klassengespräch soll dann die Frage nach der Auslegung von Offenbarungstexten kontrovers diskutiert werden.

Als Impuls dienen zwei Beiträge: Der Beitrag von Nasr Hamid Abu Zaid, Spricht Gott nur Arabisch? (**M 35**) und die kritische Darstellung der eurozentristischen Perspektive (Manfred Hutter, Gibt es Weltreligionen, SH S. 34).

Die Aussagen von Nasr Hamid Abu Zaid zur Aufklärung im Islam (**M 35**) können in folgenden Thesen zusammengefasst werden:

- Die Überlieferungsgeschichte des Koran führte erst gegen Ende zum »Koran«.
- Die ursprüngliche Offenbarung ist heilig und göttlich, nicht aber ihr manifester Ausdruck.
- Der Koran, den wir lesen und interpretieren, ist keinesfalls mit dem ewigen Wort Gottes identisch.
- Der Koran ist eine »Botschaft«, die Gott den Menschen durch den Propheten Mohammed offenbart hat. Mohammed ist der Bote Gottes und selbst ein Mensch.
- Da Gott als der Urheber des Koran nicht der Gegenstand einer wissenschaftlichen Untersuchung sein kann, ist die Analyse des kulturhistorischen Kontexts des Koran der einzige Zugang zur Entdeckung der Botschaft. Die Analyse solcher Fakten kann zu einem wissenschaftlichen Verständnis des Koran führen.

Die Aussagen von Manfred Hutter berühren die eurozentristische Perspektive und regt dazu an, den eigenen Deutungshorizont und den Anspruch einer historisch-kritischen Sicht zu hinterfragen.

Themenbereich 3: Religionspsychologie und -soziologie S. 76–78

Einstieg: Bildbetrachtung Statuette zur Abwehr von epidemischen Krankheiten S. 76

Möglicher Bildvergleich: Matthias Grünewald: Der Isenheimer Altar. Christus zeigt die schrundige grüne Haut der Mutterkornvergiftung. Der Altar stand inmitten eines Krankensaals.

Erarbeitung: therapeutische Aspekte des Glaubens S. 76 U. Schnabel, Glauben hilft

Arbeitsauftrag:
1. Fassen Sie die wesentlichen Aussagen des Textes in Thesen zusammen.
2. An welchen Einzelfällen können Sie im Text einen Zusammenhang zwischen Glaube und Gesundheit erkennen?
3. Welche möglichen Deutungen können Sie dem Text entnehmen?
4. Überlegen Sie die Funktion von religiösen Bildern, von Idolen oder auch von Musik in therapeutischer Hinsicht.
5. Beziehen Sie in Ihre Überlegungen den Beitrag S. 48f. und auch eigene Erfahrungen ein.
6. Erörtern Sie in diesem Zusammenhang den Gedanken der »Übertragung« (C.G. Jung) und des stellvertretenden Leidens (D. Sölle).

S. 77–78
Einstieg: Film I, Robot
Bildbetrachtung mit Text, Referat oder Filmeinsatz.

Mögliche Leitfragen zum Film:
- Welche Rolle spielt im Film die Auseinandersetzung um »Individualität«?
- Welche religiösen Anspielungen lassen sich im Film entdecken?

Erarbeitung
Michael Utsch, Religiöse Funktionen des Internet S. 77

Arbeitsaufträge:
1. Welche Hypothese liegt den Ausführungen von M. Utsch zugrunde (Vorspann S. 77)?
2. Welche Begriffe und Argumente werden im Text verwandt?
3. Wie beurteilen Sie die Aussagen des Autors im Blick ihre Stichhaltigkeit?
4. Worin sehen Sie mögliche religiöse Aspekte in der Popularkultur?
5. Wie verstehen Sie dabei die Begriffe »Religion« und »Popularkultur«?

S. 78 Max Weber
Arbeitsaufträge:
1. Ergänzen Sie die biografischen und wissenschaftlichen Informationen zu Max Weber mit eigenen Recherchen zu den Stichworten: »Entzauberung der Welt«, Transformations- oder Säkularisationsthese.
2. Informieren Sie sich über die Wirkungsgeschichte von Max Weber als Religionssoziologe.
3. Erörtern Sie die Säkularisationsthese anhand der Beiträge S. 76–78 und Ihren eigenen Beobachtungen.
4. Reflektieren Sie dabei kritisch den verwendeten Religionsbegriff.

Vertiefung, Sicherung, Erweiterung
Die Arbeitsweise der Religionssoziologie
- Beispiele der Ethnologie, einem Zweig der Soziologe SH, S. 70f.; s. Hinweise zu S. 70f.
- B. Heller, R-Soziologin, SH, S. 58 Status von Frauen

Ergänzung zu S. 76 U. Schnabel: Glauben hilft:
- Till Hein, Kernspin im Nirvana, in: DIE ZEIT Nr. 6 vom 31.1.2008.
- Religion und Popularkultur

I: Die Wissenschaften

Übersicht

Kap.	Religion in der Popularkultur	Thematisches Stichwort
9	Shaka Re, der Gottesplanet	Begegnung mit Gott im Weltraum
17	Lady Diana – Heilige, Opferlamm	Mythenbildung in der Popularkultur; religiöse Symbolik
36	Der Film I, Robot	Religion und virtuelle Welt
37	Religiöse Funktionen des Internet	Der Weltgeist als künstliche Intelligenz

Literatur für Schülerreferate und Projekte

Forschungsansatz und Dokumentation aus der Ethnologie
Anton Quack, Heiler, Hexer und Schamanen. Die Religion der Stammeskulturen, Darmstadt 2004
Corinna Erckenbrecht, Traumzeit. Die Religion der Ureinwohner Australiens, Freiburg 2003

Theologie und Religionswissenschaften
Theo Sundermeier, Was ist Religion? Religionswissenschaft im theologischen Kontext. Gütersloh, 2007, S. 68ff.

www.religionswissenschaft.de/online-ressourcen-zur-religionswissenschaft/
Religionswissenschaftlicher Medien- und Informationsdienst e.V. Marburg (Universität)
http://www.remid.de/

Zusatz-Materialien (M)

Diese Medien verstehen sich als zusätzliches Material zu den Themenblöcken des Schülerhefts. Die Buchstaben und Ziffern der rechten Spalte verweisen auf den betreffenden Themenblock und das jeweilige Kapitel.

Übersicht

Thema	Zusatzinformationen	Themenblock / Kapitel
Religionswissenschaft / Theologie	M 1 Hans G. Kippenberg, Geschichte der Religionswissenschaft	A–I
	M 2 Peter Antes, Was ist Religion?	A–I
	M 3 Primäre und sekundäre Religionserfahrung nach Theo Sundermeier	I, F 22
	M 4 Anton Quack / Gerd Theißen, Was ist ein Mythos? Mythen und Riten aus ethnologischer und theologischer Sicht	B 6
	M 5 Ritualtheorien	D 14
	M 6 Peter Antes, Religionen vergleichen	C 11
	M 7 Jürgen Habermas, Säkularisierung in der postsäkularen Gesellschaft	H
	M 8 Peter Antes, Das Weltethos im Kontext der Religionen	H, I
Ethnische Religionen	M 9 Sun Bear, Mutter Erde	B 6
	M 10 Anton Quack, Opferfeste und Opfermahle bei den Subanun (Philippinen)	D 14
Buddhismus	M 11 Michael von Brück, Frühbuddhistischer Mythos über die Entstehung der Begierde	D 15
	M 12 Thich Nhat Hanh, Alter Pfad (der achtfache Pfad)	D 15
	M 13 Axel Michaels / Ulrich Luz, Jesus und Buddha – ein Dialog zu ethischen Fragen	C 13
	M 14 Axel Michaels, Das Leid des Entstehens und Vergehens	C 13
	M 15 Michael von Brück, Karma und Schicksal	E 20
	M 16 Lionel Wijesiri, Karma und Katastrophe. Zum Tsunami 2004 (Übersetzung)	E 20
Judentum	M 17 Israel M. Lau, Die Tora	B 7, I
	M 18 Israel M. Lau, Was über dich wacht. Die Mesusa	B 7
	M 19 Israel M. Lau, Das Achtzehngebet (Schmone Esre)	B 7
	M 20 Synagoge und Minjan	C 10
	M 21 Judentum in der Diaspora	C 10
	M 22 Jüdische Theologie	C 10
	M 23 Elie Wiesel, Wie Hiob	E 18
	M 24 Norman Solomon, Theologie des Holocaust	E 18
Christentum	M 25 Kreuzzüge – Pilgerwege nach Jerusalem	B 7
	M 26 Christoph A. Marx, Der Kirchenraum als spiritueller Raum	B 7
	M 27 Dokumente zum evang. und kath. Kirchenverständnis	B 16, 20
	M 28 Wolfgang Huber, Ein Schrei geht durch die Schöpfung (Predigt mit Bezug zum Tsunami 2004)	C 11
	M 29 Ökumenischer Rat der Kirchen, Auf dem Weg zu einer Theologie der Religionen	E 19, H
Islam	M 30 Die 99 Namen Gottes	F 25
	M 31 Mely Kiyak, Was ist ein Alevit?	C 12
	M 32 Michaela Özelsel, Ritualopfer im Islam. Das Opferlamm	D 14
	M 33 Emel Algan, Ich musste ausbrechen	C 12
	M 34 Walter Schmithals, Die Rechte des Individuums	C 12
	M 35 Nasr Hamid Abu Zaid, Spricht Gott nur Arabisch?	E 21
Populärkultur	M 36 Hubert Knoblauch, Populäre Religion	D 17
	M 37 Elton John, Candle in the wind '97	D 17
	M 38 Jürgen Krönig, Ikonen sterben nicht. Diana – ein religiöses Idol der Moderne	D 17

M 1 Hans G. Kippenberg, Geschichte der Religionswissenschaft

(1) Die Religionswissenschaft entstand in mehreren europäischen Ländern in den Jahrzehnten nach 1860, als die Kenntnis über außereuropäische Religionen durch die Entzifferung von Schriften weit vorangeschritten war und europäische Gesellschaften die Erfahrung von Modernisierung machten. Diese Zeitgleichheit war kein Zufall. Während die Befürworter der aufsteigenden wissenschaftlich-industriellen Gesellschaft eine Abkehr von allem Überlieferten erwarteten und verlangten, überprüften Religionshistoriker die Quellen der Religionsgeschichte mit Blick auf die in ihnen enthaltenen Konzeptionen von Mensch, Natur, Gesellschaft und Geschichte. Indem sie Naturmystik, Seele, Rituale, Magie, Mysterien, Erlösungsreligion, Macht, Sozialmoral, Weltablehnung und Ekstase zu ihren Themen machten, erkannten sie auch in der modernen Kultur Anschauungen und Praktiken, die nicht im Dienst von Zivilisation und Fortschritt standen. Daher wiesen die Wissenschaftler ihren Funden ganz explizit einen Platz in der modernen fortgeschrittenen Kultur zu, zuerst noch zurückhaltend als Überbleibsel früherer Stufen in einem Entwicklungsprozess. Es war ein folgenreicher Schritt, als R. R. Marett (1866–1943) einen Religionsbegriff formulierte, der den Anteil von Religion an der modernen Kultur schlagartig vergrößerte: Primäres Kennzeichen von Religionen sei nicht das Konzept einer Beseelung (»Animismus«), sondern die Erfahrung unkontrollierbarer Mächte. Dieses neue Paradigma von Religion sollte sich in kürzester Zeit bei E. Durkheim, M. Weber u. a. durchsetzen, bei Wissenschaftlern also, die die Erklärungsrichtung umdrehen: Grundbestandteile der modernen Kultur hätten eine Genealogie, die nur aus der Religionsgeschichte erklärt werden könne.

(2) Der Präanimismus wurde Grundbestandteil eines anderen religionswissenschaftlichen Paradigmas des 20. Jh.s, das sich explizit gegen die Idee von geschichtlicher Entwicklung richtete. Die Erfahrung der Abhängigkeit von irrationalen Mächten wurde von R. Otto und M. Eliade aus ihren histor. Bedingtheiten herausgenommen. Eliade sah im »Grunddatum aller Religion«, dem Heiligen, eine Durchbrechung der Homogenität von Territorium und Geschichte. Wenn er den »Schrecken der Geschichte« beschwört, der vom Heiligen beendet wird, bezieht er sich damit auch auf Gewalterfahrungen in der Geschichte des 20. Jh.s.

(3) Die Erwartung, Religionen hätten auf Dauer ihre Bastion in einem zeitlosen individuellen Erleben, wich seit den 60er Jahren einer anderen Sichtweise. Maßgeblich hierfür war der Aufsatz von C. Geertz: Religion als kulturelles System (1966). Wie ein Leitmotiv kehrt darin die These wieder, dass Religion nicht auf eine persönliche Erfahrung zu reduzieren sei, sondern als Weltbild und Ethos die soziale Ordnung forme. Handeln, Praxis, Mentalität, Ethos und Habitus wurden zu zentralen Begriffen in der Religionsanalyse. Es bildeten sich Unterdisziplinen wie Religionssoziologie oder – für die Geschichte der R. schon lange zentral – Religionsethnologie aus; die Integration anderer Wissenschaften fördert auch gegenwärtig neue Perspektiven auf Religion.

(4) Diese Neuorientierung weckte erneut das Interesse an Tatbeständen der westlichen Kultur, die ihren Vorlauf in der Religionsgeschichte haben. So wurde der westliche »Individualismus« aus einer komplexen Vorgeschichte, an der griech. Philosophie, röm. Recht und christl. Weltablehnung beteiligt waren, hergeleitet. Ähnlich sind moderne Zukunftserwartungen nach wie vor religiös geprägt. Ein weiterer Bereich, in dem die Religionsgeschichte zur Analyse moderner Kultur ergiebig ist, ist die Auffassung von Natur. Das alte, schon lange untergegangene hellenist. Weltbild, in dem die Götter sich im Schleier der Natur offenbaren, erlebte gerade während der sog. »wissenschaftlichen Revolutionen« einen Aufschwung. Auch die Besonderheit der Kultur der Moderne, tradierte Institutionen ins Subjektive zu verschieben, kann mithilfe der Religionsgeschichte beleuchtet werden.

Christoph Auffarth / Hans G. Kippenberg / Axel Michaels (Hg.), Wörterbuch der Religionen, Alfred Kröner Verlag, Stuttgart 2006, S. 446f.

M 2 Peter Antes, Was ist Religion?

1. Die Aporie der Begrifflichkeiten

»Religion« ist der neuzeitliche Oberbegriff für die verschiedenen Vorstellungen der Menschheit bezogen auf die letzten Fragen des Menschen nach Herkunft und Ziel des Menschen sowie der Welt. Interessanterweise findet der aus dem Lateinischen abgeleitete Terminus in den meisten europäischen Sprachen Anwendung. Aber dieser Begriff stößt an Grenzen, wenn man nach Entsprechungen für »Religion« in Kulturen außerhalb Europas sucht.

Der Begriff »religio« entstand schon in der vorchristlichen Zeit und der christlichen Antike und kann in dreierlei Weise hergeleitet werden:
1. »religere«: gewissenhafte Erfüllung kultischer Pflichten, so bei Nigidius Figulus 100–45 v. Chr.
2. »relegere«: sorgfältig beachten (›legere‹ = Lesen), so bei Cicero 106–43 v.Chr.
3. »religari«: verbunden sein, so bei den christlichen Autoren Lactanz und Augustinus.

›Religio‹ bzw. ›religiosus‹ wurde das ganze Mittelalter vor allem für den Ordensstand verwendet (der ›status religionis‹ ist der ›status perfectionis‹). »Religionen« im heutigen Wortsinn nannte man damals ›fides‹, ›lex‹ oder ›secta‹.

In außereuropäischen Kulturkreisen finden sich andere Begriffe:
– »shukyo« (japanisch) heißt »Verehrungslehre«
– »din« (arabisch): »vergelten, belohnen«. »Normen und Richtlinien für ein Gott wohlgefälliges Leben« »islam« (etym. verwandt mit salam): »Unterwerfung, Sich-Fügen, Versöhnung, Frieden, Hingabe«
– das »dao, tao« (sprich »dau«; chinesisch): »Weg«. Dao bezeichnet die gesamte Wirklichkeit in ihrer empirischen wie auch spirituellen Dynamik des Entstehens dank der komplementären Komponenten Yin und Yang. Dao kennt keine Trennung in ›heilig und profan‹ (U. Dehn, EZW 3/2004, S. 83f.).

Die Anfänge der Religionswissenschaften im 19. Jh. waren von einer eurozentristischen Sicht geprägt, welche sich nicht nur in dem Begriff »religio« als dem Sammelbegriff für alle Religionen, sondern auch in der damit einhergehenden Vergleichsmethode niederschlug. Hierzu ist u. a. Folgendes kritisch anzumerken:
1. Eine Bestimmung von Religion als Glaube an Gott/Götter oder als Glaube an Geistwesen oder Seelen wird der Vielfalt von Vorstellungen in den Religionen nicht gerecht. Das Problem des Vergleichens reicht bis in die Übersetzungen hinein, wenn von Zeus, Shiva, Allah, Yahve und dem christlichen Gott jeweils als »Gott« gesprochen wird. Was ist dann jeweils gleich, was unterschiedlich? Was ist gleich, was unterschiedlich, wenn gesagt wird, das Christentum und der Buddhismus seien beide »Erlösungsreligionen«?
2. Klassische Texte der Religionsgeschichte könnten als nicht religiös eingestuft werden. Dies mag auf den ersten Blick merkwürdig anmuten, ist es beim näheren Hinsehen aber keineswegs. So stellt sich etwa die Frage bei den persischen Gedichten des islamischen Mystikers Gall ud-din Rumi (1207–1273) die Frage, ob seine Texte als religiöse Texte eingestuft werden können oder nur Texte der persischen Poesie bzw. Literatur sind. Bei manch einem Text der indisch-hinduistischen Überlieferung wie etwa dem Atharvaveda ist zu fragen, ob er unter die religiösen Texte oder unter indische Medizin einzuordnen ist. Und bei juristischen Texten der islamischen Sharia ist zu entscheiden, ob man ihnen den Status eines religiösen Textes oder den eines rein juristischen geben will.
3. Die Schwierigkeiten, Religion inhaltlich so zu definieren, dass alle Religionen, die seit dem 19. Jahrhundert in der Religionswissenschaft behandelt sind, [erfasst sind], sind nicht zu übersehen. Jeder Vorschlag einer Definition war bislang unbefriedigend, weil er entweder zu eng war, so dass althergebrachte Inhalte wie der Urbuddhismus hätten aufgegeben werden müssen, oder er war zu breit angelegt, so dass bislang unbeachtet Gebliebenes wie etwa der Marxismus oder der Nationalsozialismus ebenfalls als Religionen hätten behandelt werden müssen. Deshalb hat die Religionswissenschaft als Zunft seit mehreren Jahrzehnten darauf verzichtet.

Einige Beispiele mögen diese Aporie beleuchten:
Hatte Friedrich Max Müller (1823–1900) noch den Vergleich sehr eng verstanden und nur dort zugelassen, wo sprachliche Verwandtschaft zwischen den Kulturen vorlag, und in diesem Sinne eine Religionswissenschaft als »Science of Religion« geschaffen, so waren andere von wesentlich breiter angelegten Vergleichen fasziniert und hatten wie Auguste Comte (1798–1857) die Entwicklung des religiösen Denkens der Menschheit in systematischer Weise nachgezeichnet oder verschiedene Kulturen miteinander verglichen, ohne dass wirklich Gleiches vorlag und in diesem Sinne das Vergleichen nicht unproblematisch gewesen ist.
Insofern wirkte die Vorstellung von Religion als Begegnung mit dem Heiligen (Rudolf Otto, 1869–1937) oder als Hierophanie (Mircea Eliade, 1907–1986) wie ein Durchbruch zu einem neuen Religionsverständnis und fand großen Zuspruch. Besonders die Religionsphänomenologie ging begeistert darauf ein und gestaltete von hier aus ihre Suche nach dem Wesen von Religion in Form einer »Wesensschau«. Ein besonders gravierendes Problem blieb dabei stets die Einordnung des Urbuddhismus als Religion. Nicht nur dass Gott oder Götter in dieser Lehre keine Rolle für die Erlösung des Menschen aus dem Kreislauf der Wiedergeburt spielen, auch die Begegnung

mit dem Heiligen lässt der Urbuddhismus als »atheistische Religion« nicht als heilsrelevantes Kriterium zu. Religion muss folglich noch weiter gefasst werden, etwa als »das, was mich unbedingt angeht« bzw. in der griffigen englischen Übersetzung dieser Beschreibung als »ultimate concern« (Paul Tillich, 1886–1965).

Die Vorstellung von Religion als »ultimate concern« eröffnet neue Interpretationsspielräume, die die Vielfalt der konkreten Religionen voll zum Ausdruck bringen. Der breitere Interpretationsrahmen begrenzt allerdings das mögliche Feld der zu untersuchenden Phänomene nicht allein auf den Bereich dessen, was man klassisch unter »Religion« bzw. »Religionen« versteht, sondern eröffnet weit mehr Felder für mögliche Studien. Nach diesem Modell kann auch der Sport oder die »Liturgie« von Parteitagen der NSDAP untersucht werden. Derartige Phänomene dann als »pararegiös« zu bezeichnen, um sie von den »wahrhaft religiösen« zu unterscheiden, offenbart nur die Verlegenheit, Differenzierungen dort einführen zu wollen, wo es vom Konzept her eigentlich nicht geht.

2. Eine neue Begrifflichkeit?
»Dimensionen von Religion«

Die Religionswissenschaft musste aber die Frage, was Religion sei, beantworten, weil Gerichte über die Anerkennung von neuen religiöse Bewegungen als Religionen bzw. Kirchen im Sinn der staatl. Gesetzgebung zu entscheiden hatten (die Vereinigungskirche von Reverend Moon, die Scientology-Kirche). Dabei griff man auf das »Dimensionen-Modell« der finnischen Forscher Juha und Maria Pentikainen zurück. Eine Religion definiert sich demnach nach folgenden fünf Dimensionen:

1. kognitive Dimension: Vorstellungen vom Universum und von der Welt, Wertesystem, Glauben an die Existenz des »Übernatürlichen«
2. affektive oder emotionale Dimension: religiöse Gefühle, Einstellungen und Erfahrungen
3. instinktive oder verhaltensmäßige: Riten und soziale Bräuche wie Opfer, Gebete, Zauberformeln, Anrufungen
4. soziale Dimension: Existenz einer Gruppe
5. kulturelle Dimension: Abhängigkeit der Religion von Zeit und Raum, von dem ökologischen, sozialen und kulturellen Umfeld.

Auf dieser Grundlage prüften die Gerichte, welche dieser Dimensionen auf die Scientology-Kirche zutreffen. Ihr Urteil lautete: alle.

Ist damit das Dilemma der Begrifflichkeiten gelöst?

Nach Peter Antes: Religiöse Sozialisation aus religionswissenschaftlicher Sicht, in: Ders.: Religionen im Brennpunkt. Religionswissenschaftliche Beiträge 1976–2007, W. Kohlhammer GmbH, Stuttgart 2007, S. 190ff.

M 3 Primäre und sekundäre Religionserfahrung nach Theo Sundermeier

Der Heidelberger Theologe und Religionswissenschaftler unterscheidet zwischen primärer und sekundärer Religion bzw. »Religionserfahrung«. Die primäre Religion verwirklicht sich zunächst nach Sundermeier in den so genannten ethnischen Religionen (ältere Bezeichnung: »Naturreligionen«). In anderen Religionen (v. a. Judentum, Buddhismus, Christentum, Islam) tritt dann die sekundäre Religion hinzu, ohne dass allerdings die Elemente der primären Religion verschwinden müssen.

Primäre Religion …
- … geschieht in einer überschaubaren Gruppe und gestaltet deren Haltung gegenüber etwas Heiligem.
- … orientiert oft am Lebens- oder am Jahreszyklus.
- … formuliert und repräsentiert in elementarer Weise Ehrfurcht (z. B. vor Göttern und Kräften, vor der natürlichen Umwelt der Menschen, vor elementaren Lebenstatsachen wie Geburt oder Tod).
- … wird maßgeblich oder zentral durch mündliche Überlieferung weitergetragen.
- … gibt sich ihren Ausdruck im Symbol oder in symbolischen Formen.
- … strukturiert das Leben durch Riten und Feiern.
- … lehrt das rechte Verhalten, durch das die überschaubare Gruppe / Kleingruppe zusammengehalten wird.

Sekundäre Religion …
- … erweitert die ursprüngliche mythisch und symbolisch geprägte Denk- und Redeweise. Nun geschieht der Umgang mit Religion auch in stärker rational bestimmten Formen (strengere Begriffsbildungen, »Theologie«).
- … appelliert an das Verstehen. Der bloße Vollzug von Riten genügt nicht (mehr).
- … prägt das in der primären Religionserfahrung sinnlich und rituell Gegebene um und deutet es ggf. um.
- … tritt oft dann auf, wenn kleinere soziale Verbände oder Stämme etc. zerbrechen.
- … stellt die »eigene Religion« als wahre Religion »den anderen Religionen« (als tendenziell falsche) gegenüber.
- … hat deshalb im Gegensatz zur primären Religion eine missionarische Tendenz.
- … stellt ggf. einzelne religiöse Gestalten wie Seher, Propheten, Reformer in den Mittelpunkt des religiösen Interesses bzw. etabliert diese Personen zur religiösen Legitimation.

Nach Theo Sundermeier: Religion – was ist das? Religionswissenschaft im theologischen Kontext, Verlag Otto Lembeck, Frankfurt a. M. 2007, besonderes S. 39–41.

M 4 Anton Quack / Gerd Theißen, Was ist ein Mythos?
Mythen und Riten aus ethnologischer und theologischer Sicht

Beschreibung eines Ethnologen

Mythen sind eine universale Erscheinung. Sie finden sich in allen Religionen. Sie gehören zu den drei wichtigen Formen religiösen Ausdrucks: heilige Worte, heilige Handlungen, heilige Plätze.

- Anthropogene Mythen antworten auf die Frage: Woher stammt der Mensch?
- Kosmologische Mythen fragen nach dem Ursprung der Lebenswelt des Menschen und des Kosmos.
- Theologische Mythen antworten auf Fragen nach den übermenschlichen Wesen.
- Kultmythen berichten über Ursprünge und Strukturen von Kult und Riten.

In Stammesreligionen bilden sie einen wesentlichen Teil der mündlichen Tradition.
1. Mythen sind anschauliche Erzählungen vom Beginn der Dinge, von den lebenden Wesen der Urzeit, von den Taten göttlicher Gestalten und ihrem Verhältnis zu den Menschen.
2. Ein Mythos ist ein für wahr gehaltener Bericht, der aus festgelegten Elementen der Weltanschauung eines Volkes besteht.
3. Die Akteure des Mythos sind über den Menschen stehende Wesen, Wesen aus der Vorzeit: Götter, Stammesvorfahren, Urzeitheroen.
4. Die Handlung der Mythen spielt in der Urzeit, in der alles Wesentliche verwurzelt ist und begründet wurde.
5. Entsprechend ist der Ort der Handlung vor allem die Erde der Urzeit, dazu Himmel und Unterwelt.
6. Erklärung und Beglaubigung sind die entscheidenden Funktionen des Mythos. Sie sind eine »fundierende, legitimierende, weltmodellierende Erzählung« (Assmann).
7. Der Mythos bewirkt, was er erzählt. Was in der Urzeit geschah, wird durch die Darstellung lebendig. So erhalten die Menschen Anteil am Heil der Urzeit.
8. Mythen sind eine wichtige geistige Grundlage der Lebensgestaltung einer Kultur.
9. Mythen entsprechen häufig einem Ritus.

Anton Quack: Heiler, Hexer und Schamanen. Die Religion der Stammeskulturen, Wissenschaftliche Buchgesellschaft, Darmstadt 2004, S. 22–25.

Beschreibung eines Theologen

Mythen erläutern in narrativer Form das, was Welt und Leben grundlegend bestimmt. Dabei sind drei Dimensionen des Mythos zu unterscheiden. Er ist
- ein Text: Er handelt von weltentscheidender Zeit, in der numinose Subjekte (Götter, Engel und Dämonen) einen labilen Zustand der Welt in einen stabilen verwandelt haben.
- eine das Leben gestaltende Macht: Er ist eine Erzählung mit legitimierender oder utopischer Kraft, welche eine soziale Lebensform begründet oder in Frage stellt.
- eine Denkstruktur: Mythen sind Erzählungen, denen eine andere Art, die Welt zu deuten, zugrunde liegt: Alle Dinge scheinen beseelt. Natur- und Schicksal werden personifiziert. Statt einer logischen Kausalität besteht eine Wirkungskette aus analogen, symbolhaften Kräften. Eine solche Denkstruktur verwendet z. B. Paulus in seinem Analogieschluss zwischen Adam und Christus in Römer 5f.

Meist erzählen Mythen von Handlungen verschiedener Götter in einer Ur- oder Endzeit, die weit entfernt ist von der gegenwärtigen Lebenswelt. In der biblischen Tradition fand hier schon früh eine Veränderung statt: Der Mythos von den grundlegenden Akten Gottes wurde in die ganze Geschichte bis in die Gegenwart hinein weitergeführt, er wurde zu einer heilsgeschichtlichen Story, die auch die Geschichte umfasst. Und gleichzeitig wurde aus der Erzählung von mehreren Göttern die Erzählung von dem einen und einzigen Gott, der nur noch einen Sozialpartner hat: das Volk Israel als Stellvertreter aller Menschen. Im Urchristentum finden wir eine Fortsetzung dieser Entwicklung: Ein Mythos verbindet sich mit einer konkreten Geschichte mitten in der Zeit. Ein einziger Mensch aus dem Volk Israels rückt ins Zentrum allen Geschehens.

Riten sind sich wiederholende Verhaltensmuster, mit denen Menschen ihre alltäglichen Handlungen unterbrechen, um die im Mythos gemeinte andere Wirklichkeit darzustellen. Sie umfassen nach der Einteilung des römischen Schriftstellers Plutarch Deutungsworte, Handlungen, Gegenstände.

Gerd Theißen: Die Religion der ersten Christen. Eine Theorie des Urchristentums, Gütersloher Verlagshaus, Gütersloh, in der Verlagsgruppe Random House, München, 4. Aufl. 2001, S. 21–23.

M 5   Ritualtheorien

Die Geschichte der Ritualforschung hat viele Denkmodelle zu Opferriten entwickelt. Der Kulturwissenschaftler C. Wulf nennt vier aktuelle Ritualtheorien:
1. Rituale stehen im Zusammenhang mit Religion, Mythos und Kultur (R. Otto, M. Eliade).
2. Rituale dienen der Struktur und den Werten der Gesellschaft (Emile Durkheim, A. v. Gennep, V. Turner).
3. Rituale sind kulturelle Symbole, welche der sozialen Kommunikation dienen. Solche Zeichensysteme gilt es zu lesen (C. Geertz, Catherine Bell).
4. Rituale sind rituelle performative Inszenierungen. Sie ermöglichen Gemeinschaft.

Diese Theorien sind provisorische, heuristische Denkmodelle. Sie stehen auch für vier wissenschaftliche Betrachtungsweisen:
1. Theologie: »Religion und Mythos«
2. Sozialwissenschaften: »Gesellschaft«
3. Ethnologie: »Zeichensysteme lesen«
4. Kulturanthropologie: »Performance«

Der Indologe und Religionswissenschaftler Axel Michaels definiert Rituale in seiner Untersuchung zu einem Tier- und Menschenopferritual in Nepal durch fünf Merkmale:
1. Causa transitionis: Rituale stehen im Zusammenhang mit zeitlichen und räumlichen Veränderungen im Jahreskreis bzw. Lebenslauf.
2. Intentio solemnis: Trommeln, Glocken usw. kündigen die Feier an.
3. Form: Riten sind 1. förmlich-stereotyp, 2. öffentlich, 3. unwiderruflich wirksam (»ex opere operato«), 4. ›liminal‹ (limen – Grenze) d. h. sie überschreiten Grenzen.
4. Handlungskriterien:
    - ›religio‹: Bezug auf eine jenseitige, höhere, geheiligte Welt.
    - ›Individualitas‹: Stärkung des Einzelnen, Grenzerfahrung, Trance.
    - ›Communitas‹: Aus individuellen Körpern werden Körperschaften: Solidarität, Normierung, Kommunikation.
5. Performanz: Veränderung von Status, Rolle, Befindlichkeit, Individualität. »Mit dem Ritual muss ein spürbarer Wandel eingetreten sein« (S. 220).

Der Theologe Gerd Theißen unterscheidet Opferrituale anhand von drei Theorien:
1. Gabentheorien fassen sie als Geschenkakt gegenüber der Gottheit auf.
2. Kommunionstheorien als Bindungsakt der Opfergemeinschaft (zu der auch ggf. die Götter und das Opfertier zählen).
3. Aggressionstheorien als Vernichtungsakt an der Opfermaterie.

Die verschiedenen Opfertypen haben in verschiedener Weise Gaben-, Kommunions- und Aggressionsfunktion. ... In vielen Opfertypen wurden Elemente aus allen drei Funktionen verbunden. Die Opfernden wählen dabei unter drei Möglichkeiten, bei knappen Lebenschancen die eigenen Chancen zu erhöhen. Entweder aktiviert man die Macht eines Stärkeren zu den eigenen Gunsten. Dann ist das Opfer Gabe an ihn. Oder man wälzt auf einen Schwächeren den Schaden ab, den man sonst selbst tragen müsste. Dann ist das Opfer ein wehrloses Aggressionsopfer. Oder man teilt die Lebenschancen nach sozialen Regeln unter den konkurrierenden Menschen. Dann wird das Opfer zum Gemeinschaftsopfer. [...]
Opfer wären dann symbolische Darstellungen des Kampfes um Lebenschancen. ... Die Opfer stellen diese Formen der Lebensbewältigung in symbolischer Weise dar und versuchen gleichzeitig, diesen Lebenskampf positiv zu beeinflussen.

Nach: Gerd Theißen, Die Religion der ersten Christen, S. 214–217 © 2001, Gütersloher Verlagshaus, Gütersloh, in der Verlagsgruppe Random House GmbH; Christoph Wulf / Jörg Zierfas: Performative Welten. Einführung in die historischen, systematischen und methodischen Dimensionen des Rituals. In: Dies. (Hg.): Die Kultur des Rituals: Inszenierungen, Praktiken, Symbole, Wilhelm Fink Verlag, München 2004; Axel Michaels: Das Heulen der Schakale. Ein Tier- und Menschenopferritual in Nepal, Ebd., S. 217–236.

M 6 Peter Antes, Religionen vergleichen

Religion und Lebensgestaltung stehen in enger Beziehung zueinander. Dies gilt auch für nicht-religiös gebundene Menschen. Diese wissen das allerdings nicht immer. Die Religionswissenschaft kann hier helfen, die religiös bedingten Wurzeln des säkularen Denkens freizulegen. Dafür ist der Vergleich von Einmaligkeit des Lebens und Wiedergeburt ein gutes Beispiel. »Ziel des Vergleiches ist, zu zeigen, wie diese Grundpositionen das Verständnis von Leben und Tod beeinflussen und folglich zu völlig unterschiedlichen, in sich schlüssigen Weltanschauungen führen.« Die folgenden Ausführungen zeigen darüber hinaus, wie das Motiv der ausgleichenden Gerechtigkeit die Vorstellungen der Religionen über die Einmaligkeit des Lebens bzw. die Wiedergeburt geprägt hat.

Die Vorstellung von der Einmaligkeit des Lebens auf der Erde und einem Jenseits gehört zu den Lehren des heutigen Judentums, Christentums und Islam. Der Glaube an die Wiedergeburt prägt die Grundvorstellung vom menschlichen Dasein im Hinduismus und Buddhismus – eine vereinfachende Aufteilung, da die Vorstellung von der Wiedergeburt auch in der jüdischen Kabbala, der christlichen Esoterik und der islamischen Mystik existiert und andererseits nicht in allen Formen des Buddhismus nachweisbar ist.

Das Leben	... ist einmalig	... ist ein Kreislauf
Das irdische Leben	– ist das erste und zugleich das letzte und damit das einzige Leben, das Menschen auf dieser Erde führen.	– ist ein Übergang in eine neue Daseinsform. Tod und Geburt sind zwei Seiten derselben Zäsur.
Der Start ins Leben und die Lebensbedingungen	– sind mehr oder weniger zufällig oder von Gott gewollt.	– sind kein Zufall. Alles ist die Folge des karma, das alle Lebewesen verbindet.
Das Leben	– ist begrenzt. – hat einen besonderen und unwiederholbaren Stellenwert.	– knüpft an vorangehende Daseinsformen an und ist eine Übergangsstufe zu neuen Lebensformen (samsara).
Die Jetztzeit	– fordert Lebensleistung ein, eine unwiederbringliche Verantwortung.	– erfordert Gelassenheit, denn nichts an Gutem und Bösem geht verloren.
Gerechtigkeit und Gericht	Folgt ein Gericht, so ist dieses Leben vor Gott zu verantworten.	Erlösung aus dem Kreislauf der Wiedergeburten, Nirwana.

Hindus und Buddhisten glauben, dass das jetzige Leben, das wir hier auf Erden durchleben, nicht das erste und nicht das letzte unserer irdischen Existenz, sondern nur ein Glied in einer langen Reihe von irdischen Existenzen ist. Demgegenüber glauben Juden, Christen und Muslime sowie viele säkular denkende Menschen in Westeuropa, dass dieses jetzige Leben das einzige ist, das wir zu unserer Gestaltung zur Verfügung haben. Jede der beiden Vorstellungen: die von der Wiedergeburt wie die von der Einmaligkeit des Lebens ist ein Glaube, der entweder zutrifft oder nicht, d. h. gibt es die Wiedergeburt, so sind alle wiedergeboren, ob sie daran glauben oder nicht, gilt die Einmaligkeit des Lebens auf dieser Erde, so ist niemand hienieden wiedergeboren, was immer auch die Einzelnen darüber denken.
Beide Glaubensaussagen haben Konsequenzen für die jeweiligen Vorstellungen vom Leben und Tod.
Im Bereich der Wiedergeburt ist der Tod nicht das Ende der irdischen Existenz, sondern eine Art Durchgangsstation zu einer neuen Existenzform. Wie auf der einen Seite einer Türe »Ausgang« und auf der anderen »Eingang« zu lesen steht, es sich aber dabei um zwei Sichtweisen ein und derselben Türe handelt, so ist die entsprechende Zäsur in der Reihe der Existenzen aus der Sicht des vorausgehenden Lebens der Tod, aus der Sicht des nachfolgenden die Geburt. Der Tod verliert damit seine Endgültigkeit, weil das Leben in jedem Falle weitergeht, er ist der Durchgang zu einer neuen Existenzweise, deren Ausgangsbedingungen alles andere als zufällig sind. Ein jedes dieser Leben ist in seinen Rahmenbedingungen bestimmt durch die Frucht der Taten (in Sanskrit: karma) aus den früheren Leben, gemäß dem Spruch aus dem indischen Epos Ramayana:

> Notwendig wird zuteil dem Bösen
> Der Lohn für seine Schlechtigkeit,
> So wie dem Baume seine Blüte
> Zur angemessnen Jahreszeit.

Ob folglich ein Lebewesen als Gott oder als Erdenwesen, als Tier oder als Mensch, als Kind eines Maharadschas oder als Kind eines Bettlers, als Junge oder als Mädchen auf die Welt kommt, ist demnach nicht zufällig, es ist die Folge von Taten aus früheren Leben, gemäß dem Grundsatz:

> Gleichwie der Mime die Kostüme
> Entsprechend seiner Rolle um sich legt,
> So auch der Geist, gemäß der Frucht der Taten,
> Bald diesen und bald jenen Körper trägt.

Im Bereich des Glaubens an die Einmaligkeit des Lebens auf dieser Erde bleiben die Startbedingungen (warum bin ich Kind meiner Eltern, weshalb mussten es gerade diese und dieses Milieu sein?) unerklärt und das Leben ist ein Sein zum Tode, der alles Irdische endgültig beendet. Damit wird dieses Leben zum einzigen, das Menschen zur Gestaltung zur Verfügung steht.

Je nachdem, ob die Menschen an die Wiedergeburt oder an die Einmaligkeit des Lebens glauben, verändern sich auch ihre Hoffnungen und Erwartungen: Im Bereich der Wiedergeburt richtet sich die Erwartung zunächst darauf, gute Voraussetzungen für eine bessere Wiedergeburt durch Einhalten von Geboten zu schaffen, im fortgeschrittenen Status geht es darum, Wege zu suchen, wie man aus dem Kreislauf der Wiedergeburt ausscheidet, also erlöst wird vom immer währenden Geborenwerden, Sterben und Wiedergeborenwerden. Im Bereich des Glaubens an die Einmaligkeit des Lebens gilt als gute Nachricht, dass mit dem Tode nicht alles aus ist, sondern dass das Leben ewig weitergeht in einem Jenseits, für das wie im Christentum, Islam und teilweise im Judentum das jetzige Leben wie eine Art Prüfung anzusehen ist, die man bestehen kann (jüdischchristlich: Sein mit Gott bzw. Himmel, islamisch: Paradies), bei der man durchfallen kann (Hölle), deren Ausgang trotz negativer Bilanz dank der Barmherzigkeit Gottes dennoch positiv sein kann, die man aber – anders als bei anderen Prüfungen – auf keinen Fall wiederholen kann.

Der Glaube an die Wiedergeburt bzw. an die Einmaligkeit des Lebens auf dieser Erde gibt somit die Rahmenbedingungen für das vor, was an Spekulationen über Leben und Tod, Erlösung und Jenseits in den jeweiligen Schriften der großen Denker diesbezüglich zu finden ist.

Nach Peter Antes: Religiöse Sozialisation aus religionswissenschaftlicher Sicht, in: Religionen im Brennpunkt. Religionswissenschaftliche Beiträge 1976–2007, W. Kohlhammer GmbH, Stuttgart 2007, S. 29ff. und 66ff.

M 7 Jürgen Habermas, Säkularisierung in der postsäkularen Gesellschaft

Das Wort ›Säkularisierung‹ hatte zunächst die juristische Bedeutung der erzwungenen Übereignung von Kirchengütern an die säkulare Staatsgewalt. Diese Bedeutung ist auf die Entstehung der kulturellen und gesellschaftlichen Moderne insgesamt übertragen worden. Seitdem verbinden sich mit ›Säkularisierung‹ entgegengesetzte Bewertungen, je nachdem ob wir die erfolgreiche Zähmung der kirchlichen Autorität durch die weltliche Gewalt oder den Akt der widerrechtlichen Aneignung in den Vordergrund rücken. Nach der einen Lesart werden religiöse Denkweisen und Lebensformen durch vernünftige, jedenfalls überlegene Äquivalente ersetzt; nach der anderen Lesart werden die modernen Denk- und Lebensformen als illegitim entwendete Güter diskreditiert. Das Verdrängungsmodell legt eine fortschrittsoptimistische Deutung der entzauberten, das Enteignungsmodell eine verfallstheoretische Deutung der obdachlosen Moderne nahe. Beide Lesarten machen denselben Fehler. Sie betrachten die Säkularisierung als eine Art Nullsummenspiel zwischen den kapitalistisch entfesselten Produktivkräften von Wissenschaft und Technik auf der einen, den haltenden Mächten von Religion und Kirche auf der anderen Seite. Einer kann nur auf Kosten des anderen gewinnen, und zwar nach liberalen Spielregeln, welche die Antriebskräfte der Moderne begünstigen.

Dieses Bild passt nicht zu einer postsäkularen Gesellschaft, die sich auf das Fortbestehen religiöser Gemeinschaften in einer sich fortwährend säkularisierenden Umgebung einstellt. Ausgeblendet wird die zivilisierende Rolle eines demokratisch aufgeklärten Commonsense, der sich im kulturkämpferischen Stimmengewirr gleichsam als dritte Partei zwischen Wissenschaft und Religion einen eigenen Weg bahnt. Gewiss, aus der Sicht des liberalen Staates verdienen nur die Religionsgemeinschaften das Prädikat »vernünftig«, die aus eigener Einsicht auf eine gewaltsame Durchsetzung ihrer Glaubenswahrheiten und auf den militanten Gewissenszwang gegen die eigenen Mitglieder, erst recht auf eine Manipulation zu Selbstmordattentaten Verzicht leisten. Jene Einsicht verdankt sich einer dreifachen Reflexion der Gläubigen auf ihre Stellung in einer pluralistischen Gesellschaft. Das religiöse Bewusstsein muss erstens die kognitiv dissonante Begegnung mit anderen Konfessionen und anderen Religionen verarbeiten. Es muss sich zweitens auf die Autorität von Wissenschaften einstellen, die das gesellschaftliche Monopol an Weltwissen innehaben. Schließlich muss es sich auf die Prämissen des Verfassungsstaates einlassen, die sich aus einer profanen Moral begründen. Ohne diesen Reflexionsschub entfalten die Monotheismen in rücksichtslos modernisierten Gesellschaften ein destruktives Potential. Das Wort »Reflexionsschub« legt freilich die falsche Vorstellung eines einseitig vollzogenen und abgeschlossenen Prozesses nahe. Tatsächlich findet diese reflexive Arbeit bei jedem neu aufbrechenden Konflikt auf den Umschlagplätzen der demokratischen Öffentlichkeit eine Fortsetzung.

Sobald eine existentiell relevante Frage auf die politische Agenda gelangt, prallen die Bürger, gläubige wie ungläubige, mit ihren weltanschaulich imprägnierten Überzeugungen aufeinander und erfahren, während sie sich an den schrillen Dissonanzen des öffentlichen Meinungsstreites abarbeiten, das anstößige Faktum des weltanschaulichen Pluralismus. Wenn sie mit diesem Faktum im Bewusstsein der eigenen Fehlbarkeit gewaltlos, also ohne das soziale Band eines politischen Gemeinwesens zu zerreißen. umgehen lernen, erkennen sie, was die in der Verfassung festgeschriebenen säkularen Entscheidungsgrundlagen in einer postsäkularen Gesellschaft bedeuten. Im Streit zwischen Wissens- und Glaubensansprüchen präjudiziert nämlich der weltanschaulich neutrale Staat politische Entscheidungen keineswegs zugunsten einer Seite. Die pluralisierte Vernunft des Staatsbürgerpublikums folgt einer Dynamik der Säkularisierung nur insofern, als sie im Ergebnis zur gleichmäßigen Distanz von starken Traditionen und weltanschaulichen Inhalten nötigt. Lernbereit bleibt sie aber, ohne ihre Eigenständigkeit preiszugeben, osmotisch nach beiden Seiten hin geöffnet.

Jürgen Habermas: Glauben und Wissen. Rede zum Friedenspreis des Deutschen Buchhandels 2001, © Suhrkamp Verlag, Frankfurt a. M. 2001.

M 8 Peter Antes, Das Weltethos im Kontext der Religionen

Wer sich mit der Ethik in den verschiedenen Religionen und Kulturen beschäftigt, wird rasch feststellen, dass Unterschiedliches gelehrt wird, aber auch Gemeinsamkeiten bestehen.

Die großen alten religiösen und ethischen Traditionen der Menschheit stimmen darin überein, Gewalt eindämmen oder zumindest sie kanalisieren zu wollen, wenn es nicht gelingt, sie ganz aus dem Denken und Handeln der Menschen zu verbannen. Sie wenden sich gegen den Egoismus des Menschen und sehen in ihm wohl das größte und gefährlichste Grundübel beim Menschen. Sie wissen darum, dass dieser Egoismus leicht in Form von Gier nach Macht, Besitz und Sex zu unheilvollen Zuständen in der Gesellschaft führen kann und wenden sich daher besonders energisch dagegen. So gesehen können sogar die Gelübde der Mönche und Nonnen in der christlichen wie in der buddhistischen Tradition als Gegenstrategien zu diesen Grundübeln gedeutet werden, weil das Gelübde der Armut die Gefahr des Egoismus auf Grund von Reichtum, das Gelübde der Keuschheit die Gefahr des Egoismus auf Grund von ungezügeltem Sexismus und das Gelübde des Gehorsams die Gefahr des Egoismus auf Grund von Macht- und Herrschaftsgelüsten besonders betonen. Religiöse Sozialisation als Einüben von gesellschaftsfähigem Verhalten darf sich jedoch nicht auf die monastische Tradition allein konzentrieren, sondern muss alle Menschen im Blick haben, um ihnen Gesellschafts- und Gemeinschaftsfähigkeit beizubringen, wenn das Gemeinwohl nicht Schaden leiden soll. Hierbei müssen die unterschiedlichen religiösen wie nicht-religiösen Gruppen innerhalb des Staates gemeinsam handeln, um den ethischen und verhaltensmäßigen Grundkonsens in Staat und Gesellschaft zu sichern. Nur so kann die multireligiöse bzw. multikulturelle Gesellschaft funktionstüchtig sein und bleiben.

Diese ethischen Werte stehen aber nicht isoliert da, sondern gehören in einen weltanschaulich klar umrissenen Begründungszusammenhang, der im Falle der religiösen Sozialisation aufs Engste mit den Grundlinien der religiösen Tradition verbunden ist, in der die religiöse Sozialisation erfolgt. Hier berühren sich zum Teil religiöse Sozialisation, kulturelle Tradierung und persönliche Frömmigkeit im Sinne der religiösen Weltanschauung und Deutungsmuster. Wer folglich diesen Gesamtzusammenhang sehen und verstehen will, muss über die Instruktion in reiner Ethik hinausgehen und den gesamten Begründungszusammenhang in den Blick nehmen, der allein durch ein entsprechendes religionskundliches Angebot zufrieden stellend behandelt werden kann und nicht auf eine ethische Unterweisung reduziert werden darf. [...] Daher ist es wichtig darauf hinzuweisen, dass Ethik alleine nicht ausreicht, sondern dass der gesamte kulturelle Kontext der ethischen Normen und ihres Begründungszusammenhanges in den Blick kommen muss, wenn man verstehen will, weshalb unsere kulturelle Prägung und unser Wertesystem so und nicht anders geworden ist.

So lehrt beispielsweise der Hinduismus mit Bezug auf das sog. Kastensystem, dass bei weitem nicht alle Menschen gleich sind. Die Ungleichheit der Menschen – bis in ihre unterschiedlichen gesellschaftlichen Stände (Kasten) hinein – liegt danach in der Wiedergeburtslehre begründet.

Von völlig anderen Voraussetzungen geht demgegenüber die jüdisch-christliche Tradition aus. Hegel (gest. 1831) hat diese in seiner Vorlesung über die Geschichte der Philosophie u. a. so gefasst:

Dass aber der Mensch an und für sich frei sey, seiner Substanz nach, als Mensch frei geboren – das wusste weder Plato noch Aristoteles, weder Cicero noch die römischen Rechtslehrer, obgleich dieser Begriff allein die Quelle des Rechts ist. Erst in dem christlichen Princip ist wesentlich der individuelle persönliche Geist von unendlichem, absolutem Werthe; Gott will, dass allen Menschen geholfen werde. In der christlichen Religion kam die Lehre auf, dass vor Gott alle Menschen frei, dass Christus die Menschen befreit hat, sie vor Gott gleich, zur christlichen Freiheit befreit sind. Diese Bestimmungen machen die Freiheit unabhängig von Geburt, Stand, Bildung u.s.f., und es ist ungeheuer viel, was damit vorgerückt worden ist.

Jürgen Habermas, ein Philosoph unserer Tage, hat diesen Gedanken so ausgedrückt:

Das Christentum ist für das normative Selbstverständnis der Moderne nicht nur eine Vorläufergestalt oder ein Katalysator gewesen. Der egalitäre Universalismus, aus dem die Ideen von Freiheit und solidarischem Zusammenleben, von autonomer Lebensführung und Emanzipation, von individueller Gewissensmoral, Menschenrechten und Demokratie entsprungen sind, ist unmittelbar ein Erbe der jüdischen Gerechtigkeits- und der christlichen Liebesethik. In der Substanz unverändert, ist dieses Erbe immer wieder kritisch angeeignet und neu interpretiert worden. Dazu gibt es bis heute keine Alternative.

Obwohl der Islam vom Prinzip her auch in diese Linie der jüdisch-christlichen Tradition gehört, hat er bislang eine andere Entwicklung durchgemacht und dies vielleicht deshalb, weil nach Fatema Mernissi sich die Prioritäten innerhalb der islamischen Tradition an Hand von drei Schlüsselbegriffen darstellen lassen: Religion – Glaube – Gehorsam.

Ihnen stehen drei andere Schlüsselbegriffe als Zeichen des Negativen bzw. Subversiven gegenüber: persönliche Meinung – Erneuerung bzw. Modernisierung – Schöpfung bzw. Bekundung Daraus folgt, dass der Gehorsam als wesentliches Merkmal gläubigen Verhaltens angesehen wird, während das Beharren auf der eigenen Meinung als widerspenstig und mit der Religion schwer vereinbar gilt. Tugendsam sind daher all die, die ihr eigenes Wollen hintansetzen und sich im Konfliktfall den Wünschen der Gemeinschaft oder Familie beugen. Für ein »hier stehe ich, ich kann nicht anders« im Sinne Luthers hat die islamische Gemeinschaft keine besondere Wertschätzung übrig. [...]

Trotz aller unbestreitbaren Unterschiede im Einzelnen und zahlreicher Verschiedenheiten der Auslegungen bei gemeinsam festgehaltenen Grundaussagen lassen sich nach der Erklärung zum Weltethos »vier umfassende uralte Richtlinien [benennen], die sich in den meisten Religionen dieser Welt finden.« Es sind konkret diese:
1. Verpflichtung auf eine Kultur der Gewaltlosigkeit und der Ehrfurcht vor dem Leben;
2. Verpflichtung auf eine Kultur der Solidarität und eine gerechte Wirtschaftsordnung;
3. Verpflichtung auf eine Kultur der Toleranz und ein Leben in Wahrhaftigkeit;
4. Verpflichtung auf eine Kultur der Gleichberechtigung und die Partnerschaft von Mann und Frau.

Es bedarf keiner großen Phantasie, um sich die Deutungsspielräume vorzustellen, wenn man diese vier Richtlinien mit der konkreten Wirklichkeit gelebten islamischen Glaubens oder bestimmter sog. fundamentalistischer Gruppierungen innerhalb des Christentums vergleichen möchte. Besonders auffällig ist dies bei der Frage der Gewalt.

Peter Antes: Religiöse Sozialisation aus religionswissenschaftlicher Sicht, in: Religionen im Brennpunkt. Religionswissenschaftliche Beiträge 1976–2007, W. Kohlhammer GmbH, Stuttgart 2007, S. 55–57. 64f.

M 9 Sun Bear, Mutter Erde

Sun Bear lädt aus seiner Überlieferung der Lakota-Indianer Nordamerikas den modernen westlichen Menschen dazu ein, eine ursprüngliche und emotionale Beziehung zur Natur aufzunehmen:

Wir müssen lernen, unsere Mutter Erde und die anderen Wesen, die mit uns auf ihr leben, mit der gleichen emotionalen Kraft zu lieben, die wir normalerweise der Liebe für unsere liebsten menschlichen Freunde vorbehalten... Es ist hilfreich, einen Platz zu finden, der sich für dich wirklich gut anfühlt: einen, an dem du dich sicher fühlst, beschützt und geliebt. Besuche diesen Platz, wann immer dein Herz es dir sagt. Danke dem Platz immer dafür, dass er dir so gute Gefühle gibt. Bringe dem Platz Geschenke – Tabak vielleicht oder Maismehl. Bete dort. Singe dort. Tanze dort. Spüre, wie du mit diesem Teil der Mutter Erde verschmilzt. Sei geduldig. Wehre dich nicht gegen deine Gefühle. Wenn es so kommen soll, dann wirst du eines Tages fühlen, wie dein Herz mit diesem Platz ausgefüllt ist. Du wirst dich danach sehnen, ihn zu sehen, wie du dich einst danach gesehnt hast, das Gesicht eines geliebten Menschen zu sehen. Du wirst wissen, dass du den ersten Schritt gemacht hast und dabei bist zu lernen, die Mutter Erde wirklich zu lieben. Der Rest wird von selbst kommen.

Sun Bear: Leben mit der Kraft. Ein Selbsthilfebuch für das Leben in der Wildnis, München 1988, S. 59f., zit. nach: Andreas Feldtkeller, Warum denn Religion? Eine Begründung, Gütersloher Verlagshaus in der Verlagsgruppe Random House, München 2006, S. 202f.

M 10 Anton Quack, Opferfeste und Opfermahle bei den Subanun (Philippinen)

Götter, Dämonen und Geister teilen mit den Subanun das Universum. All diese übernatürlichen Wesen können den Menschen nützen oder schaden, wie auch umgekehrt die Menschen durch ihr Handeln auf sie Einfluss ausüben. Übernatürliche Wesen tun den Menschen ihren Willen und ihre Wünsche kund durch Medien in Trance-Ritualen, etwa wenn sie für ihre Hilfe bei Heilungen Opfer brauchen. Die meisten religiösen Spezialisten sind ältere Männer; sie erwerben ihre fachliche Kompetenz durch Lernen bei anderen Meistern, gelegentlich auch durch direkte Berufung durch Götter. Zwei Punkte im Lebenszyklus eines Menschen werden durch besondere religiöse Riten ausgezeichnet: sein Anfang und sein Ende, also Geburt und Tod. Letzterer vor allem ist Anlass für eine ganze Reihe von Riten und Zeremonien mit ihren Opfern und Festen. Sinn und Zweck ist es sicherzustellen, dass die Seele des Verstorbenen diese Welt auch wirklich verlässt, um als Geist in der anderen Welt, im Reich der Götter weiterzuleben, und dass sie dort gut lebt. [...]

Opfer gehören für die Subanun in den Bereich des »Essens«: Menschen geben den übernatürlichen Wesen zu essen. Essen gehört zu den alltäglichen Tätigkeiten der Subanun, meist aber wird dieses Essen als »Mahlzeit« qualifiziert, dann nämlich, wenn es über bloße informelle Nahrungsaufnahme hinausgeht und einige Bedingungen erfüllt. Sie findet wenigstens einmal täglich statt und wird nach Möglichkeit gemeinsam eingenommen. Die Nahrung, die gegessen wird, ist gekocht und stärkehaltig, es sind also besondere Vorbereitungen nötig; die Mahlzeit wird von anderen Tätigkeiten abgehoben, der oder die Teilnehmer kauern vor dem Essen nieder.

Man kann zwei Arten von Mahlzeiten unterscheiden: »die gewöhnliche Mahlzeit« und »das Festessen«. Dabei berücksichtigt man drei Kriterien: Bei der gewöhnlichen Mahlzeit kommen (1) die Teilnehmer aus der Kernfamilie; gibt es (2) nur Pflanzenkost; gibt es (3) keinen Reiswein (gasi).

Beim Festessen kommen (1) die Teilnehmer aus mehreren Familien; kommt (2) zur Pflanzenkost Fleisch als Beigabe hinzu; wird (3) gasi getrunken.

Festessen finden in unregelmäßigen Abständen statt, sie benötigen einen besonderen Anlass, einen besonderen Grund. Und ein solcher Anlass wird gerne gesucht und gefunden und Gründe gibt es viele. Wird eine gute Jagdbeute gemacht, z. B. ein Wildschwein erlegt, gibt es ein Fest; kommen Besucher, gibt es ein Festessen; kommt man zu Rechtsverhandlungen zusammen, gibt es ein Festessen. Jedenfalls verbringen Subanun mit dem Planen, Arrangieren und Organisieren von Festen viel Zeit. Oft ist ein Festessen eingebettet in den Rahmen anderer festlicher Aktivitäten wie Wett-Trinken, Singen, Tanzen, es ist also Teil eines Festes.

Während mancher Feste lassen sich Festessen besonderer Art beobachten. Es werden besondere Gegenstände benutzt und die Essenden sind unsichtbar für die normalen Subanun. Solche Festessen, bei denen Menschen unsichtbaren und übermenschlichen Wesen zu essen geben, werden von den Subanun »kanu« genannt, »Opfer«. Im Lauf eines Festes können mehrere solcher Opfer stattfinden. Ein Fest, während dessen Opfer dargebracht werden, nennt man entsprechend Opferfest. Dieses Opferfest kann mit anderen Arten von Festen verbunden sein, etwa mit Festen aus Anlass eines Prozesses, beim Werben von Arbeitern, beim Teilen von Wildbeute, wie überhaupt verschiedene Festanlässe gerne zusammengefasst werden, nicht zuletzt auch aus wirtschaftlichen Gründen.

Planung, Vorbereitung und Durchführung von Opfern stellen einen bedeutenden Teil der kulturellen Tätigkeiten der Subanun dar; man muss einen bestimmten Opferplatz herrichten, es bedarf bestimmter, höchst unterschiedlicher Arrangements, Paraphernalia und höchst unterschiedlicher Opferspeisen je nach Art, Ziel und Zweck des Opfers. All das Denken und Tun, das um Opfer kreist, ist »religiöses Verhalten« schlechthin.

Anton Quack: Heiler, Hexen und Schamanen. Die Religion der Stammeskulturen, Wissenschaftliche Buchgesellschaft, Darmstadt 2004, S. 85ff.

M 11 Michael von Brück, Frühbuddhistischer Mythos über die Entstehung der Begierde

Der Religionswissenschaftler Michael von Brück paraphrasiert einen frühen Mythos über die Entstehung von Unmoral, welcher Buddha zugeschrieben wird.

»Einst waren die Wesen einfach, weder männlich noch weiblich. Einige aber entwickelten Gier und schmeckten die Erde, die sich aus dem Wasser erhoben hatte. Durch diese Gier wurden sie grobstofflich und differenzierten sich aus, d. h., Eigenschaften wie angenehm (schön) und unangenehm (hässlich) wurden erstmals wahrgenommen. Gleichzeitig entwickelten sich die Gestirne, auch die äußere Welt wurde vielfältig. Die Wesen, die sich als ›schön‹ darstellten, wurden arrogant und verachteten die Hässlichen. Auch die Erde differenzierte sich, Pflanzen wuchsen, Pilze, Wein und Reis, der sogleich reif zum Genuss war. Nach dessen Genuss entwickelten sich die Geschlechtsmerkmale, damit auch die sexuelle Lust. Um dieselbe ungestört befriedigen zu können, bauten die Menschen Häuser. Anstatt den Reis zweimal täglich zur Mahlzeit zu ernten, entwickelte aus Bequemlichkeit eines der Wesen die Technik, den Reis nur einmal zu ernten und die Hälfte aufzubewahren. Dies machte Schule, und die Verfeinerung der Vorsorgemethoden erlaubte nun, den Reis für mehrere Tage zu ernten. Der aber setzte Schimmel an und Hülsen, wurde ungenießbar, und auf den Ernteflächen wuchs nichts mehr. Man lernte, den Reis zeitlich versetzt anzubauen, und so entstand die Feldwirtschaft mit abgegrenzten Arealen. Die Felder mussten nun mit Zäunen vor Diebstahl geschützt werden. Die Wächter, die sich zu den ersten Königen und Beschützern der Ordnung (dharma) entwickelten, wurden mit Reis bezahlt. Die Menschen wurden sich bewusst, dass es Unmoral (adharma) gab. Um dies auszubalancieren und zu überwinden, zogen sie sich zur Meditation in den Wald zurück, wo sie Hütten aus Laub bauten. Wie auch die Könige lebten diese Einsiedler nicht von der Nahrung, die sie selbst produzierten, sondern von Almosen anderer. Die übrige Gesellschaft aber unterzog sich der Arbeitsteilung, es entstanden die Kasten und Klassen.«

Michael von Brück: Einführung in den Buddhismus, Verlag der Weltreligionen im Insel Verlag Frankfurt a. M. und Leipzig 2007, S. 261–264.

M 12 Thich Nhat Hanh, Alter Pfad (der achtfache Pfad)

Thich Nhat Hanh, Vertreter des Neobuddhismus, formuliert die alten Sätze des Pali-Kanon vom Edlen Achtfachen Pfad neu (vgl. im Schülerheft S. 4).

Ruhig und gelassen begann der Buddha zu sprechen: »Meine Freunde, es gibt zwei Extreme, die eine Person auf dem Pfad vermeiden soll. Das eine Extrem ist, sich in sinnlichen Vergnügungen zu ergehen, das andere ist, eine Enthaltsamkeit zu praktizieren, die den Körper dessen beraubt, was er braucht. Alle beiden Extreme führen zum Misserfolg. Der Weg, den ich entdeckt habe, das ist der Mittlere Weg, der beide Extreme vermeidet, und der die Eigenschaft besitzt, uns zu Einsicht, Befreiung und Frieden zu führen. Dies ist der Edle Achtfache Pfad vom Rechten Verstehen, Rechtem Denken, Rechter Rede, Rechtem Handeln, Rechtem Lebenserwerb, Rechtem Bemühen, Rechter Achtsamkeit und Rechter Konzentration. Diesem Edlen Achtfachen Pfad bin ich gefolgt und ich habe Weisheit, Befreiung und Frieden verwirklicht.

Brüder, warum nenne ich diesen Pfad den Rechten Pfad? Ich nenne ihn deshalb so, weil er dem Leiden weder ausweicht noch es zurückdrängt; er ermöglicht stattdessen unmittelbare Begegnung mit dem Leiden als dem Mittel, es zu überwinden. Der Edle Achtfache Pfad ist der Pfad der Bewusstheit, und Achtsamkeit ist seine Grundlage. Übt ihr euch in Achtsamkeit, könnt ihr Konzentration entwickeln, die euch befähigt, Einsicht und Weisheit zu erlangen. Dank der rechten Konzentration verwirklicht ihr rechtes Verstehen, rechtes Denken, rechte Rede, rechtes Handeln, rechten Lebenserwerb und rechte Bemühungen. Die Einsicht und Weisheit, die sich entwickelt, kann euch von jedwedem Leiden befreien und lässt wahren Frieden und wahre Freude entstehen.

Thich Nhat Hanh: Wie Siddhartha zum Buddha wurde, S. 139f. © Theseus Verlag im J. Kamphausen Verlag & Distribution GmbH, Bielefeld 2001.

M 13 Axel Michaels / Ulrich Luz, Jesus und Buddha – ein Dialog zu ethischen Fragen

Der evangelische Theologe Ulrich Luz und der Religionswissenschaftler und Indologe Axel Michaels formulieren unterschiedliche Sichtweisen zur buddhistischen und christlichen Ethik. Axel Michaels kleidet sie in ein Gespräch Jesu mit dem Buddha:

Jesus: »Alter Weiser, Deine Form von Untangiertheit und Mitgefühl ist schon merkwürdig. Tiefe Teilnahmslosigkeit gegenüber den Leidenden, Schwachen und Kranken sehe ich da. Was für eine Lieblosigkeit! Was für eine Selbstsucht! Meine Liebe hingegen richtet sich selbst auf die Feinde. Ich halte, wenn ich geschlagen werde, noch die zweite Backe hin. Zornig nehme ich Anteil an allen Gedemütigten. Selbst mein Leben gebe ich dafür hin.«

Buddha: »Ach, du hitziger Gottessohn! Du sprichst von Gewaltverzicht und erzeugst doch nur neue Gewalt. Zorn ist ein schlechter Führer. Zorniges Mitleid ist auch nur Leid. Wie provokativ ist es, die zweite Backe hinzuhalten. Es fordert den zweiten Schlag geradezu heraus. Ich aber gehe lieber weg und verringere dadurch den Zorn der Welt.«

Jesus: »Aber, Orangegewandeter, bei allem Respekt, damit ist dem armen Leidenden doch nicht geholfen. Denen muss doch beigestanden werden, und so soll ihnen Gottes Liebe durch mich zukommen.«

Buddha (sich abwendend): »Ich streite nicht mit der Welt, sondern die Welt streitet mit mir. Was andere Weise lehren, lehre ich auch.«

Ulrich Luz: Die buddhistische Schonungsethik der Lebewesen galt im älteren Buddhismus für Menschen und Tiere, nur in Ausnahmefällen für Pflanzen. Sie beruhte zum Teil auf einer Angst vor der Rache der getöteten Lebewesen, vielleicht auch auf einem Gefühl der Verwandtschaft und zunehmend auf Mitleid. Denn Leidensfähigkeit ist eine Voraussetzung für die Erlösungsfähigkeit. Die Buddhaschaft ist in allen Lebewesen; deshalb töten Buddhas keine Lebewesen. Im Gegenteil, sie helfen ihnen auf dem Weg zur Erlösung.

Jesu Ethik ist von Menschen- und Gottesliebe bestimmt, Buddhas Ethik von Erkenntnis und Güte. Jesus zielt auf das Herz, Buddha auf den Kopf. Jesus will das Böse bekämpfen, Buddha die leidvolle Vergänglichkeit. Agape ist im Neuen Testament höchste Tugend, im Buddhismus ist es der Gleichmut. Diese – in ihrer Überspitzung verzerrenden – Divergenzen gilt es festzuhalten. Sie sind zu einem großen Teil aus den besonderen sozialen und historischen Umständen von Jesus und Buddha erklärbar. In einer universalen, globalisierten Ethik, wie sie etwa die »Erklärung der Menschenrechte« darstellen, erscheint es jedoch zunehmend geboten, vom Buddhismus den umfassenderen Gewaltverzicht, der auch eine Schonung von Tieren und Pflanzen einschließt, hinzuzunehmen und so christliche und buddhistische Ethik zu verbinden.

Ulrich Luz / Axel Michaels: Jesus oder Buddha. Leben und Lehre im Vergleich, C.H. Beck Verlag, München 2002, S. 89f.; 101f.

M 14 Axel Michaels, Das Leid des Entstehens und Vergehens

Wie ein Hund, der mit einer Kette an einen Pfahl gebunden ist, so hängt der Mensch am Dasein und läuft im Kreis(-lauf der Geburten). Gier, Begehren, Durst verursachen das Anhaften. Wer diese Gier besiegt, kommt frei.

Diese »Kette« hat Buddha als »Kausalkette« beschrieben. Die Begriffsreihe ist so zu lesen, dass jeweils das vorherige Glied das nachfolgende verursacht. Aus Nichtwissen entstehen die Gestaltungskräfte etc.

Nr.	Glieder	Versinnbildlichungen
1	Nichtwissen	Alte blinde Frau
2	Gestaltungskräfte	Töpfer
3	Erkennen, Bewusstsein	Affe auf Baum beim Früchteessen
4	Name und Form	Boot mit Ruderer
5	Sechs Gebiete des Bewusstseins: Sinnesorgane	Haus mit fünf Fenstern und Tür
6	Berührung	Liebespaar
7	Empfindung	Pfeil im Auge
8	Durst, Gier, Sinnlichkeit	Weintrinkender Mensch
9	Ergreifen, Anhaften am irdischen Leben	Früchtesammler
10	Werden, Entstehen, Zeugung	Schwangere Frau
11	(Wieder-)Geburt	Geburt
12	Alter und Tod	Leichnam

Der Konditionalnexus wird besonders deutlich, wenn man die Begriffskette rückwärts liest: Alter und Tod (12) setzen die Geburt voraus (11), Geburt wiederum Werden (10), welches im vorherigen Leben durch das Anhaften (9) an der sinnlichen Welt verursacht ist und seinerseits auf den Lebensdurst (8) zurückgeht. Der Durst – man könnte auch sagen: die Sucht – wiederum entsteht aufgrund von (angenehmen) Empfindungen (7), die verursacht sind durch die Berührung (6) der Sinne mit den Dingen, aber nur weil es die sechs Gebiete des Bewusstseins (5), nämlich die fünf Sinne und das Denkorgan, gibt, die ihrerseits zu einer in Name und Form (4) gegebenen Person gehören, die durch ein Bewusstsein (3) gebildet wird, das sich aus im vorherigen Leben geformten Gestaltungskräften (2) gebildet hat, nur weil es kein erlösendes Wissen (1) entwickelt hatte.

Für einen Vergleich mit dem Christentum gilt es die folgenden Punkte dieser Lehre festzuhalten: Die Erklärung des Leids ist in ein philosophisches System gebracht, nicht aber als Theodizee konzipiert. Nicht Gott oder sein Widersacher lassen Leid entstehen, um den Mensch auf den rechten Weg zu bringen. Vielmehr verursacht der Mensch selbst sein Leid. Bezeichnend ist auch, dass es nur einen Ausstieg, das Wissen, nicht aber einen Einstieg in den Kreislauf gibt, also keine Erbschuld. Mit dem Wissen erfolgt die Aufhebung des Leids automatisch, ohne Vorbehalt und restlos. Diese Aufhebung ist (zunächst) nur auf den einzelnen bezogen, nicht auf die Gemeinschaft, den Nächsten oder die Welt.

Axel Michaels, in: Ulrich Luz / Axel Michaels: Jesus oder Buddha. Leben und Lehre im Vergleich, C. H. Beck Verlag, München 2002, S. 110f.

M 15 Michael von Brück, Karma und Schicksal

Für die hinduistischen Brahmanen war und ist Buddha ein Häretiker, weil er die Offenbarungsautorität der Vedas nicht anerkannte und die Notwendigkeit der Opferrituale leugnete. Zwar hat sich nach brahmanischem Verständnis der höchste Gott Visnu im Buddha inkarniert, aber nur, um durch falsche Anweisungen die Dämonen zu täuschen, indem er sie lehrte, die Opfer nicht zu beachten. Die vorbuddhistische brahmanische Religion im vedischen Indien (etwa 1500–500 v. Chr.) war geprägt von einem priesterlichen Kult, der durch Opfer (und Askese) die Kontrolle des Schicksals ermöglichen sollte. Die Ritualisierung der Religion in der Periode der Brahmanas (etwa 1000 v. Chr.) ging so weit, dass selbst die Götter, die einstmals als sich selbst genügende Wesen verehrt worden waren, nun unter der Macht der opfernden Priester standen, indem sie von ihrem Opfer abhängig wurden. Das rituelle Handeln (karman) konnte alles bewirken, es sollte vor allem Wohlstand und die Befriedigung weltlicher Begierden gewährleisten, konnte dabei aber auch die Götter manipulieren.

Als der Begriff des karman ab etwa 800 v. Chr. generalisiert wurde und nicht mehr nur das rituelle Handeln, sondern jedes Handeln bezeichnete, wurde karman zur alles bestimmenden Kraft im Universum. Während der vedischen Zeit, deren Interesse primär dem Wohlergehen im Diesseits galt, war der Begriff des samsara (der endlose Kreislauf der Wiedergeburten) als Kategorie unbekannt. Erst gegen Ende dieser Epoche (seit etwa 600 v. Chr.) tauchte die Idee vom endlosen Kreislauf der Geburten (samsara) und die Angst vor dem Tod und dem Gericht des Totengottes Yama auf [vgl. Kap. 27 im Schülerheft]. Spätestens seit der Zeit der ältesten Upanisaden wurde der Tod nicht als einmaliges Ereignis verstanden, sondern es kam zu Wiedertoden und dementsprechenden Wiedergeburten, zunächst in einer jenseitigen Welt, dann auch im irdischen Bereich. Das bedeutete, dass die Macht, die dem rituellen Handeln (karman) innewohnte, auch zurückwirken konnte. Jedes Handeln zog nun eine Reaktionskette nach sich, die sich über Vergangenheit, Gegenwart und Zukunft erstreckte. Dies ist die Kette des Ausgleichs von karman bzw. der Wiedervergeltung, die sich über viele Leben erstreckt. Die karman-Lehre nimmt dem Schicksal das Zufällige, denn alles, was sich ereignet, jedes hat eine Ursache. Alles, was dem Menschen widerfährt, ist Resultat seines vorigen Handelns. Schicksal ist demnach nicht blind, sondern es erscheint nur demjenigen als blind, der die wirkenden Ursachen und Bedingungen nicht kennt. Erkennt er sie und handelt entsprechend, wird er frei. Jedes Handeln produziert aber Folgen und würde, so die Schlussfolgerung, dem leidvollen Kreislauf der Geburten neuen ›Brennstoff‹ zuführen. Infolgedessen traten Schulen von Asketen auf, die den völligen Verzicht auf das Handeln lehrten oder zumindest jede Motivation des Handelnden genau zu prüfen empfahlen, insofern jede Handlung durch eine Regung im Bewusstsein verursacht war, weshalb man lernen müsse, das Bewusstsein zu kontrollieren. Dies sei durch radikale Askese und Abtötung aller körperlichen Begierden möglich.

Diese radikalen Bewegungen von Asketen, die jede Bindung an das soziale System aufgaben und auch die Wünsche und Ziele negierten, die sich mit dem brahmanischen Opferkult verbanden, waren eine Faszination für die Unzufriedenen und Existenzsucher, die radikal nach der Hintergründigkeit von Leben und Tod fragten und den religiösen Ritualbetrieb ablehnten.

Michael von Brück: Einführung in den Buddhismus, Verlag der Weltreligionen im Insel Verlag Frankfurt a. M. und Leipzig 2007, S. 109–116.

M 16 Lionel Wijesiri, Karma und Katastrophe. Zum Tsunami 2004 (Übersetzung)

Wo das Prinzip des Karma eine Schlüsselrolle spielt, da finden wir den Buddhismus. Es ist ein Prinzip, welches wie das Gravitationsgesetzt – und jedes andere Naturgesetz – selbständig funktionieren kann.

Viele Opfer des letzten Tsunami würde das vergangene Karma für das Leiden verantwortlich machen. Um es einfacher zu sagen: Das Leiden, welches durch den Tsunami verursacht wurde, ist die Quittung für frühere Taten der Opfer.

Entsprechend der ersten beiden »edlen Wahrheiten« des Buddhismus ist das ganze Leben Leiden und das Leiden wird verursacht durch den Durst und den Hunger nach weltlichen Dingen. Dieser Hunger kann sich als Gier, Hass und Unwissenheit in diesem und im vergangenen Leben bemerkbar machen. Wenn er nicht gebremst wird, kann er sich in einer gesteigerten Form des Leidens (Karma) äußern. Nach dem Dhammapada – dem »Pfad der Lehre« (alte Textsammlung, die aber nicht die Hauptlehren Buddhas enthält) – wird das Böse von einem selbst verursacht und man selbst leidet darunter. D. h.: Von einem selbst wird das Leiden nicht gemacht, und von seinem eigenen Selbst wird man rein.

Leiden, welches von Katastrophen verursacht wird, ist nicht notwendigerweise eine Bestrafung durch ein göttliches Wesen, sondern eher etwas, das dadurch überwunden werden muss, dass man sich nicht an materielle Dinge oder Beziehungen klammert. Abstrakt gesprochen ist das Karma nicht wirklich eine Schicksalstheorie; es ist eine Theorie des Verursachens. Und es sagt, dass alles Schlechte, was einem zustößt, eine Antwort auf eine schlechte Tat ist – auf das, was man in einem vorigen Leben getan hat. Aber der Hauptfaktor ist, dass das Karma nicht das Handeln einer göttlichen Institution oder Gottheit darstellt, [sondern] es ist ein von Personen losgelöster Prozess von Kausalität. Es ist eine Kausalität, durch die sich Lebewesen entwickeln.

Wenn sie eine bestimmte Handlung ausüben, folgt dieser Handlung eine Konsequenz. Ihr Sein ändert sich und ihr Sein entwickelt sich. Es kann sich in eine negative oder positive Richtung entwickeln. Das hängt davon ab, ob die Handlungen negativ oder positiv sind.

Der Buddhismus widerspricht jedoch dem Glauben, dass alle physischen Umstände (oder geistigen Handlungen) ausschließlich durch das frühere Karma bedingt sind. Das Karma-Gesetz ist eine der 24 kausalen Bedingungen, die in der Buddhistischen Philosophie beschrieben werden. Das Karma ist die wichtigste ›Ursache‹ von allem. Obwohl wir keinesfalls Sklaven oder Herren unseres Karmas sind, ist es aufgrund gewisser Hinweise offenkundig, dass die Erfüllung des Karmas bis zu einem gewissen Grad auch von äußeren Umständen, Umweltfaktoren, individuellen Faktoren und ähnlichen Dingen beeinflusst wird.

Es ist diese Lehre des Karma, die einen Buddhisten tröstet und ihm moralischen Mut verleiht.

Wenn das Unerwartete geschieht und Unglücksfälle ihn treffen, dann sollte ein Buddhist realisieren, dass er erntet, was er gesät hat und dass er Vergangenes wegwischt. Anstatt sich selbst aufzugeben und alles dem Karma zu überlassen, sollte er einen ernsthaften Versuch unternehmen, das Unkraut herauszuziehen und nützliche Samen an seiner Stelle zu säen. Denn die Zukunft liegt in seinen Händen.

Übersetzung: Kathrin Herrmann, Michael Jakobi

M 17 Israel M. Lau, Die Tora

»Das wichtigste Torastudium ist jenes, das zu Taten führt.«
Babylonischer Talmud, Bawa Kama 17a

Die Tora, d. h. die fünf Bücher Mose, sollen dem Menschen seinen Weg weisen, den Weg, auf dem er wandeln soll, wie auch jenen Weg zeigen, der ihm verboten ist. So wie der erste Regen als »Jore«, als Weisender, bezeichnet wird, weil er den Menschen den bevorstehenden Winter ankündigt und ihnen Zeichen gibt, dass sie sich auf ihn vorbereiten müssen, so zeigt uns auch die Tora unseren Lebensweg und bahnt ihn uns. Und was ist Halacha? Sie ist der Weg, auf dem man geht (Halacha gebildet von Wort halach: gehen); sie bestimmt die Art und Weise unseres Lebens.

Das Judentum, das sich aus diesen Lebenswegen zusammensetzt, unterscheidet sich von vielen anderen Glaubensweisen dadurch, dass es vor allem eine Religion der Tat ist. Die hebräische Bibel, die Grundlage des Judentums, besteht aus fünf verschiedenen Literaturarten:

1. aus Gesetzen (Halacha)
2. Prophetischen Büchern;
3. Poesie, wie dem Psalter, dem Hohenlied Salomos und den Klageliedern Jeremias;
4. den Büchern der Weisheit, wie den Sprüchen Salomos und dem Prediger Salomo, und
5. der Prosadichtung, die die erzählerischen Teile der Bibel umfasst.

Im Judentum vereinen sich Wort und Tat; es ist eine Harmonie zwischen einer Vision und der Verwirklichung, Realisierung von Plänen, Werten und Ideen, die in den Seiten des Buches der Bücher, der Bibel, verborgen sind. Das Judentum beruht demnach auf zwei Grundlagen: einer ideologischen einerseits und einer praktischen andererseits. So bestehen zum Beispiel die Gebetsriemen aus zwei Kapseln: aus Gebetskapseln, die dem Kopf zugeordnet werden und das jüdische Denken symbolisieren, und aus Gebetskapseln, die der Hand zugeordnet werden und Ausdruck des praktischen Aspekts der jüdischen Lebensweise sind. Beide können weder getrennt noch allein für sich betrachtet werden; sie gehören vielmehr untrennbar zusammen.

Da das Judentum so sehr eine praktische Religion ist, dass es die Gläubigen dazu verpflichtet, bei jedem Schritt seinen Werten treu zu bleiben, hat es drei Texte als allgemein verbindliche Norm festgelegt, die der Eckpfeiler der unzähligen für den Juden verbindlichen Vorschriften geworden sind. Diese Verpflichtung geht direkt aus der Tatsache hervor, dass die Halacha Wort und Praxis im prosaischen alltäglichen Leben untrennbar miteinander verbindet. Der erste Text beginnt mit: »Ich habe den Herrn beständig vor Augen« (Psalm 16,8). Dieser Spruch fasst knapp den Glauben an den Schöpfer der Welt zusammen, der das ganze Land mit seiner Herrlichkeit erfüllt hat, der seine Welt und seine Geschöpfe nicht sich selbst überlässt und vor dem sich niemand verstecken kann.

Der zweite Text lautet: »Israel ... mach dich bereit, deinem Gott gegenüberzutreten« (Amos 4,12). Dieser Vers bringt die Verpflichtung jedes Juden zum Ausdruck, sich stets bereitzuhalten zur Erfüllung der ihm täglich aufs neue auferlegten Aufgaben.

Und im dritten Text heißt es: »Such ihn zu erkennen auf all deinen Wegen« (Sprüche 3,6). Darin kommt die Tatsache zum Ausdruck, dass das Judentum kein Leben in einem Vakuum erlaubt, sondern die Heiligung all dessen befiehlt, was uns allen banal, grau und langweilig erscheint. Auch diesen Dingen sollen wir Inhalt und Bedeutung geben.

All diese Verpflichtungen, die sich aus dem bisher Gesagten herleiten, beginnen in der Praxis schon in dem Augenblick, in dem der Mensch aus dem Schlaf erwacht und morgens die Augen öffnet.

Israel M. Lau: Wie Juden leben, S. 3ff. Übersetzung: Miriam Magall.
© 2001, Gütersloher Verlagshaus, Gütersloh, in der Verlagsgruppe Random House GmbH.

M 18 Israel M. Lau, Was über dich wacht. Die Mesusa

Die Synagoge ist der richtige Ort für unser Gebet in der Gemeinschaft. Denn Gott befindet sich in der Gemeinde Gottes. Der Heilige will inmitten der Israeliten als der Heilige verehrt werden (3. Mose 22,32). Beim Betreten der Synagoge und auch bei ihrem Verlassen stoßen wir auf die Mesusa, die an der Türöffnung angebracht ist. Ihren Ursprung hat die Mesusa im 5. Buch Mose, in dem steht: »Du sollst sie auf die Türpfosten deines Hauses und deiner Tore schreiben!« (5. Mose 6,9; 11,20)

Was enthält die Mesusa? Sie enthält ein kleines Stück Pergament, das von einem Schreiber mit einer Feder beschrieben wurde. Der Text umfasst zwei zentrale Bibeltexte:

»Der erste Text beschreibt, wie wir bewusst das Joch des Himmels akzeptieren, das heißt, wir sind uns dessen bewusst, dass der Schöpfer der Welt existiert und dass es ihn gibt und dass er auch derjenige ist, der uns leitet. Uns ist auferlegt, ihn von ganzem Herzen, aus ganzer Seele und mit unserem ganzen Vermögen zu lieben. Der zweite Text trägt uns auf, das Joch der Gebote auf uns zu nehmen ...

Es ist üblich, beim Betreten und Verlassen der Wohnung die Mesusa mit der Hand zu berühren und sie dann an die Lippen zu führen. Auf diese Weise soll man sich an den Inhalt der Mesusa erinnern, denn das Wort ›Schadai‹, das außen auf der Mesusa steht, ist ... einer der Namen des Herrn. Die Kabbala [Erklärung] schreibt dem Wort auch eine symbolische Bedeutung zu: Es steht an den Türen, weil seine Initialen ... »Schemor Delatot Israel«, d.h. Gott, der Allmächtige, schützt die Türen und Tore Israels, bedeuten.

Der Jerusalemer Talmud berichtet ..., dass Rabbi Juda ha-Nabi eines Tages von jemandem ein sehr teures Geschenk erhielt. Zum Dank schickte Rabbi Juda ha-Nabi ihm eine Mesusa in ihrer Hülle. Der Empfänger war über die ›Taktlosigkeit‹ und fehlende Wertschätzung des Rabbiners erstaunt. ›Wie kommt es‹, fragte er, ›ich habe dir ein teures Geschenk geschickt, und du hast mir zum Dank so etwas Wertloses geschenkt, dessen Wert in keinem Verhältnis zu meinem Geschenk steht?‹ Als Antwort schrieb ihm Rabbi Juda ha-Nabi: ›Du hast mir ein Geschenk geschickt, das ich ständig im Auge behalten muss. Ich aber habe dir zum Dank etwas geschickt, was über dich wacht.‹«

Israel M. Lau: Wie Juden leben. S. 15f. Übersetzung: Miriam Magall. © 2001, Gütersloher Verlagshaus, Gütersloh, in der Verlagsgruppe Random House GmbH.

M 19 Das Achtzehnbittengebet

Das Hauptgebet des Judentums hat seinen Namen von den ursprünglich 18 Gebetsabschnitten. Als später ein 19. Abschnitt hinzukam, war der Name schon so verbreitet, dass er bis heute beibehalten wird. Das Achtzehnbittengebet wird täglich stehend gebetet, überall auf der Welt mit dem Gesicht in Richtung Jerusalem, der Stadt des Tempels. Am Sabbat und an Feiertagen können andere, z.T. kürzere Versionen gebetet werden.

1. Gelobt seist du, Ewiger, unser Gott und Gott unserer Väter, Gott Abrahams, Gott Isaaks und Gott Jakobs, großer starker und furchtbarer Gott, der du beglückende Wohltaten erweisest und Eigner des Alls bist, der du der Frömmigkeit der Väter gedenkst und einen Erlöser bringst ihren Kindeskindern um deines Namens willen in Liebe. König, Helfer, Retter und Schild! Gelobt seist du, Ewiger, Schild Abrahams!

2. Du bist mächtig in Ewigkeit, Herr, belebst die Toten, du bist stark zum Helfen. Du ernährst die Lebenden mit Gnade, belebst die Toten in großem Erbarmen, stützest die Fallenden, heilst die Kranken, befreist die Gefesselten und hältst die Treue denen, die im Staube schlafen. Wer ist wie du, Herr der Allmacht, und wer gleichet dir, König, der du tötest und belebst und Heil aufsprießen lässt. Und treu bist du, die Toten wieder zu beleben. Gelobt seist du, Ewiger, der du die Toten wieder belebst!

3. Du bist heilig, und dein Name ist heilig, und Heilige preisen dich jeden Tag. Sela! Gelobt seist du, Ewiger, heiliger Gott!

4. Du begnadest den Menschen mit Erkenntnis und lehrst den Menschen Einsicht, begnade uns von dir mit Erkenntnis, Einsicht und Verstand. Gelobt seist du, Ewiger, der du mit Erkenntnis begnadest!

5. Führe uns zurück, unser Vater, zu deiner Lehre, und bringe uns, unser König, deinem Dienst nahe und lass uns in vollkommener Rückkehr zu dir zurückkehren. Gelobt seist du, Ewiger, der du an der Rückkehr Wohlgefallen hast!

6. Verzeihe uns, unser Vater, denn wir haben gesündigt, vergib uns, unser König, denn wir haben gefrevelt, denn du vergibst und verzeihst. Gelobt seist du, Ewiger, der du gnädig immer wieder verzeihst!

7. Schaue auf unser Elend, führe unseren Streit und erlöse uns rasch um deines Namens willen, denn du bist ein starker Erlöser. Gelobt seist du, Ewiger, der du Israel erlösest!

8. Heile uns, Ewiger, dann sind wir geheilt, hilf uns, dann ist uns geholfen, denn du bist unser Ruhm, und bringe vollkommene Heilung allen unseren Wunden, denn Gott, König, ein bewährter und barmherziger Arzt bist du. Gelobt seist du, Ewiger, der du die Kranken deines Volkes Israel heilst!

9. Segne uns, Ewiger, unser Gott, dieses Jahr und alle Arten seines Ertrages zum Guten, gib Segen der Oberfläche der Erde, sättige uns mit deinem Gute und segne unser Jahr wie die guten Jahre. Gelobt seist du, Ewiger, der du die Jahre segnest!

10. Stoße in das große *Schofar* zu unserer Befreiung, erhebe das Panier, unsere Verbannten zu sammeln, und sammle uns insgesamt von den vier Enden der Erde. Gelobt seist du, Ewiger, der du die Verstoßene deines Volkes Israel sammelst!

11. Bringe uns unsere Richter wieder wie früher und unsere Ratgeber wie ehedem, entferne uns von Seufzen und Klage, regiere über uns, Ewiger, allein in Gnade und Erbarmen und rechtfertige uns im Gericht. Gelobt seist du, Ewiger, König, der du Gerechtigkeit und Recht liebst!

12. Den Verleumdern sei keine Hoffnung, und alle Ruchlosen mögen im Augenblick untergehen, alle mögen sie rasch ausgerottet werden, und die Trotzigen schnell entwurzle, zerschmettre, wirf nieder und demütige sie schnell in unseren Tagen. Gelobt seist du Ewiger, der du die Feinde zerbrichst und die Trotzigen demütigst!

13. Über die Gerechten, über die Frommen, über die Ältesten deines Volkes, des Hauses Israel, über den Überrest ihrer Gelehrten, über die frommen Proselyten und über uns sei dein Erbarmen rege, Ewiger, unser Gott, gib guten Lohn allen, die auf deinen Namen in Wahrheit vertrauen, und gib unseren Anteil mit dem ihrigen zusammen in Ewigkeit, dass wir nicht zuschanden werden, denn auf dich vertrauen wir. Gelobt seist du, Ewiger, Stütze und Zuversicht der Frommen!

Nach deiner Stadt Jerusalem kehre in Erbarmen zurück, wohne in ihr, wie du gesprochen, erbaue sie bald in unseren Tagen als ewigen Bau, und Davids Thron gründe schnell in ihr. Gelobt seist du, ewiger, der du Jerusalem erbaust!

Den Sprössling deines Knechtes David lass rasch emporsprießen, sein Horn erhöhe durch deine Hilfe, denn auf deine Hilfe hoffen wir den ganzen Tag. Gelobt seist du, Ewiger, der das Horn der Hilfe emporsprießen lässt!

Höre unsere Stimme, Ewiger, unser Gott, schone und erbarme dich über uns, nimm mit Erbarmen und Wohlgefallen unser Gebet an, denn Gott, der du Gebete und Flehen erhörst, bist du, weise uns, unser König, nicht leer von dir hinweg. Denn du erhörst das Gebet deines Volkes Israel in Erbarmen. Gelobt seist du, Ewiger, der du das Gebet erhörst!

Habe Wohlgefallen, Ewiger, unser Gott, an deinem Volke Israel und ihrem Gebete, und bringe den Dienst wieder in das Heiligtum deines Hauses, und die Feueropfer Israels und ihr Gebet nimm in Liebe auf mit Wohlgefallen, und zum Wohlgefallen sei beständig der Dienst deines Volkes Israel. Und unsere Augen mögen schauen, wenn du nach Zion zurückkehrst in Erbarmen. Gelobt seist du, Ewiger, der seine Majestät nach Zion zurückbringt!

Wir danken dir, denn du bist der Ewige, unser Gott und der Gott unserer Väter, immer und ewig, der Fels unseres Lebens, der Schild unseres Heils bist du von Geschlecht zu Geschlecht. Wir wollen dir danken und deinen Ruhm erzählen für unser Leben, das in deine Hand gegeben, und unsere Seelen, die dir anvertraut, und deine Wunder, die uns täglich zuteil werden, und deine Wundertaten und Wohltaten zu jeder Zeit, abends, morgens und mittags. Allgütiger, dein Erbarmen ist nie zu Ende, Allbarmherziger, deine Gnade hört nie auf, von je hoffen wir auf dich. Für alles sei dein Name gepriesen und gerühmt, unser König, beständig und immer und ewig. Alle Lebenden danken dir, Sela, und rühmen deinen Namen in Wahrheit, Gott unserer Hilfe und unseres Beistandes, Sela! Gelobt seist du, Ewiger, Allgütiger ist dein Name, und dir ist schön zu danken!

Verleihe Frieden, Glück und Segen, Gunst und Gnade und Erbarmen uns und ganz Israel, deinem Volke, segne uns, unser Vater, uns alle vereint durch das Licht deines Angesichts, denn im Lichte deines Angesichtes, gabst du uns, Ewiger, unser Gott, die Lehre des Lebens und die Liebe zum Guten, Heil und Segen, Barmherzigkeit, Leben und Frieden, und gut ist es in deinen Augen, dein Volk Israel zu jeder Zeit und jeder Stunde mit deinem Frieden zu segnen. Gelobt seist du, Ewiger, der du dein Volk Israel mit Frieden segnest!

Aus: Sidur Sefar Emet (Jüdisches Gebetbuch), Basel 1964, S.40ff.

M 20 Synagoge und Minjan

Jüdischer Gottesdienst braucht nicht unbedingt einen besonderen Gottesdienstraum. Zehn religiös mündige Jüdinnen bzw. Juden – ein Minjan (hebr.) – an einem Ort bilden eine »Synagoge«. Mädchen werden mit 12, Jungen mit 13 religiös mündig. In orthodoxen Gemeinden können nur Männer ein Minjan bilden, vorlesen oder Ämter begleiten.

Das Wort Synagoge bedeutet ursprünglich »Versammlung«. Es gibt keinen Altar und nur in manchen Reformsynagogen eine Orgel. Wie in reformierten Kirchen oder Moscheen gibt es keine bildlichen Darstellungen. Am jüdischen Gottesdienst ist die ganze Gemeinde aktiv beteiligt. Die Rolle des Vorbeters bzw. Kantors kann grundsätzlich jedem übertragen werden. Zur Lesung aus der Tora werden Kinder, Frauen und Männer aus der Gemeinde aufgerufen. In manchen Gemeinden gibt es auch hauptberufliche Kantoren und Rabbinerinnen bzw. Rabbiner. Rabbiner sind keine »Geistlichen«, sondern in erster Linie Lehrer, welche die Gemeinde in religiösen und rechtlichen Fragen beraten und auch Entscheidungen treffen können. In den meisten Synagogen geht es ungezwungen zu. Die Betenden folgen oft ihrem eigenen Rhythmus, so dass ein lebendiges Stimmengewirr entstehen kann. Die Gebetssprache ist fast überall Hebräisch. Wenn es eine Predigt gibt, wird sie meist in der Landessprache gehalten. Der jüdische Gottesdienst hat sich über Jahrhunderte entwickelt. Er hat manche Elemente des Tempelgottesdienstes bewahrt.

Das öffentliche Gebet ist als »Dienst des Herzens« nach der Zerstörung des Tempels im Jahre 70 n. Chr. an die Stelle des Opferkultes getreten. Wesentliche Elemente wie Schriftlesung, Gebet, Gesang gründen sich auf die Bibel und haben auch den christlichen Gottesdienst geprägt. Das Zentrum des Bethauses ist der Toraschrein an der Stirnseite und das Pult, von dem aus die Lesung aus der Torarolle erfolgt.

Nach: C. Kayales u. a., hg. im Auftrag der Kirchenleitung der velkd, Was jeder vom Judentum wissen muss, 9. Aufl., Gütersloh 2005, S. 51ff. und Harenberg, Lexikon der Religionen, S. 293ff.

M 21 Judentum in der Diaspora

Unter römischer Herrschaft
In den politischen Auseinandersetzungen der hellenistischen Zeit entwickeln sich allmählich drei Hauptströmungen, die das religiöse Leben des jüdischen Volkes im Lande prägen. Die Essener sind stark von apokalyptischen und messianischen Erwartungen geprägt. Ihre Verbindung mit der Gemeinschaftssiedlung in Qumran am Toten Meer sowie den in dieser Gegend gemachten Schriftfunden wird bis heute immer wieder neu diskutiert. Die Sadduzäer, zu deren Partei die Priester und manche der wohlhabenden Familien Jerusalems gehören, versuchen, den Tempel immer mehr zum Lebensmittelpunkt des jüdischen Volkes zu entwickeln. Die Pharisäer schließlich stellen die Tora in das Zentrum der jüdischen Existenz. Ihr Einfluss wird für die folgenden Jahrhunderte ausschlaggebend sein: Indem sie dazu aufrufen, das ganze Leben an der Tora zu orientieren und die Regeln der Tora immer wieder neu auf die jeweils konkrete Lebenssituation anzuwenden, setzen sie einen Rahmen, der für das ganze Volk Israel von Bedeutung ist. Sie erzielen damit eine Art »Demokratisierung« des jüdischen Glaubens«.
Die Eroberung Jerusalems 63 v. Chr. durch Pompeius bedeutet eine wachsende Abhängigkeit aller jüdischen Herrscher von Rom. Besonders Herodes der Große, 40 v. Chr. von Rom aus zum König über Juda ernannt, vergewissert sich der Gunst Roms. Ursprünglich stammt er aus Idumäa, also dem nichtjüdischen Bereich südlich von Juda. Deswegen und wegen seiner grausamen Herrschaft hat er kaum Rückhalt im jüdischen Volk. Die eigentlichen Machthaber im Land sind die römischen Statthalter, die mit der Verwaltung der Provinzen beauftragt sind. Zur Amtszeit des Pontius Pilatus (26–36 n. Chr.) wirkt Jesus von Nazareth. Im Jahre 66 n. Chr. kommt es zum Aufstand der Juden gegen die Römer. Nach langwieriger Belagerung erobern die Truppen unter dem römischen Feldherr Titus 70 n. Chr. Jerusalem. Titus lässt die Stadt und den Tempel zerstören und nimmt den Juden damit die bis dahin gültige geographische und religiöse Mitte. Weitere Aufstände gegen die Römer in der Diaspora und unter dem Anführer Bar Kochba auch wieder im Lande selbst ändern die politische Machtverteilung nicht. Vielmehr wird Jerusalem römische Kolonie, und Juden wird es verboten, die Stadt zu betreten. Zwischen 132–135 n. Chr. existiert zum letzten Mal ein jüdischer Staat in der Antike.

Leben in der Diaspora – einige Beispiele
Im 2. und 3. Jahrhundert leben Juden verstreut über das gesamte Römische Reich. Der seit dem 4. Jahrhundert immer stärker werdende christliche Einfluss auf das Römische Reich führt sie in eine bedrückende Lage. Antijüdische Gesetze häufen sich, und es kommt zu immer stärkerer Konfrontation zwischen Christentum und Judentum. In den folgenden Jahrhunderten unterscheidet sich die Situation der Juden in den verschiedenen Teilen der Welt oftmals erheblich. Dazu nur einige Beispiele:
– Unter dem Islam, der sich seit dem 7. Jahrhundert von der Arabischen Halbinsel her immer weiter ausdehnt,

werden Juden als Minderheit geduldet. Als »Volk des Buches« genießen sie ebenso wie die Christen den Schutz der muslimischen Herrscher. Ihr Status ist der einer »Dhimmi«-Gemeinschaft (= Gemeinschaft von Schutzbefohlenen), umgeben vom »Haus des Islam«. So können sich beispielsweise das babylonische und nordafrikanische Judentum behaupten, während das Judentum in Spanien unter islamischer Herrschaft von 900–1140 sogar eine Blütezeit erlebt. Bis in das 20. Jahrhundert hinein bestehen in fast allen arabischen Ländern jüdische Gemeinden: mal toleriert, mal bedrückenden Gesetzen und Schikanen ausgeliefert. Nach 1948 wandert der größte Teil dieser Jüdinnen und Juden nach Israel ein,

– In Frankreich leben Juden lange Zeit nahezu ungehindert bis zur Zeit der Kreuzzüge, als sie im gesamten westlichen Europa verfolgt und vertrieben werden. Das Schicksal der Juden bleibt immer von der Gnade oder Ungnade der Herrscher abhängig, in deren Land sie leben. Erst im 19. Jahrhundert bringen die Auswirkungen der Französischen Revolution (1789) eine allmähliche Verbesserung ihrer rechtlichen und sozialen Lage, jedenfalls in Westeuropa,

– In Osteuropa dagegen erhalten Jüdinnen und Juden keine Gleichberechtigung, sondern sind immer wieder grausamen Verfolgungen und Pogromen ausgesetzt. Unter diesen bedrückenden Verhältnissen entwickeln sich im 19. Jahrhundert erste Ideen zu einer modernen jüdischen Nationalbewegung. Seit 1882 kommt es in mehreren Einwanderungswellen zur Ansiedlung von Juden aus dem zaristischen Russland im Lande Israel. Unter dem Druck des modernen Antisemitismus gewinnt der Gedanke des Zionismus auch in Westeuropa an Bedeutung.

Jüdisches Leben in den USA
Im 20. Jahrhundert verlagert sich der Schwerpunkt jüdischen Lebens von Europa nach Israel und in die USA. Heute leben ca. 5,5 Millionen Juden in den USA. New York ist mit ca. 1,7 Millionen Juden die Stadt mit der größten jüdischen Bevölkerung. Ihr folgt Los Angeles mit ca. 500.000. Charakteristisch für die Situation des Judentums in den USA ist die religiöse Vielfalt. Alle religiösen Strömungen sind hier vorhanden: das reformierte Judentum, die konservative Bewegung, der Rekonstruktionismus (welcher besonders die verbindende Bedeutung der jüdischen Zivilisation betont) und zahlreiche orthodoxe Bewegungen von neo-orthodox bis hin zu ultra-orthodox. Die Mehrheit der Bevölkerung (mehr als 80%) gehört dem nicht-orthodoxen Spektrum an. [...]

– Die genannten jüngsten Entwicklungen stehen immer auch in der Konsequenz der tiefen Zäsur, die das Judentum in der Mitte Europas im 20. Jahrhundert erfahren musste: Nach dem Erstarken des Nationalsozialismus in den 30er-Jahren und der immer brutaleren Umsetzung des nationalsozialistischen Rassenwahns durch weite Teile der deutschen Gesellschaft setzt eine Fluchtbewegung der Juden aus dem Machtbereich Deutschlands in alle Welt ein. Etwa 6 Millionen Juden in Europa, die sich der Schreckensherrschaft nicht entziehen können, werden bis 1945 umgebracht.

Erst mit der Proklamierung des unabhängigen Staates Israel im Jahre 1948 wird ein Neuanfang in der Geschichte der Juden gesetzt.

Judentum heute
Auf der Welt leben ca. 15 Millionen Jüdinnen und Juden. Ein Drittel, etwa fünf Millionen, lebt im Staat Israel. Etwa die Hälfte der jüdischen Weltbevölkerung wohnt in Nord- und Südamerika, nur etwa 15% in Europa. In diesen Zahlen spiegelt sich die Katastrophe der Vertreibung und Vernichtung der europäischen Juden im Nationalsozialismus in der ersten Hälfte des 20. Jahrhunderts wider. Erst seit 1948 haben Juden wieder einen eigenen Staat, eine ›Heimstatt‹, die ihnen vor Vertreibung und Verfolgung Sicherheit gewähren soll.

Seit der Zeit des Exils hat sich das Judentum mit den jeweiligen Kulturräumen der Diaspora auseinandergesetzt. Dabei haben sich vor allem zwei große Strömungen entwickelt: Die ostjüdischen Gemeinden (»Aschkenasim«), die zunächst in Mitteleuropa, dann vor allem in Osteuropa zu Hause waren. Sie bildeten die Mehrheit der Juden (90% im 19. Jh). Sie stellten auch mit einem Anteil von 80% die Gründergeneration des Staates Israel 1948. Ihre Sprache war das Jiddische, ihre Frömmigkeit die des mystischen Chassidismus. Als Sephardim werden seit dem Mittelalter jene Juden bezeichnet, die von der iberischen Halbinsel vertrieben in Nordafrika, Asien, Holland, England, Norddeutschland, Amerika leben. Sephardische Gelehrte haben Europa die arabische Wissenschaft und die griech. Philosophie vermittelt.

Heute lassen sich vier größere Strömungen im religiösen Judentum ausmachen:
1. Das orthodoxe Judentum – Gegenbewegung zur
2. Reformbewegung (Aufklärung und Emanzipation)
3. die konservativen Juden, welche einen Mittelweg zwischen beiden wählen und
4. der Rekonstruktionismus. Diese Richtung aus den USA sieht das Judentum als eine dem Wandel unterworfene religiöse Zivilisation, Die Tora gilt als Dokument einer theolog. Auseinandersetzung, nicht als Offenbarung.

Jüdisches Leben ist also vielfältig. Die Gestalt des Judentums gibt es nicht – ebenso wenig wie es das Christentum, den Islam oder irgendeine andere Religion in einer eindeutigen, von außen festlegbaren Form gibt. Vor dem Hintergrund unterschiedlichster jüdischer Lebenswelten stellt sich seit jeher die Frage: Was ist das Verbindende im Judentum?

Die klassische Antwort heißt: Jude ist, wer von einer jüdischen Mutter geboren wurde oder wer zum Judentum übergetreten ist. Im Reformjudentum gilt als Jude auch, wer von einem jüdischen Vater gezeugt und jüdisch erzogen wurde. Das Judentum unterscheidet sich also an diesem Punkt vom Christentum: Als Jude wird man geboren, zum Christen wird man durch die Taufe. Man kann als Jude also auch Atheist oder Agnostiker sein. Der Hinweis auf die Herkunft beantwortet allerdings die

Frage nach der Zugehörigkeit zum Judentum nicht allein. Die Möglichkeit des Übertritts zeigt: Das Judentum ist nicht nur eine Gemeinschaft, in die Menschen hinein geboren werden (Volk), sondern zugleich eine Religion, in der Menschen in gemeinsamem Glauben bzw. in gemeinsamer religiöser Praxis verbunden sind. Bisweilen wird auch die Verbundenheit mit dem Land Israel als einigendes Element der verschiedenen jüdischen Lebenswelten begriffen. Volk, Religion und Land diese drei können als Bezugspunkte verstanden werden, auf die hin sich jüdische Lebenswelten beschreiben lassen.

Es sind eine oder mehrere dieser Größen, die das Selbstverständnis von Jüdinnen und Juden prägen. Dabei ist zu beachten, dass jüdisches Selbstverständnis und jüdische Identität nicht etwas ein für allemal Festliegendes sind, sondern dass sie im Wandel von Traditionen, geschichtlichen Erfahrungen und gegenwärtigen Entwicklungen immer neu Gestalt gewinnen. Eine – gar von außen vorgenommene – Festlegung in dem Sinne, dass diese oder jene Gestaltung jüdischer Lebenswelt das Judentum sei, ist nicht sachgemäß. Identität ist immer das Produkt soziologischer Vorgaben, kultureller, historischer, geistesgeschichtlicher und religiöser Entwicklungen und gerade in der Neuzeit auch individueller Entscheidungen. In der Geschichte mussten und müssen Jüdinnen und Juden unter den Bedingungen des Antisemitismus häufig das Moment der Schicksalsgemeinschaft als einigendes Band ihrer unterschiedlichen Prägungen erfahren. So sehr der Antisemitismus einerseits die Geschichte der Juden mitbestimmt hat, so sehr ist andererseits festzuhalten: Die Vielfalt jüdischen Lebens übersteigt auch diese von außen aufgezwungene Zuschreibung jüdischer Identität.
Nach: C. Kayales u. a., hg. im Auftrag der Kirchenleitung der velkd, Was jeder vom Judentum wissen muss. Gütersloh 2005, 9. Aufl., S. 12f., S. 89–92. Harenberg, Lexikon der Religionen, S. 293ff.

Jüdische Gemeinden in Deutschland
In den jüdischen Gemeinden nach 1989 vollzieht sich allmählich ein Generationenwechsel: Repräsentanten sind nicht mehr nur Menschen, die die Verfolgung überleben konnten. Das Leben auf »gepackten Koffern« wird durch den Willen, in Deutschland ein Zuhause zu finden, abgelöst. Man beginnt wieder von »deutschen Juden« zu sprechen und nicht mehr nur von »Juden in Deutschland«. Vor allem aber sind es zwei Faktoren, die die Situation verändern: Die Öffnung der Grenzen Osteuropas führt dazu, dass sich die Zahl der Jüdinnen und Juden in einem Jahrzehnt verdreifacht. Lebten 1989 weniger als 30.000 Jüdinnen und Juden in Deutschland so zählen die Gemeinden heute etwa 100.000 Personen. Damit stehen die Gemeinden vor einer riesigen Aufgabe: die Zugezogenen sowohl in die Gesellschaft der Bundesrepublik als auch in die jüdischen Gemeinden zu integrieren. Für diese erhebliche soziale und Bildungsaufgabe fehlen ihnen Räume, Geld und ausgebildetes Personal. Da die Zugezogenen in der Sowjetunion häufig ihrer religiösen Tradition entfremdet wurden, wirkt sich nun der Mangel an Rabbinern und Religionslehrern besonders aus.

Gleichzeitig ist eine neue Vielfalt innerhalb des deutschen Judentums zu beobachten. Neben den 72 Einheitsgemeinden, die der Zentralrat der Juden in Deutschland vertritt, sind in den letzten Jahren 13 liberale Gemeinden entstanden, die sich zur »Union der progressiven Juden in Deutschland und Österreich« zusammengeschlossen haben. Dieses neu entstehende liberale Judentum versucht an die Traditionen des deutschen liberalen Judentums anzuknüpfen. Gut sichtbar ist diese Entwicklung auf dem Buchmarkt: In den letzten Jahren sind ein liberaler Siddur*, biblische Kommentare und andere Basistexte der liberalen Tradition zum ersten Mal seit der Nazizeit wieder in Deutschland verlegt worden. Diese beginnende Vielfalt führt zu Spannungen innerhalb der jüdischen Gemeinschaft. Einige befürchten, dass die Abwendung von der Einheitsgemeinde die Gemeinden schwächen könnte, andere sehen in der Vielfalt ein Zeichen neuer Vitalität.
Daneben gibt es inzwischen, vor allem in den großen Städten, zahlreiche andere Gruppen: Jüdische Kulturvereine, deren Mitglieder ihr Jüdischsein unabhängig von der Religion definieren und fragen: »Was bedeutet es Jude zu sein, wenn die Religion nicht so wichtig ist?« Die Wurzeln dieser Kulturvereine reichen zum Teil in die Zeit der DDR zurück. Es gibt Frauengruppen, wie Bet Debora in Berlin; politische Gruppen, die die Gewalt gegen Asylbewerber bekämpfen oder sich für NS-Verfolgte einsetzen; Mediziner und Psychologen, die ethische Fragen aus jüdischer Tradition bearbeiten; Gruppen von Schwulen und Lesben und manches mehr. Sie alle treten selbstbewusster an die Öffentlichkeit, als es die jüdischen Gemeinden vergangener Jahrzehnte vermochten. Sie verfügen über Zeitschriften und Internetseiten. In diesem vergangenen Jahrzehnt hat sich die jüdische Gemeinschaft für die nichtjüdische Umwelt geöffnet. [...]
Nach wie vor wird das Bild der jüdischen Gemeinschaft in Deutschland durch die öffentliche Wahrnehmung und durch ihre Darstellung in den Medien bestimmt und verzerrt; nur wenige nicht-jüdische Deutsche haben eigene Erfahrungen mit Juden. Das Bild ist oft geprägt von einem idealisierten und romantisch verklärten deutschen Vorkriegsjudentum, einer auf die Orthodoxie fixierten Frömmigkeit, durch die prominente Rolle, die einzelnen Juden bei Kommentaren zu Nationalsozialismus, Rassismus oder Antisemitismus u.ä. Themen zugewiesen wird oder durch die mediale Betonung der jüdischen Herkunft bei prominenten Fernsehstars. Dieses verzerrte Bild hat bei allen Umfragen zur Folge, dass Einfluss und Zahl der jüdischen Gemeinschaft in Deutschland deutlich überschätzt wird und Phantasiezahlen von bis zu einer oder anderthalb Millionen Juden in Deutschland genannt werden.

C. Kayales u. a., hg. im Auftrag der Kirchenleitung der velkd, Was jeder vom Judentum wissen muss, 9. Aufl., Gütersloh 2005, S. 116–118.

* Siddur: Jüdisches Gebetbuch

M 22 Jüdische Theologie

Der zum Judentum konvertierte Alttestamentler Georg Fohrer nennt folgende Merkmale »Jüdischer Theologie«:
1. Glaube ist Handeln – dies gilt für den biblischen Glauben wie für das nachbiblische Judentum. Eine systematische Darstellung der Glaubensinhalte ist unnötig, ja unmöglich und dem jüdischen Glauben eigentlich fremd. Es ist ausreichend, wenn man die inneren Grundsätze und die äußeren Regeln kennt, aufgrund und anhand deren man handelt. Das Judentum kennt keine systematische Theologie. Es hat Glaubenslehren wie das Schema Jisrael, aber keine systematische Glaubenslehre, Dogmen, aber keine Dogmatik.
2. Erst das Reformjudentum des 19. Jh., vor allem in Deutschland, hat den Versuch unternommen, eine systematische Theologie des Judentums zu entwickeln – und dies hauptsächlich, um der Umwelt die Inhalte des jüdischen Glaubens mitzuteilen und verstehbar zu machen. Nur die apologetische und dialogische Situation im Rahmen der Assimilation hat zur Grundlegung einer jüdischen Theologie geführt, die darum auch in der Sprache der Umwelt und nicht in der hebräischen Sprache formuliert wurde.
3. Ungeachtet dessen ist schon früher mehrfach versucht worden, die jüdischen Glaubenssätze in mehr oder weniger kurzer Form zusammenzufassen. Am bekanntesten sind die »Dreizehn Glaubensartikel« des Maimonides (12. Jh.) (SH Nr. 30). Sie sind in die jüdischen Gebetbücher aufgenommen worden und finden sich in ihnen nochmals in poetischer Form als Hymnus Jigdal des Daniel ben Juda, der an bestimmten Tagen im Gottesdienst gesungen wird. Maimonides hat die Zahl dreizehn bewusst gewählt, indem er sich an die aus Ex 34,6f. erschlossene Zahl der Eigenschaften Gottes hielt.

Georg Fohrer: Glaube und Leben im Judentum, Verlag Quelle und Mayer, Heidelberg 1991, S. 159.

Suchen Sie im Heft erläuternde Beiträge zu den genannten Merkmalen.

Merkmale nach Georg Fohrer	Jüdische Theologie	SH Kapitel
1. »Glaube ist Handeln«	Mein Judentum	3
»... wenn man die inneren Grundsätze und die äußeren Regeln kennt ...«	Jerusalem – heilige Stadt Jüdisches Leben in der Diaspora Abb. Remuh-Synagoge	7 10 10
»... kennt keine systematische Theologie. Es hat Glaubenslehren wie das Schema Jisrael, aber keine systematische Glaubenslehre, Dogmen, aber keine Dogmatik.«	JHWH und die Göttinnen Genesis 2 in Judentum (Genesis 2 wird nicht als Begründung einer Erbsündenlehre gelesen)	25 28
2. Reformjudentum in Deutschland nach dem 19. Jahrhundert	Beispiel: Jüdische Theologie nach der Schoa Beispiel: Jüdisch-christlicher Dialog Beispiel: Das Projekt ›Dabru Emet‹	10 18 30
3. »13 Jüdische Glaubenssätze ... im Gottesdienst gesungen« (Zusammenfassung)	13 Glaubenartikel des Maimonides	30

M 23 Elie Wiesel, Wie Hiob

Elie Wiesel kam mit 15 Jahren mit seiner Familie nach Auschwitz. Seine Frömmigkeit war geprägt vom chassidischen Judentum Osteuropas. Viele Juden betraten die Gaskammern mit dem Ani Ma'amin (Glaubensbekenntnis des Maimonides) oder dem Sch'mah Israel (5. Mose 6,4–9: »Gott ist einzig, und Israel soll ihn lieben und seinen Geboten gehorchen«) auf den Lippen. Was geschah, ging über ihr Verständnis, doch ihr Glaube triumphierte über das Böse, und sie waren bereit, in der überlieferten Form »den Namen Gottes zu heiligen« – Kiddusch Haschem. Noch im Abgrund der Vernichtung priesen sie Gottes Liebe.

Ich kniff mir ins Gesicht: Lebte ich noch? Wachte ich oder träumte ich? Ich konnte es gar nicht glauben. Wie war es möglich, dass Menschen und Kinder verbrannt wurden, und die Welt dazu schwieg? Nein, all das konnte nicht wahr sein. Ein Alptraum. Gleich würde ich aus dem Schlaf auffahren und mich klopfenden Herzens in meinem Kinderzimmer mit meinen Büchern wieder finden ...

Die Stimme meines Vaters entriss mich meinen Gedanken: »Schade ... Schade, dass du nicht mit deiner Mutter gegangen bist ... Ich habe viele Jungens deines Alters mit ihrer Mutter fortgehen sehen ...« Seine Stimme war furchtbar traurig. Ich begriff, dass er nicht sehen wollte, was man mir antun würde. Er wollte nicht seinen einzigen Sohn brennen sehen. Kalter Schweiß bedeckte meine Stirn. Ich sagte ihm jedoch, dass ich nicht daran glaubte, dass man in unserer Zeit Menschen verbrennen könne, dass die Menschheit es nie zulassen würde [...] »Die Menschheit? Die Menschheit interessiert sich nicht für uns. Heute ist alles erlaubt. Alles ist möglich, sogar die Gaskammern ...« Seine Stimme versagte. »Vater«, sagte ich, »wenn das so ist, will ich nicht länger warten. Ich renne in den elektrisch geladenen Stacheldraht. Das ist noch besser, als stundenlang in den Flammen zu leiden.« Er antwortete nicht. Er weinte. Sein Körper war vom Schluchzen geschüttelt. Ringsum weinten alle. Jemand begann, Kaddisch, das Totengebet aufzusagen. Ich weiß nicht, ob es in der langen Geschichte des jüdischen Volkes einmal vorgekommen ist, dass Menschen das Totengebet für sich selbst sprachen. »Jisgadal wejiskadasch schme raba ... Sein Name sei erhöht und geheiligt ...«, murmelte mein Vater.

Zum ersten Mal fühlte ich Aufruhr in mir aufwallen. Warum sollte ich Seinen Namen heiligen? Der Ewige, der König der Welt, der allmächtige und furchtbare Ewige schwieg, wofür sollte ich Ihm danken?

Wir marschierten weiter. Allmählich näherten wir uns dem Graben, dem eine Gluthitze entstieg. Noch zwanzig Schritt. Wenn ich mir den Tod geben wollte, war der Augenblick gekommen. Unsere Kolonne brauchte nur noch zwanzig Schritt zurückzulegen. Ich biss mir auf die Lippen, damit mein Vater nicht meinen zitternden Unterkiefer sah. Noch zehn Schritte, noch acht. Sieben. Wir marschierten langsam, wie hinter dem Leichenwagen unseres eigenen Begräbnisses einher. Nur noch vier, dann drei Schritte. Nun standen wir vor dem lodernden Graben. Ich riss meine letzten Kräfte zusammen, um aus der Reihe zu setzen und mich in den Stacheldraht zu werfen. Tief im Herzen nahm ich Abschied von meinem Vater, von der ganzen Welt, und unwillkürlich bildeten sich Worte auf meinen Lippen: »Jisgadal wejiskadasch schme raba ... Sein Name sei erhöht und geheiligt ...« Mein Herz wollte zerspringen. Nun gut. Ich stand vor dem Todesengel ... Nein. Zwei Schritte vor dem Graben befahl man uns, links abzuschwenken und in eine Baracke zu treten. Nie werde ich diese Nacht vergessen, die erste Nacht im Lager, die aus meinem Leben eine siebenmal verriegelte lange Nacht gemacht hat. Nie werde ich diesen Rauch vergessen. Nie werde ich die kleinen Gesichter der Kinder vergessen, deren Körper vor meinen Augen als Spiralen zum blauen Himmel aufstiegen. Nie werde ich die Rammen vergessen, die meinen Glauben für immer verzehren. Nie werde ich das nächtliche Schweigen vergessen, das mich in alle Ewigkeit um die Lust am Leben gebracht hat. Nie werde ich die Augenblicke vergessen, die meinen Gott und meine Seele mordeten, und meine Träume, die das Antlitz der Wüste annahmen. Nie werde ich das vergessen, und wenn ich dazu verurteilt wäre, so lange wie Gott zu leben. Nie.

Abends versuchten wir auf unseren Pritschen die eine oder andere chassidische Weise zu singen, und Akiba Drumer brach uns das Herz mit seiner tiefen vollen Stimme. Manch einer sprach von Gott und seinen geheimnisvollen Wegen, von den Sünden des jüdischen Volkes und von der künftigen Erlösung. Ich hatte zu beten aufgehört. Wie ich Hiob verstand! Ich leugnete zwar nicht Gottes Existenz, zweifelte aber an seiner unbedingten Gerechtigkeit.

Akiba Drumer sagte: »Gott versucht uns. Er will sehen, ob wir imstande sind, die schlechten Triebe zu bezähmen, Satan in uns zu töten. Wir haben nicht das Recht zu verzweifeln. Und wenn er uns unbarmherzig straft, ist das ein Zeichen dafür, dass er uns um so mehr liebt ...«

Der in der Kabbala bewanderte Hersch Genud sprach vom Ende der Welt und vom Kommen des Messias.

Von Zeit zu Zeit freilich summte ein Gedanke in meinem Kopf: »Wo ist Mama in diesem Augenblick ... und Tsipora ...« »Mama ist noch eine junge Frau«, sagte einmal mein Vater. »Sie wird in einem Arbeitslager sein. Und Tsipora, die doch schon ein großes Mädchen ist, wird auch in einem Lager sein ...«

Wie man daran glauben wollte! Man tat so. Ob der andere daran glaubte?

Elie Wiesel: Die Nacht zu begraben, Elischa, S. 54–56.70f. © 1958 by Editions des Minuit, Paris. Alle deutschen Rechte beim Bechtle Verlag, Esslingen 1962, genehmigt durch die F. A. Herbig Verlagsbuchhandlung GmbH, München. Aus dem Französischen von Curt Meyer-Clason.

M 24 Norman Solomon, Theologie des Holocaust

Die Grundlagen der jüdischen Haltung gegenüber dem Bösen und dem Leiden liegen in der Bibel und sind bis heute ein konstantes Thema der jüdischen Theologie.

Das Prinzip des Kiddusch Haschem (Heiligung des Namens Gottes) verpflichtet jeden Juden, eher sein Leben zu opfern als an einem Mord, einer unmoralischen Handlung oder einem Götzenkult teilzunehmen. Es ist bemerkenswert, wie viele Juden, selbst unter den extremen Bedingungen der Schoah, sich ein hohes Maß an moralischer Integrität zu bewahren vermochten und gemäß der Halacha (Religionsgesetz) jegliche Zusammenarbeit mit ihren Unterdrückern verweigerten. Sie legten Zeugnis ab für ihren Gott und ihren Glauben. Andere waren weniger standhaft; alle waren Opfer, nicht alle waren Märtyrer. Rabbi Ephraim Oschry überlebte den Holocaust im Ghetto von Kowno in Litauen. Dort kamen die Leute zu ihm mit ihren Fragen. Die Fragen und Antworten hielt er auf heimlich von Zementsäcken abgerissenen Papierfetzen fest, die er in Blechdosen versteckte und nach dem Krieg wieder hervorholte:

»*Das tägliche Leben des Ghettos, die Nahrung, die wir aßen, die überfüllten Quartiere, die wir teilten, die Lumpen an unseren Füßen, die Läuse auf unserer Haut, die Beziehungen zwischen Männern und Frauen – all das war in den Details der Fragen enthalten [...].*«

Als Überschriften wählte er unter anderem: »Zum Zerreißen einer Thora-Rolle gezwungene Juden«, »Thora-Lesung am Schabbat für Sklavenarbeiter«, »Wie man sich mit einer Taufurkunde rettet«, »Empfängnisverhütungsmittel im Ghetto«, »Der reumütige Kapo«. Es folgen eine kurze Frage und Antwort, um zu verdeutlichen, wie das traditionelle Verfahren der Halacha dem Leben und Tod der Opfer einen geheiligten Sinn verlieh.

»*Wir Juden des Ghettos von Kowno [...] wurden von den Deutschen versklavt; wurden Tag und Nacht unaufhörlich zur Arbeit angetrieben; wurden ausgehungert und bekamen keinen Lohn. Der deutsche Feind verfügte unsere völlige Auslöschung. Die meisten starben. War es also richtig, den üblichen Segen in der Morgenandacht zu sprechen und Gott zu danken, »der mich nicht zum Sklaven gemacht hat«?*

Oschry erwiderte: »Einer der frühesten Kommentatoren der Gebete macht darauf aufmerksam, dass dieser Segen Gott nicht für unsere physische Freiheit, sondern für unsere geistige Freiheit lobpreisen soll. Ich habe daher entschieden, dass wir diesen Segen unter keinen Umständen weglassen dürfen. Vielmehr waren wir trotz unserer physischen Gefangenschaft noch mehr verpflichtet denn je, den Segen zu sprechen, um unseren Feinden zu zeigen, dass wir als Volk geistig frei waren.«

Die Stringenz traditioneller Erklärungen des Leidens hängt nicht nur vom Vorhandensein eines starken Schuldgefühls ab, sondern auch vom *Glauben an ein Leben nach dem Tod*. Dieser Glaube, gleichgültig ob als physische Auferstehung, als ewiges Leben des Geistes oder als irgendeine Kombination beider verstanden, ist nach wie vor zentral in der orthodoxen Lehre. Manche Juden, vielleicht beeinflusst von der Kabbala, haben zum Reinkarnationsgedanken gegriffen, um das Leiden offensichtlich Unschuldiger, etwa von Kindern, zu erklären.

Einige sehen im Holocaust *das gerechte Urteil Gottes über Israels Verrat am Bund der Thora*, wie er sich im Abfall vom Glauben, in der Assimilation und Reformbewegung zeige. Die meisten Juden halten derlei Überlegungen für eine Beleidigung sowohl der Toten wie der Überlebenden.

»Es ist über jeden Zweifel deutlich, dass der geheiligte Eine Gott der Herrscher über das Universum ist, und wir müssen das Urteil mit Liebe annehmen.« Diese Worte des ungarischen Rabbi Schmuel David Ungar drücken exakt den schlichten Glauben der Menschen aus, welche die Gaskammern mit dem Ani Ma'amin (das von Maimonides formulierte Glaubensbekenntnis) oder dem Schmah Israel (5. Mose 6,4–9: »Gott ist einig, und Israel soll ihn lieben und seinen Geboten gehorchen«) auf den Lippen betraten. Was geschah, ging über ihr Verständnis, doch ihr Glaube triumphierte über das Böse, und sie waren bereit, in der überlieferten Form »den Namen Gottes zu heiligen« – Kiddusch Haschem. Noch im Abgrund der Vernichtung priesen sie Gottes Liebe.

Die orthodoxen Opfer der Schoah waren oft durchdrungen von einem Gefühl des Apokalyptischen: sie glaubten, an den Ereignissen teilzuhaben, die den Messias und die endgültige Erlösung ankündigen. Und dieses Gefühl ist seitdem noch stärker geworden. Religiöse Zionisten deuten die Schoah und den Konflikt, der sich um die Entstehung des Staates Israel entzündete, als »*Geburtswehen des Messias*«.

Eine wichtige Rolle spielt hier die *Vorstellung eines »verborgenen« Gottes*, vielleicht weil sie ihre volle Entfaltung bei den Mystikern (Kabbalisten) fand. Sie verbindet sich mit der midraschischen Gottesvorstellung oder, genauer, der Schechina: Gott ist mit Israel »im Exil«, denn »ich bin bei ihm in der Not« (Ps 91,15). [...]

Emil Fackenheim gründet seine Theologie auf den faktischen Widerstand der Opfer der Schoah, denen keine realistische Hoffnung blieb. Er sieht darin ein Moment der Wiederaufrichtung Israels. Wesentlich für diesen Prozess sei die *Wiedergeburt Israels* und ein neuer konstruktiver Dialog mit einem selbstkritischen Christentum. Bekannt wurde Fackenheim auch durch seine Forderung, es sollte zusätzlich zu den 613 Geboten der Tradition ein 614. geben: zu überleben als Juden, uns zu erinnern, nie an Gott zu verzweifeln, damit wir Hitler nicht doch noch postum den Sieg überlassen.

Richard Rubenstein zog aus Reflexionen über die Schoah den Schluss, dass die traditionelle *Vorstellung von Gott als dem »Herrn der Geschichte« unhaltbar* sei: Gott habe einfach nicht eingegriffen, um seine Getreuen zu retten. Wiewohl er den Vorwurf des Atheismus zurückweist, fordert er Christen wie Juden nachdrücklich auf, sich nichttheistische, auf heidnischen oder asiatischen Vorbildern basierende Religionsformen zu eigen zu machen, und entdeckt in der Symbolik des Tempelopfers reiche spirituelle Anregungen.

Überraschenderweise sind die Antworten der Theologen des Holocaust dieselben geblieben, die man auch in früheren, traditionellen Quellen findet. Die meisten sind Variationen über das Thema der Erlösung durch Leiden, ergänzt durch Einsichten aus modernen psychologischen und soziologischen Perspektiven, die oft mit großer Einfühlung auf die heutige Lage des jüdischen Volkes angewandt werden. Selbst jene Antworten wie die Rubensteins, die eine radikale Revision des traditionellen Gottesbegriffs fordern, folgen einem älteren theologischen Trend, den *Nietzsches Diktum vom Tod Gottes* ausgelöst hat.

Norman Solomon, Das Judentum. Eine kurze Einführung, Reclam Verlag, Stuttgart 2004, S. 133–139.

Arbeitsaufgaben:
1. Welche Antworten von welchen theologischen Richtungen lassen sich unterscheiden?
2. Welche Entwürfe der evangelischen Theologie nach Auschwitz lassen sich hiermit vergleichen?

M 25 Kreuzzüge – Pilgerwege nach Jerusalem

Zwei Motive haben die Kreuzzugsbewegung bestimmt: das Motiv des heiligen Krieges zur Befreiung des heiligen Landes und der Gedanke der Pilgerschaft in das heilige Land. Der erste Kreuzzug wird ausgelöst durch das Vordringen des türkischen Stammes der Seldschuken nach Syrien und Jerusalem. Papst Urban II. gewinnt die abendländischen Ritter und Fürsten 1095 auf der Synode von Clermont durch seine berühmte, mit Begeisterung aufgenommene Rede für den Kreuzzug. Losungswort wird »Jerusalem«, Symbol das weiße Kreuz.

Nachdem man hier Verordnungen und Einrichtungen geschaffen hatte, um der sinkenden Kirche aufzuhelfen, Zucht und Sitten wieder aufzubauen und den Frieden, der aus der Welt verschwunden war, wiederherzustellen, ging der Papst schließlich zu folgender Ermahnung über und sprach:

»Ihr wisst, geliebte Brüder, wie der Erlöser der Menschheit, als er uns zum Heile menschliche Gestalt angenommen hatte, das Land der Verheißung mit seiner Gegenwart verherrlichte und durch seine vielen Wunder und durch das Erlösungswerk, das er hier vollbrachte, noch besonders denkwürdig machte. Hat nun gleich der Herr durch sein gerechtes Urteil bekannt gegeben, dass die Heilige Stadt wegen der Sünden ihrer Bewohner mehrmals in die Hände ihrer Ungläubigen geraten würde, hat er sie auch eine Zeitlang das schwere Joch der Knechtschaft tragen lassen, so dürfen wir darum doch nicht glauben, dass er sie verschmäht und verworfen habe. Die Wiege unseres Heils, nun das Vaterland des Herrn, das Mutterland der Religion, hat ein gottloses Volk in seiner Gewalt. Das gottlose Volk der Sarazenen drückt die heiligen Orte, die von den Füßen des Herrn betreten worden sind, schon seit langer Zeit mit seiner Tyrannei und hält die Gläubigen in Knechtschaft und Unterwerfung. »Die Hunde sind ins Heiligtum gekommen, und das Allerheiligste ist entweiht«. Das Volk, das den wahren Gott verehrt, ist erniedrigt; das auserwählte Volk muss unwürdige Bedrückung leiden.

Bewaffnet euch mit dem Eifer Gottes, liebe Brüder, gürtet eure Schwerter an eure Seiten, rüstet euch und seid Söhne des Gewaltigen! Besser ist es, im Kampfe zu sterben als unser Volk und die Heiligen leiden zu sehen. Wer einen Eifer hat für das Gesetz Gottes, der schließe sich uns an: Wir wollen unsern Brüdern helfen. Ziehet aus, und der Herr wird mit euch sein. Wendet die Waffen, mit denen ihr in sträflicher Weise Bruderblut vergießt, gegen die Feinde des christlichen Namens und Glaubens. Die Diebe, Räuber, Brandstifter und Mörder werden das Reich Gottes nicht besitzen; erkauft euch mit wohlgefälligem Gehorsam die Gnade Gottes, dass er euch eure Sünden, mit denen ihr seinen Zorn erweckt habt, um solch frommer Werke und der vereinigten Fürbitten der Heiligen willen schnell vergebe. Wir aber erlassen durch die Barmherzigkeit Gottes und gestützt auf die heiligen Apostel Petrus und Paulus allen gläubigen Christen, die gegen die Heiden die Waffen nehmen und sich der Last dieses Pilgerzuges unterziehen, alle die Strafen, welche die Kirche für ihre Sünden über sie verhängt hat. Und wenn einer dort in wahrer Buße fällt, so darf er fest glauben, dass ihm die Vergebung seiner Sünden und die Frucht ewigen Lebens zuteil werden wird ...«

Kirchen- und Theologiegeschichte in Quellen Bd. II: Mittelalter, Neukirchener Verlag, Neukirchen-Vluyn 1986, S. 69f.

M 26 Christoph A. Marx, Der Kirchenraum als spiritueller Raum

Der Weg nach Osten verheißt ewiges Leben

Es ist Anfang Oktober und ich sitze im Garten vor der Kirche St. Julien le Pauvre. Viele Jahrhunderte war sie Anlaufpunkt der Pilger, die in Paris Halt machten, um nach kurzem Aufenthalt ihren Weg fortzusetzen. Hier im »Haus des armen Julien« erhielten sie Unterkunft und eine einfache Mahlzeit. Heute gehört die Kirche der griechisch-orthodoxen Gemeinde der Stadt. Es ist ein kleiner romanischer Bau, kaum dreißig Meter in der Länge und winzig im Vergleich zu Notre Dame, deren Schönheit man vom Garten St. Juliens aus bewundern kann, wenn man über die Seine hinweg auf die Île de la Cité schaut.

Schon damals werden die Pilger auch die große Kathedrale besucht haben. Wenn man zur Mittagszeit das Mittelschiff betritt, sich auf einen der Stühle setzt und mit kaum geöffneten Augen meditiert, dann nimmt man im gedämpften Licht wahr, wie Hunderte von Menschen Schemen gleich einem Punkt zustreben, als würden sie wie magisch von ihm angezogen. Sie durchwandern den großen Raum des Mittelschiffs, dann die Vierung und streben im Chor dem Altar zu, auf dem sich ein großes Kreuz erhebt. Sie blicken hinauf und sehen darüber drei große Fenster aus leuchtend buntem Glas. Und vielleicht erspüren sie etwas von dem, was die Erbauer der Kathedralen damals bewegte.

Die Zeit des späten Mittelalters war auf eine für uns kaum mehr nachvollziehbare Weise von Glaube und Spiritualität geprägt. Die großen gotischen Kathedralen sind das weithin sichtbare Zeichen dieser Grundhaltung. Sie verweisen auf einen spirituellen Weg, der von Westen nach Osten, vom Materiellen zum Geistigen führte.

Die mächtigen Westfassaden der großen Kirchen stemmen sich seit jeher gegen die drohenden Mächte der Finsternis. Auf die Menschen, die sich dem Portal einer Kathedrale nähern, blicken Schimären hinab, die wie jene von Notre Dame zu Paris die dunklen Dämonen abwehren sollen. Über dem Eingang erwartet die Gläubigen eine Darstellung des Weltgerichts, das sie ermahnt, sich nicht mit dem Bösen einzulassen.

»Die Mauer unserer Kirche hat im Fundament Christus«, schreibt Amalar von Metz 823 und deutet damit an, dass schon der Grundriss einer Kirche, das Kreuz, symbolische Kraft besitzt. Bewusst ist dieses Kreuz nach Osten ausgerichtet, der aufgehenden Sonne zugewandt und damit Jerusalem, dem Ausgangspunkt des göttlichen Heils.

Von Westen kommend treten wir durch die hohen Tore in den Kirchenraum. Oft steht unmittelbar am Eingang der Taufstein. Denn durch die Taufe gewandelt beginnt der Lebensweg des Menschen. Er durchläuft das Mittelschiff und wird in der Vierung das Kreuz erreichen. Links und rechts begegnen ihm Säulen, oftmals in symbolischer Zahl. In Saint-Denis sind es zwölf Säulen, die für die Apostel stehen, und weitere zwölf für die Zahl der Propheten. Alles in der Kathedrale hat symbolische Kraft. Nichts ist dem Zufall überlassen. Besitzt die Kirche drei Eingangsportale, so verweisen diese auf die drei spirituellen Zugangswege der göttlichen Trinität: den Vater, den Sohn und den Heiligen Geist. Das Kreuz, das uns in der Vierung erwartet, ist das Zeichen des Todes. Und zugleich das Symbol des Übergangs, denn seine Rückseite deutet zum Chorraum, in dem das himmlische Jerusalem bereits sichtbaren Ausdruck gefunden hat. In der Kathedrale von Chartres geschieht dies in Gestalt von zwei Reihen zu je sieben Säulen, die in die Höhe wachsen und Vollkommenheit symbolisieren.

Der Weg von Westen nach Osten ist also zunächst ein weltlicher Weg, der am Kreuz mit dem Tod endet. Doch der Tod ist nicht das letzte Wort. Das Kreuz hat eine Rückseite. Es verheißt das ewige Leben.

Wer eine Kathedrale betritt, der ahnt diese Verheißung, denn er erlebt die Anwesenheit Gottes in der Anwesenheit des Lichts, das in seiner ganzen Vielfarbigkeit durch die großen, aufstrebenden Fenster in den Raum fällt. In völliger Dunkelheit wäre das farbige Glas nicht in der Lage, sein Lichtwunder zu vollbringen. Doch wenn die Strahlen der Sonne mit ihrem Glanz die Fenster der Kathedrale durchdringen und den Raum erfüllen, offenbart sich der Grund allen Seins.

Auch heute können Menschen den Symbolgehalt der Kathedrale unmittelbar wahrnehmen, können erahnen, dass sie sich in einem besonderen Raum befinden, der all ihre Sinne anspricht. Wenn sie die Stuhlreihen entlanggehen, hier und dort anhalten und sich umsehen, führt sie ihr Weg zum Kreuz, zur Vision der leuchtenden Fenster, und ohne es gewollt zu haben, sind sie für eine kurze Zeit zu Pilgern geworden, zu Menschen, die erfahren, dass dieser Ort, diese Welt mehr ist als Stein, Holz und Glas. Einige dieser Pilger habe ich wieder gesehen. Im Garten vor der Kirche des armen Julien. Dort saßen sie auf der Bank, aßen und tranken, genossen die Ruhe dieses wunderbaren Ortes, so wie es Pilger zu allen Zeiten dort getan haben. Und sie blickten die Seine hinüber auf Notre Dame und erlebten eine kurze Zeit des Friedens und der Ruhe. Dann setzten sie ihren Weg fort.

Christoph A. Marx, in: Zeitzeichen, 2/2008, S. 41.

M 27 Dokumente zum evangelischen und katholischen Kirchenverständnis

Die Lehre von der päpstlichen Unfehlbarkeit 1870
Zur Ehre Gottes, unseres Heilandes, zur Erhöhung der katholischen Religion, zum Heil der christlichen Völker lehren und erklären wir endgültig als von Gott geoffenbarten Glaubenssatz, in treuem Anschluss an die vom Anfang des christlichen Glaubens her erhaltene Überlieferung, unter Zustimmung des heiligen Konzils:
Wenn der römische Bischof in höchster Lehrgewalt (ex cathedra) spricht, das heißt, wenn er seines Amts als Hirt und Lehrer aller Christen waltend in höchster, apostolischer Amtsgewalt endgültig entscheidet, eine Lehre über Glauben oder Sitten sei von der ganzen Kirche festzuhalten, so besitzt er auf Grund des göttlichen Beistandes, der ihm im heiligen Petrus verheißen ist, jene Unfehlbarkeit, mit der der göttliche Erlöser seine Kirche bei endgültigen Entscheidungen in Glaubens- und Sittenlehren ausgerüstet haben wollte. Diese endgültigen Entscheidungen des römischen Bischofs sind daher aus sich und nicht auf Grund der Zustimmung der Kirche unabänderlich.
Wenn sich jemand – was Gott verhüte – herausnehmen sollte, dieser unserer endgültigen Entscheidung zu widersprechen, so sei er ausgeschlossen.

Die allgemeine Kirchenversammlung im Vatikan, 4. Sitzung 1870. Zit. nach: Neuner, Der Glaube der Kirche in den Urkunden der Lehrverkündigung, Verlag Friedrich Pustet, Regensburg 1965, Nr. 388, S. 244.

Konstitution über die Kirche im 22. Vatikanischen Konzil 1964
Dies ist die einzige Kirche Christi, die wir im Glaubensbekenntnis als die eine, heilige, katholische und apostolische bekennen. Sie zu weiden, hat unser Erlöser nach seiner Auferstehung dem Petrus übertragen (Joh 21,17), ihm und den übrigen Aposteln hat er ihre Ausbreitung und Leitung anvertraut (vgl. Mt 28,1–8ff.), für immer hat er sie als »Säule und Feste der Wahrheit« errichtet (1. Tim 3,15). Diese Kirche, die in dieser Welt als Gesellschaft verfasst und geordnet ist, ist verwirklicht in der katholischen Kirche, die vom Nachfolger Petri und von den Bischöfen in Gemeinschaft mit ihm geleitet wird. Das schließt nicht aus, dass außerhalb ihres Gefüges vielfältige Elemente der Heiligung und der Wahrheit zu finden sind, die als der Kirche Christi eigene Gaben auf die katholische Einheit hindrängen.

Das Augsburger Bekenntnis der Reformation. Artikel 7. Von der Kirche (1530)
Es wird auch gelehrt, dass allezeit eine heilige, christliche Kirche sein und bleiben muss, die die Versammlung aller Gläubigen ist, bei denen das Evangelium rein gepredigt und die heiligen Sakramente laut dem Evangelium gereicht werden. Denn das genügt zur wahren Einheit der christlichen Kirche, dass das Evangelium einträchtig im reinen Verständnis gepredigt und die Sakramente dem göttlichen Wort gemäß gereicht werden. Und es ist nicht zur wahren Einheit der christlichen Kirche nötig, dass überall die gleichen, von den Menschen eingesetzten Zeremonien eingehalten werden, wie Paulus sagt: »Ein Leib und ein Geist, wie ihr berufen seid zu einer Hoffnung eurer Berufung; ein Herr, ein Glaube, eine Taufe« (Eph 4,4–5).

Zitiert nach: Evangelisches Gesangbuch. Ausgabe für die Evangelische Landeskirche in Baden, Karlsruhe 1995, Nr. 885.

Die Barmer Erklärung der Bekennenden Kirche (1934)
»Lasset uns aber rechtschaffen sein in der Liebe und wachsen in allen Stücken an dem, der das Haupt ist, Christus, von welchem aus der ganze Leib zusammengefügt ist.« (Eph 4,15–16).
Die christliche Kirche ist die Gemeinde von Brüdern, in der Jesus Christus in Wort und Sakrament durch den Heiligen Geist als der Herr gegenwärtig handelt. Sie hat mit ihrem Glauben wie mit ihrem Gehorsam, mit ihrer Botschaft wie mit ihrer Ordnung mitten in der Welt der Sünde als die Kirche der begnadigten Sünder zu bezeugen, dass sie allein sein Eigentum ist, allein von seinem Trost und von seiner Weisung in Erwartung seiner Erscheinung lebt und leben möchte.
Wir verwerfen die falsche Lehre, als dürfe die Kirche die Gestalt ihrer Botschaft und ihrer Ordnung ihrem Belieben oder dem Wechsel der jeweils herrschenden weltanschaulichen und politischen Überzeugungen überlassen.

Zitiert nach: Evangelisches Gesangbuch. Ausgabe für die Evangelische Landeskirche in Baden, Karlsruhe 1995, Nr. 888.

M 28 Wolfgang Huber, Ein Schrei geht durch die Schöpfung

Im Dezember 2004 hat ein Tsunami in Südasien die Welt erschüttert. Laut »Bundesministerium für Entwicklungszusammenarbeit« gab es insgesamt 222.605 Todesopfer und Vermisste (Indien: 12.405; Indonesien 150.000; Malediven: 108; Sri Lanka: 35.262; Thailand: 5.395), 1.691.225 Flüchtlinge und einen Gesamtsachschaden von 9,6 Mrd US-Dollar. Nach Auskunft des Deutschen Zentralinstituts für soziale Fragen sind insgesamt 670 Mio Euro privater Spenden bei Hilfsorganisationen für die vom Tsunami betroffenen Länder eingegangen.

1. Ein Schrei geht durch die Schöpfung. Die Erde bäumt sich auf. Angst und Seufzen erschüttern die Erde. Nein, sie zerreißt nicht, aber sie bebt. Wir hatten es wieder vergessen, dass die Erdkruste in ständiger Bewegung ist. Wir hatten den Globus, auf dem wir leben, wie eine tote Masse betrachtet, obwohl sich seine tektonischen Platten seit Jahrmillionen gegeneinander verschieben. Dann plötzlich dieser Schrei. Die Natur fordert ihr Recht. Nicht weil sie böse wäre. Aber sie ist mehr als ein gefügiges Material in menschlichen Händen. Sie lässt sich nicht mutwillig herausfordern. Auch wenn wir meinen, ihre Gesetze zu kennen, lässt sie sich doch nicht bis ins Letzte berechnen. Plötzlich seufzt sie. Plötzlich dieser Schrei.

Mit dem Wanken der Erde wanken auch menschliche Lebensräume. Die rasende Flut verschlingt Menschen, die doch nur im Wasser spielen wollten. In Sekundenschnelle verbreiten sich durch die Wucht der Welle Tod und unermessliches Leid.

Fragen der seufzenden Schöpfung – sie lassen mich nicht los: Was heißt es, nach vermissten Angehörigen, Kindern und Eltern, zu suchen, um sie zu bangen – wenigstens um Gewissheit haben zu können! – und zu hoffen [...]

Wie ein Halt auf schwankendem Grund, wie ein Schifffahrtszeichen auf offenem Meer begegnet uns mitten in unserem Fragen und Klagen die Zusage aus Gottes Wort: Wir wissen nicht, was wir beten sollen; aber der Geist selbst vertritt uns mit unaussprechlichem Seufzen. Gottes Geist macht sich unser Klagen und Seufzen zu eigen. Wo wir ungläubig und sprachlos auf die Schrecken dieser Tage schauen, steht er uns mit unaussprechlichem Seufzen bei.

Wo unser Herz eingeschnürt und unser Mund verschlossen ist, gibt ein anderer unserer Klage Raum. [...]

Unserem Aufbegehren gegen den unzeitigen, gewaltsamen, massenhaften Tod im Indischen Ozean weicht Gott nicht aus. Unsere Klage wird nicht durch weihnachtliche Romantik übertönt. Mit dieser Klage fliehen wir zu Gott, der die Liebe ist und sich zu dieser Weihnachtszeit in dem Kind in der Krippe als die Liebe zeigt. Erschrocken über das Unbegreifliche rufen wir nach Gottes Allmacht und fragen, wie sie sich zeigt. Sie zeigt sich in seiner Liebe. Auch Gottes Allmacht verstehen wir erst richtig mit dem Blick in die Krippe, mit dem Blick an das Kreuz. Gott schneidet in seiner Allmacht nicht alles Böse und Unbegreifliche im Vorhinein aus dem Lauf der Dinge heraus. Gott begegnet uns als Liebe, damit wir angesichts des Unbegreiflichen Halt und Orientierung finden. [...]

Liebe Gemeinde, von dem verzagten Seufzen der Schöpfung führt uns der Weg zum Bekenntnis zu Gottes Liebe. Neben den Folgen der Flut kommen die Folgen der Weihnacht zu stehen. Gottes Licht scheint in der Finsternis; daran halten wir uns, auch wenn der Boden unter unseren Füßen schwankt. Gott steht mit seiner Liebe in der Welt, selbst dort, wo diese Welt zu zerbrechen scheint. Wir bleiben in Gottes Liebe eingesenkt, auch dort, wo der Anschein entsteht, wir seien aus ihr herausgerissen. Mit dem Apostel Paulus bin ich davon überzeugt, dass diese Liebe durch nichts außer Kraft gesetzt wird. Denn ich bin gewiss, dass weder Tod noch Leben, weder Engel noch Mächte noch Gewalten, weder Gegenwärtiges noch Zukünftiges, weder Hohes noch Tiefes noch eine andere Kreatur uns scheiden kann von der Liebe Gottes, die in Christus Jesus ist, unserem Herrn.

Wolfgang Huber, Predigt zum Tsunami im ZDF-Gottesdienst aus St. Nikolai in Frankfurt a. M. am 2. Januar 2005, gekürzt. Die ganze Predigt findet sich in: EKD: Startseite/Aktuell/Pressemitteilungen/Presse-Archiv 2005.

Fragen:
1. Welche Themen werden aufgenommen? Was vermissen Sie? (SH S. 35)
2. Welche Rolle spielen die Fragen der Menschen in Europa (vgl. S. 35) bzw. Asien?
3. Welche Rolle spielt die Frage nach der Gerechtigkeit Gottes und der Ursache des Leids?
4. Welches Gottesbild wird entworfen?
5. Gegenüberstellung eines Psalms (Klage – Streiten mit Gott).

M 29 Ökumenischer Rat der Kirchen, Auf dem Weg zu einer Theologie der Religionen

Schlussdokument der Tagung »Religiöse Pluralität und christliches Selbstverständnis« Athen 2005

»33. Wir glauben, dass das umfassende Wirken des Heiligen Geistes auch im Leben und in den Traditionen von Völkern anderer Religionen gegenwärtig ist. Die Menschen haben zu allen Zeiten und an allen Orten auf die Gegenwart und das Wirken Gottes unter ihnen eine Antwort gegeben und Zeugnis von ihren Begegnungen mit dem lebendigen Gott abgelegt. In ihrem Zeugnis geht es sowohl um das Suchen als auch das Finden von Ganzheit, Erleuchtung, göttlicher Wegweisung, innerer Ruhe oder Befreiung. Dies ist der Kontext, in dem wir als Christen Zeugnis von dem Heil ablegen, das wir in Christus erfahren haben. Dieser Dienst des Zeugnisses unter unseren Nächsten anderer Religionszugehörigkeit muss ein ›Zeichen dafür (sein), was Gott unter ihnen getan hat und weiterhin tut‹ (San Antonio 1989).

34. Wir sehen die Pluralität religiöser Traditionen sowohl als Ergebnis der mannigfaltigen Wege, in denen Gott sich Völkern und Nationen mitgeteilt hat, als auch als eine Manifestation des Reichtums und der Vielfalt der Antwort des Menschen auf Gottes Gnadengaben. Unser christlicher Glaube an Gott fordert uns heraus, den ganzen Bereich religiöser Pluralität ernst zu nehmen und stets die Gabe der kritischen Unterscheidung anzuwenden.

35. Es ist also unser Glaube an den dreieinigen Gott – den Gott, der Vielfalt in Einheit ist, der erschafft, Ganzheit bringt und alles Leben erbaut und nährt, – der uns hilft, allen Menschen mit Gastfreundschaft und Offenheit zu begegnen. Wir haben Gottes großmütige Gastfreundschaft der Liebe empfangen. Wir können nicht anders darauf antworten.

47. [...] Wir besitzen das Heil nicht; wir haben Anteil daran. Wir bringen niemandem das Heil; wir legen Zeugnis davon ab. Wir entscheiden nicht darüber, wer das Heil empfängt; wir überlassen dies der Vorsehung Gottes. Denn unser eigenes Heil wird uns durch die immerwährende ›Gastfreundschaft‹ zuteil, die Gott selbst auch uns schenkt. Es ist Gott selber und Gott allein, der der ›Gastgeber‹ des Heils, sein Hort und Hüter, ist. Und doch finden wir in der eschatologischen Vision vom neuen Himmel und der neuen Erde auch das machtvolle Bild, dass Gott sowohl ›Gastgeber‹ als auch ›Gast‹ unter uns ist: ›Siehe da, die Hütte Gottes bei den Menschen! Und er wird bei ihnen wohnen, und sie werden sein Volk sein ...‹ (Offb 21,3).«

Religiöse Pluralität und christliches Selbstverständnis, Schlussfassung März 2005. ÖRK-Dokumentation: »Weltmission und Evangelisation« Konferenz für Weltmission, Athen 2005. Übersetzt aus dem Englischen Sprachendienst des ÖRK.

Der gesamte Text ist dokumentiert als: Religiöse Pluralität und christliches Selbstverständnis, Schlussfassung März 2005. ÖRK-Dokumentation: Weltmission und Evangelisation«, Konferenz für Weltmission, Athen 2005 Zitiert nach: http://www.oikoumene.org/de/dokumentation/documents/oerk-kommissionen/weltmission-und-evangelisation/konferenz-fuer-weltmission-athen-2005/vorbereitungspapier-nr-13-religioese-pluralitaet-und-christliches-selbstverstaendnis.html.

M 30 Die 99 Namen Gottes

*Gott, der Barmherzige, der Erbarmer, der König, der Heilige, der Friede,
der Gläubige, der Wachsame, der Mächtige, der Gestrenge,
der Hochmütige, der Schöpfer, der Erschaffer, der Ordner, der Nachsichtige,
der Herrscher, der immer währende Geber, der Verteiler aller Güter,
der Siegreiche, der Wissende, der Einengende, der Ausweitende,
der Demütigende, der Erhebende, der Ehrverleiher, der Erniedrigende,
der Hörende, der Sehende, der Richtende, der Gerechte, der Gnädige,
der Erfahrene, der Sanftmütige, der Unzugängliche, der Verzeihende,
der Großzügige, der Hocherhabene, der Große, der Aufmerksame,
der Ernährer, der Rechner, der Majestätische, der Edelmütige,
der Überwacher, der Erhörer, der Allgegenwärtige, der Weise,
der Liebende, der Glorreiche, der Erwecker, der Augenzeuge, der Wahre,
der Treuhänder, der Starke, der Unerschütterliche, der Beschützer,
der Lobenswerte, der Zählende, der Erneuerer, der Neuschöpfer,
der Lebensspender, der Todbringende, der Lebendige, der In-sich-Seiende,
der Vollkommene, der Vornehme, der Eine, der Souveräne, der Kraftvolle,
der Allmächtige, der Näherbringende, der Entferner,
der Erste, der Letzte, der Offenbare, der Verborgene,
der Regierende, der Erhabene, der Rechtschaffene, der Bereuer, der Rächer,
der Tilger, der Erbarmungsvolle, der König des Reiches,
der Herr der Majestät und des Edelmutes, der Rechthandelnde, der Versammler,
der Reiche, der Bereicherer, der Verhinderer, der Schädliche, der Nützliche, das Licht,
der Rechtleiter, der Einzigartige, der Ewige, der Bleibende, der Führer und
der Geduldige.*

M 31 Mely Kiyak, Was ist ein Alevit?

Im Streit um einen »Tatort«-Krimi stehen die Aleviten erstmals im Rampenlicht. Wer sind wir? Und was wollen wir?

Was ist ein Alevit? Eine Frage, die ich bislang nie befriedigend beantwortet bekommen habe. In meiner eigenen Familie endeten die Diskussionen darüber immer im Streit. Eine Philosophie, eine kulturelle Ausprägung, eine Geisteshaltung, eine eigenständige Religion, eine Opposition – das sind nur einige der Antworten, die ich im Laufe meines Lebens zu hören bekam. Nachlesen konnte ich nicht, weil es kein »heiliges« Buch und keine zentrale Schrift gibt. Wir haben nur Lieder, die mit der Langhalslaute, der Saz, gespielt werden. Meine Religion, das Alevitentum, ist offenbar eine, die man seit Jahrhunderten nur hören kann! Von Generation zu Generation weitergetragen, weitergesungen, bei Kerzenlicht. Das berühmte Kerzenlicht. Sobald es gelöscht wird, fallen alevitische Frauen und Männer angeblich enthemmt übereinander her – ein unerschütterliches Vorurteil, das sich seit Jahrhunderten in Teilen der türkischen Gesellschaft manifestiert hat. Gelöschtes Kerzenlicht ist zum Synonym für eine entgleiste Sexualmoral geworden.

Man könnte über diese orientalische Fantasie schmunzeln, wenn es nur ein Vorurteil wäre und keine Verurteilung. Doch dieses Stigma hat eine Welle der Empörung ausgelöst, als die Themen Alevitentum und Inzest in einem langweiligen und harmlosen Krimi der ARD-Reihe Tatort vereint wurden. Was war die Geschichte? Ein alevitisches Mädchen wird von seinem Vater sexuell missbraucht und flüchtet sich in den vermeintlichen Schutz des sunnitischen Islams orthodoxer Ausprägung. Hätte es sich bei den Figuren um Katholiken gehandelt und wäre aus dem geschändeten Mädchen eine Nonne geworden, hätte man sich ebenso gefragt, was die religiöse Konnotation bedeuten soll. Jedenfalls versammelten sich 15000 Aleviten vor dem Kölner Dom und riefen verzweifelt nach »Richtigstellung«.

Also, wer bin ich? Ein liberaler, gar besserer Muslim? Ein weltoffener, sich der modernen Koranexegese nicht verschließender, säkularer Muslim? Häufig klingt es so, als könne man mit einem Aleviten über westliche Werte besser reden als mit einem Sunniten. Das ist aber mitnichten so. Der Alevit vertritt keinen besseren, sondern einen anderen Islam. Der Alevit ist genau genommen ein Bektasi, benannt nach Haci Bektas Veli, Gründer des Bektasi-Ordens, der im 13. Jahrhundert lebte. Ein Prediger mit mystischen Vorstellungen, wie es sie in dieser Zeit häufig gab. Mit seinen Predigten auf Türkisch erreichte er eine große Masse der einfachen anatolischen Bevölkerung.

Das Revolutionäre in den Ansichten Haci Bektas Velis ist sein Humanismus. Im damaligen Kleinasien gab es bis dahin nur eine Form des Islams: Allah als Allmächtiger, Mohammed als sein Prophet, der Koran als einzig wahre Anleitung zum guten und rechtschaffenen Leben, schließlich der Gläubige als Untertan. Haci Bektas Velis' Lehre sucht Gott im Menschen – »Was du auch suchst, suche es in dir«. Ziel ist die Einswerdung mit Gott, eine Provokation für den orthodoxen Islam, der die Gleichstellung zwischen Gott und Mensch als Blasphemie betrachtet. Der Alevismus emanzipierte sich von der bis dahin gültigen Vorstellung, dass Gott das Universum sei und der Mensch sein Sklave, der am Ende der Prüfung in den Himmel oder in die Hölle gelangt. Nicht mehr Gott sollte richten, sondern der Gläubige über sich selbst. Alevismus stellt dieselbe Frage wie die antike Philosophie: Was ist der Sinn des Menschseins? Am Ende des Weges steht als Belohnung nicht das Paradies, sondern Weisheit. Das Alevitentum beansprucht für sich aber keinesfalls, die letztgültige Antwort gefunden zu haben. Es plädiert dezidiert für die Anerkennung »aller vier Bücher«, der heiligen Schriften der vier Weltreligionen.

Dort, wo das Alevitentum zu Hause ist, im heutigen Süd- und Ostanatolien, war es seit seiner Gründung eine verfolgte und verleugnete Religionsgemeinschaft. Zeremonien wurden stets geheim gefeiert, und es ist ein Wunder, dass allein in der Türkei 20 Millionen Aleviten leben sollen. Das ist nur eine Schätzung, offiziell gibt es gar keine alevitische Glaubensgemeinschaft. Alevitische Bräuche werden als anatolische Traditionen umschrieben. Da es bis heute keinen alevitischen Lehrstuhl und keine Ausbildung für alevitische Geistliche gibt, ist es schwierig, von verlässlichen Quellen zu sprechen. Auch deshalb fällt es einem Aleviten schwer zu erklären, wer er und was seine Geschichte sei. Immerhin, seit diesem Jahr wird in vier deutschen Bundesländern alevitischer Religionsunterricht erteilt; in Berlin ist das schon seit 2002 in den Grundschulen üblich.

Das Selbstbewusstsein, das die Aleviten in den letzten Jahren vor allem in Deutschland entwickelt haben, hat viel mit der aktuellen politischen Weltlage zu tun. Mit jenem Islam, der im Westen mit einer orthodoxen Lebensart und mit fundamentalistischen Tendenzen gleichgesetzt wird, haben Aleviten wenig gemein. Es gibt kein Kopftuchgebot und keine Scharia, Schweinefleisch ist nicht verboten, Moscheen spielen keine Rolle.

Mely Kiyak: Der andere Islam, in: DIE ZEIT Nr. 4 vom 17.01.2008. Die Schriftstellerin Mely Kiyak, geboren 1976, lebt in Berlin.

M 32 Michaela Özelsel, Ritualopfer im Islam. Das Opferlamm

Die deutsche Muslima Michaela Özelsel hat ein Tieropfer dargebracht, während sie sich in einer traditionellen Derwisch-Klausur in Istanbul auf 40 Tage des Allein-Seins mit sich selbst vorbereitete. Ihr Bericht verdeutlicht einen Grundgedanken des Opfers: »Unser Leben auf Kosten von anderem Leben muss rückgebunden werden an die Erinnerung, dass alles Lebendige letztlich zusammengehört. Jedes Töten für unser Leben ist darauf angewiesen, dass etwas gleichartig Lebendiges sich für uns in den Tod hingibt.« (Feldtkeller)

»Ich denke an das ... Tier, das heute sein Leben für mich gegeben hat, an all das Blut, das rot dampfend über den weißen Marmor rann«. Wir waren durch den dichten Istanbuler Nachmittagsverkehr nach Eyüp gefahren, um dort das erforderliche Ritualopfer zu erbringen. Ich muss wohl ziemlich hilflos die etwa 30 Schafe angesehen haben, die sich unter einem Überdach zusammendrängten. Jedenfalls entschied Recep, ein weiterer Jünger des Sheykhs, für mich: »Dies da!«

Nun geht alles ganz schnell: Drei Beine werden zusammengebunden, das Tier wird gewogen und dann in einem Schubkarren zur Opferstelle gefahren. »Wer übernimmt die Statthalterschaft ... ?« fragt einer der Angestellten. Ich nicke nur, habe Angst, dass ich in Tränen ausbrechen werde, wenn ich auch nur ein Wort sage. Aber es hilft nichts. »So sagen Sie es doch«, fordert der Mann mich auf, das scharfe Messer in der Hand. Irgendwie bringe ich doch die nötigen Worte heraus. Die Angestellten rezitieren die erforderlichen Gebete.

»Sie müssen das Schaf noch einmal berühren, noch einmal bewusst Kontakt mit ihm aufnehmen«, hatte der Sheykh gesagt. Ich lege dem Tier meine Hand zwischen die weichen Ohren. Ganz ruhig und gelassen sieht es mich an, kaut noch die letzten Grashalme, die ihm aus dem Maul hängen. Warum es bloß noch kaut? Ob es nicht weiß, dass es jetzt sterben wird? Oder weiß es um ganz andere Dinge, so kurz vor dem Tod?

Als ich zurücktrete, durchschneidet einer der Angestellten mit einem raschen Schnitt die Kehle. Der Kopf wird zurückgebogen, und das hellrote Blut schießt pulsierend hervor, in die hierfür vorgesehene Rinne aus weißem Marmor. Ein anderer Angestellter steht mit einem Wasserschlauch bereit, um nachzuspülen. Einer der Männer taucht einen Finger hinein und drückt mir ein blutiges Mal auf die Stirn. Der inzwischen in matschige Schneeflocken übergegangene Regen wird von dem starken Ostwind in die Opferstätte hineingetrieben und mischt sich mit dem Blut und dem Wasser, das dampfend durch die Rinne fließt, um wieder mit der Erde eins zu werden.

Und irgendwie ist es mir weiterhin gelungen, nicht zu weinen. Wann ist Leben wohl zu Ende? Das Tier hat keinen Laut von sich gegeben, zittert nur in Schüben, zwischendurch ist es reglos. Dann, schließlich, Staccatobewegungen mit den Beinen, drei zusammengebunden, eines frei in der Luft. Irgendwann beschließen die Angestellten, dass nun der Tod das Leben abgelöst hat. Sie durchschneiden die Schnur, und die drei Beine fallen auseinander. Das Abhäuten geht unglaublich schnell ... Ob ich selbst auch von dem Fleisch haben möchte? Wieder spricht zum Glück Recep für mich, nein, Tier und Fell sollen komplett an die Armen gehen.

Alles scheint mir so unwirklich wie dieser fast leere Flug am Abend zuvor. Irgendwie aus der Ferne betrachtend, frage ich mich, was ich, eine Wissenschaftlerin aus einem westlichen Industrieland des 20. Jahrhunderts, hier bei diesem uralten archaischen Ritual verloren habe. Langsam gehen wir hinaus, und ich bin froh, dass auch Recep nichts sagt, dass wir miteinander schweigen können.

Als wir fast draußen sind, kommt uns eine kleine, armselig gekleidete alte Frau entgegengehumpelt. Sie sieht das frische Blutmal auf meiner Stirn und ergreift mit ihren beiden Händen eine meiner Hände, führt diese an Mund und Stirn und murmelt lächelnd: »Allah razi olsun«, »Möge Allah es Ihnen vergelten«. Dann eilt sie durch den eisigen, von Windböen getriebenen Schneeregen weiter, um sich in der dort angegliederten Armenküche ihre Ration Opferfleisch zu holen.

Ich denke daran, wie oft ich gedankenlos im Supermarkt in Klarsichtfolie abgepacktes Fleisch in meinen Einkaufswagen habe gleiten lassen. Fleisch von Tieren, die ohne Gebete geschlachtet worden waren, deren Blut nicht an die Erde zurückgegeben wurde und für deren Sterben kein Mensch bewusst die Verantwortung, die »Statthalterschaft«, übernommen hat.

Michaela M. Özelsel: 40 Tage. Erfahrungsbericht einer traditionellen Derwischklausur, Verlag Hans-Jürgen Maurer, Freiburg 2005, S. 23–25. Hier zitiert nach: Andreas Feldtkeller: Warum denn Religion? Eine Begründung, Gütersloher Verlagshaus in der Verlagsgruppe Random House, München 2006, S. 232ff.

M 33 Emel Algan, Ich musste ausbrechen

Die Familie von Emel Algan kam aus der Türkei nach Deutschland, als sie ein Baby war. Ihr Vater, der angesehene Arzt Yusuf Zeynel Abidin gründete 1976 die deutsche Sektion der umstrittenen islamischen Organisationen von Milli Görüs. Emel Algan leitete sie zehn Jahre lang den islamischen Frauenverein Cemiyet-i Nisa.

»Es gibt keine Zufälle, obwohl es manchmal danach aussieht«, sagt Emel Algan. Vor zwei Jahren, während des Urlaubs mit ihrer Familie, kauft sie sich eine CD mit keltischen Liedern. Einfach so. Sie legt sie in das Autoradio ein – und plötzlich wird ihr ganz warm ums Herz. Eine Sehnsucht steigt in ihr hoch, die Sehnsucht nach einem anderen, freien Leben. »Die Musik bewegte etwas in meiner Seele, ließ mich nicht mehr los.« Die 45-Jährige versucht zu beschreiben, was da mit ihr passierte, schwingt die Hände in die Luft, rückt unruhig auf dem Stuhl umher, es gibt so viel zu erzählen, wo nur anfangen?

Emel Algan reist nach Irland, ist fasziniert von den Menschen, der Landschaft, den Farben und Klängen. Zurück in Berlin, meldet sie sich für den Tanz-Workshop »Irische Volksmusik« an. Ein mutiger Schritt, denn als Mulimin ist ihr das untersagt: »Das Bedeckungsgebot und Berührungsverbot zwischen Männern und Frauen, die nicht miteinander verwandt sind, wird immer noch streng befolgt.« Sie bricht das Tabu, erscheint mit roter Kappe und weißen Baumwollhandschuhen, hat viel Spaß und am nächsten Tag Muskelkater.

Fragen steigen in ihr hoch: Muss der Glaube dogmatisch an Symbolen festgemacht werden? Engt er Frauen nicht zu sehr ein? Kein muslimischer Mann geht verhüllt auf die Straße und erlebt die damit verbundene Einschränkung. Emel Algan lehnt sich zurück: »Manchmal fühlte ich mich wie Luft behandelt, Blicke schienen am Kopftuch einfach abzugleiten.«

Als sie zwölf war, hatte ihr die Mutter das Kopftuch gereicht, so sieht es die Tradition vor: wenn Mädchen geschlechtsreif werden. Emel Algan wurde mit 19 Jahren verheiratet und bekam sechs Kinder. Ihr Nachdenken über das enge Verständnis von Religion führte sie zu dem Entschluss: »Es war nicht mehr das Leben, was ich führen wollte. Der Islam als Gesetzesreligion untersagt mir zu viel. Ich musste aus dem Gewohnten ausbrechen und neue Erfahrungen sammeln«.

Dazu gehörte für sie auch, die Liebe zu entdecken, ein Gefühl, das sie in ihrer arrangierten Ehe vermisste. Sie wollte offen für eine neue Beziehung sein und reichte nach 25 Jahren die Scheidung ein. »Im Koran wird diesbezüglich wunderbar empfohlen: Lebt entweder in Güte miteinander oder trennt euch in Güte.« Sie suchte sich mit ihrem jüngsten Sohn eine eigene Wohnung und begann ein Abendstudium als PR-Beraterin. Die muslimische Gemeinschaft distanzierte sich von ihr. Man redete über sie, hielt die jungen Mädchen von ihr fern, der islamische Frauenverein reagierte mit Unverständnis. Auch der Freundeskreis schrumpfte.

Es wundert Emel Algan noch heute, dass keine muslimische Frau von ihr wissen wollte, wie es ihr ergangen ist, seitdem sie ihr Leben veränderte.

Birgit Weidt, in: Chrismon. Das evangelische Magazin, 04/2006, S. 49.

M 34 Walter Schmithals, Die Rechte des Individuums

Angesichts der eskalierenden Konflikte mit islamistischen Gruppen fordern einsichtige Muslime die Entwicklung eines Euro-Islams. Er soll, um die Integration in westliche Gesellschaften zu erleichtern, bestimmte Werte der abendländischen Kultur aufnehmen, vor allem die Trennung von Religion und Politik sowie die Anerkennung individueller Menschenrechte. Der evang. Theologe Prof. Walter Schmithals beschäftigt sich mit der Frage, ob der Islam mit dem jüdisch-christlichen Menschenbild vereinbar ist.

Der Protest gegen die dänischen Karikaturen verunsichert Europa: Können wir auf einen Islam hoffen, der sich mit unseren Freiheitsrechten verträgt?
Angesichts der eskalierenden Konflikte mit islamistischen Gruppen fordern einsichtige Muslime wie der aus Syrien stammende und in Göttingen lehrende Bassam Tibi seit langem die Entwicklung eines Euro-Islams. Er soll, um die Integration in westliche Gesellschaften zu erleichtern, bestimmte Werte der abendländischen Kultur aufnehmen, vor allem die Trennung von Religion und Politik sowie die Anerkennung individueller Menschenrechte.
Dieser Forderung kann man nur zustimmen. Es stellt sich aber die Frage, ob ein solcher Euro-Islam noch ein authentischer Islam ist. Niemand bezweifelt zum Beispiel, dass ein liberaler Jude ein wirklicher Jude ist, auch wenn er sich nicht um koscheres Essen kümmert. Kann aber ein Muslim, der die abendländische Leitkultur bejaht, noch als wirklicher Muslim gelten? Ist ihm zuzumuten, sich einen aufgeklärten oder liberalen Islam zu Eigen zu machen? Schließlich haben sowohl die Trennung von Religion und Politik als auch der Primat des Individuums vor der Gesellschaft, die einander bedingen, christliche Wurzeln.

Die Rechte des Individuums. Die Geschichte des Urchristentums zeigt, dass es der Einzelne war, der sich für den Anschluss an die christliche Gemeinde entscheiden musste. Dies bedeutete oft einen Bruch mit den nächsten Angehörigen. Ein Satz wie »Wer Vater oder Mutter mehr liebt als mich, der ist mein nicht wert; und wer Sohn oder Tochter mehr liebt als mich, der ist mein nicht wert« (Mt 10,37) weist auf diese Situation hin. Wenn auch oft der Hausvater die Religion des Hauses bestimmte, so waren andererseits Ehen von Christen und Nichtchristen nicht ungewöhnlich (1. Kor 7,12–16). Durch die Taufe wurde der Einzelne in die christliche Gemeinde aufgenommen, und dieses Zeichen der Individuation, das sich später sogar mit der persönlichen Namensgebung verband, ist in der volkskirchlichen Situation immer festgehalten sowie durch täuferische Gruppen betont herausgestellt worden. Wichtiger ist freilich der theologische Sachverhalt, der sich in diesem Zeichen artikuliert. Während die hellenistische Religiosität davon ausging, dass die religiöse Wahrheit der vernünftigen Einsicht, der »Weisheit« (sophia), offen steht und nur aus Uneinsichtigkeit geleugnet werden kann, sagt Paulus von der christlichen Botschaft, sie sei »den Juden ein Ärgernis und den Griechen eine Torheit« (1. Kor 1,23). »Denn weil die Welt durch ihre Weisheit Gott in seiner Weisheit nicht erkannte, gefiel es Gott wohl, durch törichte Predigt zu retten, die daran glauben« (1. Kor 1,21). »Glaube«, durch eine in den Augen der Griechen »törichte Predigt« erweckt, ist also kein intellektueller Vorgang, sondern ein existenzieller Lebensvollzug – ein Überführtwerden von der in der Predigt laut werdenden, den Nichtglaubenden ärgerlichen oder törichten Botschaft. »Denn die göttliche Torheit ist weiser, als die Menschen sind, und die göttliche Schwachheit ist stärker, als die Menschen sind« (1. Kor 1,25).
Das heißt: Die Wahrheit, die der Glaube glaubt, ist zwar mit anderen Wahrheitsansprüchen nicht kompatibel, aber sie ist auch keine allgemeine oder allgemein einsichtige Wahrheit. Der christliche Glaube ist vielmehr ein durch und durch persönlich geprägtes, das heißt individuelles Phänomen und insofern auch die wesentliche Grundlage des modernen Menschrechtsgedankens, wenn darin auch Momente der stoischen Ethik aufgenommen wurden.
Im Unterschied zum Urchristentum hat sich der frühe Islam nicht auf dem Weg der Mission ausgebreitet, die den Einzelnen anspricht, sondern auf dem Weg militärischer Eroberung. Als Mohammed in seiner Heimatstadt Mekka keine Unterstützung fand, wich er bekanntlich nach Medina aus, wo er mit Hilfe befreundeter Stämme die Herrschaft in die Hand bekam und von wo aus er den Krieg gegen Mekka führte. Damit begann die arabische Eroberung der Länder vom Zweistromland bis nach Spanien, die mit einer kollektiven Islamisierung verbunden war, von der nur Juden und Christen, die Mohammed als seine Vorläufer ansah, bis zu einem gewissen Grade ausgenommen waren.
Aber auch in diesem Fall sind die theologischen Überlegungen stringenter als die historischen. Für den Islam ist die im Koran begegnende offenbarte Wahrheit zugleich eine allen Gutwilligen einleuchtende Vernunftwahrheit. Immerfort verweist der Koran auf die Wunder der Schöpfung als Beweis für seine Gotteslehre oder auf die Erzählungen des Alten Testaments als Beleg für das Gericht Gottes über die Bösen. Der Islam ist insofern eine Religion von umfassender Rationalität. Sich nicht überzeugen zu lassen ist böswillige Verstocktheit, die vielen Polytheisten in der Frühzeit des Islams das Leben gekostet hat, und vom Islam abzufallen gilt nicht von ungefähr schon im Koran als todwürdiges Verbrechen.
In diesen Zusammenhang gehört das Verständnis des Korans. Während die Bibel ein wie auch immer inspiriertes menschliches Zeugnis von der Offenbarung Gottes in Jesus Christus ist, ist für den Islam der Koran selbst die Offenbarung. Dies Buch gilt als wesensgleich mit Gott, ist sein unerschaffenes Wort. Wo im Koran alt- und neutestamentliche Worte und Berichte in einer von der bibli-

schen Vorlage abweichenden Form begegnen, liegt deshalb kein Irrtum Mohammeds vor, vielmehr haben Juden und Christen ihre Schriften später gefälscht. Wegen seiner Wesensgleichheit mit Gott kann der Koran auch nicht übersetzt werden, sodass nur relativ wenige Muslime, die das klassische Arabisch beherrschen, den Koran überhaupt lesen können. In den Koranschulen wird der arabische Koran auswendig gelernt, und in allen Moscheen werden arabische Suren gebetet, auch wenn die Betenden den Sinn der gebeteten Worte gar nicht verstehen.

Darum kann man gegenüber dem Koran auch nicht die Haltung des Glaubens im christlichen Verständnis einnehmen. Zwar trennt der Islam die Menschen in Gläubige und Ungläubige, aber die Gläubigen sind einfach die Angehörigen der Umma, der muslimischen Gemeinschaft, in die hinein man geboren, nicht etwa getauft wird; die Ungläubigen alle anderen Menschen. Keinesfalls aber vollziehen die Gläubigen einen Akt glaubender Anerkennung im Sinn der christlichen Bekehrung, weshalb im islamischen Denken auch eine Apostasie, ein bewusster Abfall vom Glauben, undenkbar ist. Ich halte es kaum für möglich, dieses geschlossene und stark ritualisierte System zu durchbrechen und dem einzelnen Muslim gegenüber dem Koran eine Stellung einzuräumen, wie sie der Christ im Hören und Verstehen gegenüber der biblischen Botschaft einnimmt, ohne den Islam substanziell zu verändern.

Trennung von Religion und Politik. Diese Skepsis verstärkt sich, wenn man bedenkt, dass der Koran den Muslim auch der Scharia unterwirft, also seine gesamten Lebensverhältnisse regelt: Religion, Sittlichkeit, Kult, Kultur, Recht und Politik. Das aber beschränkt die zweite Reformidee für einen Euro-Islam: dass er Staat und Kirche beziehungsweise Religion und Politik trennen soll, um integrationsfähig zu sein. Er darf die staatlichen Entscheidungen nicht mehr an ein religiöses Bekenntnis binden.

Die Trennung von Staat und Kirche ist im Christentum historisch fundiert. Die frühchristlichen Gemeinden hatten keinerlei politischen Einfluss, sondern unterlagen über Jahrhunderte latenter oder manifester staatlicher Repression. Im Bestreben, ihre religiöse Freiheit zu behaupten, waren die Christen aber bemüht, sich als vorbildliche Bürger des heidnischen Staates zu erweisen. »Gebt dem Kaiser, was des Kaisers ist, und Gott, was Gottes ist« (Mk 10,17).

Diese historische Trennung beruhte auf der theologischen Unterscheidung von irdischem Wohl und ewigem Heil, von weltlichem Recht und göttlicher Gerechtigkeit, von irdischen Staaten und Reich Gottes. Sie hat in Augustins Rede von der civitas terrena und der civitas Dei oder in Luthers Zwei-Reiche-Lehre jeweils zeittypische Ausprägungen gefunden, nachdem sie auf dem Konzil von Nicäa 325 dogmatisch fixiert worden war. Dieses von Konstantin berufene Konzil sollte zwar primär den Streit zwischen Arianern und Orthodoxen beenden. Indem aber das Bekenntnis von Nicäa innerhalb der trinitarischen Gottesvorstellung Vater und Sohn sowohl gleichstellte als auch unterschied, wurden Schöpfung und Erlösung, Wohl und Heil als Werke des einen Gottes bekannt und mit gleicher Würde versehen, zugleich aber unterschieden, sodass der seiner Göttlichkeit entkleidete Kaiser seine politische Aufgabe im Auftrag Gottes wahrnehmen konnte.

Die christliche Trinitätslehre ist das theologische Fundament der Unterscheidung von Religion und Politik. Für den Islam ist dagegen historisch festzustellen, dass Mohammed sowohl Religionsstifter als auch autoritärer Staatsmann gewesen ist. Die Suren des Korans, die entstanden sind, nachdem Mohammed in Medina und später in Mekka die politische Macht errungen hatte, dienen durchweg der Regelung rechtlicher und politischer Belange, und zwar in der gleichen zeitlosen und unhinterfragbaren göttlichen Autorität, wie sie auch den mehr religiös orientierten Suren eignet. Dieser Ausgangspunkt wurde durch das Kalifat fortgesetzt – der Kalif war geistlicher und weltlicher Herrscher – und hat sich bis in die Gegenwart nicht geändert, auch wenn das Kalifat durch andere staatliche Strukturen abgelöst und 1924 von der türkischen Nationalversammlung auch offiziell aufgelöst wurde. Aber selbst in der laizistischen Türkei ist der Islam Staatsreligion, die von dem staatlichen Direktorium für Religionsangelegenheiten gelenkt wird. Deswegen gelingt den Muslimen in Deutschland nicht, sich in einer umfassenden Körperschaft zu organisieren; denn eine kirchenähnliche Organisation neben der staatlichen Organisation ist für den Islam nicht vorgesehen.

Dieser historischen Ausgangssituation entspricht als theologisches Fundament der radikale Monotheismus des Islams. Dessen Grundbekenntnis lautet: »Es gibt keinen Gott außer Gott«, und mit diesem Bekenntnis warnt der Koran vor den Christen, die dem Vater einen Sohn beigegeben haben und damit in den Polytheismus zurückgefallen seien. Dieser gleichsam »naive« Monotheismus ist für die Identität des Islams unaufgebbar und verbietet jede Form der Trennung von Religion und Staat. Der bedeutende Philosoph und geistige Vater Pakistans, Sir Muhammad Iqbal (1873 bis 1938), der versucht hat, islamische Kultur mit abendländischem Denken zu verbinden, hat stets darauf insistiert, dass der Islam keine Kirche, sondern ein Staatswesen sei, die Religion keine Privatangelegenheit, sondern Fundament eines umfassenden gesellschaftlichen Organismus.

Es ist der strenge Monotheismus, der eine Verbindung von authentischem Islam und offener Demokratie ausschließt. Dies zu bestreiten würde bedeuten, das trinitarische Gottesbild in den Islam zu verpflanzen, ein für Muslime abscheulicher Synkretismus. Deshalb ist es ein Gebot nüchterner Einsicht, die Hoffnung auf eine multikulturelle Gesellschaft nicht mit dem Traum eines Euro-Islams zu verbinden. Gewiss gibt es Euro-Muslime, die freilich im Kreis ihrer Glaubensbrüder oft argwöhnisch beobachtet werden; einen Euro-Islam kann es nicht geben.

Walter Schmithals: Islam heißt Staatsreligion, in: DIE ZEIT Nr. 7 vom 09.02.2006.

M 35 Nasr Hamid Abu Zaid, Spricht Gott nur Arabisch?

Als muslimischer Bürger Ägyptens habe ich voller Besorgnis und Angst immer wieder erlebt, wie die Bedeutung des Islam manipuliert wurde. Mein Leben wurde seit den sechziger und siebziger Jahren von verschiedenen Interpretationen des Islam begleitet, die miteinander kaum vereinbar waren. [...]

Der Koran wurde ursprünglich mündlich überliefert. Überall in der islamischen Literatur wird erklärt, dass der Heilige Geist während jeder einzelnen Offenbarung dem Propheten zunächst Verse vermittelte, die Mohammed dann später seinen Gefährten rezitierte. Diese Verse oder Passagen wurden zu Kapiteln zusammengefügt und teilweise in eine schriftliche Form gefasst, so die islamischen Quellen. Nach dem Tode des Propheten wurden diese Kapitel gesammelt, geordnet und schließlich in Buchform niedergeschrieben.

Indem der Koran Stück für Stück, sozusagen in Raten, offenbart wurde, reagierte er auf die Bedürfnisse und Forderungen der Gemeinde. Da er Antworten auf die Fragen der Gemeinde gab, entwickelte sich langsam der gesetzliche Charakter des Koran und spiegelte auf diese Weise das dialektische Verhältnis von Gottes Wort und den menschlichen Interessen wider. Die Kanonisierung des Koran brachte auch eine neue Anordnung der Verse und Kapitel in ihrer bis heute gebräuchlichen Form, die nicht mehr der chronologischen Ordnung entspricht. Verschiedene Texte, die zu unterschiedlichen historischen Anlässen offenbart worden waren, wurden zu einem einzigen Text zusammengefasst. So wurde der rezitierte Koran in ein lesbares Buch, kitâb, umgeformt.

Dennoch ist der ursprüngliche Gehalt des Wortes Gottes in seiner unbegreiflichen Absolutheit – ich meine, bevor es auf Arabisch ausgedrückt wurde – heilig und göttlich, auch wenn sein manifester Ausdruck weder heilig noch göttlich ist. Gleichgültig, ob man der Doktrin der Mutaziliten von der »Erschaffung des Koran« folgt oder nicht – die Schlussfolgerung ist immer dieselbe: Der Koran, den wir lesen und interpretieren, ist keinesfalls mit dem ewigen Wort Gottes identisch.

Der Koran ist eine »Botschaft«, die Gott den Menschen durch den Propheten Mohammed offenbart hat. Mohammed ist der Bote Gottes und selbst ein Mensch. Der Koran sagt das ganz klar. Eine Botschaft stellt eine kommunikative Verbindung zwischen einem Sender und einem Empfänger mittels eines Codes her. Da Gott als der Sender des Korans nicht der Gegenstand einer wissenschaftlichen Untersuchung sein kann, ist die Analyse des kulturhistorischen Kontexts des Koran der einzige Zugang zur Entdeckung der Botschaft. Die Analyse solcher Fakten kann zu einem wissenschaftlichen Verständnis des Korans führen.

Nasr Hamid Abu Zaid, in: DIE ZEIT 05/2003 S. 34.

M 36 Hubert Knoblauch, Populäre Religion

Hubert Knoblauch fasst den Begriff »populäre Religion« nach einem soziologischen Interpretationsansatz. Eine Richtung der neueren Soziologie wendet die Hermeneutik auf die Gesellschaftsstrukturen an mit dem Anliegen, den Sinn von Handlungen und Strukturen zu verstehen. Ausgehend von dem Begriff der ›unsichtbaren Religion‹ des Soziologen Thomas Luckmann verwendet er dessen Transzendenzbegriff im Sinn dessen, ›was die Welt des Alltags übersteigt‹ – Religion und Glaube, aber auch Traum, Fantasie, Intuition, Wissenschaft und Kunst.

Die gegenwärtigen Veränderungen der Religion im Rahmen der gesellschaftlichen Kommunikativierung hat eine Form hervorgebracht, die als »populäre Religion« bezeichnet werden kann. Sie wird von zwei Kräften bestimmt.
– Die Vermittlung durch moderne interaktive Medien und Massenmedien.
– Sie folgt einem Marktprinzip.

Der Begriff ist zu unterscheiden von »Medienreligion«. Nicht die Medien werden zur Religion, sondern die Strukturen der Religion verändern sich. Populäre Religion wird in den Gattungen und Veranstaltungstypen der populären Kultur präsentiert, also in kommunikativen Formen, die in anderen thematischen Zusammenhängen verwendet werden.

Wirft man die Frage auf, was es denn erlaubt, die populäre Religion überhaupt religiös zu nennen, so lautet die Antwort: Sie nimmt Themen auf, die traditionell in das institutionelle Feld der Religion gehören. Diese Themen sind dadurch charakterisiert, dass sie große Transzendenzen zum Inhalt haben. Der Tod, andere Wirklichkeiten, die Allmacht Gottes, aber auch die Kraft der Liebe, die verborgene Energie der Sterne oder die dunklen Kräfte Satans zählen zu diesen Themen, die in der populären Religion weitergeführt werden. Die populäre Religion behandelt diese Themen nicht nach Art einer gelehrten und spezialisierten Theologie.

Die populäre Religion vermittelt ihre Inhalte in den kommunikativen Formen des Journalismus, der Populärliteratur und der urbanen Legende – eben in den Gattungen der populären Kommunikation. Die populäre Kultur ist im Wesentlichen der Jugendkultur entwachsen. Zweifellos übernahm die Jugendkultur vor allem nach dem Zweiten Weltkrieg eine Vorreiterrolle in der Durchsetzung der populären Kultur und sie hat auch – etwa in den Jugendreligionen, in der populärkulturellen Durchdringung der Kirchen, aber auch in der Propagierung religiöser Themen in nichtreligiösen Bereichen – eine leitende Rolle gespielt.

Man könnte darum leicht der Versuchung erliegen, anstelle des differenzierenden Begriffs der ›populären Religion‹ von Pop-Religion zu sprechen. Der mit dem gleichnamigen Musikstil verbundene kulturelle Ausschnitt trägt durchaus Züge des Religiösen. Diese religiösen Züge umfassen zum einen explizit religiöse Elemente, wie sie etwa im ›Sakro-Pop‹, der ›New Age-Musik‹ oder der satanischen Rockmusik zum Ausdruck kommen.

Die populäre Religion aber hat eine Reichweite, die bei weitem nicht auf die Jugend beschränkt ist. Sie bezieht auch solche Stile mit ein, die sich mittlerweile in den höheren Ebenen der Wirtschaft, der Wissenschaft und der High-Brow-Kultur durchgesetzt haben.

Die populäre Religion ähnelt zweifellos dem, was als Volksfrömmigkeit, Volksreligiosität oder auch populare Religiosität bezeichnet wird. Damit sind etwa die Rituale des Tischgebets, der Zimmer- und Wandschmuck, Wahrsagerei oder Heilmagie, aber auch religiöse Massenphänomene wie Wallfahrten oder Prozessionen und religiös inszenierte Feste wie Taufe oder Weihnachten gemeint. Wie die populare Religion kann sich auch die populäre Religion sowohl auf magische wie auch im engeren Sinne religiös-transzendente Phänomene beziehen. ...

Ausschnitte aus Hubert Knoblauch: Transzendenzerfahrung, Kommunikation und populäre Religion, in: Ingolf U. Dalferth / Philipp Stoellger (Hg.): Hermeneutik der Religion, Mohr Siebeck, Tübingen 2007, S. 152ff.

M 37 Elton John, Candle in the wind '97

Am 6. September 1997 sang Elton John Candle in the Wind bei der Beerdigung seiner Freundin Diana. Er begann nun mit den Worten »Goodbye England's Rose« und zog Parallelen zwischen Dianas Leben und dem von Marilyn Monroe. Der Text verurteilt die kommerzielle Ausbeutung des Stars durch seine Umgebung, indem er die Metapher einer vorzeitig verlöschenden Kerze benutzt. »Candle in the wind 1997« wurde als B-Seite der Single »Something About The Way You Look Tonight« veröffentlicht und gilt bis heute als die meistverkaufte Single aller Zeiten. Die englische Textfassung findet sich leicht im Internet.

Kerze im Wind

Auf Wiedersehen, Du Rose Englands
Mögest Du in unseren Herzen immer weiter wachsen.
Du warst die Güte in Person und hast dort gewirkt,
wo Leben auseinander gerissen worden sind.
Du hast unser Land aufgerüttelt,
und Du hast denen zugeflüstert, die voll Schmerzen sind.
Jetzt gehörst Du dem Himmel,
und die Sterne rufen Deinen Namen aus.

Und mir kommt es vor, als hättest Du Dein Leben gelebt
wie eine Kerze im Wind:
nie im Sonnenuntergang verblasst,
wenn der Regen einsetzt.
Und Deine Schritte werden immer hier zu hören sein,
bei den grünen Flügeln Englands.
Deine Kerze ist verlöscht, lange bevor
Deine Legende jemals sterben wird.

Lieblichkeit ist es, die wir verloren haben;
diese leeren Tage ohne Dein Lächeln.
Wir werden Dich immer lieben, Dich,
Du goldenes Kind unserer Nation.
Und wenn wir uns noch so anstrengen –
die Wahrheit treibt uns doch die Tränen in die Augen.
Wir können nicht in Worte fassen,
welche Freude Du uns über die Jahre geschenkt hast.

Auf Wiedersehen, Du Rose Englands, von einem Land,
das verloren ist ohne Deine Seele,
das die Flügel Deines Mitgefühls vermissen wird,
viel mehr, als Du je wissen wirst.

M 38 Jürgen Krönig, Ikonen sterben nicht. Diana – ein religiöses Idol der Moderne

In den Elogen auf die tote Prinzessin waren stets religiöse Metaphern enthalten:
Diana als Komet, der am Himmel des öffentlichen Lebens seine Bahn zog und in die Welt eintrat, als der hellste Stern am Firmament, als überirdisches Licht, das nun für immer verloschen sei. Ihr vorzeitiger Tod hat sie zu einer Art säkularer Heiligen werden lassen. ...
Schon zu Lebzeiten erfüllte Diana eine Funktion, für die man in früheren Jahrhunderten außergewöhnliche Menschen heilig gesprochen hatte. Sie spendete Trost, allein schon durch ihre Präsenz, durch Berührung, durch eine Geste, gegenüber Aids- oder Leprakranken, und durch ihr Lächeln. Die Millionen, die ihren Trauerweg säumten, die Milliarden, die Abschied nahmen vor dem Fernsehschirm, deuteten auf das Bedürfnis nach Figuren hin, die über die Welt selbst hinausweisen. Es mag kein Zufall sein, dass dies in einer Zeit geschieht, in der der Glaube an Gott verblasst und etablierte Religionen Mühe haben, die Kirchen zu füllen.

Die beinah hysterische Form der Trauer um Diana kann als ein Symptom der Sinnkrise unserer Epoche gedeutet werden. Eine Ikone unseres Informationszeitalters war Diana schon lange; rund um den Erdball ist ihr Image auch heute noch bekannter als das der meisten anderen Celebrities. ... Ihr vorzeitiges Ende hat sie der Vergänglichkeit enthoben, die ihr ansonsten bestimmt gewesen wäre.
Ikonen sterben nicht. Diana wird es wie anderen vor ihr ergehen, wie Marilyn Monroe, Evita Peron, wie John F. Kennedy, James Dean und Elvis Presley. Zu ihnen hat sie nun die tragische Märchenprinzessin gesellt, eine Mischung aus Supermodel und Samariterin. Diana bewegte sich ganz selbstverständlich in den Extremen unserer Zivilisation. Den Tod Mutter Teresa, die am Vorabend von Dianas Beisetzung starb, vernahmen die Menschen auf den Straßen Londons mit einem Raunen.

Jürgen Krönig, ZEIT online vom 31.8.2007